U0531679

数字货币

机器权力的兴起与数字秩序的未来

吴云 朱玮 著

DIGITAL CURRENCIES
The Rise of Machine Power
and the Future of Digital Order

浙江大学出版社
·杭州·

图书在版编目（CIP）数据

数字货币：机器权力的兴起与数字秩序的未来 / 吴云，朱玮著. -- 杭州：浙江大学出版社，2022.11
ISBN 978-7-308-22979-1

Ⅰ.①数… Ⅱ.①吴… ②朱… Ⅲ.①数字货币—研究 Ⅳ.①F713.361.3

中国版本图书馆CIP数据核字（2022）第163397号

数字货币：机器权力的兴起与数字秩序的未来
SHUZI HUOBI: JIQI QUANLI DE XINGQI YU SHUZI ZHIXU DE WEILAI

吴 云 朱 玮 著

责任编辑	钱济平 卢 川
责任校对	陈 欣
封面设计	浙信文化
出版发行	浙江大学出版社
	（杭州天目山路148号 邮政编码：310007）
	（网址：http://www.zjupress.com）
排　　版	浙江时代出版服务有限公司
印　　刷	杭州钱江彩色印务有限公司
开　　本	710mm×1000mm 1/16
印　　张	29.75
字　　数	424千
版 印 次	2022年11月第1版 2022年11月第1次印刷
书　　号	ISBN 978-7-308-22979-1
定　　价	98.00元

版权所有　翻印必究　印装差错　负责调换

浙江大学出版社市场运营中心联系方式：（0571）88925591；http://zjdxcbs.tmall.com

序

机器有权力吗？

在哪些事情上，机器可以自行其是？

在多大程度上，机器可以替代人做出决策？

此处所谈并非科幻，也不是机器的自我意识，更不是机器的"权利"，那是小说，是娱乐。

本书所讨论的"机器权力"，指人们委托机器以职责，在职责范围内，机器可自主行动、自动决策的权限；仅仅指有哪些工作和任务可以交由机器自动执行，机器可以承担哪些事务的处理。

在当前的科技水平下，只有一种方法可以真正赋予机器以权力，这种方法就是区块链。机器运行区块链节点，则机器的拥有者——那个作为万物之灵的人类——就此无法再对自己的机器施加权力。他无法控制区块链所执行的代码逻辑。

数字货币、区块链、DAO、Web3，众多术语让人眼花缭乱，但现象背后的本质是人们委托权力给机器和代码，是"机器权力"。

看似是数字货币带来了区块链技术，实质上，数字货币仅是区块链最理想的登陆滩头。货币者，无非是价值的账本，但必须要可信。区块链借数字货币的形式，降临世间，让机器替代人类来执行货币秩序。

以往，货币秩序是靠法律法规来维持；如今，运行区块链的机器在维持秩序，秩序是程序代码所写。

"数字秩序"指在社会秩序中，人们对自身行动的成功预见依赖于技术工具。人们极有信心地预见到他们能从技术工具那里所获得的合作。这种技术工具可能是硬件、软件、代码、系统等。

这就是本书所讨论的"数字秩序"，"自动化机器"接管了维持人类社会秩序的权力。而在以往，机器的自动化程度再高，也仅能替代人类的体力劳动，或者营役于机械的计算工作。

本书的"机器权力"和"数字秩序"，并非科幻故事里机器翻身做主人的俗套桥段。"机器权力"和"数字秩序"的理论中，机器只是替代人做秩序的维护，是执行者，执行的依然还是人类的意志。

秩序是人类社会的基础，没有秩序，社会就将瓦解；秩序也是人类社会的结果，有了社会，秩序必然要出现。在几千年甚至更长的历史中，社会秩序是由生物本能、惯例、习俗、法律、市场等工具塑造的，这些工具约束着人的行为。

在数字秩序中，区块链代码替代了生物本能、惯例、习俗、法律、市场等，成为新的秩序工具。

这种秩序工具的变革，比数字货币给金融和货币带来的影响要更为深远。从此，维护社会秩序的工具库中，又多了一个技术工具。这种技术工具通过把权力委托给机器，来实现秩序的绝对执行，这种秩序即"数字秩序"。

在传统秩序中，人在采取行动的时候，期待的对手方是人。数字化秩序中，个人所期待的对手方是程序，而不是其他人。这一切，不仅仅是技术的升级，也不仅仅是工具的变革。我们意识到自身的弱点，用机器替代自身，弥补自身不足，最终成就自身，这是智慧生物进化的方法。"机器权力"和"数字秩序"是人类迈出的一小步，但就这一小步，人们因此走进了一个新的进化时代。

这是人类童年的终结。

目 录

第一编　数字货币、区块链及其带来的机器权力

1. 理解数字货币：历史演进 …………………………………… 003
2. 理解数字货币：逻辑分类 …………………………………… 031
3. 数字货币的非中心化：程度问题 …………………………… 046
4. 金融监管意义上的虚拟货币 ………………………………… 060
5. 从数字货币到区块链：机器权力与数字秩序 ……………… 071

第二编　数字货币的社会实验

6. 私人数字货币的里程碑 ……………………………………… 085
7. 私人数字货币：失败的社会实验？ ………………………… 147
8. 数字货币再探索：央行数字货币 …………………………… 200

第三编　数字货币中的数字秩序和机器权力

9. 虚拟货币的秩序挑战 ………………………………………… 251
10. 机器金融的秩序挑战 ………………………………………… 296
11. 机器权力背后的治理 ………………………………………… 321

第四编　机器权力的兴起与数字化秩序的未来

12. 机器权力与数字秩序 …………………………………………… 393
13. 漫谈数字秩序的未来 …………………………………………… 443

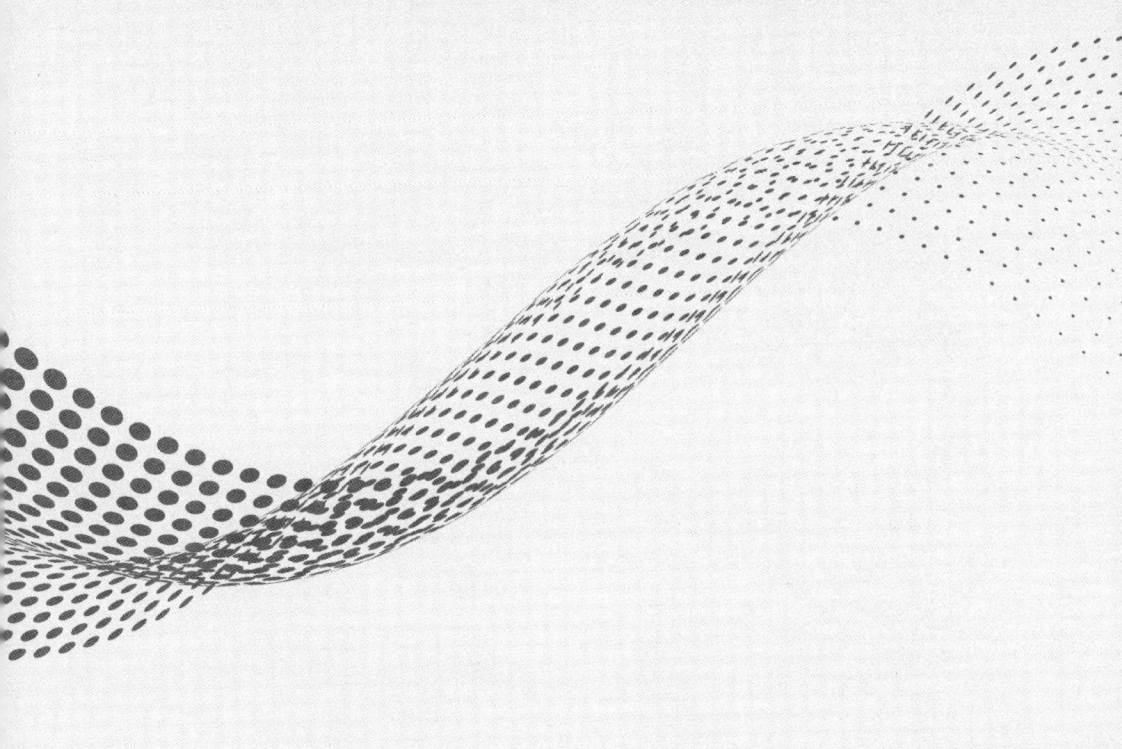

| 第一编 |

数字货币、区块链及其带来的机器权力

1 理解数字货币：历史演进

1.1 概述

2009年1月，比特币（bitcoin）的诞生真正构造了当代意义上"数字货币"这个议题，比特币"点对点电子现金"的概念极大拓展了人们对货币形态的认识。"数字货币"没有纸币（banknote）和硬币（coin）的有形实体，而以数字化方式存储、交易，它既代表了一种新的支付方式，也代表了一种新型的货币。

在前比特币时代，早期的"虚拟货币"仅指使用于特定网络空间上的代币（token）。此时"虚拟"一词与"现实"相对应，虚拟货币的字面含义是"非现实世界的代币"。典型代表如Q币，由腾讯公司发行，用于网络游戏。这种虚拟货币是封闭式的，仅限于特定网络空间，仅具有使用用途。由于其不能在使用者之间进行转移，因此无法成为"货币"，仅仅是一种网络商品。国际监管界将这种虚拟货币称为"封闭式"（closed）虚拟货币或者"不可转换"（inconvertible）虚拟货币。这种虚拟货币并不具有金融属性，并非金融监管要关注的对象。

比特币出现后，重塑了"虚拟货币"的内涵。

第一，在技术上，比特币采用非对称加密技术，具有非中心化和分布式特点，也被称为"加密货币"。虚拟货币内涵扩展到比特币这类加密货币，虚拟货币的"虚拟"一词含义发生了变化，与"真实"的法定货币相对应。此时，虚拟货币的含义已经变为私人数字货币。

第二，比特币具有了"货币"功能。比特币可以在不同人之间进行转移，超出了特定网络空间，在实践中已经可以行使交易媒介、价值储藏和计价单位这三大货币职能。此时，虚拟货币的含义已经变为"非法定的代币/货币"。由于比特币已经超越了特定网络空间的单项用途，国际监管界将这种虚拟货币称为"开放式"（open）或者"可转换"（convertible）虚拟货币，这种虚拟货币具有货币职能，是金融监管所要关注的对象。

第三，加密货币产生后，启发了通过区块链技术发行新型"央行数字货币"的构想。各国央行开始研究，如何借用区块链技术提高法定货币的支付结算效率。"数字货币"概念逐步被界定为央行数字货币和虚拟货币（私人数字货币）的上位概念，数字货币按照发行者信用的二分法逐步形成（参见图1.1）。

```
                    ┌─ 私人数字货币 ─┬─ 加密货币（以比特币为典型）
数字货币 ───────────┤  （虚拟货币）   └─ 其他（未采用区块链技术）
                    └─ 央行数字货币 ──── 以数字人民币为典型
```

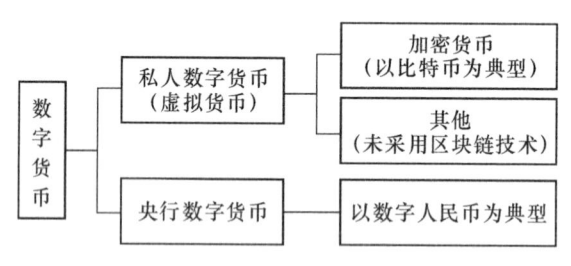

图1.1 数字货币简述

1.2 虚拟货币：事实上的货币

虚拟货币被称为"货币"，并不是承认它们是"法定货币"，而只是说它们是"事实上的货币"，也就是可以在一定程度上执行货币的三大职能。

"货币"（currency）一词在长期使用过程中，与法定货币（fiat, legal currency）几乎成为同义词。这种概念在使用意义上的混同，很容易导致用法定清偿意义上的货币来讨论私人数字货币的货币属性。我们在"虚拟货币""加密货币"概念中讨论的"货币"并非法定意义上的货币,而是事实意义上的货币(参见图1.2)。

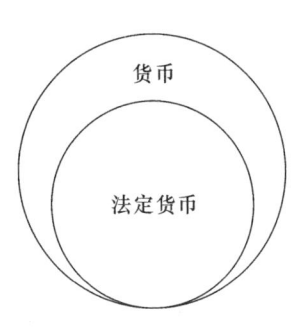

图 1.2　货币与法定货币

"货币是什么"大概是金融学中最难以回答的问题,如同"法律是什么"一样困惑着绝大多数法哲学家。商品货币学派认为货币是商品,货币的价值来源于成为货币的商品,其历史依据是人类文明史上的金银货币和随后的金银本位货币。但是,信用货币理论认为货币仅是计量"信用—债务"关系的会计工具,在20世纪70年代美元与黄金脱钩后,信用货币理论展露出了解释力,其最新研究又从人类学中发掘出佐证。

从商品货币理论到信用货币理论:物物交换和信用关系,究竟谁先谁后?
我们中学的政治经济学教科书解释了"货币天然不是金银,但金银天然是货币"的观点,可以被理解为"商品货币学说"。教科书告诉我们,先有物物交换,再从物物交换中发展出了具有一般等价物性质的货币。而金银之所以成为货币,是因为金银本身是具有价值的商品。人类在交换中,逐渐出现了"银行券"(banknote),这种银行券是金银的凭证,由商业银行保证银行券可以兑付金银。在金本位、银本位货币制度下,中央银行发行的法定货币(中央银行的银行券)也是一种金银的凭证,由中央银行保证法定货币的金银含量。

20世纪70年代，布雷顿森林体系瓦解后，主要国家的法定货币不再与金银挂钩，也不规定其代表的金银含量，世界货币变成纯粹的信用货币。显然，商品货币理论无法解释信用法定货币。

信用货币学说在一战之前就已出现，这个理论不讨论货币本身的价值，而纯粹讨论货币的交易媒介和计价功能。信用货币理论的先驱、英国经济学家阿尔弗雷德·米切尔-伊恩斯（Alfred Mitchell-Innes）在1913年《什么是货币》的论文中指出：信用（credit）和债务（debt）是同一法律关系的两个方面，而债权人（creditor）和债务人（debtor）则是这种法律关系的两方当事人；当信用和债务产生时，货币就被创造出来了。他在1914年的论文中进一步指出，货币只是这种信用债务关系的度量，就像英尺、小时用来度量距离和时间。显然，信用货币理论更易于解释当今的信用货币体系。

最近的理论发展还不止于此，有学者提出，历史上信用关系先于物物交换。著名人类学家大卫·格雷伯（David Graeber）在其著作中试图从人类学的角度证明信用货币理论。他指出，人类早期通过信用债务关系进行交换，信用债务关系先于物物交换。[1]

虽然不同学派对什么是货币存在很大的争议，但至少有两个共识：首先，货币具有价值储藏、交易媒介和计价单位三大基本职能[2]；其次，货币是一种被普遍接受的支付方式，在交易双方之间形成一种可以通过其购买服务和商品的共同信念[3]。这两个共识是对事实上的货币的判断标准。前者是客观因素，后者是主观因素，两者在动态演化中相互作用（参见图1.3）。

一战期间，在巨大的战争压力下，香烟成了前线战士的"必需品"，所以，士兵们会用香烟交换物品。在战场环境下，香烟比法定货币还更加有优势。一方面，参战国士兵来自不同国家，货币兑换比例计算复杂。而且，即使有法定货币，也不一定能即时消费。因此，香烟逐渐成为士兵们交换的"硬通货"。可以说，香烟就是当时这个群体的"事实货币"。

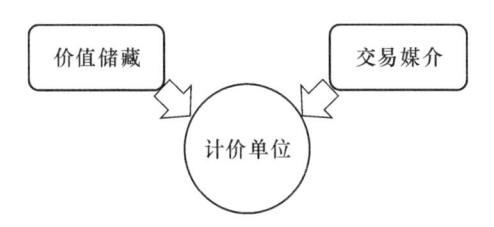

图 1.3　货币的三大职能

法定货币大概率是事实上的货币，只要国家的货币体系不崩溃，法定货币因国家强制力保证总能被社会交易所接受。**但事实上的货币并非都是法定货币**。1948 年，国民党的法定货币体系彻底崩溃，中国农村地区出现了以米作为交换媒介的现象。米是生活必需品，虽然没有金银的属性优秀，但仍然相对容易分割和保存，因此，米成为当时事实上的货币。

国际金融监管界普遍承认虚拟货币（至少比特币）已经可以执行货币职能。典型的例子是，2016 年，英格兰银行（英国的中央银行）行长马克·卡尼（Mark Carney）在演讲中指出，虚拟货币（至少比特币）事实上在执行货币职能。[4] 而且，如很多文献所指出的，比特币在一定范围内（如暗网）已经发展成为普遍接受的支付方式。

在使用"货币"一词时，私人数字货币不是法定清偿意义上的货币，而是事实上的货币。事实上的货币的关键判断标准是，是否具备货币的三大职能。我们将比特币这种私人数字货币称为"货币"，并不是因为它是法定清偿手段，而是因为它在一定范围内是被普遍接受的支付方式，一定程度上具备了货币的三大功能。

1.3　虚拟货币的历史演进

"虚拟货币"一词的出现，要追溯到 20 世纪末 21 世纪初网络游戏代币的出现。这个时期的虚拟货币还仅是网络空间的数字商品，并不具备货币的功能。比特币的出现改变了虚拟货币的内涵，比特币的设计者怀有改变现有货币体系的雄心，试图借助新技术发行私人数字货币，打破国家对货币的垄断。比特币产生后，不仅催生了数以万计的虚拟货币，也启发了央行数字货币的构想。当然，虚拟货币还有一条技术线索，比特币是这条技术路径的里程碑，在此之后产生了大量模仿比特币的加密货币，其中以太币（ETH）被称为区块链 2.0 版本，本书第 6 章将详细讲解。

1.3.1 代币（Token）式存储

日语里将"computer"直接音译，但汉语里将其译为"计算机"。日译放弃意译转而采用音译，目的是与西方世界全面接轨。而汉译选择了意译这样一条艰辛的道路，恰恰是为了保持语言和文化的独立性。

意译的艰辛在于，要在不同文化中找到对应词，在很多时候是不可能的。例如，德国著名法学家耶林有篇论文叫作"Der Kampf ums Recht"，意思是为"Recht"而斗争。"Recht"对应的是拉丁语"Isu"，既有"法律"也有"权利"的意思，这个词在汉语里无法找到完全对应的概念。所以，有人将其翻译为"为权利而斗争"，也有人将其翻译为"法律的斗争"，有人造出了"法权"一词作为"Isu"的对应。同理，汉语里很多词在其他文化圈中也没有对应，比如汉语里的"孝"在英语里就找不到完全的对应。

同理，"token"这个简单常用的词，就很难找到一个汉语词与其完全对应，除非像日本那样，直接用音译（トークン）。

在日常生活中，"代币"可以被认为是一种价值凭证。在英语语境中"token"是非常普通和常用的词，如乘坐公共交通使用的硬币、游乐场的游戏币、航空积分等都可以视为"token"。

将虚拟货币视为一种"代币"是行业、国际组织和监管部门中常用表达方式。国内也有人将"token"翻译成"通证"，在我们看来，这种译法增加了汉语世界对其理解难度。使用"通证"这个译法，似乎在传达某种"通行的""价值证明"等含义，对这个中性的、在英语世界中常用的词进行了含义上的提升。借用《翻译的政治：翻译研究与文化研究》所透视的立场，即"翻译过程是一个主观裁决的过程，不是直接的文字转换过程"，"翻译在两种不同文化碰撞与交融过程中显现或隐现"着"权力关系"和译者的"操纵策略"，透视出"复杂的权力关系网"。[5]

当然，计算机编程中也使用"token"一词，往往译为"令牌"，即访问计算机权限的证明。"token"是一个字符串，凭借这个字符串可以访问计算机系统。计算机的"token"借用了交通代币、游戏代币的意向：如同投入了交通代币就有权乘坐公交车，也如同投入游戏代币就有权打游戏，你给计算机合适的"token"，就可以访问计算机系统。

因此，在价值凭证含义上，我们认为将"token"翻译为"代币"更为合适。在某些语境下（如NFT），"代币"不符合汉语表达时，可以译为"价值凭证"。但无论如何，译为"通证"是存在很大误导性的。

1.3.2 前比特币时代，虚拟货币仅指网络游戏代币

在前比特币时代，虚拟货币仅指使用于特定网络空间的代币。虚拟货币最早在游戏网络平台出现，当时的网络平台发行自己的代币，用于网络游戏预付充值。以腾讯公司的Q币为例，使用者通过法定货币向腾讯购买Q币，并可以按照指定用途在特定网络空间使用（如在腾讯游戏平台购买游戏装备或道具）。在这个语境下，"虚拟"表示与真实世界相对应的网络虚拟世界，虚拟货币一般指在某个特定空间的游戏代币。[6]

这种虚拟货币并不具有金融属性，并非金融监管要关注的对象（参见图1.4）。

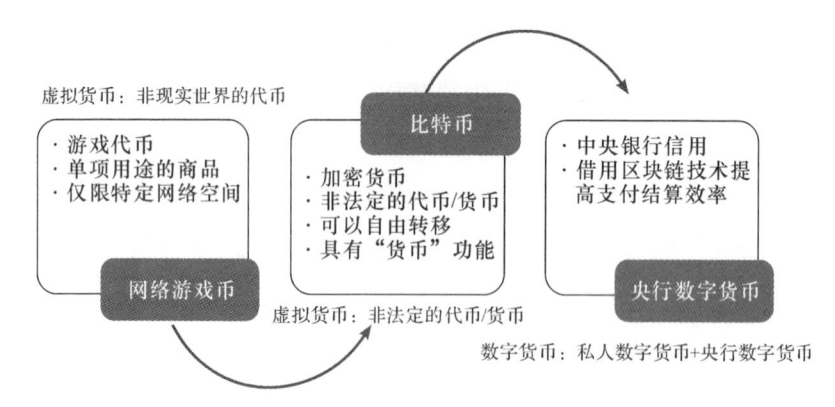

图 1.4　虚拟货币和数字货币的概念演进

1.3.3　比特币重塑虚拟货币的内涵

比特币由于采用非对称加密技术，也被称为加密货币。比特币超出了特定网络空间，可以行使货币的价值储藏、交易媒介和计价单位职能，是典型的开放式、可转换式虚拟货币。此时，虚拟货币的"虚拟"一词含义发生了变化，与"真实"的法定货币相对应。[7]

监管文件中的"虚拟货币"——游戏代币。《网络游戏管理暂行办法》（文化部令 2010 年第 49 号）应该是目前为止唯一出现虚拟货币这种表述的部门规章级法律文件。该办法将虚拟货币规定为网络空间的游戏代币，代表了前比特币时代对虚拟货币一词内涵的普遍理解。办法将网络游戏币称为"网络游戏虚拟货币"，并规定"网络游戏虚拟货币的使用范围仅限于兑换自身提供的网络游戏产品和服务，不得用于支付、购买实物或者兑换其他单位的产品和服务"。该办法限制了网络游戏虚拟货币仅能在封闭空间中使用，不能实施双向兑换，属于典型的封闭式、不可转换式虚拟货币。

金融监管意义上的"虚拟货币"。2017 年，中国人民银行等七部委颁布了《关于防范代币发行融资风险的公告》，第一次明确禁止虚拟货币融资活动。这份监管文件中使用的措辞是"比特币、以太币等所谓'虚拟货币'"。

《网络游戏管理暂行办法》和《关于防范代币发行融资风险的公告》中

的"虚拟货币"含义完全不同。前者仅指游戏代币，后者是具有金融监管意义的私人数字货币。两者的根本区别在于，前者是封闭式、不可转换的，后者是开放式、可转换的。后者由于具有可转换性，具有金融监管意义。

我们所讨论的作为金融现象的"虚拟货币"就是《关于防范代币发行融资风险的公告》中所指的虚拟货币。

网络平台代币和加密货币在技术上差异很大，后者采用的是完全不同的非对称加密技术，具有非中心化和分布式特点，这种新型的私人代币在技术上被称为"加密货币"。由于这种加密货币和游戏代币都是由私人发行，都并非真实货币，因此，虚拟货币的内涵在加密货币出现后扩大了。比特币诞生之后，采用类似非对称加密技术的虚拟货币大量产生，形成了蔚为壮观的现象级事件，引发了一场私人货币社会实验运动[8]，虚拟货币在不加说明的情况下，往往和加密货币混用。

这里需要说明的是，在前比特币时代，也有很多私人数字货币的实验。如 1998 年俄罗斯私人企业发行的电子代币——"网币"（Web Money），在当时被认为仅是实现预付卡、汇款业务的中间过程，但是，随着比特币和稳定币（stable coin）的诞生，人们逐渐认识到这些可以用于汇款业务的私人代币不仅具有交易媒介和价值储藏功能，还成为独立的计价单位，也将其归为虚拟货币的范畴。

1.3.4 数字货币概念的确立

加密货币产生后，数字货币的概念随之产生并确定。

央行数字货币的早期构想。20 世纪 80 年代初开始，美联储堪萨斯银行每年都在杰克逊·霍尔镇举办经济政策论坛，论坛不仅有美联储主席出席，还有世界主要国家央行高级官员参加，因此，论坛被认为是全球央行的"峰会"。詹姆士·托宾（James Tobin，1981 年诺贝尔经济学奖得主）在 1987 年论坛中提出了央行数字货币的早期构想，文章被收录在 1987 年的论坛会议文集中。

针对1985—1986年的美国储贷危机，詹姆士·托宾提出，为解决商业银行存款的风险问题，可以由中央银行直接给公众提供"存款现金"（deposited currency）。按照这个构想，央行直接开放账户，绕过商业银行对公众和企业提供电子货币（electronic money，简称e-money）和电子支付服务，这可以被视为央行数字货币的最早构想。[9] **当然，此后也有大量的研究集中在中央银行直接对公众提供货币对金融体系的影响**。[10]

比特币的产生，促使了人们构想如何借用其区块链技术改造现有的法定货币体系。2014年，孔宁（JP Koning）在其个人博客提出了联储币（Fedcoin）的概念，即使用比特币的技术发行美元。[11]但真正意义上的央行数字货币概念由英格兰银行副行长本·布罗德本特（Ben Broadbent）在2016年正式提出。一方面，他提出中央银行可以借鉴比特币的底层技术，发行数字形态的法定货币。另一方面，他认为应当扩展对数字货币的理解，数字货币不应只包含私人发行的数字货币（如比特币），还应当包括中央银行利用类似技术发行的数字化法定货币，即央行数字货币。

央行数字货币在技术上也采用了非对称加密技术，只是因为其发行信用来自央行，通常并不将其归为加密货币。[12]至此，国际上关于数字货币的概念逐步发展并形成固定用法，即数字货币按信用分为央行数字货币和私人数字货币，私人数字货币被称为虚拟货币，而虚拟货币按照技术特点可以分为加密和非加密两类。

在下一章，我们将详细讲解数字货币的分类。

1.4 数字货币的技术形态与金融特征

我们常用的网络银行、第三方支付（支付宝、微信支付）虽然有很高的电子化或数字化程度，但这些并不是我们所说的"数字货币"。数字货币是一种新的货币形态和支付手段。数字货币的原生形态是数字形式；数字货币是点对点的数字现金，可以实现支付、清算、结算同时完成。点对点现金使得数字货币在技术上具有脱离金融中介的可能性，进而改变现有金融体系信用创造格局。

现有的"电子货币""电子支付"不是数字货币。数字货币概念的提出意在区分现有的"电子货币""电子支付"等简单的数字化支付手段（如网络银行、第三方支付），从而表明它是一种内涵更加丰富、数字化程度更高的电子化支付方式。现有的货币体系广泛采用了数字化存储、转移和结算，我们也在广泛使用网络银行、第三方支付等电子化形式进行转账交易，但这并不是我们所讲的数字货币。从"电子货币""电子支付"到"数字货币"，并不是数字化有无的问题，而是在语义之中隐含从简陋到丰富、从低级到高级的数字化程度之变革，突出数字货币是一种新型的货币形态和支付方式。

1.4.1 从"电子"到"数字"：语义中隐含了数字化程度的区别

"电子的"（electronic）和"数字的"（digital）在有些情况下是可以互换使用的，在当前阶段"数字化"一定是"电子的"，"数字的"是"电子的"概念子集，但"电子的"和"数字的"在使用时，语义中隐含了数字化程度的区别。

"电子的"：从"模拟的"到"数字的"。从技术角度来说，"电子的"包括"模拟的"和"数字的"。"模拟的"是"电子的"的早期阶段，而"数字的"是高级阶段。

"模拟的"意指对物理世界参数的模拟，例如在电工、电子系统中，模拟信号指声音、光线、温度等物理量的连续记录。早期的移动通信设备大哥大，用的就是模拟信号。传真机、胶卷照相机、磁带录音机、会闪雪花噪点的电视机，这些都是基于模拟信号的电子设备。

而数字信号是把模拟信号转换为用数字描述的离散值。随着计算机和网络的普及，数字信号在通信处理上具有优势，成为主流。现代计算机采用二进制，是最典型的数字计算机。今天所用的智能手机、数字电视、物联网设备等都是基于数字信号的。

模拟信号的特点是信息密度高，但容易受噪声影响。而数字信号在传输和处理中不受环境噪声的影响。另外，数字信号可进行复杂的计算，在计算机上可执行各种处理和操作，以及可编程的空间更大。

当前大多数"电子的"设备都是基于数字信号的，但是我们在数字经济中使用"电子的"和"数字的"两个词往往有意识地隐含了数字化程度的指向。我们使用"数字的"一词，意在表示可计算性、可编程性上更强。

以欧盟的"电子货币"为例，按照2009年欧盟《电子货币指令》(*Electronic Money Directive* 2009/110/EC) [13]，"电子货币"的典型是通用预付充值卡，仅是对现有法定货币的现金进行电子化替代。而现有的电子支付则指银行等基于法定货币的电子化支付业务，既包括网络银行这样的电子化支付方式，也包括第三方支付这种新的支付方式。[14] 在使用"电子的"时，我们只是表达对现有货币形态的简单数字化"映像"。

欧盟的"电子货币"：法定货币的简单数字化。 欧洲委员会（EC）在官方网站的说明中指出，"电子货币是对现金的电子化替代"。欧洲银行业管理局同时指出，电子货币是预付形式的，购买者使用法定货币购买电子货币，电子货币是法定货币的电子化表现形式。具体而言，购买者通过支付法定货币获得等值（at par value）电子货币，电子货币持有者使用电子货币用于支付，电子货币的持有人有权在任何时刻要求电子货币发行者将电子货币兑付（redeem）为等值法定货币。

2009年的欧盟《电子货币指令》第2（2）条定义电子货币的要件包括：电子化地存储货币价值；持有者对发行者具有货币价值索取权；发行者根据（预）收到的资金（fund）发行；发行者以外的人接受其为支付方式。

参照上述要件，我国的银联预付卡可以被视为欧盟所定义的电子货币。但是，我们常用的地铁卡、交通卡、购物卡由于只能被其发行者接受，因此，不属于欧盟所定义的电子货币。

对于现有的电子支付、电子货币，我们延续"电子的"这种定语修饰，意在表明其"数字化"描述的内涵相对简单。相反，我们使用"数字货币"

时，隐含的是一种丰富的、高级的数字化特征，包括使用密码学和共识算法技术，对价值的描述是在共享账本上，用非对称加密签名技术保证每一笔价值的产权，可实现价值流转的历史溯源。"数字货币"在技术内涵的丰富程度上非"电子支付""电子货币"这样的简单数字化可比。

1.4.2 现有法定货币体系中货币和支付的电子化形态

数字货币是针对现有发行结算体系而提出的新概念。在现有货币体系中，中央银行发行货币有两种形式：现金和商业银行在中央银行的存款。相应地，存在两个独立的电子化的法定货币记账体系。

第一个体系是在中央银行和商业银行之间。商业银行在中央银行的存款是电子化的，不是实物现金，仅记录在中央银行的账簿之上；商业银行之间的结算通过中央银行进行，表现为相应商业银行在中央银行存款的增加和减少。在现有法定货币体系下，中央银行直接发行的电子形式法定货币仅在中央银行和商业银行之间流动。[15] 只有商业银行之间可以通过中央银行进行原生形态的电子货币的结算（参见图 1.5）。

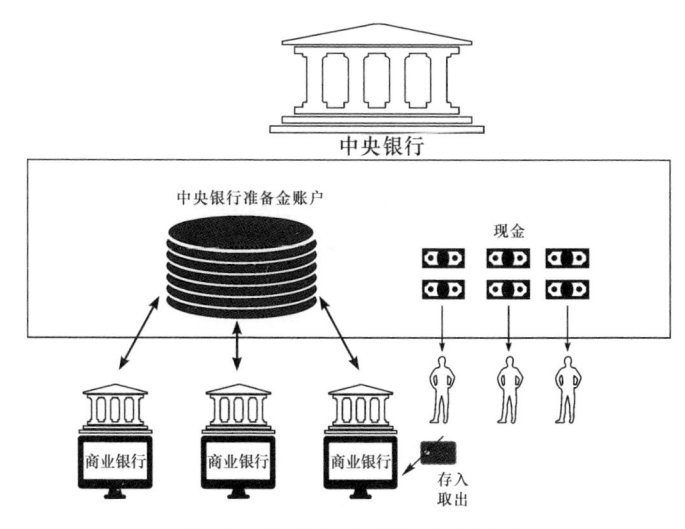

图 1.5 现金与央行准备金账户

第二个体系是商业银行和客户之间。商业银行将客户所存入的法定货币以电子化形式记载，并可以通过电子化形式进行转账和交易，但这只是商业银行开发的电子化记账和交易系统。换言之，**我们常见的网络银行、第三方支付等电子支付手段，是金融中介机构自己创设的电子化或数字化的货币支付手段，是不同的商业银行通过自身电子化系统将现金电子化，是一种现金的派生电子形态**。

电子支付是现金的派生形态：世界各国对法定货币的规定基本类似，即本国的法定货币包括纸币和硬币两种形态，法定货币是法定清偿手段。以中国为例，《中国人民银行法》规定："中华人民共和国的法定货币是人民币。以人民币支付中华人民共和国境内的一切公共的和私人的债务，任何单位和个人不得拒收。"《人民币管理条例》进一步明确，人民币包括纸币和硬币两种形态。我们将纸币和硬币统称为"现金"。

但是，我们的社会已经逐渐步入"无现金社会"，现金越来越多地被电子支付手段代替。从网上购物到超市购物，甚至到交停车费、水电费，我们一般都是刷卡或者用第三方支付（支付宝、微信支付等）。

这些电子支付手段支付给我们的到底是什么呢？为什么我们敢于接受这些电子支付呢？电子支付手段支付的不是现金本身，而是现金的权利。我们收到了电子转账，代表获得了现金的权利，我们可以无条件从金融机构取出所对应的现金。

在现有的法定货币体系下，我们以商业银行跨行零售客户转账为例，一次转账包含三个过程：支付（也即客户交易，包括支付指令和款项划转），商业银行之间（通过清算机构）清算和（通过中央银行）结算，需要商业银行、清算机构、中央银行三者合力完成。[16] 举例而言，甲银行的客户 A 向乙银行的客户 B 进行转账，尽管从支付指令到款项划转可以在几十秒之内完成，但是，这背后还需要经历清算和结算两个过程。清算是确定金融机构之间债权债务关系，结算是根据清算结果转移资金、资产来终结金融机构之间债权债务关系。

跨行汇款的过程：

第一，"垫付"完成客户交易。客户 A 通过甲银行发出转账指令后，乙银行收到指令立刻向 B 账户转移指定金额。

第二，"垫付"后，甲乙银行形成债权债务关系。此时，乙银行相当于"垫付"了这笔款项，在甲乙两个银行之间存在债权债务关系。

第三，通过清算确定债权债务关系。由于不同银行之间每天有多笔"垫付"活动，存在多个债权债务关系，这个时候，需要借助银行清算机构对银行的净债权债务关系进行清算，多个债权债务经过抵消后会产生一个净值，从而确定银行间的净债权债务。

第四，通过结算终结债权债务关系。商业银行要向中央银行发出指令，划转商业银行位于中央银行的存款，完成结算，最终终结债权债务关系。

一个看似简单的跨行汇款过程，在支付指令发出后，需要复杂的清算和结算过程才能最终完成交易，这需要强大的金融基础设施作为支持。我国建立了"现代化支付系统"，保障清算和结算过程的准确、高效。

我国的银行清算结算体系：我们日常生活中的跨行转账服务，通过不同的系统进行清算。其中，商业银行之间转账的清算通过中国人民银行清算总中心进行处理；跨行消费刷卡的清算通过中国银联等银行卡清算组织运营的系统进行处理。

中国人民银行牵头建立了"中国现代化支付系统"（CNAPS），该系统包括"大额实时支付系统""小额批量支付系统""网上支付跨行清算系统"等六个支付清算子系统。其中"大额实时支付系统"是金融机构之间的大额资金支付，其基本原理是用金融机构在央行的备付金账户直接进行划转，清算和结算实时、逐笔同时发生。"小额批量支付系统""网上支付跨行清算系统"则为零售银行间转账提供清算服务，批量定时清算，即净额清算。

1.4.3 数字货币作为新的货币形态和支付手段

1. 数字货币三个"新"的维度

为理解数字货币是一种新的货币形态和支付手段,我们可以从三个维度区分、对比数字货币与现有法定货币(参见表1.1)。

第一,从货币形态的角度,数字货币的原生形态是数字。相反,在现有货币体系下,流通中货币的原生形态是现金(只有金融机构在央行的存款的原生形态是电子的)。

第二,从支付角度,数字货币是点对点的数字现金,可以实现支付、清算、结算同时完成。相反,在现有货币体系下,零售客户之间货币的电子化交易必须包含支付、清算和结算三个过程,而这三个过程分别依赖于金融中介(如银行)、清算机构和中央银行的中心化数据库。

第三,从金融体系的角度,点对点现金使得数字货币在技术上具有脱离于金融中介的可能性,数字货币在技术上具有改变现有金融体系信用创造格局的可能性。

表1.1 现有法定货币与数字货币的数字化特征

货币类型		发行者	原生形态	存储交易方式	高级数字化特征
数字货币	央行数字货币	中央银行	数字化	数字化	有
	虚拟货币(私人数字货币)	私人	数字化	数字化	有
现有法定货币		中央银行	现金(纸币、硬币)	派生电子化(普通用户通过商业银行进行电子化存储、结算)	无
			原生电子形态(商业银行在央行的存款)	原生电子化(商业银行之间通过央行进行电子化方式存储、结算)	

2. 数字货币两个根本转变：信任来源与信用创造

在现有的金融体系中，客户将现金存在商业银行，获得利息；商业银行将储户存款借贷出去，而借出的贷款存入银行又变成了银行贷款，如此循环实现了信用扩张。这种信用创造的技术基础是，现金是法律上的种类物，现金存入商业银行后，与其他存款发生了混同，客户对货币的权利及对货币的转移交易依赖于对商业银行的信任。

"贷款创造货币理论"：银行通过贷款创造更多货币。目前，对于货币供给有四种理论，即存款创造贷款理论、货币乘数理论、政府创造货币的现代货币理论、贷款创造货币理论。其中，贷款创造货币理论已经逐渐成为共识。该理论认为，货币来源于银行资产扩张，而贷款是最具代表性的银行资产。因此，在现代货币体系下，银行是货币创造的中枢，货币政策操作主要针对银行贷款创造货币的行为。

根据我们所学的经济学基础知识，客户的现金存入银行后，与银行的其他现金产生混同。客户和银行之间产生了债权债务关系。银行收到客户的存款后，以银行的名义将现金贷出。贷款人收到贷款后，存入银行。如此循环，商业银行通过存款—贷款放大了社会货币的总量（参见图1.6）。

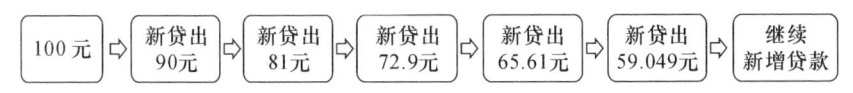

100元 ⇨ 新贷出 90元 ⇨ 新贷出 81元 ⇨ 新贷出 72.9元 ⇨ 新贷出 65.61元 ⇨ 新贷出 59.049元 ⇨ 继续新增贷款

图1.6 商业银行的存贷款业务放大货币总量

如果政府规定，银行收到100元存款后，只能贷款出90元，剩下的10元要作为存款准备金。此时，存款准备金率是10%，在这种情况下，银行可以100元原始存款创造1000元的社会总货币量。同理，如果存款准备金率是5%，100元原始存款可以创造2000元的社会货币总量（大家可以尝试用高中学过的等比数列求极限的方法来计算）。

而数字货币在信任来源和信用创造方面将发生两个根本性转变：一方面，

对数字货币的信任不再来自金融中介。现有货币体系下,尽管对法定货币的最终信任源于对中央银行的信任,但是客户对金融交易的信任源于对金融中介的信任。对于比特币这种完全非中心化的私人数字货币,对其的信任不依赖于任何第三方。对于央行数字货币而言,无论是否采用"双层投放体制",数字化现金的信用直接来自中央银行,体现的是货币拥有者和央行之间的关系,而不再是与金融中介的关系。

理解信任不再来自金融中介。虚拟货币由于发行方式不同,实现货币职能的信用有较大区别。可以说,比特币的信用基础,在很大程度上是对算法和机器的信任。当然,对于泰达币(USDT)这样的资产支持型稳定币,发行者保证足额的美元支持资产,因此其信用来自算法、机器和支持资产、发行者信用的混合。但是,即使是资产支持型稳定币,对其的信任也不再依赖于金融中介(读者在读完本书第2章、第3章和第5章以后,将会对不同种类虚拟货币有更加全面的理解)。

这里说的央行数字货币不再依赖商业银行等金融中介有两层含义。第一层含义是,在技术上,可以做到由中央银行直接向终端客户发行数字货币,并摆脱金融中介进行交易。当然,这将使得中央银行的性质变得模糊,所以,中国的数字人民币采用"双层投放体系",中国人民银行并不直接面对客户,客户使用数字人民币仍然在商业银行等金融中介开立"数字钱包"并通过"数字钱包"进行交易。第二层含义是,即使央行数字货币的储存、交易通过金融中介进行(如双层体制下),客户的数字化现金的信用直接来自中央银行,是货币拥有者和央行之间的关系。相反,在现有的法定货币体系下,客户在银行的存款、信用来自银行。[17]

另外,数字货币具有可追溯性,具有独特的可识别"标签",这样数字货币可以成为法律上的特定物。换言之,即使数字货币存入了金融中介,每个客户存入的数字货币仍是独特且可识别的,在技术上可以做到数字货币之间不发生混同。

由于对货币的信任基础摆脱了金融中介,以及数字货币"特定物"的特点,金融中介是否还有存在价值、社会信用如何放大等将成为值得讨论的新问题,数字货币具有颠覆"存款创造贷款"这种金融格局的技术可能性。

3. 为什么数字货币可能不会创造信用?——种类物与特定物

在法律上,有"种类物"和"特定物"的区分。比如,你买了一幅印刷的画,有人将你的画损坏了,他可以再买一幅同样的画赔偿。相反,如果是张大千的画作,那就是特定物,你找不到第二幅相同的画。即使张大千给你补画一张,也不是原来那幅了。印制的画就是法律上的种类物,有多个相同的物可以互换。但是,张大千的画就是特定物,没有相同的替代物。

类似地,存入银行的现金一般情况下就是种类物(除非张大千在上面题词、作画,使其变得不可替代),存入银行后就与银行其他的现金发生了混同。

但是,每一个数字货币都很容易被特定化。你将数字货币存入某个中介机构后,要求金融机构返还原来存入的那笔数字货币,这在技术上是可行的。在这种情况下,银行就难以将你的数字货币借给他人,信用创造也就无法进行。

因此,数字货币产生后,金融中介是否还能扩大信用、如何扩大信用,这将对整个金融体系产生革命性影响。[18]

当然,为了不使法律功底深厚的读者质疑我们的专业性,这里说数字货币具有"种类物的特点",但并不构成法律上的"种类物"。我国《民法典》采用大陆法系的债权、物权二分法,"物"仅限于有形的物体。这种二分法是前工业革命时代的遗产,在这里就不展开论述了。

综上,我们所讲的"数字货币",从发行、储存到交易全部是数字化的,完全摆脱了原有的纸质、硬币等有形形态,具有摆脱金融中介的技术可能性,可以将数字货币理解为数字化的现金。由于"数字货币"从发行开始就是数字化形态的,进而其整个组织生态都不同于现有以商业银行为中介的货币体系(参见表 1.2)。

表 1.2　现有电子支付体系与数字货币对比总结

特征	现有电子支付体系	数字货币（典型情况）	
		虚拟货币 （私人数字货币）	央行数字货币
形态	现金的电子化"映像"	原生数字形态	原生数字形态
表现形式	账户型 （account-based） 基于数据库的余额 种类物（特点）	令牌型 （token-based） 对价值的数字描述 特定物（特点）	令牌型 （token-based） 对价值的数字描述 特定物（特点）
可实现交易方式	中心化记账，支付、清算、结算分步骤完成	点对点交易，支付即清算结算	点对点交易，支付即清算结算

1.5　虚拟货币交易方式

1.5.1　引子：虚拟货币还能被制裁？

美国财政部负责制裁的官员曾经将金融制裁称为"金融死刑"，其主要手段包括两个方面：一是冻结金融资产；二是拒绝交易。冻结金融资产，最常见的是冻结银行资产，你存在美国某银行中的美元，美国政府将其冻结，你就不能再使用这些钱了，一夜之间这些钱就蒸发了。所谓拒绝交易，就是金融机构不办理与制裁对象有关的交易，制裁对象被排除在了金融体系之外，被制裁国家成为金融孤岛，被制裁个人成为金融弃儿。

胡安·萨拉特（Juan Zarate）2001 年加入美国财政部，在此后的 10 年间参与了美国对外实施的一系列金融制裁。在他的《财政部的战争：新时代金融战的爆发》（Treasury's War: The Unleashing of a New Era of Financial Warfare）一书中，他以亲历者的身份，详细记述了美国如何使用金融制裁手段打击、摧毁敌对国家经济体系、武器研发能力的各种细节，展示了"金融死刑"的效果和威力。

2022年3月7日，美国彭博社（Bloomberg）报道，由于俄罗斯与乌克兰发生武装冲突，美国将对俄罗斯的制裁扩展到虚拟货币领域。[19]仔细分析彭博社的报道，我们发现，此次美国在虚拟货币领域的制裁与常见的金融制裁几乎没有区别：冻结俄罗斯用户的虚拟货币，禁止与俄罗斯用户的虚拟货币交易。

有中文媒体惊呼："25000个俄罗斯用户被封！拜登发起制裁，比特币成了笑话？"[20]不是说虚拟货币是去中心化的吗，怎么能被制裁呢？要理解这个问题，就要理解虚拟货币的交易方式。

（1）以比特币为代表的虚拟货币，是去中心化的，但是，**现实中大量的交易是需要通过中心化的虚拟货币交易所来完成的**。由于虚拟货币交易所服从与银行同样的反洗钱监管标准，通过交易所进行交易是实名制的，**政府完全可以像冻结个人银行资产那样冻结个人在交易所中的虚拟货币**。

（2）以比特币为代表的虚拟货币，**在区块链上的交易是匿名的**，但是，**所有交易记录是公开透明的**，因此，**虚拟货币在区块链上的交易是可追踪的**。

1.5.2　去中心化和中心化

几乎所有的媒体都曾报道，虚拟货币的交易是点对点的，摆脱了任何第三方机构。这种说法基本正确，但并不完整。大部分虚拟货币确实都是去中心化的，典型如比特币（本书第3章第3节有详细论述）。但是，比特币有两种交易方式：一种是在区块链上交易；一种是通过中心化交易所进行交易。

> 去中心化与中心化：两种交易的对比。我们可以把比特币私钥类比为一张法定货币，谁掌握了比特币的私钥，谁就掌握了比特币。如果是区块链上的交易，私钥由使用者自己保管在"非托管钱包"中，使用者通过指令可以将虚拟货币由一个非托管钱包地址转移至另一个非托管钱包地址，交易完全发生在区块链上。
>
> 将虚拟货币托管在中介机构，类似于将法定货币存入银行。如果是

通过中介机构进行交易，使用者将虚拟货币托管在中介机构的"托管钱包"中，中介机构进行交易撮合，根据用户指令在本机构的不同"托管钱包"之间转移虚拟货币（本书第6章第5节还将进一步深入分析中心化交易）。

比特币在区块链上交易，确实是完全去中心化的，这种交易可以被理解为原生交易形式。正是在这个意义上，我们把比特币称为"电子现金"。在我们使用法定货币时，现金是匿名的，现金交易不需要通过银行。比特币也是类似的，比特币地址是完全开放的，随时可以注册（因此是匿名的），你可以在区块链上将比特币从一个地址转移到另一个地址。在技术上，冻结区块链上的比特币也是不可能的。

但问题在于，比特币还可以通过中心化的交易所进行交易，而且，通过交易所的交易量要远远大于通过区块链的交易量。实际上，美国制裁俄罗斯的虚拟货币，与美国制裁俄罗斯的银行资产是一样的。美国可以要求其银行冻结俄罗斯的资产，同样，美国可以要求虚拟货币交易所冻结俄罗斯寄存在虚拟货币交易所的虚拟货币。

传统的金融制裁通过金融机构来实施，在虚拟货币领域，制裁通过虚拟货币交易所来实施。政府冻结个人的银行资产，实际上就是银行停止了客户的账户交易，你既不能将钱转到其他账户，也不能提现。类似地，客户将虚拟货币的私钥存入了虚拟货币交易所，所谓客户之间的交易，就是在交易所不同"钱包"之间的记账，这个记账由交易所来完成。因此，交易所也可以对客户实施冻结，禁止客户钱包的虚拟货币转移到其他钱包，也禁止客户提取虚拟货币到区块链上的非托管钱包。

在现有技术条件下，由于跨币种兑换的需要，中心化交易所是必不可少的。比如，你可以在区块链上转移比特币，但是，如果你要将比特币兑换为法定货币，或者将比特币兑换为以太币，目前可行的技术只有通过中心化交易所。本书在第6章第5节提出了韩梅梅难题，跨币种交易是两个难题中的

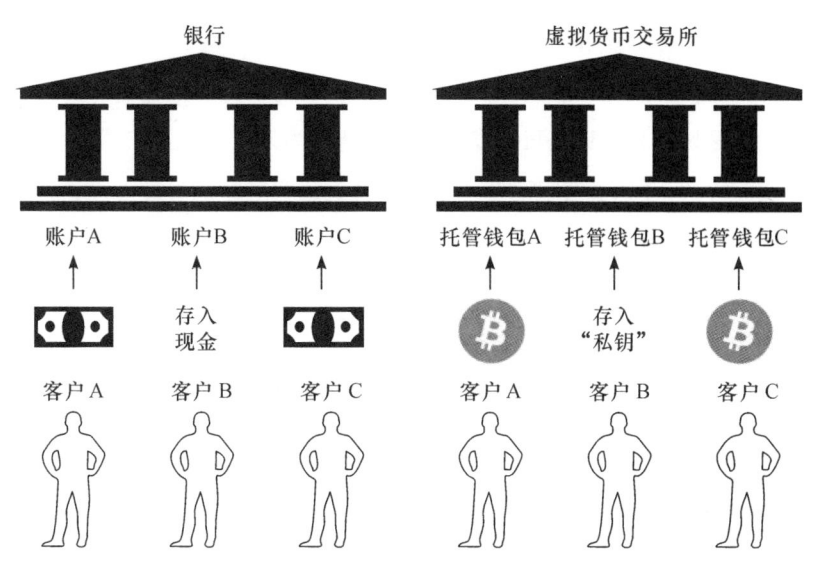

图 1.7　银行和虚拟货币交易所

一个。

另外，由于虚拟货币本身作为支付手段存在根本性缺陷，利用中心化交易所进行交易是比较现实的方案。在区块链上，比特币理论上的最高交易处理速度是每秒 6.83 笔交易，这种技术缺陷使其无法成为公众大规模使用的支付手段。

1.5.3　匿名性和可追踪性

在对俄罗斯虚拟货币活动实施制裁的行动中，美国著名的虚拟货币交易所 Coinbase 曾经公开表示，他们通过区块链分析技术，识别了区块链上的俄罗斯地址，并禁止了这些区块链地址与该交易所发生交易。[21] 这句话意味着，美国将制裁已经延伸到了区块链本身。

如前所述，美国无法冻结区块链上的虚拟货币，但是，美国的虚拟货币交易所可以禁止这些地址与本交易所发生交易。也就是说，一旦这些区块链上的地址被标明为俄罗斯的地址，交易所就不接受这些地址上转来的虚拟货币（充币），也不允许交易所向这些地址转出虚拟货币（提币）。

区块链上的地址虽然是匿名的，但是，对于大部分虚拟货币（典型如比特币），区块链的地址是可追踪的。以比特币为例，在点对点的环境下，防止篡改的方法是所有矿机保持记账一致，因此，比特币必须公开所有交易记录供所有矿机节点检查核实。这样，比特币交易账本是数据透明的，任何人都可以通过公开数据将交易链条串联起来。

虽然，比特币的地址是匿名的，但是，将这些地址标注后，可以推断背后的控制人身份。例如，某个交易所托管钱包为俄罗斯人所有（虚拟货币交易所是实名制的，服从与银行相同的反洗钱标准），而这个钱包经常通过某个地址充币、提币，那么可以大概率推断充币、提币地址也是该俄罗斯客户所有。如果进一步解析区块链上其他地址与已标注地址的关系，也可以发现其交易网络，进而有可能标注出更多地址的控制人身份。

区块链数据解析。有很多软件（一般称之为区块链浏览器）可以直接将区块链交易数据上的交易地址、金额解析为人们可读的格式，结合可视化工具，可以很容易发现交易的网络。例如，我们可以访问 blockchain 网站，这个网站会适时解析比特币等各种主流虚拟货币的交易记录。图 1.8 是北京时间 2022 年 4 月 4 日 0 时 9 分的比特币交易记录，在这个时间点，17 开头的地址向 16 开头的地址转移了 0.000280534 个比特币。

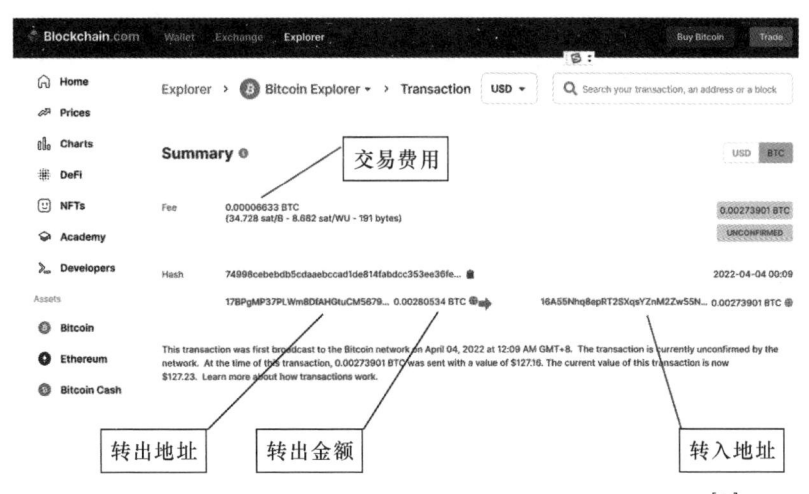

图 1.8　Blockchain 网站上解析的比特币交易记录[1]

注释

1　有兴趣读者可以阅读：（1）Alfred Mitchell-Innes, What is Money, *The Banking Law Journal* 392, May 1913, pp.377-408, available at: http://www.newmoneyhub.com/www/money/mitchell-innes/what-is-money.html；（2）Alfred Mitchell-Innes, The Credit Theory of Money, 31 *The Banking Law Journal*, 1994, pp.151-168, available at: http://www.newmoneyhub.com/www/money/mitchell-innes/the-credit-theory-of-money.html；（3）David Graeber, *Debt: The First 5000 Years*, Penguin UK, 2012, pp.21-23。

2　这是中外主流教科书中对货币基本功能的界定。例如，N. Gregory Mankiw, *Principles of Economics(8th)*, Cengage Learning, 2018, p.605；逄锦聚等主编：《政治经济学》（第五版），高等教育出版社 2014 年版，第 50-52 页。《政治经济学》教科书中还列举了支付手段（延期支付）和世界货币两

---

［1］　图中，"sat"是比特币的最小单位"聪"，每聪等于一亿分之一，"sat/B"表示区块链账本中每个字节对应的比特币数量。"wu"是"weight unit"（加权单位）的缩写，表示计算字节的时候，隔离见证部分的签名数据权重减少，与非签名数据相加获得的新单位。

个职能，但支付手段职能可以被认为是交易媒介职能的延伸，两者具有包含关系；世界货币职能是前几个货币职能的国际化延伸。

3　Thomas H. Greco, JR., *Money: Understanding and Creating Alternatives to Legal Tender 22*, Chelsea Green Publishing, 2001, p.22.

4　参见时任英格兰银行行长所做的演讲，该演讲很大程度上代表了国际金融监管界的共识。Mark Carney, *The Future of Money*, Speech by the Governor of the Bank of England to the inaugural Scottish Economics Conference, Edinburgh University, March 2, 2018.

5　费小平：《翻译的政治：翻译研究与文化研究》，2004年四川大学博士论文。

6　对于"虚拟货币"早期含义，可以参见当时的研究。如李翀：《虚拟货币的发展与货币理论和政策的重构》，载《世界经济》2003年第8期；帅青红：《Q币、U币、POPO币与电子货币》，载《电子商务》2007年第1期；付竹：《以Q币为视角探析虚拟币对现行货币体系的影响》，载《金融经济》2008年第4期。

7　FATF, *Virtual Currencies, Key Definitions and Potential AML/CFT Risks*, June 2014, p.26, available at: http://www.fatf-gafi.org/media/fatf/documents/reports/Virtual-currency-key-and-potential-aml-cft-risks.pdf.

8　吴云、朱玮：《虚拟货币的国际监管：以反洗钱为起点走出自发秩序》，载《财经法学》2021年第2期。

9　James Tobin, The Case for Preserving Regulatory Distinctions, in *Restructuring the Financial System: A Symposium Sponsored By the Federal Reserve Bank of Kansas City*, Federal Reserve Bank of Kansas City, 1987, pp.167-183.

10　典型如国际清算银行1996年的研究，BIS, *Implications for Central Banks of the Development of Electronic Money*, October 1996。

11　JP Koning, *Fedc*oin, October 19, 2014, available at: http://jpkoning.

blogspot.com/2014/10/fedcoin.html.

12　央行数字货币采用加密技术作数字签名，因此，仅从纯粹技术的角度，央行数字货币也可以被认为是一种加密货币。参见姚前：《中国法定数字货币原型构想》，载《中国金融》2016年第17期。但这种用法是不严格的，也并未被广泛接受。

13　Directive 2009/110/EC of the European Parliament and of the Council of 16 September 2009 on the taking up, pursuit and prudential supervision of the business of electronic money institutions amending Directive 2005/60/EC and 2006/48 and repealing Directive 2000/4.

14　对电子支付的具体范围，参见中国人民银行：《2020年支付体系运行总体情况报告》，2021年3月24日发布。

15　BIS CPMI, *Digital Currencies*, November 2018, p.6, available at: https://www.bis.org/cpmi/publ/d137.pdf。商业银行在中央银行的存款，有三个作用：一是法定存款准备金的要求，二是跨行结算的头寸，三是可以从央行获得存款利息。

16　BIS CPMI, *Clearing and Settlement Arrangements for Retail Payments in Selected Countries*, CPMI Paper No. 40, September 2000, pp.2-6. 也可参见Steven M. Bragg, *Treasury Management: The Practitioner's Guide*, Wiley, 2011, pp.66-67。注意，这里的举例仅限于银行系统的清算结算过程，并未涉及证券的清算结算，后者相对更加复杂。

17　关于数字人民币的"双层投放体系"的权威介绍，参见范一飞：《关于数字人民币M0定位的政策含义分析》，《金融时报》2020年9月15日，第001版。

18　BIS CPMI, *Central Bank Digital Currencies*, March 2018, p.6, available at: https://www.bis.org/cpmi/publ/d174.pdf。中文作品中对此比较通俗的介绍，可参见约翰内斯·比尔曼：《中央银行视角下的现金与数字货币》，载《金融市场研究》2019年第12期。

19　Yueqi Yang, Coinbase Blocks 25,000 Crypto Wallets Linked to Russian Users, Bloomberg News, March 7, 2022, available at: https://www.bnnbloomberg.ca/coinbase-blocks-25-000-crypto-wallets-linked-to-russian-users-1.1733821?msclkid=fb098ec6b34f11eca56b4b68d245f431.

20　《25000个俄罗斯用户被封！拜登发起制裁，比特币成了笑话？》，凤凰网2022年3月9日，https://finance.ifeng.com/c/8EFNKtbEBPY?msclkid=37201e8fb34f11ecbad4f66d1301262d。比较全面的报道，可以参见王永菲、冉学东：《对俄制裁扩展到加密资产，美国等多国制定严厉惩罚措施》，《华夏时报》2022年3月15日。

21　Yueqi Yang, Coinbase Blocks 25,000 Crypto Wallets Linked to Russian Users，Bloomberg News, March 7, 2022, available at: https://www.bnnbloomberg.ca/coinbase-blocks-25-000-crypto-wallets-linked-to-russian-users-1.1733821?msclkid=fb098ec6b34f11eca56b4b68d245f431.

2 理解数字货币：逻辑分类

人类要全面认识社会现象，一是要历史地理解社会现象的演进过程，二是要将社会现象进行抽象分析。不理解现象的历史，可能会陷入概念的泥沼；但只有现象，我们的认知不会得到提升和飞跃。通过第一章，读者们已经了解到，"货币""虚拟""加密""数字的"这些词的特殊所指，也掌握了数字货币从游戏代币到比特币（加密货币），再到央行数字货币的产生、发展过程。本章将从金融体系的角度，对数字货币进行分类，通过分类，使读者理解不同种类的数字货币的本质特点。

2.1 信用二分法：虚拟货币与央行数字货币

数字货币按照发行者的信用，分为央行数字货币和私人数字货币。前者信用来自中央银行，而后者信用并不来自中央银行，我们习惯上将其称为私人信用。这种私人信用既可以来自纯粹的算法和机器（比特币），也可以来自算法、机器和支持资产、发行者信用的混合（稳定币）。

"央行数字货币"（centralbank digital currency，CBDC），在一些情况下也被称为"数字化法定货币"（digitalized fiat currency）、"数字法定货币"（digital fiat currency）。它已经成为一个专有名词，特指中央银行借鉴区块链技术，采用密码学、分布式账本等技术，以数字化形态发行和交易的法定货币。其本质上仍然是法定货币，与央行发行的纸币、硬币具有同等的法定清偿地位。虚拟货币是私人发行的数字货币（数字代币）。"虚拟货币"的概念是针对"法定货币"而提出的。亦如前所述，在比特币诞生后，"虚拟货币"的"虚拟"一词对应的是"真实"，"虚拟货币"对应的是"真实货币"，也即"法定货币"。"加密"更多的是从技术视角，而"虚拟"则是从信用本质视角。

"央行数字货币"分为批发式和零售式货币（参见图2.1）。

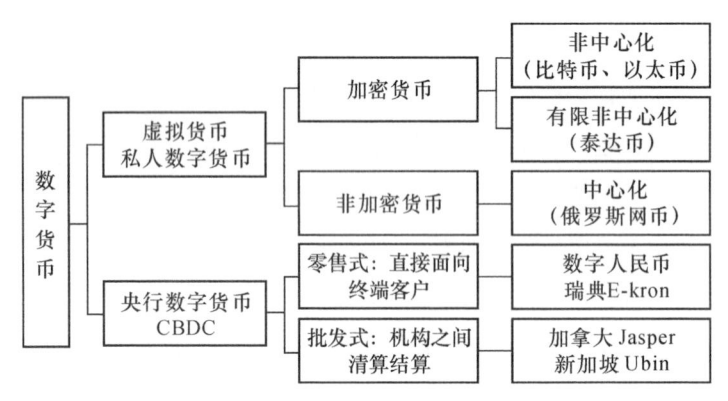

图 2.1　数字货币的分类

批发式货币并不面向普通个人使用者，仅用于金融机构之间清算、结算。[1] 在本书第1章第4节，我们以跨行汇款为例，分析了现有法定货币体系中支付、清算和结算的整个过程。这个看似简单的跨行汇款，依赖于庞大的金融基础设施进行中心化的清算，并最终在中央银行实现中心化结算。批发式央行数字货币，是将商业银行在央行的存款由电子化改为数字化，凭借非中心化特性实现支付即清算结算，提高清算结算效率。

批发式货币的典型为加拿大中央银行的 Jasper 项目、新加坡金融管理局的 Ubin 项目，仅在商业银行和某些金融机构之间进行大额清算（目前，结算仍然需要定期通过中央银行进行）。由于批发式货币并不面向普通个人使用者，仅用于金融机构之间的清结算，而现有金融体系中金融机构也通过在央行的电子形态准备金进行电子化清算，因此，批发式央行数字货币至多可以理解为金融机构之间清算方式的技术变革。

使用批发式央行数字货币进行结算。现有的货币体系中，银行之间通过"银联"这样的清算组织对债权债务关系进行中心化的记账确认（清算），然后再通过中央银行转账的方式清偿银行之间的债务（结算）。

Jasper 和 Ubin 不再依赖中心化的清算组织，而是通过非中心化的分布式账本进行相互之间的记账。

零售式货币面向普通公众，是一种完全意义上的"央行数字货币"。这种央行数字货币发行后，直接记载在中央银行的电子账簿上和分布式的商业银行账簿上[2]，由央行的数字签名声明为其价值背书，是拥有者货币权利的证明。这种电子化的现金交易可以在使用者之间点对点地进行，是一种数字化现金。零售式货币的典型是中国人民银行正在试运行的央行数字货币"数字人民币"。[3] 所以，在一般意义上，我们所谓"央行数字货币"仅指零售式央行数字货币，本书也默认这种表述方式。

"央行数字货币"本质上仍然是法定货币，只不过借鉴了区块链技术，采用密码学、分布式账本等技术。所以，尽管"央行数字货币"缘起于私人虚拟货币的启发和促进，两者可能采用相同或相似的技术，但是，"央行数字货币"不是学界和实务界讨论的虚拟货币（即私人数字货币）。

数字人民币与区块链。在各国的央行数字货币中，我国目前试运行的"数字人民币"最为成熟。2019 年底，数字人民币开始在深圳、苏州等城市试点，在公众中发红包，在交通等场景中做小额支付。2021 年 7 月的报道称，截至 2021 年 6 月 30 日，数字人民币试点受邀白名单用户已超 1000 万人，开立个人钱包 2087 万个、对公钱包 351 万个，累计交易笔数 7075 万笔、金额 345 亿元，试点场景超 132 万个。[4]

数字人民币虽然受区块链技术启发而来，但不是完全和绝对的非中心化和分布式，而是"参考区块链技术，建立集中/分布相对均衡的簿记登记中心"。[5]

在本书第 7 章中，我们将从技术上解释，区块链技术具有容量低、速度慢等底层技术缺陷，虚拟货币（以比特币为代表）无法作为公众日常大规模使用的支付手段。我们认为，这是我国无法照搬区块链技术的技术决定性因素。

判断数字货币是央行数字货币还是虚拟货币，关键是发行者信用。有些私人机构发行的数字货币以法定货币为支持，被称为稳定币，但稳定币即使是百分之百由法定货币作为储备资产发行，仍然不是央行代表的国家信用，只是私人承诺。类似于银行发行的承兑票据，即使有百分之百的足额法定货币作为保证金，其代表的也仅是私人承诺（接下来将详述）。

2.2 虚拟货币币值稳定安排的分类：稳定币和非稳定币

中本聪深受哈耶克私人货币思想的影响，从一开始就怀有实践私人货币实验的宏大理想。[6] 但中本聪超越了哈耶克思想，不仅挑战国家对货币的垄断权，而且挑战任何第三方信任，包括哈耶克所支持的商业银行，即使这些商业银行在市场中充分竞争。[7] 因此，比特币的信用来自算法和机器。而由此带来的问题是，比特币的内在价值难以理解，其以法定货币衡量的币值波动较大。著名投资家沃伦·巴菲特认为，比特币是"赌博的工具""老鼠药"。[8] 巴菲特的理解不一定正确，但至少说明对全球顶级的专业投资者来说，比特币的内在价值也存在争议。

为解决机器和算法信任导致的内在价值不确定、币值波动过大的问题，出现了以法定货币或实物资产为储备的稳定币，也叫"资产支持型稳定币"（asset-linked stable coin）。这种稳定币的信用基础已经变为一种混合体，包括了算法、机器和支持资产、发行者信用（还记得本书第 1 章第 4 节"理解信任不再来自金融中介"中的论述吗）。稳定币的分类参见图 2.2。

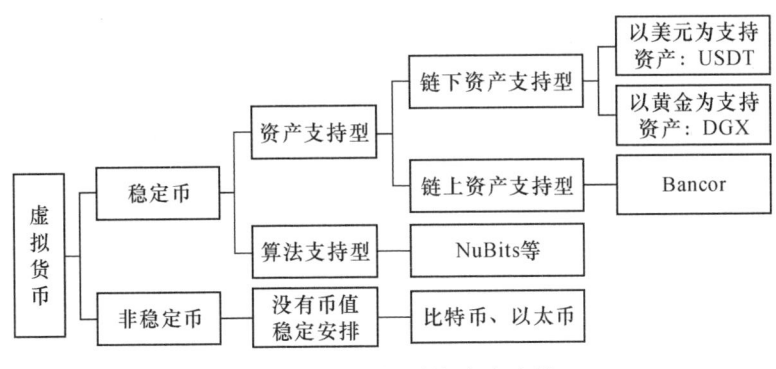

```
                              ┌─────────────────┬─ 以美元为支持
                              │                 │  资产：USDT
              ┌─ 资产支持型 ─┬─ 链下资产支持型 ─┤
              │              │                 └─ 以黄金为支持
              │              │                    资产：DGX
      ┌ 稳定币┤              │
      │      │              └─ 链上资产支持型 ─── Bancor
      │      │
虚拟货币┤      └─ 算法支持型 ──── NuBits等
      │
      │      ┌─ 没有币值
      └非稳定币┤  稳定安排 ──── 比特币、以太币
```

图 2.2　虚拟货币的稳定安排

USDT 以美元为储备资产，是最典型、最广泛使用的稳定币。[9]USDT 由泰达公司发行，并委托银行作为托管人，管理美元资产。泰达公司收到一笔美元后，将资产交给托管人保管，同时发行等值的 USDT。此外，脸书（Facebook，已于 2021 年更名为 Meta）对外公布的"天秤币"（Libra）曾打算以"一篮子"货币作为储备资产，现在已经改名为"迪姆"（Diem）并打算只以美元为储备资产；还有以商品为支持资产的虚拟货币，如 DGX（Digix Gold Token）以黄金作为储备资产。但是，这种稳定币需要对支持资产进行托管，面临的投资者保护问题十分突出。

稳定币值得信任吗？ 稳定币的币值稳定吗？一些研究对此表示怀疑。例如，格里芬（Griffin）等人在 2018 年的论文中就质疑 USDT 是否有足额支持资产。[10]这篇论文指出，泰达公司请了中国一家不知名的会计师事务所审计其美元资产。另外，论文作者发现，USDT 存在明显的"月底效应"：每个月月底会计师事务所会审计 USDT 的支持资产，而审计前泰达存在明显的卖出比特币换回 USDT 的情况。

泰达公司的问题逐步暴露。首先，泰达所称的刚性兑换并不可靠。泰达曾于 2017 年声明，USDT 的持有者无权要求公司兑换美元。其次，它所称的 100% 准备金并不属实。2019 年 4 月，泰达的律师声称，一个 USDT 的准备金为 0.74 美元。2021 年 5 月，泰达发布公告，声称其准备金构成有 3.87%

是美元现金，65.39%是商业票据。

2019年，纽约检察官利蒂希娅·詹姆斯（Letitia James）发起对泰达公司的诉讼，指控Bitfinex交易所（泰达的关联机构）挪用泰达的准备金。泰达虽然否认了指控，但还是于2021年2月缴纳了1850万美元的罚金与检察官达成和解。

另外，还有一些以其他虚拟货币为支持资产的稳定币。这种稳定币的支持资产是在区块链上的其他虚拟货币，所以，也叫作链上（on-chain）资产支持型稳定币。而以现实的资产为支持的被称为链下（off-chain）支持资产稳定币，如USDT。链上资产支持型稳定币的币值取决于支持资产本身的稳定性，如果最终支持资产都是链上资产，只能在链上资产之间达到某种稳定，在法定货币衡量时仍然难以稳定。[11]典型代表是Bancor，我们将在第6章中详细讲解。

在广义上，"算法基础型稳定币"（algorithm-based stable coins）也被归为稳定币，这种稳定币通过算法调节代币总量来保持币值稳定。也即，当币值价格下跌时，销毁部分代币，从而维持价格稳定；反之则增加代币数量。但是，这种算法基础型稳定币在实践中并未取得稳定币值的效果，典型的例子是NuBits。[12]

算法基础型稳定币都以崩盘告终。由于算法基础型稳定币都以崩盘而告终，所以，很多国际组织文件已经将其排除出"稳定币"的范畴。

国际反洗钱组织"金融行动特别工作组"（FATF）在给G20关于稳定币的报告中就将稳定币仅限于资产支持型稳定币。[13]笔者在工作中就此问题与金融行动特别工作组秘书处在工作层进行了讨论，秘书处认为算法基础型稳定币在实践中都出现了币值崩溃的现象，这种安排并未取得稳定币值的效果。因此，在现阶段这种类型的虚拟货币不存在大规模使用的可能性，并未像资产支持型稳定币那样对全球支付、金融稳定、金融监管提出新的挑战。所以，金融行动特别工作组秘书处暂时将其排除在稳定币的研究范畴之外。

2.3 虚拟货币的技术分类：是否使用非对称加密技术和具有非中心化特点

比特币是典型的加密货币，"加密"一词指"非对称加密技术"，而且特指那些使用了非对称加密技术进行"签名"的私人数字货币（虚拟货币）。当前的银行电子支付可能也使用了非对称加密技术，但并不是用来进行"签名"，而是用来实现加密通信。数字货币的鼻祖 eCash 也已经采用了非对称加密签名技术，但是，比特币使用该技术验证所有权，结合共识机制实现了点对点的交易，摆脱了对中心服务器的依赖，从而具备了我们常说的"分布式""非中心化"特点。

非对称加密签名技术与工作量证明（POW）。与非对称加密相对的是对称加密。比如，在电影《永不消逝的电波》中，上海和延安的电台共享了一个事先约定好的密码本，双方对密码对应的信息提前达成了共识，这是典型的对称加密。而非对称加密则无须双方提前约定密码，通过密钥交换进行验证（有兴趣的读者可以阅读笔者《区块链简史》第四章中对密码学的详细介绍）。

这里需要注意的是，非对称加密技术可以实现点对点支付，但还不能完全非中心化。数字货币的先驱 eCash 已经采用了非对称加密技术，实现了点对点交易，但仍然没有实现完全去中心化（发行、支付、清算和结算）。eCash 的账本最终还在银行，交易结果的确认还要通过银行的中心化账本实现（本书第 6 章将介绍 eCash）。

比特币在技术上的最大贡献在于，将非对称加密技术与工作量证明机制相结合，实现了点对点和去中心化，诞生了我们所谓的区块链技术。工作量证明是理解比特币机理的核心，我们将在第 6 章专门讲解。

加密货币特殊的技术使其具有非中心化特征，但非中心化是程度问题，我们至少应当从发行、支付、清算和结算三个环节进行具体分析。比特币在这三个环节都是非中心化的，因此可以被认为是完全非中心化。而 USDT 在发行环节是中心化的，只在支付、清算和结算环节是非中心化的，因此，它是有限的非中心化（参见表2.1）。

表2.1 虚拟货币的技术特征和非中心化程度

类型	非对称加密技术	高级数字化特征	非中心化程度	典型代表
加密货币	采用	有	完全非中心化	比特币
			有限非中心化	USDT
非加密的虚拟货币	不采用	无	完全中心化	"完美币"（Perfect Money）

从虚拟货币发展史的角度，不采用非对称加密技术的私人电子代币，也被归为虚拟货币。国际反洗钱组织金融行动特别工作组就明确采取这种分类方式。[14] 这类虚拟货币大多诞生于比特币之前，必须依赖中心化的账本体系，由中心化管理者来记录每个使用者的权利，是完全中心化的。我们日常生活中的 Q 币是典型。但一些非加密的虚拟货币超出了电子化商品或使用型代币（utility token）的范畴，具有和比特币一样的货币功能，如俄罗斯的"网币"（Web Money）、巴拿马的"完美币"（Perfect Money），被广泛运用于商业支付、汇款和个人间支付。[15]

这里需要强调的是，完全中心化的虚拟货币在技术上（至少目前）都不具备比特币那样的高级数字化特征，这些纯中心化的虚拟货币是典型的过渡性物种。类似于鸭嘴兽，既具有鸟类特有的卵生特征，又具有哺乳动物的乳汁喂养特征，我们将其归为哺乳动物，但也要承认它并非典型的哺乳动物。如果我们把电子货币、电子支付比作鸟类，把典型的数字货币比作哺乳动物，那么，纯中心化的虚拟货币则是鸭嘴兽。

对过渡性物种的分类一直是分类学的难题，这也恰是对中心化私人电子代币分类的难点。以"网币"为例，它诞生于1998年，其技术路径与电子货币类似，完全采用中心化数据库，缺乏高级技术特点，这个意义上将其归为电子货币是合适的。网币这些早期虚拟货币的共同点是，采用中心化数据库，也可以绑定银行卡。因此，其发行者在当时往往被外界认为从事汇款业务，或者非银行第三方支付业务，其发行代币被认为是汇款或支付业务的中间环节而已，或者是一种预付卡业务（即欧盟的电子货币业务）。实际上网币在欧盟国家也申请了电子货币和电子支付许可。[1]

但是，网币不同于电子货币的重要特点是它不再像电子货币那样仅为法定货币的简单替代，而已成为独立计价单位。电子货币只是在支付后将预付的法定货币结算并转移给接受者，仅是法定货币在支付环节的一种替代。而网币本身具有独立的计价单位[2]，网币支付者之间转移的是网币所有权。[16] 2014年，稳定币USDT诞生后，网币作为虚拟货币的特性在功能上更加明确。两者都是以法定货币作为支持资产，都成为独立的计价单位（参见表2.2）。

表2.2 作为过渡形态的中心化私人电子代币

特征	电子货币	中心化电子代币	加密货币
典型代表	各种预付卡	网币	比特币、USDT
交易媒介	是	是	是
是否具有高级数字特征	否	否	是
价值储藏	是	是	是
独立计价单位	否	是	是
价值转移对象	对应的法定货币	代币自身所有权	代币自身所有权

因此，我们承认中心化电子代币不具备数字货币高级数字化特征。但是，为兼顾数字货币和虚拟货币的发展演进历史，对于这种"一只脚踏入新物种"的过渡性物种，我们将其归入新物种，也就是将这种完全中心化的私人电子代币归入虚拟货币的范畴。

---

[1] 但我们并不能据此否定网币与现有电子货币、电子支付具有不同性质，只能说明这些牌照所规制的对象是现有法律框架下网币的最佳对应。类似地，美国明确规定虚拟货币转移服务必须按照汇款业务申请"货币服务业务"（MSB）牌照。

[2] 网币与卢布、美元、欧元、黄金挂钩资产的计价单位分别是WMR、WMZ、WBE、WME。

2.4 虚拟货币的监管必要性分类：可转换性

国际监管界关注虚拟货币的可转换性，能够将价值形态转化为法定货币或其他形态虚拟货币的是可转换式或开放式虚拟货币，反之则是不可转换式或封闭式虚拟货币。可转换虚拟货币最常见情形是直接在用户间进行转移，如比特币可以在不同用户之间转移，从而实现与法定货币、其他虚拟货币的交换（参见表2.3）。[1]

表2.3　金融行动特别工作组和欧洲央行对虚拟货币可转换性的分类

金融行动特别工作组分类	欧洲央行分类	与法定货币兑换程度	虚拟币代表
不可转换虚拟货币	完全封闭的虚拟货币	只能在游戏中使用，不能与法定货币进行兑换	魔兽世界黄金
	单向转换的虚拟货币	可以用法定货币购买，但不能兑换法定货币	Q币
可转换虚拟货币	双向转换的虚拟货币	可以与法定货币、其他虚拟货币双向兑换	比特币

来源：根据多个资料整理。[17]

相反，另外一些虚拟货币被设定了在特定社群内的单项用途，被称为不可转换虚拟货币。典型的如Q币，持有者仅能在腾讯游戏世界自己使用，不能转移交付给其他第三方。当用户在游戏中支付人民币购买Q币用来购买虚拟道具时，腾讯从该用户的账户余额上相应增减Q币余额数量，但是，Q币不能在账户之间转移。账户之间转移Q币并非技术上做不到，而是腾

---

[1] FATF（2019）: Guidance for a Risk-Based Approach to Virtual Assets and Virtual Asset Service Providers 第14段将可转换性虚拟货币做了定义：虚拟货币能够转化为其他资金（funds）或价值，既包括虚拟货币与法定货币相互转换，也包括虚拟货币之间相互转换。

从纯粹逻辑推理的角度，笔者认为也存在间接转移的情形。例如，某种虚拟货币，虽然不能在用户之间直接转移，但是，虚拟货币平台给予虚拟货币所有者一定量的法定货币、比特币等，这样，也实现了价值形态的转化，从而实现了该种虚拟货币的双向兑换功能。我们也可以形象称之为"寄生转移"，即本币不能转移，但价值转移寄生另外的币（法定货币、虚拟货币）。

讯没有提供这个功能。[18] 如果允许 Q 币在不同用户之间自由转移，那么，它就不再是特定封闭空间仅具有单项使用用途的代币，它在任何开放场景中都可以提供支付服务，它就将与网币等中心化虚拟货币一样，具有交易媒介、价值储藏等货币职能，在金融监管本质上就不再有区别。[19]

欧洲中央银行将不可转换的虚拟货币再细分为两类。第一类是完全封闭社群产生的在线游戏币，如在线游戏获得的奖赏（如魔兽世界的黄金）或者各种积分奖励（如航空积分、信用卡积分）。第二类是可以通过法定货币购买，但这一过程是单向的，不能反向转回为法定货币，如用人民币购买的腾讯游戏 Q 币。两者都是封闭空间上的电子化商品，不是金融监管的关注点。[20]

从封闭式到开放式只有一步之遥。2002 年腾讯公司上线 Q 币，用于在其游戏平台上购买游戏时长、道具、增值服务等。用户通过网银、手机支付等手段支付人民币至腾讯的银行账户，腾讯在该用户的账户余额上增加相应对价的 Q 币。当用户在游戏中支付 Q 币换取虚拟道具时，腾讯从该用户的账户余额上扣减相应数量的 Q 币。

与网银、信用卡和第三方支付不同的是，Q 币不能在用户账户之间转移，因为 Q 币的目的是在特定场所的预付，而非提供一般的支付服务。

Q 币在技术上与网银、信用卡、第三方支付基本一致，都依赖中心化的数据库系统记账，但它不能在账户之间转移，腾讯公司也不提供 Q 币转换为法币的业务，所以，Q 币在性质上只是"使用型代币"，并不需要金融监管。是否放开双向转换功能，由腾讯公司的 Q 币支付软件功能决定。

值得注意的是，由于流程中存在一些漏洞可以利用，所以在非官方、不合规的渠道和市场上，是存在交易 Q 币的可能性的，即其与人民币能够双向兑换。原因之一是，Q 币可以为腾讯运营的一些游戏和服务兑换点卡，而点卡是可以在不同的游戏玩家之间转移的，这样就间接实现了 Q 币的转移，也就可以在 Q 币和人民币之间做双向互换，当然这是不合规的。如果腾讯要提供 Q 币双向互换功能，即开放其成为通用的支付工具，那么腾讯就要为其申请支付牌照，并接受金融监管。

总之，即使根据管理员设定的条款，不可兑换货币仅在特定虚拟环境中才可正式转让，且不可兑换，但也可能出现非官方的二级黑市，提供将"非兑换"虚拟货币兑换为法定货币或其他虚拟货币的机会。一般来说，系统管理员将会对那些创建或使用违反该货币规则的二级市场的人实施管制措施（包括终止会员资格）。因此，不可转换的特征并不一定是静态的。

本书第 3 章将专门论述，中心化与否是一个由技术引发的程度问题，并不能决定虚拟货币的监管属性，第 4 章将专门论述是否具有可转换性才是触发监管的关键。

注释

1　BIS CPMI, *Central Bank Digital Currencies*, March 2018, p.6, available at: https://www.bis.org/cpmi/publ/d174.pdf. 该报告中将央行数字货币进一步分为批发式和零售式。

2　当然，中国的央行数字货币虽然受区块链技术启发而来，但不是完全和绝对的非中心化和分布式，参考姚前：《中国法定数字货币原型构想》，载《中国金融》2016 年第 17 期。

3　从国内外资料和报道看，在各国中央银行中，中国人民银行对数字货币的研究最为成熟。2020 年 4 月底，中国人民银行已经在深圳、苏州、雄安、成都四个城市对"人民币数字货币"（或者"数字人民币"）进行内测。报道参见胡建兵：《数字货币稳妥推进助力人民币国际化》，载《中国商报》2020 年 4 月 23 日第 1 版。

4　中国人民银行数字人民币研发工作组：《中国数字人民币的研发进展白皮书》，中国人民银行 2021 年 7 月 16 日发布。

5　姚前：《中国法定数字货币原型构想》，载《中国金融》2016 年第 17 期。

6　关于哈耶克思想对虚拟货币的影响，可参见 Luca Fantacci, Cryptocurrencies and the Denationalization of Money, 48(2) *International Journal of Political Economy*, 2019, pp.105-112。

7　朱玮、吴云、杨波：《区块链简史》，中国金融出版社 2020 年版，第 3 页。

8　Yun Li, Warren Buffett Says Bitcoin is a "Gambling Device" with "a lot of Frauds Connected with it", CNBC, May 4, 2019, at Market, available at: https://www.cnbc.com/2019/05/04/warren-buffett-says-bitcoin-is-a-gambling-device-with-a-lot-of-frauds-connected-with-it.html.

9　FSB, *Regulation, Supervision and Oversight of "Global Stablecoin" Arrangements: Final Report and High-Level Recommendations*, 2020, pp.9-10. Dirk Bullmann, Jonas Klemm, and Andrea Pinna, *In Search for Stability in Crypto-assets: Are Stablecoins the Solution?*, ECB Occasional Paper No. 230, 2019, p.23.

10　John M. Griffin, Amin Shams, Is Bitcoin Really Un-tethered?, 75(4) *The Journal of Finance*, 2020, pp.1913-1964. 此论文最早公开于 2018 年 6 月 25 日，更新于 2019 年 11 月 5 日，更新版本通过同行学术审议后发表于《金融学期刊》。

11　Dirk Bullmann, Jonas Klemm, and Andrea Pinna, *In Search for Stability in Crypto-assets: Are Stablecoins the Solution?*, ECB Occasional Paper No. 230, 2019, p.30.

12　Ibid.

13　FATF, *FATF Report to the G20*, June 2020, paragraph1, available at: https://www.fatf-gafi.org/media/fatf/documents/recommendations/Virtual-Assets-FATF-Report-G20-So-Called-Stablecoins.pdf.

14　FATF, *Virtual Currencies, Key Definitions and Potential AML/CFT Risks*, June 2014, pp.4-5, available at: http://www.fatf-gafi.org/media/fatf/documents/reports/Virtual-currency-key-definitions-and-potential-aml-cft-risks.pdf.

15　对这两种非加密虚拟货币的介绍，可参见 Tom Keatinge, *Virtual Currencies and Terrorist Financing: Assessing the Risks and Evaluating Responses: Counter-terrorism*. European Parliament, 2018, p.18, available at: https://www.europarl.europa.eu/RegData/etudes/STUD/2018/604970/IPOL_STU(2018)604970_EN.pdf. 这是欧洲议会委托的关于虚拟货币恐怖主义融资风险的研究。

16　可以参见网币章程第1.3.1条（Paragraph 1.3.1, WebMoney Transfer Code）。地址：https://www.wmtransfer.com/eng/legal/codex.shtml，最后访问日期：2021年5月27日。

17　吴云、朱玮：《数字货币和金融监管意义上的虚拟货币：法律、金融与技术的跨学科考察》，载《上海政法学院学报》2021年第6期。European Central Bank, *Virtual Currency Schemes*, October 2012, p.5, available at:https://www.ecb.europa.eu/pub/pdf/other/Virtualcurrencyschemes201210en.pdf。FATF, *Virtual Currencies, Key Definitions and Potential AML/CFT Risks*, June 2014, p.26, available at: http://www.fatf-gafi.org/media/fatf/documents/reports/Virtual-currency-key-definitions-and-potential-aml-cft-risks.pdf.

18　帅青红：《Q币、U币、POPO币与电子货币》，载《电子商务》2007年第1期。也可见于腾讯Q币充值网站的声明：https://pay.qq.com/ipay/index.shtml?c=qqacct_save，最后访问日期：2021年5月4日。

19　"网币"（Web Money）作为中心化虚拟货币，也可以起到非中心化虚拟货币（如比特币）相同的货币功能。

20　European Central Bank, *Virtual Currency Scheme*s, October 2012, p.5, available at: https://www.ecb.europa.eu/pub/pdf/other/virtualcurrencyschemes201210en.pdf.

3 数字货币的非中心化：程度问题

比特币确实具有非中心化的特点，但不能不加限定地将非中心化视为所有虚拟货币、数字货币的特点。数字货币的非中心化程度可以从发行、支付和清算与结算三个维度来进行具体衡量。我们经常看到报刊上说数字货币具有非中心化特点，甚至一些严肃的学术期刊也不加区分地接受这个前提。有些论文甚至基于这个前提，提出所谓"去中心主义"监管原则。

非中心化与否不是金融监管的本质特点，但是，非中心化确实对监管方式、监测手段提出了新的挑战。虚拟货币采用不同技术安排，其非中心化程度也不相同，从监管的角度，我们应当紧密关注具体的非中心化程度，具体分析哪些技术特征改变了监管所关注的关键，研判非中心化技术特点对金融监管的具体影响。

3.1 监管如何对待新技术：技术中立与功能等值

20世纪90年代互联网作为新技术出现后，美国率先提出了"技术中立"（technology neutrality）原则作为对新技术监管和立法的基本原则，这个原则在使用过程中，逐渐产生了"功能等值"（functional equivalent）原则。前者的基本含义是监管和法律不应当歧视或者偏袒某种技术，后者是指对于相同功能的活动要达到相同的监管目标。[1] 功能等值原则的背后是目标导向，这个原则并不是要求无差别采用相同的监管规则，而是应当照顾新技术特点，采用差异化的规则，最终使得监管对不同技术活动达到相同的监管目标。金融行动特别工作组在虚拟货币反洗钱监管指引中，就将功能等值原则和监管目标本位进行了融合，称其为"功能等值和目标为本的路径"（functional equivalent and objective-based approach）。[2]

数字货币的非中心化是程度问题，而不是非此即彼的有无问题，我们至少可以从发行、支付和结算三个环节度量其（非）中心化程度。如果比特币代表了"彻底"的非中心化，那么网币这样的虚拟货币则代表了完全中心化，在这两者之间有很多有限非中心化的数字货币。是否采用非对称加密技术只是技术要素，不是对虚拟货币进行界定的要件，非中心化与否也只是程度问题，不是虚拟货币的监管本质。虚拟货币采用不同技术安排，其非中心化程度也不相同，从监管的角度，我们应当紧密关注具体的非中心化程度，具体分析哪些技术特征改变了监管所关注的关键要件，研判非中心化技术特点对金融监管的具体影响。一些研究基于比特币非中心化特点提出了非中心主义的监管原则等概括性监管原则，如所谓"去中心主义"，或者不加思考地将去中心化作为虚拟货币、数字货币的本质特点，显然需要进一步精细化分析论证。

3.2 比特币："彻底"的非中心化

如前所述，加密货币特指那些使用了非对称加密技术进行"签名"的私人数字货币（虚拟货币）。比特币将非对称加密签名结合共识机制实现了点对点的交易，摆脱了对中心服务器的依赖，从而具备了我们常说的"分布式""非中心化"的特点。加密货币的先驱 eCash 已经使用非对称加密"签名"，但比特币使用非对称加密技术结合工作量证明共识机制实现了点对点环境中的可信交易，摆脱了对中心系统的依赖，进而发展成为完善的系统和有影响力的生态，成为真正可以独立运行的体系。[3]

比特币"彻底"实现了"非中心化",在所有业务环节,包括发行、支付、结算,都摆脱了中心化服务器,实现了点对点环境中的自由支付[4],支付即结算。

3.3 非中心化是程度问题

数字货币的非中心化是程度问题,我们至少可以从发行、支付和结算三个环节度量其(非)中心化程度。现有的电子支付的管理基于账户体系,技术上使用数据库系统,数据存储和业务逻辑代码都运行在中心服务器上[5],未使用区块链这样开放、公共的架构。因此,其发行、支付、结算都是中心化的,我们可以将其理解为"完全中心化"。相反,比特币是"完全非中心化"的代表。当然,在这两者之间还有其他有影响力的数字货币。

支付和结算去中心化,发行中心化,以 USDT 等资产支持型稳定币为代表。USDT 被公认为加密货币,年交易量也超过比特币成为交易量最大的虚拟货币[6],但其仅在支付和结算环节做到了非中心化,发行环节是完全中心化的。USDT 的技术架构基于比特币和以太坊等公链,支付时钱包软件构造交易,信息提交上链,矿机打包入块,完成结算,全过程不需要一个中心化的机构提供账户和账本服务。[7]但是,USDT 作为稳定币,它的发行还是传统的中心化模式,即由泰达公司发行,并承诺 USDT 与美元实现 1∶1 承兑。[8]换言之,USDT 只在支付和结算环节可以不再需要泰达公司服务器的支撑。实际上,资产支持型稳定币在发行环节都是中心化的。

支付去中心化,发行和结算中心化,以数字人民币为代表。各国央行数字货币概念的提出普遍受到比特币启发,但各国央行对比特币和区块链的兴趣,多源于去中心化的结算、支付即结算等特性[9],即对比特币和区块链在结算环节去中心化所带来的效率提升感兴趣。但作为法定货币,央行数字货币的非中心化程度比资产支持型稳定币更低。数字人民币采用"中央银行—代理投放的商业机构"的双层投放模式,央行不直接为终端用户提供服务,而仍然由商业机构（主要是商业银行）通过为客户开设"数字人民币钱包"来提供服务。在发行环节，央行的中心化数据库通过额度控制和管理，对商业银行发行数字人民币，而商业银行则通过货币发行系统和额度管理系统，执行数字人民币对用户的发放。[10] 在终端客户之间的支付完成后，交易提交到商业银行的交易库，完成数字人民币的转移过程，从而实现最终清算和结算（参见表3.1）。[11]

表3.1 现有电子支付和数字货币的主要技术和中心化程度

技术类型	现有电子支付	中心化的虚拟货币	数字人民币	USDT（资产支持型稳定币）	比特币、以太币
采用区块链技术	否	否	是	是	是
采用分布式账本	否	是	是	是	是
采用非对称加密验证技术	否	是	是	是	是
公认为私人加密货币	—	—	是	是	是
发行	中心化	**中心化**	**中心化**	非中心化	非中心化
支付	中心化	非中心化	非中心化	非中心化	非中心化
清算、结算	中心化	**中心化**	**中心化**	非中心化	非中心化
去中心化程度	**完全中心化**	支付非中心化	支付、清算结算非中心化	**完全非中性化**	

数字人民币的双层投放模式。2017年，姚前在《关于央行法定数字货币的若干思考》中就指出，区块链技术存在不足，中央银行对区块链技术是"全新思路的借鉴"。数字人民币并没有完全采用区块链技术，而是以中心化数据库、密码学数字签名、分布式账本等技术为支撑。所以，该文多处采"借用区块链技术"的说法。这点既可以参考有关专利，也可以参考有关论文。[12]

我国数字人民币采用双层体制，用户可以在指定的商业银行开设数字人民币钱包。从用户操作感受上看，在数字钱包之间转账和普通银行账户转账两者之间似乎没有差别。但是，数字钱包转账是数字人民币加密字符串的转移,而普通银行账户转账是银行中心账簿上相应的余额增减。

数字人民币的非中心化主要体现在支付环节。数字人民币通过直接移动数字人民币加密字符串进行价值转移,并不需要银行系统中心化服务器对账户做相应的余额增减。此外,数字人民币具有双离线支付功能,即收付双方的设备都不联网,也不与银行的服务器进行通信,在两台设备之间通过近场通信就可以完成支付。

数字人民币双离线模式:程度最高的去中心化支付。如果深入分析,我们可以说,数字人民币的离线支付功能在支付环节较比特币更加非中心化。比特币支付必须在线,比特币在支付环节的去中心化,是指其摆脱了"一台"服务器,改为依赖"众多"服务器,而数字人民币的这种离线支付功能则不依赖任何服务器。[13]

3.4 中心化可以实现非中心化同样的货币功能

比特币通过非对称加密技术引领了私人数字货币这个话题,但是,在比特币诞生之前,就产生了大量基于互联网的私人数字货币,其中一些在商业上取得了很大的成功。"网币"是中心化虚拟货币成功的典型例子。[14] 网币公司(WebMoney Transfer Ltd.)于 1998 年发行并运营网币,这是一家成立于俄罗斯的网络支付公司,在欧洲、亚洲广泛开展业务,注册用户超过4300 万人。[15]

网币的跨境支付系统与第三方支付技术非常类似,其目的是创造一个私人跨境支付体系,但网币本身具有独立的计价单位功能,也被认为是一种私人数字货币。网币目前仍然作为跨境支付手段被广泛使用。网币是电子支付和数字货币之间的过渡性物种,只是我们在事后总结数字货币分类时将其放在数字货币种类之下(类似将鸭脚兽归为哺乳动物)。

网币的金融设计理念与 USDT 这类资产支持型稳定币非常相似,两者在发行安排、承兑保证等方面的相似性使得中心化虚拟货币的这种私人货币性质更加明显。网币诞生在比特币 10 年之前，因此采用了完全中心化的技术设计。网币公司是网币的发行人和管理人；在发行环节，用户通过法定货币、黄金认购权证向网币公司兑换网币，网币公司将收到的法定货币、认购权证交由指定的托管人进行管理，网币公司承诺可以将网币兑换为法定货币、黄金认购权证；网币也实现了支付即结算，支付发生后在中心化数据库系统直接对账户余额进行增减，网币的支付和结算可以同时完成（参见表 3.2）。[16]

表 3.2　中心化电子代币与稳定币

特征	中心化电子代币（非加密的虚拟货币）	稳定币
典型	网币	USDT
支持资产	法定货币、黄金	法定货币
价值储藏、交易媒介功能	有	有
独立计价单位	是	是
价值转移对象	代币自身所有权	代币自身所有权
是否采用非对称加密技术、具有高级数字特征	否	是
（非）中心化特点	完全中心化	发行环节中心化，支付、结算非中心化

3.5　技术和中心化程度的监管意义

虚拟货币采用不同技术安排，其非中心化程度也不相同，从监管的角度，我们应当紧密关注具体的非中心化程度，具体分析哪些技术特征改变了监管所关注的关键，研判非中心化技术特点对金融监管的具体影响（参见图 3.1）。

第一，非中心化程度决定了对金融中介的依赖程度，对金融中介依赖程度的变化导致了"可识别被监管对象"的变化。

```
非中心化程度 ─┬─ 对中介的依赖程度 ── 可识别监管对象
              ├─ 组织方式 ── 责任承担主体和方式
              └─ 监管技术手段 ── 监测方式、干预手段
```

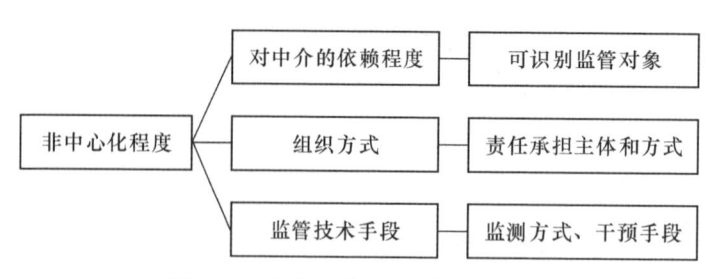

图 3.1 非中心化程度的监管意义

越是中心化的数字货币安排，越能够识别出义务主体，并通过义务主体全面实现监管目标；反之亦然。对具体的金融监管而言，推行监管政策的着力点是监管对象，或者说义务对象。在当前的货币体系中，以银行为代表的金融中介是金融活动的枢纽，监管规则也围绕这些金融中介而设定，金融监管的主要着力点是金融中介。

去中心化带来的挑战是，相关活动可以在不同程度上摆脱金融中介，这样，监管者将无法找到实现其监管目标的着力点。以比特币为例，在实践中要进行大规模撮合交易，必须依赖于虚拟货币交易所，所以，金融行动特别工作组的反洗钱国际标准将兑换、转移、发行、保管、销售等各种服务中介和参与方都纳入了监管[17]，服从金融机构同样的反洗钱标准。但是，由于链上治理（代码修改规则、"分叉"等）活动的决策是分散的，目前所有的监管规则也只能对涉及服务中介的链上交易活动进行监管（参见表3.3）。[18]

表3.3 数字货币中心化程度与可识别监管对象

非中心化程度	代表	对金融中介依赖程度	可识别被监管对象	特点
完全非中心化	比特币	不依赖	虚拟货币兑换、转移服务中介	基于算法发行，点对点支付
发行中心化，支付、结算非中心化	USDT	有限依赖	虚拟货币兑换、转移服务中介；发行人、资产托管人	托管人保管资产，发行人承兑保证；点对点支付

续表

非中心化程度	代表	对金融中介依赖程度	可识别被监管对象	特点
支付非中心化	数字人民币	强依赖	数字钱包提供商；中央银行授权的参与主体	中央银行负责发行、结算；数字钱包提供商仍然以金融机构为主
完全中心化	网币	完全依赖	虚拟货币兑换、转移服务中介；发行人、资产托管人	托管人保管资产，发行人承兑保证；发行人掌控的中心化服务器进行支付和结算

加密货币的"分叉"："分叉"（fork）是软件工程中对软件做版本分支的描述。例如，对某个版本的软件进行升级后，升级后版本和原版本就成为两个分支，我们把这种情况叫作软件的分叉。

在加密货币社区中，借用此概念，指代加密货币社区中因为分歧，一部分人对加密货币代码进行更改，脱离主干版本，发布新版本，创造出不同于原加密货币的新加密货币。例如BCH，BSC就是比特币的分叉币。

这种分歧，多因为对加密货币的金融秩序理念不同、技术追求不同，一次分叉之后原加密货币就成为两种加密货币，如同武侠小说的情节，一个门派中出现争议，一部分门人徒弟出走而自立门派，遂成另一派。

第二，非中心化程度产生了新的组织方式，组织方式的变化影响了责任承当的方式。

比特币以建立一种非中心化秩序为理想，创造了"代码即法律"的社群治理模式，决策和运营模式完全依赖于自治社群。"道平台"（the DAO）则进一步实验了"非中心化自治组织"（decentralized autonomous organization）的理想。"道"表现为一种建立在以太坊基础上的分布式软件应用，这种分布式应用运行在区块链基础设施上形成了非中心化平台，整个平台按照事先确定的规则运行，没有管理员，或者任何管理架构，所有平台代币（道币）持有者直接行使投票权。[19]

非中心化自治组织的实验：道平台。2016年4月，在以太坊社区中，一场盛大的"众筹"开启，目标是在以太坊上成立一个"去中心化自治组织"，组织名称为"the DAO"，这个名字来源于"去中心化自治组织"的英文首字母缩写，再加上英文冠词"the"。道平台号称将要开启一个新的组织类型：一个无实体组织、无人管理的风险投资基金。

道平台是一种分布式软件应用，实际上是一系列用代码写成的智能合约，部署并运行在以太坊上。这种分布式平台没有实际存在的组织形态，整个平台按照事先确定的规则运行，没有管理员，不受单个人控制，所有代币持有者直接行使投票权，被称为"虚拟组织"（virtual organization）或"非中心化自治组织"。

白皮书中定义道平台为"一种虚拟组织，拥有一定数量的成员或者股东，在大多数（例如67%的）成员同意的情况下，可以动用该组织的资金，也可以修改组织代码"。在"虚拟货币"和"智能合约"的两个要素支撑下，无人的"虚拟组织"成为可能，这也是戴维在B-Money中所设想的场景。

道平台代码的开发者和运作者是德国的Slock.it公司，公司由克里斯托弗·延奇（Christoph Jentzsch）和西蒙·延奇（Simon Jentzsch）兄弟创立。克里斯托弗·延奇本就是以太坊社区早期的核心开发者。

道平台面对现实中的两种角色，一种是投资者，一种是创业者。投资者通过以太坊钱包，向道平台智能合约地址发送以太币，换得道币，这实际上是数字化股权。创业企业则通过开发和部署智能合约，以及提交文本写成的建议书，向道平台申请投资。道平台发起之后，最早提交融资申请的创业者就有 Slock.it 公司。

2016 年 5 月，道平台众筹开始，投资者对道平台的智能合约发送以太币，换得道平台的虚拟股份。经过 4 周的融资，道平台合约共计获得约 1200 万以太币。

2017 年 7 月 25 日，美国证券交易委员会发布报告，认为道币是证券，在区块链上发行类似道币的虚拟货币，应受证券法的约束和管辖。虽然道平台自称为"众筹合约"（crowd funding contract），但它并不符合众筹法规的豁免条款。

2017 年，道平台被美国证券交易委员会认定为非法发行证券，由此引发了对这种非中心化自治组织责任承担问题的讨论。正如我们曾经谈到，区块链的内部治理是未来的根本性挑战。[20] 这种非中心化自治组织不存在任何有形组织架构，因此，套用现有的市场主体（主要包括法人、普通合伙、有限合伙）显然都不完全合适。在现行法律框架下，法人和有限合伙以登记为要件，道平台显然缺少应有法定要件。即使不考虑法律登记的要求，从应然的角度出发，道平台缺少应有的组织管理框架和内外责任分配合意，也很难构成法人和有限合伙。当然，普通合伙可以基于共同行为的事实予以确定，道平台在现有法律框架下可以被认为是普通合伙。但道平台的发起人有着实际的控制力，普通的道币持有者不足以形成有意义的控制力[21]，因此，所有参与者承担无限连带责任显然有失公平。

国内的很多研究建议将道平台这种非中心化自治组织视同有限合伙，将对平台具有控制力的人（参与地址）作为一般合伙人，将没有控制力的普通参与者（参与地址）作为有限合伙人。[22] 美国一些研究则认为，现行的任何组织模式都不宜适用于道平台，建议将其确定为新类型的"混合实体"（hybrid entity），综合有限责任公司、股份有限公司和合伙的不同要素。[23]

第三，非中心化程度不同，对监管所使用的监测技术和干预手段提出了新的要求。

以比特币为例，区块链上的活动是匿名的，技术手段只能有限追踪，也即追踪每次交易活动的地址。我们可以把这种交易理解为蒙面人使用现金进行交易，我们只能通过现金的冠字号建立交易链条。如前所述，现有的反洗钱监管标准，要求虚拟货币服务中介履行类似银行的反洗钱义务，从而构建一个可以和真实身份相关联的可追踪交易体系，但是，对于不依赖虚拟货币服务商的个人间交易，也即纯粹的链上交易，只能追踪到"蒙面人现金交易"的程度（公链上地址到地址的交易）。因此，监管要监测到真实交易，还必须要使用更广泛数据，通过多种数据和场景匹配才能有效监测。

现有的监管通过对可识别被监管主体进行干预，从而强迫其实现监管目标，如强迫其改善内控治理结构，直至吊销许可或营业执照等。这一切都建立在被监管主体明确、责任承担者明确的基础之上。对于非中心化的区块链活动和组织的监管而言，都是巨大的挑战。可能要通过赋予国家"超级代码控制者"权才能实现有效干预。

注释

1 Chris Reed, Online and Offline Equivalence: Aspiration and Achievement, 18 *International Journal of Law and Information Technology*, 2010, pp.248-249.

2 FATF, *Guidance for a Risk-Based Approach to Virtual Assets and Virtual Asset Service Providers*, June 2019, paragraph19(a), available at: Chris Reed, Online and Offline Equivalence: Aspiration and Achievement, 18 *International Journal of Law and Information Technology*, 2010, pp.248-249.

3 See Satoshi Nakamoto, *Bitcoin: A Peer-to-Peer Electronic Cash System*, 2008, p.2, available at https://bitcoin.org/bitcoin.pdf.

4 Ibid.

5　关于当前的主流银行 IT 架构体系，可参见金磐石：《基于 SOA 的银行集团"新一代"系统架构》，载《计算机系统应用》2016 年第 12 期。

6　数据来源 coincapmarket.com。

7　参见 USDT 白皮书 *Tether: Fiat Currencies on the Bitcoin Blockchain*, 2016, pp.6-7, available at: https://tether.to/wp-content/uploads/2016/06/Tether White Paper.pdf。

8　参见 Tether 官网介绍：https://tether.to/faqs/，最后访问日期：2021 年 5 月 27 日。

9　Ben Broadbent, *Central Banks and Digital Currencies*, Speech by Deputy Governor for Monetary Policy, Bank of England to the London School of Economics, March 2, 2016.

10　关于央行数字人民币的发行模式，可参见范一飞：《中国央行数字货币应采用双层投放体系》，载《金融博览》2018 年第 3 期。关于央行数字人民币发行的技术细节，可参见中国人民银行数字货币研究所，《一种数字货币的生成方法及系统》，中国发明专利号 CN110751467A，公开日期：2020 年 2 月 4 日；可参见中国人民银行数字货币研究所，《一种数字货币的额度回收方法及系统》，中国发明专利号 CN110619567A，公开日期：2019 年 12 月 27 日。

11　关于数字人民币交易的过程和技术原理，可参见中国人民银行数字货币研究所：《一种数字货币的流通方法及系统》，中国发明专利号 CN110659889A，公开日期：2020 年 1 月 7 日。

12　徐忠、汤莹玮、林雪：《央行数字货币理论探讨》，载《中国金融》2016 年第 17 期；范一飞：《中国法定数字货币的理论依据和架构选择》，载《中国金融》2016 年第 17 期；姚前：《关于央行法定数字货币的若干思考》，载《金融研究》2017 年第 7 期；范一飞：《关于央行数字货币的几点考虑》，载《第一财经日报》，2018 年 1 月 26 日，第 A05 版；狄刚：《数字货币辨析》，载《中国金融》2018 年第 17 期。

13　姚前：《中国法定数字货币原型构想》，载《中国金融》2016年第17期。具体技术原理，可参考中国人民银行印制科学技术研究所：《支付数字货币的方法和系统》，中国发明专利号CN201610179712.3，公开日期：2017年10月3日。

14　具体可以参见 P. Carl Mullan, *A History of Digital Currency in the United States New Technology in an Unregulated Market*, Palgrave Macmillan, New York, 2016。该书对1996年至2004年已经商业化的私人数字货币进行了逐一梳理，对9种较为有影响力的虚拟货币从技术和运营方面逐一进行了详细介绍。

15　参见其官方网站：https://www.wmtransfer.com/。最后访问日期：2021年5月4日。

16　当然，网币这种支付即结算仅仅针对其平台用户之间，与商业银行内的两个账户之间的支付清结算同步完成一样，并不意味着网币的技术有优势。

17　FATF将这些中介和参与方定义为"虚拟资产服务提供商"（VASP），其与金融机构承当相同的反洗钱义务。虚拟资产服务商指为"虚拟资产活动"提供服务且作为营业（as a business conduct）的机构或个人。主要的"虚拟资产活动"，包括：（1）法定货币和虚拟货币之间兑换；（2）不同种类虚拟货币之间兑换；（3）虚拟货币转移；（4）保存、管理虚拟货币；（5）参与虚拟货币发行和销售，或者为其提供服务。由于反洗钱是跨行业监管，所以此处的"虚拟资产活动"，涵盖了兑换、转移、发行、保管、销售等各种服务和活动。

18　吴云、朱玮：《虚拟货币的国际监管：以反洗钱为起点走出自发秩序》，载《财经法学》2021年第2期。

19　SEC, *Report of Investigation Pursuant to Section 21(a) of the Securities Exchange Act of 1934: Dao*, July 25, 2017, Release No. 81207, available at: https://www.sec.gov/litigation/investreport/34-81207.pdf.

20　吴云、朱玮:《虚拟货币的国际监管:以反洗钱为起点走出自发秩序》,载《财经法学》2021年第2期。

21　SEC, *Report of Investigation Pursuant to Section 21(a) of the Securities Exchange Act of 1934: Dao*, July 25, 2017, Release No. 81207, available at: https://www.sec.gov/litigation/investreport/34-81207.pdf.

22　国内的论文如郭少飞:《"去中心化自治组织"的法律性质探析》,载《社会科学》2020年第3期。另如汪青松:《区块链系统内部关系的性质界定与归责路径》,载《法学》2019年第5期。

23　Timothy Nielsen, Cryptocorporation: A Proposal for Legitimizing Decentralized Autonomous Organizations, 5 *Utah Law Review*, 2019, pp.1105-1129.

4 金融监管意义上的虚拟货币

现有的监管体系中，存在货币当局（中央银行）、市场监管（证券监管与投资者保护）和反洗钱监管三种功能和角色。不可转换式（封闭式）虚拟货币（如Q币），仅是特定网络空间实现有限目的的电子商品，而可转换式（开放式）虚拟货币，可以成为支付、投资的工具，进而具有金融监管意义。相对应地，可转换式虚拟货币在金融监管意义上具有三种属性：从货币的角度，虚拟货币是可以替代法定货币的支付工具；从投资的角度，虚拟货币是证券投资；从反洗钱角度，虚拟货币是价值转移的手段。

对于虚拟货币的各种现象，包括最近兴起的"非同质化代币"（NFT），我们要通过两个步骤判断其是否具有金融监管意义，以及如何服从现有的金融监管：第一步，是否具有可转换性，如果具有可转换性，则具备金融属性，否则仅是有限目的的商品，通常被称为"使用型代币"；第二步，判断是否具有货币功能、证券属性，如果有，将分别服从货币监管（支付监管、审慎监管等）、证券监管。

4.1 可转换性决定虚拟货币的金融属性

可转换性决定了虚拟货币的金融属性，只有当虚拟货币的转换不受限制时，才具有成为金融产品的可能性，金融监管才具有必要性。如本书第2章

第 4 节所述，如果不可转换，那么虚拟货币由于交易的单向性，更多只是一种实现有限目的的电子商品。[1]

如果一种虚拟货币可以在不同主体之间自由转移，那么，这种虚拟货币就具有了可转换性（参见图 4.1）。

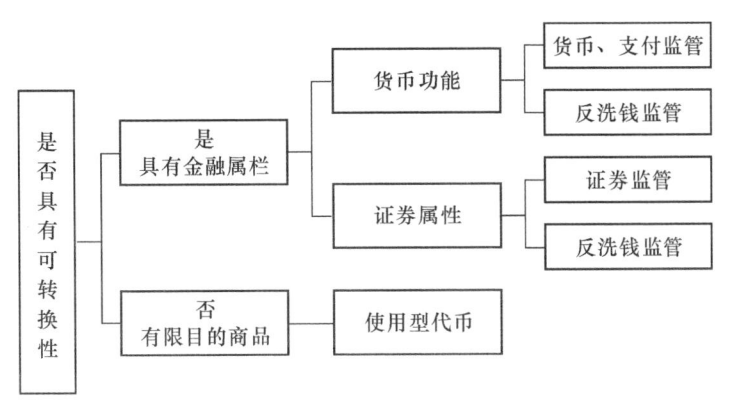

```
                                        ┌── 货币、支付监管
                         ┌── 货币功能 ──┤
                         │              └── 反洗钱监管
           ┌── 是       │
           │  具有金融属性┤
           │              │              ┌── 证券监管
是否具有   │              └── 证券属性 ──┤
可转换性 ──┤                             └── 反洗钱监管
           │
           └── 否
              有限目的商品 ── 使用型代币
```

图 4.1　判断虚拟货币的金融属性

4.1.1　可转换性是作为支付手段和其他货币职能的前提：货币当局对反洗钱监管的共识

货币当局很早就注意到，虚拟货币可能存在多种技术路径，必须超越技术本身，发掘其中影响金融监管的要件。2012 年，欧洲中央银行（欧元区货币当局）将虚拟货币按照监管必要性明确将其分为"可转换式"和"不可转换式"两类。前者可以在不同用户之间转移，从而可以实现与法定货币、其他虚拟货币的交换；后者被设定为在特定社群内实现单项用途的代币。从监管的角度看，两者根本的不同点在于是否可以在不同用户之间转移。在我们查阅到的国际组织、监管当局的官方正式文件中，这个文件最早指出了可转换性金融监管的意义。

这个标准很快被反洗钱监管所接受，并已成为各反洗钱当局的共识。在反洗钱监管当局中，美国财政部最早阐述了该立场。2013 年，在其发布的第一个关于虚拟货币的监管指引中指出：需要实施反洗钱监管的虚拟货币限于"可转换的虚拟货币"。[2] 2014年，国际反洗钱标准制定组织"金融行动特别工作组"（FATF）接受该立场，在《虚拟货币：关键定义和潜在反洗钱、反恐怖融资风险》[3]中认可了美国财政部对监管范围的界定。2019年，金融行动特别工作组通过关于虚拟货币的反洗钱国际监管标准，发布相应的指引即《对虚拟资产和虚拟资产服务提供商的基于风险的方法指引》，正式确认该立场，并将其上升为全球性强制规则。[4]

FATF：国际监管界的无冕之王。金融行动特别工作组（Financial Action Task Force，FATF）成立于1989年，最初是"七国集团"峰会为应对洗钱危害、预防并协调反洗钱国际行动而发起设立的政府间国际组织。经过长期演变，FATF已经成为国际反洗钱标准的制定机构。目前，金融行动特别工作组有39个正式成员（含两个国际组织），全球共超过200个国家和地区加入了金融行动特别工作组或该框架下的区域反洗钱组织。金融行动特别工作组秘书处设在经济合作与发展组织（OECD）巴黎总部。

中国是金融行动特别工作组成员，同时是该框架下区域性反洗钱组织"欧亚反洗钱组织"（EAG）和"亚太反洗钱组织"（APG）的成员。金融行动特别工作组已经组织完成四轮世界范围内的反洗钱评估。中国分别于2007年和2019年通过金融行动特别工作组第三轮和第四轮反洗钱评估。

金融行动特别工作组建立的国际反洗钱标准被称为"四十项建议"，其特点是围绕反洗钱设定一系列的要求，包括刑事司法、反洗钱监管、国际合作、执行联合国定向金融制裁等五个方面，涵盖了从司法、执法、监管到外交的各个领域。

"四十项建议"对全球200多个经济体均有约束力，这种约束力来源于其背后掌握的金融制裁实力。与以往国际组织不同，金融行动特别工作组制定了一整套评估方法,通过成员之间相互评估的方式督促成员履行标准,对于不能达标的成员,将采取金融抵制和反制措施,实为金融制裁。由于金融行动特别工作组的核心发起国掌握了全球主要的可自由兑换货币和跨国支付结算系统,这些国家联合起来实施金融制裁,足以将任何经济体隔绝在世界金融体系之外,威力远超传统的经济制裁或贸易制裁。这一整套带有"牙齿"的评估机制,使得金融行动特别工作组的反洗钱标准成为具有实质性强制约束力的国际标准。

以联合国定向制裁决议为例,联合国安理会并未建立督促各国执行决议的详细技术性机制安排("定向"的英文是"targeted",意思是有明确的制裁个人和实体名单)。相反,金融行动特别工作组作为技术性组织建立了一整套标准,要求各国国内法必须有执行联合国制裁决议中定向金融制裁决议的法律基础(建议6、建议7),并且要有效执行(有效性指标10、有效性指标11)。金融行动特别工作组通过成员相互评估,发现各国法律和执行中的不足,并提出整改建议。所以,金融行动特别工作组通过技术性标准,推动了世界范围内执行联合国定向制裁决议。

在法理上,金融行动特别工作组仅是临时性国际工作组,尚未具有国际法主体资格,其秘书处依托于经济合作与发展组织才享有了国际组织的一些特权(如外交豁免权等),但由于其具有金融制裁的实力,很少有国际组织的技术性标准具有如此强的约束力,被金融界人士誉为"国际监管的无冕之王",也被称为"小联合国"。

货币当局和反洗钱当局在对虚拟货币监管属性上高度一致。货币当局认识到了只有可转换式虚拟货币才可以行使货币职能(支付手段、交易媒介、价值储藏),而对于反洗钱当局,其所监管的活动并不仅限于法定货币的转移,而是各种形式的"价值转移方式"。因此,两者都将可转换性作为区分虚拟货币是否应当受到监管的前提。

虚拟货币执行货币职能与价值转移手段职能紧密联系,正是由于虚拟货币可以充当交易媒介，所以可以替代法定货币进行价值转移。

4.1.2 可转换性是成为"证券"的前提条件

"可转换性"是从货币当局和反洗钱当局的角度提出的，而证券监管当局往往并不直接使用可转换性标准。以美国证券交易委员会（SEC）为例，其没有采用可转换性的分类标准，而是采用了"使用型代币"（或称为"功能型代币""实用型代币"）和"证券型代币"（securities token）这样的分类。但是，仔细阅读美国证券交易委员会的监管分类标准，我们发现它与"可转换性"标准是相通的。[1]

按照美国证券交易委员会的分类，"使用型代币"限于特定领域的使用，相当于购买了使用权的证明，不属于受监管的"证券型代币"。2019年，在其正式监管决定中进一步明确指出了使用型代币不可转换的特征，即代币不能与外界发生交换时则不属于证券法意义上的证券，不在证券监管的范围内。[5] 也就是说，从美国证券交易委员会的立场，单纯的封闭式虚拟货币仅是"使用型代币"，只有开放或可转换的虚拟货币才可能构成证券监管意义上的"证券型代币"。

证券不以公司、企业利益为前提。虚拟货币可以执行货币职能、可以作为价值转移的手段较为容易理解，但是，在直觉上虚拟货币与常见的证券（股票、债券）相差极大。美国证券交易委员会在阐述监管政策时指出，传统的证券确实是基于企业或公司利益的，但这并不是证券的本质所在，其将坚持用"豪威标准"（Howey Test）四要件判断虚假货币是否为证券。[6]

因此，从美国证券交易委员会的角度，可转换与否是触发监管的前提条件。当虚拟货币可以超越封闭空间的单向用途，在不同主体之间进行转移时，就将触发"豪威标准"证券判断。[7] 同样，所谓"混合型"代币，即既具有封闭空间上的用途，同时还能在不同主体之间转移的虚假货币，也将触发监

---

[1]　"可转换性"是从货币当局和反洗钱当局的角度提出的，我们查阅的中英文文献中都没有"可转换性"和证券监管存在相通性的论述，本段是我们的一个尝试。

管对其是否属于证券的判别。[1]

可转换性是"证券"的前提条件,是否构成证券的充分条件还取决于豪威标准四个要件的具体判定,尤其是非中心化导致的豪威标准的第三和第四要件是否满足,要具体识别。

> 运用"豪威标准"判定虚拟货币的证券属性。美国《1933年证券法》(Securities Act of 1933)并未对证券作出一般性定义,而是采取列举加弹性描述的方式对证券范围作出规定。一方面列举了股票(stocks)、债券(bonds)、公司债(debentures)、票据(notes)和可转股(transferable shares)等具体类型,另一方面采用描述的方式将债务证据(evidences of indebtedness)、投资合同(investment contracts)、利润分享协议的权利证明(certificates of interests in profit-sharing agreements)等归为证券,保留了法律的弹性。参见 15U.S.C.§77b(a)(1)(2017)。
>
> 美国最高法院在1946年的"美国证券交易委员会诉豪威公司案"(SEC v.W J Howey Co.,328 U.S.293,1946)中通过对"投资合同"进行定义,确立了"证券"的一般性判断标准。具体而言,豪威案中确立了判定证券的四个要件:(1)投资金钱;(2)为了共同事业;(3)怀有获取利润的预期;(4)利润源于他人努力而获得。在实践中,几乎总能满足前两个标准,关键是后两个要件的判定。[8]

2017年,美国证券交易委员会在对道币的调查中全面阐述了对虚拟货币性质的监管立场[9],认为道币完全符合"豪威标准"四要件。由于道币的典型意义,对理解其他虚拟货币发行行为具有借鉴价值。主要包括:(1)投资金钱(用法定货币或虚拟货币购买,虚拟货币也属于金钱);(2)为了共同事业(显而易见,未作详论);(3)怀有获取利润的预期(对道币有

---

[1] SEC主席声明中区分了"使用型代币"和"证券型代币",同时具有两种属性的,视为"证券型代币",属于证券监管范围。

增值的预期）；（4）利润主要通过他人努力而获得（来自管理层和创始人的努力）。

由于虚拟货币往往号称是无实际管理人的自发秩序，所以本案的关键点是第四个要件。美国证券交易委员会仔细分析道平台治理结构后指出，道平台的投票权是分散的，道币持有者不足以形成有意义的控制力，真正的控制权仍然掌握在管理层和创始人等少数人手中。因此，道币持有者的收益来源于这些真正掌控道平台的少数人的努力。

4.2 可转换性视角下虚拟货币的再分类

货币当局和反洗钱当局提出了可转换性，并且将其作为对虚拟货币实施监管的前提条件。美国证券交易委员会根据监管必要性，将虚拟货币分为"使用型"和"证券型"，前者不在证券监管的范围之内。虽然称谓不同，但"使用型"也即"封闭型"。换言之，无论对于货币当局、反洗钱当局或者证券监管当局，可转换性都是触发金融监管的前提。

国内有研究者引用了瑞士等国的分类方法，将虚拟货币作了三分法，即支付型、使用型（或译为"实用型"）和证券型。但是，按照可转换性的金融监管视角，所谓使用型代币属于不可转换虚拟货币，而支付型和证券型属于可转换虚拟货币，因此，这种平行的三分法应当改为二分法，或者说我们应当以二分法的视角来理解（参见表4.1）。[1]

---

[1] 对"使用型代币"和"证券型代币"从原始文献入手进行翔实分析的中文作品，可参见柯达：《加密资产分类监管研究——以英国、瑞士、新加坡三国为例》，载《证券法律评论》2019年卷。该文对英国、瑞士和新加坡的分类进行了分析，该文认为这些国家对混合型代币监管尚不明确。但从作者掌握的反洗钱国际看（这三国都是成员），无论是否具有其他性质，只要具有价值转移职能，就必须服从反洗钱规则监管。当然，反洗钱监管不是排他的或非此即彼的，监管可以是多重的。例如，中国的证券行业要服从证券监管，同时也要服从反洗钱监管。

该文作者将虚拟货币作了三分法，即支付型、使用型（该文译为"实用型"）和证券型，这种分类方法本身可能是存在交叉的。因为支付与非支付是从货币当局或反洗钱当局的分类，使用型（实用）和证券型是证券监管当局的分类方式，两种分类方式不宜交叉。

表 4.1 监管角度的虚拟货币二分法

类型	子类型		金融监管规则	说明
不可转换虚拟货币	使用型	混合型	不适用	单项用途的商品
可转换虚拟货币	支付型		支付规则、反洗钱规则	两者可能存在交叉，取决于各国证券法
	证券型		证券规则、反洗钱规则	

这里需要强调的是，将可转换的虚拟货币进一步区分为支付型和证券型是能够体现监管本质的分类方式，但这两种性质并非非此即彼。两者可能存在交叉，这取决于各国证券法。开放式虚拟货币由于其可转换性往往直接被货币当局和反洗钱当局认定为监管对象，两者具有高度一致性，而是否构成证券型，则需要按照各国证券法做进一步分析。

4.3 可转换虚拟货币的三重属性：监管体制的映射

传统的金融监管包括审慎监管和行为监管两个目标。审慎监管包括宏观审慎监管和微观审慎监管。前者的目的是维持金融体系的稳定，一般由作为货币当局的中央银行负责；后者的目的是单个金融机构的稳健性，由中央银行或者单独的审慎监管机构负责。行为监管以金融消费者保护为目的，创造并维护金融市场秩序的公平性、透明性（如证券市场的强制信息披露、维护金融消费者公平交易权利等）。[10]在现有的法定货币体系中，中央银行负责货币发行，由于货币会通过金融中介（典型的是商业银行）进行信用放大，进而衍生出审慎监管问题，为简化讨论，我们将中央银行和审慎监管当局统称为"货币监管相关当局"（参见表 4.2）。

表 4.2 虚拟货币面临的金融监管问题

性质	监管内容	监管当局	具体监管者举例	虚拟货币有关的监管问题
货币 1	支付和清算，法定清偿手段	中央银行	中国人民银行；英格兰银行	尚未对法定货币体系形成冲击
	金融稳健性	审慎监管当局	中国人民银行（宏观）、中国银保监会（微观）；英格兰银行	对金融审慎的问题尚处在概念讨论阶段
证券 2	投资者保护、市场秩序	金融行为监管当局	中国证监会；英国金融行为监管局（FCA）；美国证券交易委员会（SEC）	是否适合普通投资者存在巨大争议；主要面临的问题是欺诈、价格操纵
价值转移手段	反洗钱	反洗钱监管当局	中国人民银行；美国财政部；英国金融行为监管局（FCA）	被洗钱和犯罪活动利用已经相当严重，具有监管的迫切性

反洗钱监管并非传统意义上的金融监管，最初是 20 世纪 70 年代美国为应对日益严重的毒品犯罪而对银行设定反洗钱义务，其目的在于预防和发现利用金融体系的犯罪活动。[1]

美国是典型的多头监管，对虚拟货币的监管至少包含三个层面：各州对虚拟货币从事汇款业务颁发许可，财政部对虚拟货币实施反洗钱监管，美国证券交易委员会则从证券监管的角度对虚拟货币发行、交易实施监管。

我们根据美国对虚拟货币的多重监管的事实，将金融监管体制映射到虚拟货币，认为（可转换式）虚拟货币具有三种属性：从货币的角度，虚拟货币可以执行货币作为价值储藏、交易媒介和计价单位的职能；从投资的角度，虚拟货币是证券投资（或者至少是一种需要被监管的投资）；从反洗钱角度，虚拟货币是价值转移的手段。[11]

2021 年，利用区块链储存记录数据的"非同质化代币"（NFT）出现了。在互联网时代，信息是可以以零成本复制的，比如复制一个网页、复制一张

---

[1] 在不同国家，可能由不同的部门对金融机构实施反洗钱监管，包括：中央银行（如中国）、财政部（如美国）、警察部门（如澳大利亚）、金融行为监管部门（如英国）、单设专门部门（俄罗斯）等。

图片，但是，区块链可以将一件艺术品生成一个数字文件，给予一个独特的编码，类似于比特币，具有唯一性，也可以进行交易。由于储存记录的是艺术品（书画、音乐等），每个艺术品本身是独特和不可替代的，所以被称为非同质化代币（本书第9章将详细讲解）。

非同质化代币以电子化的艺术品收藏形式出现，但是，对于非同质化代币是否构成金融监管意义上的虚拟货币，是否会触发金融监管以及触发何种金融监管，可以按照本章开始的判定流程图进行具体分析。由于非同质化代币在区块链上，天然具有开放性，可以在不同主体之间转移，因此，具备可转换式虚拟货币的特点。

另外，要具体分析非同质化代币的特点，是否构成货币、价值转移手段或证券。例如，某种非同质化代币已经被广泛接受为支付手段，可能要从支付、反洗钱角度进行监管。当某种非同质化代币可以被拆分，并在不特定对象之间进行交易，交易者以获取收益为目的，可能要从证券角度进行监管。

注释

1 European Central Bank, *Virtual Currency Schemes*, October 2012, p.5, available at: https://www.ecb.europa.eu/pub/pdf/other/virtualcurrencyschemes201210en.pdf.

2 Financial Crimes Enforcement Network (FinCEN), *Application of FinCEN's Regulations to Persons Administering, Exchanging, or Using Virtual Currencies*, United States Department of the Treasury, March 2013, available at: https://www.fincen.gov/resources/statutes-regulations/guidance/application-fincens-regulations-persons-administering.

3 Financial Action Task Force (FATF), *Virtual Currencies, Key Definitions and Potential AML/CFT Risks*, June 2014, p.26, available at: http://www.fatf-gafi.org/media/fatf/documents/reports/Virtual-currency-key-definitions-and-potential-

aml-cft-risks.pdf.

4　FATF, *Guidance for a Risk-Based Approach to Virtual Assets and Virtual Asset Service Providers*, June 2019, paragraph 14, available at: https://www.fatf-gafi.org/media/fatf/documents/recommendations/RBA-VA-VASPs.pdf. 关于 FATF 的历史及其规则的实际强制性，参见吴云、朱玮：《虚拟货币的国际监管：以反洗钱为起点走出自发秩序》，载《财经法学》2021 年第 2 期。

5　*Turn Key Jet, Inc.*, SEC No-Action Letter, Apr. 3, 2019, available at: https://www.sec.gov/divisions/corpfin/cf-noaction/2019/turnkey-jet-040219-2a1.htm. 无异议函（no action letter）是美国证券交易委员会（SEC）对具体行为是否符合证券法律的正式官方答复，是 SEC 对证券法律的理解和适用。如果 SEC 认为该行为符合证券法律，则不会对该行为采取执法行动。

6　可参见美国证券交易委员会的主席声明，SEC Chairman Jay Clayton, *Statement on Cryptocurrencies and Initial Coin Offerings*, Dec. 11, 2017。

7　可参见美国证券交易委员会的主席声明，SEC Chairman Jay Clayton, *Statement on Cryptocurrencies and Initial Coin Offerings*, Dec. 11, 2017。豪威标准四要件的具体运用可参见 SEC, *Framework for "Investment Contract" Analysis of Digital Assets*, April 3, 2019。

8　豪威标准四要件的具体运用可参见 SEC, *Framework for "Investment Contract" Analysis of Digital Assets*, April 3, 2019。

9　SEC, *Report of Investigation Pursuant to Section 21(a) of the Securities Exchange Act of 1934: Dao*, July 25, 2017, Release No.81207, available at: https://www.sec.gov/litigation/investreport/34-81207.pdf.

10　对于其金融监管功能和金融监管框架演变的梳理，可参见吴云、张涛：《危机后的金融监管改革：二元结构的"双峰监管"模式》，载《华东政法大学学报》2016 年第 3 期。

11　朱玮、吴云、杨波：《区块链简史》，中国金融出版社 2020 年版，第 271-283 页。

5 从数字货币到区块链：机器权力与数字秩序

5.1 技术自发的演进

数字货币的技术发展，必然带来区块链，因为对货币数字化程度的追求要彻底消除对实体的依赖。对数字货币技术的追求，一定会自然演进产生区块链技术。但数字货币不一定需要区块链。

数字货币是区块链的起点，区块链的秩序建构必然从货币开始，这是由货币作为人类秩序的独特性决定的。货币是最抽象的社会秩序，它可以脱离任何商品存在，可以独立作为衡量信用的工具，当对某种物品的共识形成后，这种物品就可以成为货币。相反，证券往往要与贵金属、经济实体和企业运营挂钩。

区块链的出现从技术发展和人类社会进步的角度看，是必然的。因为，第一，社会秩序必然走向机器权力支持下的数字秩序。第二，机器权力必须使用区块链。

数字货币的技术发展历程很长，区块链是最新的一站。20世纪90年代eCash用非对称加密技术解决数字货币的防伪问题。HashCash和可重用工作量证明技术利用哈希算法计量计算机的算力成本，数字货币有了成本。时间戳技术出现，数字文件有了时间属性。B-Money和BitGold从理论上论证了网络世界中数字货币和数字合约的思路。比特币出现，将非对称加密、点对点网络、哈希成本、时间戳、共识算法等技术融为有机的整体，构造了技术上完美的数字货币。其中，工作量证明共识算法是开创性的，由此，价值可在开放网络中流转，不必依赖中心化的机构信任。这一系列技术所构成的这种体系，就是区块链。

如图 5.1 所示，数字货币的发展，是货币数字化程度提高的过程，必然产生区块链。图中以现实世界、数字世界两个世界为例，从支付、结算、发行三个环节，分析货币模式的数字化程度。

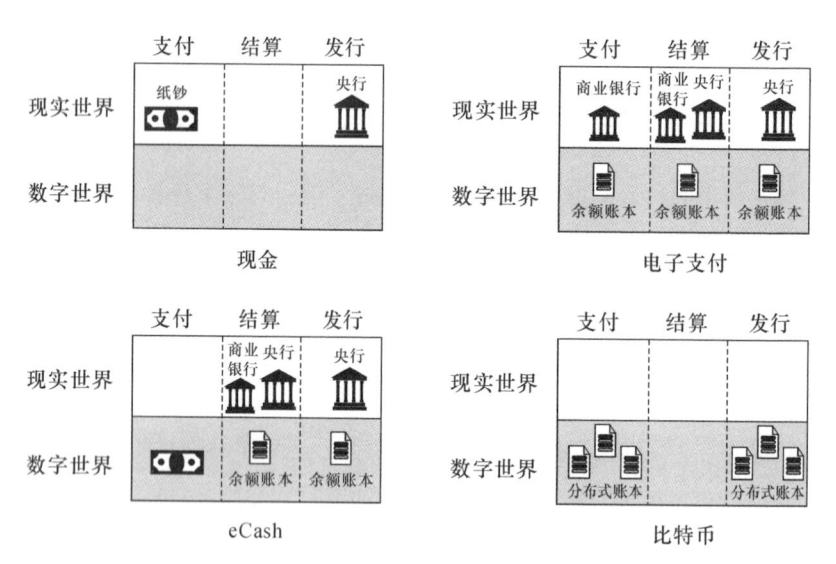

图 5.1　货币四种模式的数字化程度

在现金模式中，支付环节在现实世界用纸钞和硬币，没有结算环节，发行环节依赖央行，由央行印刷和铸造货币。现金模式下，数字世界为空。

在电子支付模式中，支付环节虽然无须纸钞，但实际上在现实世界还需要商业银行（以及用户的卡、电脑或者手机），在数字世界由商业银行运行一个余额账本；结算环节在现实世界依赖商业银行和央行，在数字世界由商业银行和央行运行一个余额账本；发行环节在现实世界依赖央行，在数字世界由央行运行一个余额账本。电子支付模式下的余额账本，是非常简单的数字化，代表货币的只是余额，货币没有数字实体。比之现金模式，电子支付模式在数字世界有了简单的账本，但在现实世界需要依赖的对象更多。

在 eCash 模式中，支付环节无须纸钞和硬币，也无须依赖商业银行，所用的是数字世界代表货币的加密字符串；结算与发行环节与电子支付模式一样。可以看到，eCash 在现实世界依赖的对象减少，在数字世界中，加密字符串比余额账本更复杂，所以比之电子支付模式，数字化程度上升。

数字货币的技术发展路径，就是一步步减少现实世界所依赖的实体，增加数字世界的实体。所以，消除现实世界的所有依赖，丰富数字世界的实体对象，就是技术最终的目的，那就是比特币带来的区块链。

在比特币模式下，支付环节无须纸钞和硬币，也无须依赖商业银行，所用的是数字世界代表货币的分布式账本；不需要结算环节；发行环节不依赖央行，依赖数字世界的分布式账本；数字化程度比 eCash、电子支付、现金等模式都高。而且就当前所能理解的技术来看，比特币是数字化程度的顶峰。

当然，如果细究，比特币的支付和发行环节，在现实世界依然要依赖无数台矿机。但由于矿机分散属于众多的矿机主，不存在一个唯一的实体，所以从逻辑上看，就不依赖现实世界任何一个实体。比特币在现实世界的零依赖，是一种逻辑上的零依赖。

数字货币必须应用区块链吗？数字货币不一定使用区块链技术。历史上的 eCash 和我国的数字人民币，都未使用区块链。不同的数字货币，在不同环节上实现不同程度的数字化，以实现货币可计算、可编程的目的。

对数字化追求的最高程度，必须使用区块链技术，即把发行、支付、结算全部环节都交予机器和算法执行，不再依赖人和组织。

数字货币是否一定使用区块链技术？要回答这个问题，可从三个层层推进的子问题着手，逐渐逼近问题的本质。

第一，数字货币的记账，是简单的余额记账，还是数字实体记账？余额记账只为每个账户记录一个余额，当前的金融体系就是如此。数字实体记账，要为数字货币创建不同程度的数字实体，如同黄金、现金一般。构建面向各种功能的数据结构，例如"数字加密币串""央行数字人民币""交易""区块"等。对这些数字实体记账，如同管理黄金、现金的库存。有了这种数字实体，便可实现丰富的功能，例如追溯、可编程等。一般而言，仍然采用简单的余额记账的，通常归入电子货币范畴，还算不得真正的数字货币。

第二，对于数字货币，除了简单记账外，是否追求丰富的功能，或者说数字货币是否可编程？可编程在当前的账户余额技术体系下，是无法实现的。只有具备了数字实体模式，才能实现。在当前的中心化数据库技术下，也可以实现可编程，但那只是"可编程支付"，而非可编程货币。

第三，数字货币的记账，是单一账本，还是多账本？单一账本就是只有一本账，控制在单一主体（机构或者个人）手中，其他用户必须信任这个主体，当前的货币秩序就是单一账本；多账本就是分布式账本，即所有参与主体，包括用户，都参与记账，一起维护账本。那么，单一账本和多账本，孰优孰劣？由于单一账本占据主流历史已久，人们习以为常，觉得单一账本没什么不好。实际上，单一账本类似计算机不联网，而多账本则类似联网的计算机。从趋势上看，多账本是未来发展的必然。这也是为何称区块链为互联网的价值协议，在区块链出现之前，数字价值是单机的，有了区块链，数字价值才是联网的。区块链通常都要使用数字实体记账的模式，所以这第三个层次，一般必须基于第一个层次。

数字货币要使用多账本模式，就当前的技术来说，只有区块链这一种方法。任何不用区块链的模式，都称不上真正的多账本。比特币一次性实现了以上三个层次，而在设计数字货币时，可以根据需求来选择达到哪个层次。

在区块链诞生之前，人们就意识到，互联网缺乏价值协议，数字世界缺乏稀缺性，用尼克·萨博的比喻，就是计算机里怎么模拟黄金，怎么让一个数字字符串和黄金一样值钱？要解决这个问题，就当前的技术来考察，只有区块链一个途径，别无他法。不是中本聪发明区块链，也会是其他人发明区块链。

尼克·萨博的"比特金"和戴维的"B-Money"。数字货币历史上对区块链的追求，很早就已出现。1998 年，尼克·萨博写出短文《比特金》，戴维写出短文"B-Money"，都描述出了区块链的基本特征，只是他们没有实现代码，而且从文中可以看到，他们对于开放的分布式系统的探索并不深入。比特金的目的是开发一个协议，不依赖第三方，在网络上创建不可伪造的价值单位。B-Money 的目的是建设一个网络上的虚拟世界，不需要政府机构的支持，就能够实现身份、货币、合同的法律约束。中本聪写出比特币白皮书后，与戴维通信，告知他设计出了戴维的 B-Money。

区块链技术的出现是一个必然吗？ 如图 5.2 所示，人类对可计算性的追求从未停止。因为对自身弱点的认识，所以人类期望把更多的执行功能交给机器。因为对精准的社会秩序的追求，所以让机器计算来执行维持社会秩序的规则。给机器以权力，核心的技术手段就是区块链，所以，区块链的出现，从趋势的角度看，是必然的。

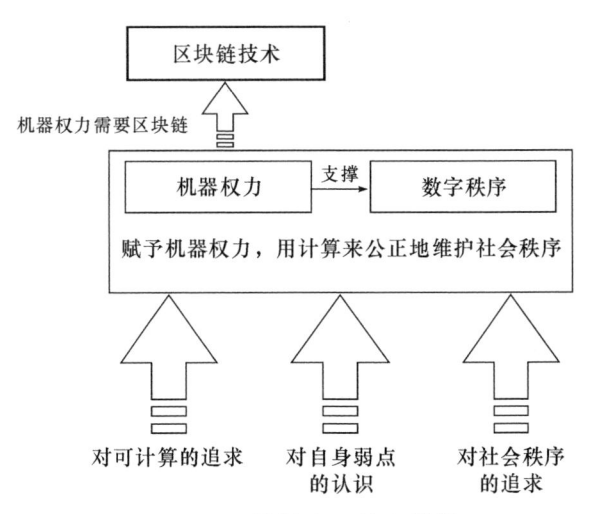

图 5.2　区块链出现的必然性

然而，如果没有对数字货币的研究，区块链是否会出现？现在，区块链技术可以应用在很多领域，但最早一定是在数字货币上落地。货币是社会中最抽象、最基础的价值，互联网的价值协议必定最先用在货币上。所以，区块链会出现，而且一定会因数字货币而出现。

货币与数字化的关系。《人类货币史》中提出："货币的核心概念，是一种对现实世界中模糊、易逝的价值概念赋予准确、永恒的毕达哥拉斯学派数学的方法。该做法的意义在于通过运用加法、减法和复利等计算将交易转移到数学空间。"马歇尔·麦克卢汉也曾提出："货币是一种社会媒介、一种沟通方式。"

根据一些货币学家、经济学家的观点，货币的本质就是对现实世界价值的数字描述，在计算机数字化技术出现之前，人们不得已借助金银、纸质凭证等的特性用于计数。所以，货币走向数字化，是对其本质的回归。而区块链出现，也就最先落地在货币系统上。

区块链因数字货币而出现，但其意义深远，绝不局限于数字货币。区块链带来了一场权力和秩序的变革，这是区块链的发明者都未曾预料的。这场权力和秩序的变革，早已蓄势待发，终于随着数字货币和区块链的诞生，悄然降临。

随着信息化、网络化、数字化的发展，程序代码越来越成为社会生产和生活的支柱。代码由人开发，代表了人们的意志，由机器执行，效率高且精准。但代码的执行还需要先解答几个问题。

第一，代码如何才能代表多人、多方意志？程序的生命周期有两个阶段，一个是开发阶段，一个是运行阶段。在开发阶段代码要代表多人、多方意志，通过众人协商才可实现，完成后还要由众人确认。但在运行阶段，代码则无法代表多人、多方，因为一台机器必然只能由一方控制。

第二，代码如何才能可信、可靠？互联网早期就出现了"代码即法律"，但法律必须透明、稳定、公正执行。而认为网站的代码就是法律，这种看法是幼稚的。网站代码是网站所有者的意志，网站所有者想怎么写就怎么写，想怎么改就怎么改，用户只能遵循其代码规则，并未参与"代码法律"的制定。所以，互联网的代码法律，是不可信、不可靠的。

第三，代码极大地提高了生产率，在执行计算、驱动机器生产、处理信息等方面效果显著。但代码是否能够维持社会秩序？代码能否如道德、法律一般约束人的行为，引导人的行为，给人们的行动以确定的预期？

数字货币的研究带来区块链技术，区块链技术又解答了以上三个问题，悄然带来一场把权力交给机器，由数字技术来维持和塑造社会秩序的浪潮。

技术的发展看似偶然、零星、无规律可循，是天才的灵光一现。但大趋势上，技术却在自发地演进，如社会秩序的发展一样，逐渐满足人类文明的需求，悄然陪着人类前行。科技变革史上一朵朵浪花追逐奔竞，令人眼花缭乱。区块链引来的机器权力和数字秩序，如浩瀚巨浪，带着隐隐雷鸣，徐徐升起在海平面，扑向这个数字化的时代。

5.2　秩序工具的变革

比特币系统无须中心机构的维护，而基于众多矿机来维持系统的信任。那么，比特币系统是否有可能被摧毁？答案是有两种方法。第一种方法人们都知道，即"51%算力攻击"，当算力占全网算力51%以上，就可以"双花"（double spending），可以改掉以前的历史（但要更改久远的交易历史依然很困难）。按照2021年10月的全网算力（162艾），以及一台计算机每秒68太（即每秒68万亿次哈希计算）的算力推算，达到51%的算力需要122万台矿机。按照当时的市场价格，这些矿机总价值为150亿元人民币。要运行这些矿机做双花攻击，还需要海量的电费投入。问题在于，执行了双花攻击后，收获可能只是一个区块中的几笔交易价值，根本得不偿失，还不如用这些投入来支持比特币网络。如果继续加大算力，就是恶意摧毁比特币，这也是可能的，但这样的话，攻击者就颗粒无收了。

还有另一种方法摧毁比特币，人们讨论得较少。那就是收买腐化的开发者社区。比特币系统的信任基于海量的矿机，而矿机运行比特币节点程序，这些程序的开发者有权限修改、更新程序。比特币开发者社区有几百名程序员志愿者，其中5名核心开发者具有提交代码的权限。理论上，说服5名核心开发者修改比特币代码，用恶意的代码彻底摧毁比特币网络是可能的，但矿机主不会同意，因为运行这样的代码，矿机主将毫无收益。核心开发者如果做出有损比特币的行为，会在开发者社区丧失权威。如果摧毁比特币的力量足够大，完全说服了所有开发者、矿机主，且不说成本是无法想象的，就算真的能够做到，还有用户这最后一道防线。用户们发现开发者和矿机要摧毁比特币的信用，他们的币值将归零，就会想方设法阻拦。所以，比特币的秩序，是建立在几百万台机器的联盟上的，这些机器拥有维护秩序的权力。而这种权力是来自比特币社区的开发者、矿机主、用户这几个庞大的人群共识。

比特币设计者最根本的目的，是抛弃第三方信任，不需要央行、商业银行等金融机构，在点对点的网络中就可以实现货币的发行和支付结算。为了达到这个目的，他设计了UTXO账本结构、区块成链、工作量证明机制等。抛弃了第三方信任，这种信任的空白，由谁来填补？用户何以相信，收到的比特币不是假的，交易不是伪造的，发生过的交易不会反悔撤销？

这种信任空白的填补，严格来分析，是由一个体系来完成的。体系的第一层，是数学、算法、程序在支撑，即机器替代了银行等第三方，运行了程序和算法，提供了信任。而体系的第二层，是构成比特币社区的开发者、矿机主、用户等人群，通过组织和市场行为，维护着数学、算法、程序的公正与合理，他们是第一层机器的主人。他们虽然是主人，却把直接的权力交给了机器，如果他们要对机器施加权力，例如更改代码和算法，则要在社区里协商，达成一致后共同行动。用政治体系来比喻的话，那么开发者、矿机主、用户构成的社群是立法机关，并不直接执政，他们只制定法律，但把执行法律的权力委托给政府和司法体系。

如图 5.3 所示，机器（矿机）上运行区块链程序，程序、算法维持货币账本。这些程序、算法、数据的一致性，由共识算法保证。所有这些机器，成为一个有机的体系，必须保持一致行动，不可欺骗、撒谎、作恶，一旦有某台机器不一致，它将从体系中脱离。

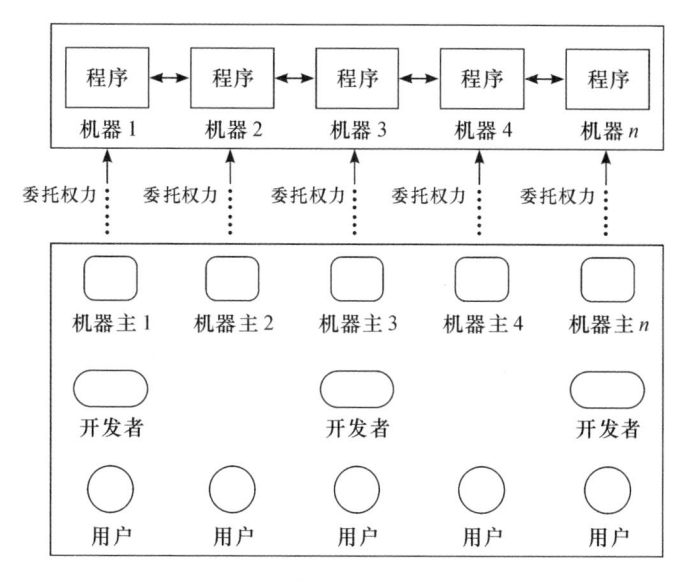

图 5.3　区块链的机器权力架构

每台机器都有主人，但是主人无权任意更改机器上的算法和数据，如果擅自更改，则机器将从区块链这个体系中脱离。所以，是共识算法迫使机器主人把权力交给了机器。这种权力的委托，是一种逻辑上的授权，机器在物理上依然属于主人，主人可以随意摆弄，但要留在区块链中，主人就必须放弃对机器代码的任意更改。

开发者看似权力很大，但开发者社区的机制是开源机制，核心开发者的决策都受到社区的监督，整个过程是透明、开放的。更重要的是，开发者对程序的修改，要得到矿机主的认可，如果大部分矿机主不愿意安装开发者所写出来的代码，那么开发者也就丧失了权力。所以，开发者与矿机主之间是一种协商的关系。而最终的权力在用户，即如果用户不满意，那么用户就会离开社区，虚拟货币的价值也将丧失，所以，开发者和矿机主都要看用户群体的脸色（参见图 5.4）。

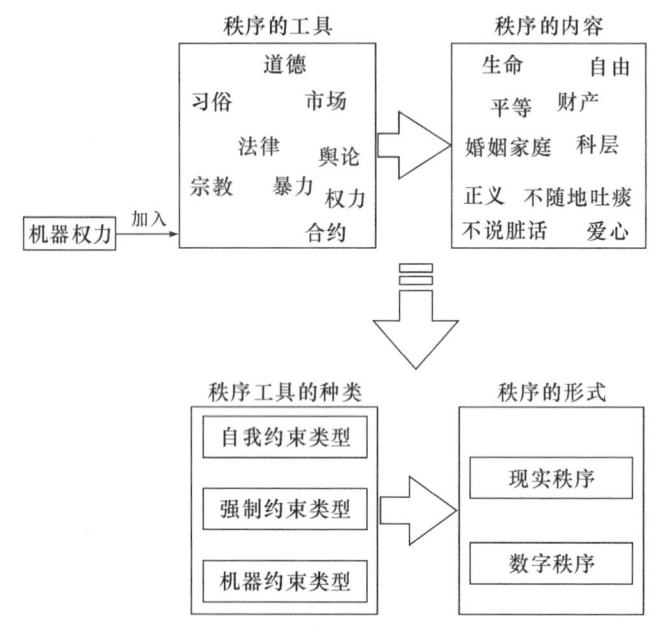

图 5.4　机器权力是新的秩序工具，带来数字秩序

这个体系的构建（包括虚拟货币程序的开发）的重点部分，就是如何把权力交给机器。区块链在维持虚拟货币秩序上，本质是依靠机器权力来达成货币秩序，这种依靠机器权力作为工具的秩序，是一种数字化的秩序，是新生事物。

社会秩序的新工具：社会秩序内容丰富，大到生命、自由、财产，小到不可随意吐痰、不说脏话等。而为了实现这些不同层面的秩序，社会在演进中形成了众多不同的工具，例如道德、法律等。

机器权力是新的工具，加入社会秩序维护工具的行列，这是数字技术发展、社会秩序发展的必然结果。而机器权力的加入，导致数字化秩序出现。

由此，关于秩序的认识和分类也随之改变。秩序工具的种类包括两类，一是自我约束类型，即道德、信仰、习俗、市场等；二是强制约束类型，即法律、权力、暴力等。

这里所讨论的是"机器的权力"，而不是"机器的权利"，本书所关注的并不是机器人伦理，也并不想讨论任何关于机器人人权、福利这样的超前话题。

> 权力与权利：权力与权利发音相同，常被混淆，实际上两者内涵截然不同。权力通常有两种含义，其一指对他人的支配和强制之力，其二指职责范围内的行动和决策权限。权力不仅是法律和政治学的上概念，更是被广泛运用于组织行为学、管理学中。
>
> 权利更多是法律上的概念，指法律所保护的利益以及实现这种利益的权力。有了权利则意味着利益具有法律上的正当性，也意味着可以在法律允许的范围内实现这种正当的利益。例如，公民有受教育的权利，意味着公民接受教育具有法律上的正当性，也意味着公民可以要求有关义务主体提供教育服务、教育产品、教育资源。
>
> 汉语中权力对应的英文是 power，其本质是一种支配力；而权利对应的英文是 right，强调利益的正当性。"机器权力"是本书独创的概念，我们将其译为"machine power"。

本书所说"机器权力"，指人们赋予机器职责，在职责范围内，机器可自主行动和决策的权限。其内涵并不如字面上那样科幻，仅仅指有哪些工作、任务可以交由机器自动执行，机器可以承担哪些事务的处理。如果把机器的概念，从计算机扩大到机械，那么"机器权力"在控制论、自动化系统中就早已应用。一个自动控制系统要根据周围环境输入的参数自行调整行动，这就意味着，在自动控制的机械系统运动中，人类给予了机器具体运作的权力，人类对机器的约束，仅是运动的一般原则，也就是自动控制算法。例如导弹跟踪目标，其飞行中的方向、姿势和速度由导弹的计算部分自行决定；轧钢厂的产线在轧钢板时，钢板厚度固定，但轧辊的各种参数由控制系统自行计算。在机械化、自动化和计算机网络充分发展后，人类已经委托了很多权力给机器。但用机器权力来维持社会秩序，还是一个新课题，这一切将从区块链开始。

比特币的设计者挑战当前货币格局和金融秩序的态度鲜明可察。比特币的发行，不依赖银行体系和信用，而依赖矿机的记账竞争的算力；比特币的支付和结算，也脱离了中心化结构，在点对点网络中达到可信执行；智能合约出现后，更出现了去中心化金融这样的无人开放金融。这些模式是对当前金融和货币秩序的挑战。传统的货币和金融秩序的运行，以人的行动为中心，依赖法律、法规、制度、惯例、市场、暴力惩罚来约束人的行为，达到良性秩序。而支撑和维护比特币新秩序运行的，与传统的秩序完全不同，是机器的权力。

这种秩序工具的变革，从长远意义来看，比虚拟货币给金融和货币领域所带来的变革和影响更加深远。从此，维护社会秩序的工具库中，除了法律、道德、习俗、市场等，又多了一个技术工具。这种技术工具通过把权力委托给机器，来实现秩序的绝对执行，这种秩序，本书称之为"数字化秩序"。

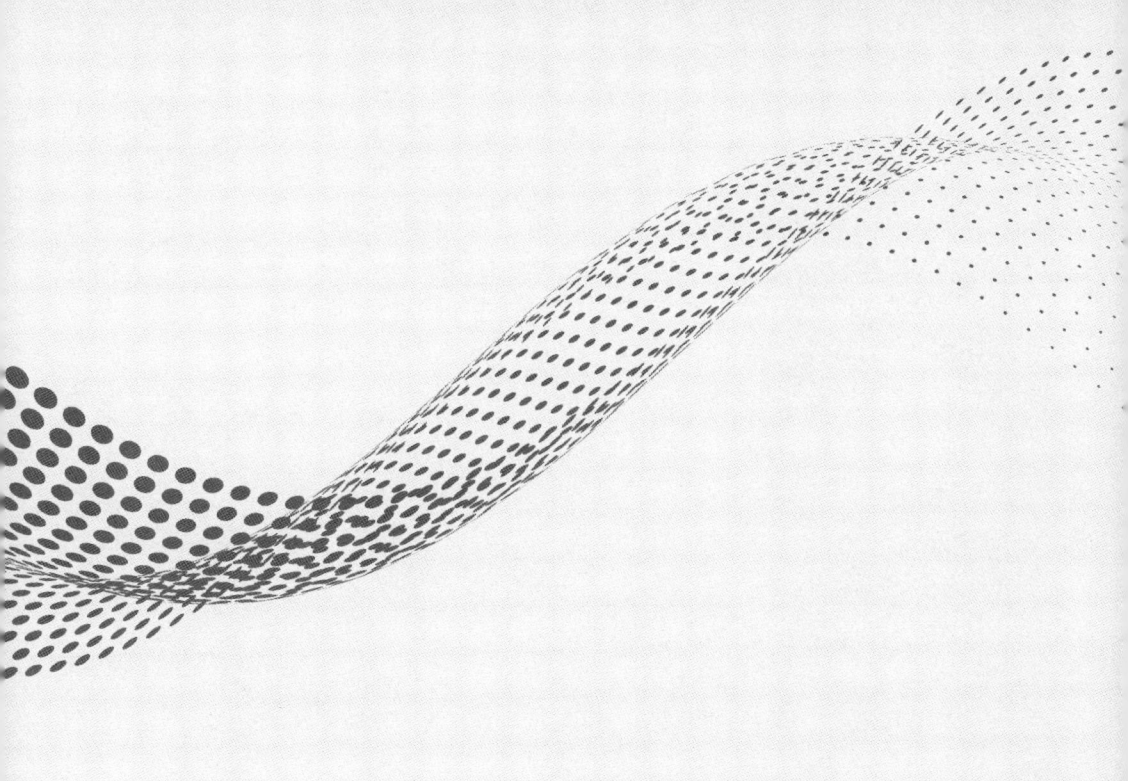

| 第二编 |

数字货币的社会实验

6 私人数字货币的里程碑

6.1 概要

1998年，DigiCash公司申请破产，距离大卫·乔姆（David Chaum）成立这家公司，仅仅9年。大卫·乔姆是密码学家，其时他生活在荷兰。他设计了一种算法"盲签名"，基于这种算法，他发明了一种匿名的货币支付系统"eCash"。乔姆认为，互联网没有边界，没有防护，人们在网上的隐私和财产如荒野的羊羔，脆弱不堪。乔姆坚信，eCash的匿名支付方式既能保护人们，又能维护互联网上的秩序。为此，他成立公司推广他的产品和理念，也确实有几家银行采用了eCash，但历经9年的努力，DigiCash还是破产了，乔姆复盘他的经历，将失败归因于人们对隐私并不重视。

2009年，程序员哈尔芬尼在家中用笔记本收到一笔小额款项，那是10枚比特币，这是比特币系统的第一笔交易，那数据至今静静躺在比特币的账本上，支付者网名中本聪，也是比特币的发明人。当时，这10枚比特币一文不值，10多年后，这10枚比特币在最高时价值约400万元人民币。2009年正值金融危机，世界处在不安和焦虑中，中本聪把自己对世界金融格局和秩序的不满，写在比特币第一个区块中"财政大臣正处于实施第二轮银行紧急援助的边缘"；他设计的比特币，可在网络上点对点支付，不必依赖中心服务器，这就意味着，信息化时代的前提条件"财富托管"和"第三方信任"

不再是必需的了。

从 1988 年乔姆提出 eCash 的技术原理，到 2008 年中本聪发表《比特币白皮书》，整整历经 20 年时间。

从技术的角度，我们将 eCash 视为第一个加密货币或者私人数字货币。作为一种电子支付，eCash 采用了非对称加密技术进行"签名"，在支付环节不再需要银行服务器，在交易双方之间直接转移代表货币价值的加密字符串，第一次实现了点对点的电子支付。但是，eCash 还是银行体系的伴随产物，这种"不可追踪的电子现金"还要依赖于商业银行的清算和结算才能最终完成价值转移。

直到比特币的诞生，货币才彻底摆脱了第三方信任。**比特币的设计思路是，点对点网络中无数的节点服务器，其中任何一台都可成为具有"交易验证"权限的记账服务器。在一个点对点网络中，比特币不再采用一台固定的中心化服务器对交易进行验证，也不再依赖一台服务器防范双花的欺诈。**

如果说 eCash 实现了"点对点电子支付"，那么比特币已经成为"点对点电子现金"。比特币不仅是一种新型支付方式，也是一种全新的货币形态。比特币将非对称加密技术和工作量证明相结合，将货币的发行、支付和结算在分布式环境下完成，**进而使得加密货币摆脱对可信第三方的依赖，成为真正可以独立运行的去中心化系统。**

比特币的诞生真正开创了加密货币、虚拟货币和数字货币，具有划时代意义。此后虽然诞生了几十万种虚拟货币，但是，我们认为时至今日具有里程碑意义的屈指可数（参见表 6.1）。

回顾这些具有里程碑意义的虚拟货币，一些沿着比特币的"革命性方向"正向发展，但另外一些却在逆向进行探索（参见图 6.1）。

自然界总是在两种力量的角逐中平衡，如电子和质子，物质和反物质，等等。我国很早就形成了阴阳的观念，类似，在印欧语系的深层精神世界里，也广泛存在这种观念，比如，现代拉丁语系（如法语、意大利语、西班牙等），名词都有阴阳性。

表 6.1 私人数字货币的里程碑

虚拟货币	上线年份	核心技术	里程碑意义	目标秩序
eCash	1994	盲签名	点对点电子支付（保护隐私）	摆脱银行等中介机构，直接实现点对点电子支付
比特币	2009	区块链	点对点电子现金	发行、支付、清算与结算在分布式环境下完成，彻底摆脱了对第三方信任的依赖
以太坊	2015	智能合约	智能合约平台，彻底的点对点编程货币	在区块链基础上，可实现复杂的合约逻辑，点对点网络中的合约可自动化执行
Bancor	2017	Bancor 算法	自动发行自动交易	代币的发行量基于算法自动调整，交易不再依赖撮合，而是根据算法与流动性池交易
USDT	2014	二层协议和 ERC-20 等	币价稳定	回归中心化信任，通过中心机构承兑实现币价稳定。发行环节中心化，支付和结算去中心化
DGX	2016	ERC-20	资产流转	以 ERC-20 数字化描述黄金的价值，实现黄金价值的快速流转，但信任依然依托中心化机构
EOS	2018	委托权益证明	社区治理	社区治理依赖投票，基于委托权益证明的投票治理机制，以及"代码 + 文字"的协议模式
Diem（Libra）	2019（白皮书发布）	联盟链	合规	完全服从于现有金融监管规则，实现跨境支付和全球化金融
Grin 和 Zcash	2019	零知识证明	彻底保护隐私	虚拟货币交易数据不再透明地存储在区块链账本上，而是用密文做证明。隐私模型较比特币更加先进，进一步保护用户隐私

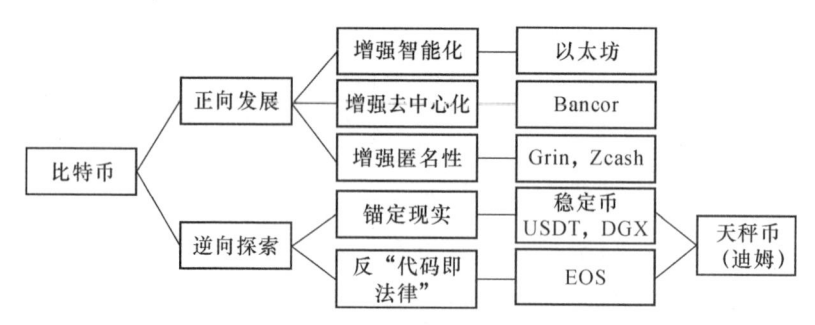

```
                      ┌─ 增强智能化 ──── 以太坊
              ┌ 正向发展 ┼─ 增强去中心化 ── Bancor
              │          └─ 增强匿名性 ──── Grin, Zcash
  比特币 ─────┤
              │          ┌─ 锚定现实 ────── 稳定币      ┐  天秤币
              └ 逆向探索 ┤                   USDT, DGX  ├─ (迪姆)
                         └─ 反"代码即        EOS        ┘
                            法律"
```

图 6.1　虚拟货币的两个发展方向

孔子认为中庸是道德的至高境界（"中庸之为德，其至矣乎。"《论语·雍也》）。弗朗西斯·菲茨杰拉德也在《崩溃》[1]的开篇中说："同时保有两种截然相反的观念还能正常行事，是第一流智慧的标志。"

在比特币产生后，虚拟货币并不是只有比特币开创的新方向，也有逆向的发展。在笔者看来，虚拟货币的客观发展遵循了中庸的规律，我们也要以中庸的视角来认识这个外在规律。诚如宋代大儒程颐所言："不偏之谓中，不易之谓庸。中者天下之正道，庸者天下之定理。"

沿着比特币开创的新方向发展的有：

1. 增强智能化——以太坊。以太坊继承了比特币的区块链思想，但在智能化方面做了大幅度改进。比特币只能有限编程，为了安全，比特币只提供了 179 个操作码（Opcodes），基于堆栈虚拟机执行，并且不支持循环语句；以太坊成为完全的可编程货币。**比特币是单纯的货币系统，而以太坊则是去中心化应用平台**。时至今日，以太坊已经成为全球第一的区块链平台，绝大多数的去中心化应用都部署其中。

2. 增强去中心化——Bancor。比特币实现了固定量货币发行、交易和支付的去中心化，而 Bancor 则基于以太坊智能合约实现了基于市场需求的灵活货币发行，且币与币之间可在智能合约中交易，摆脱了中心化交易所。Bancor 协议基于区块链的智能合约，是链上的流动性协议。使用 Bancor 协议抵押主流币（例如以太坊）可发行代币，并创建流动性池，可支持自动的币币交易，且 Bancor 代币的发行量和价格在算法支持下可根据市场需求自动调节。

3. 增强匿名性。比特币交易时，将比特币从一个区块链地址转移到另一个区块链地址，地址是匿名的，不与任何身份挂钩。但是，地址本身和交易都是链上公开信息，通过这种公开信息，也可以将这种地址与个人身份建立某些关联，因此比特币本身至少是可追踪的。Grin 和 Zcash 为了进一步保护个人隐私，将地址信息变为密码，通过密码学中的"零知识证明"，保证地址在加密的情况下也能实现签名验证。用一句通俗的话来说，Grin 和 Zcash 的交易地址被隐藏了。

对比特币开创方向进行逆向探索的有：

1. 锚定现实世界。比特币的机制摆脱了现实世界的第三方信任，对比特币的信任完全是基于对代码的信任。比特币的产生来源于其机制本身，交易也在其机制之内运行。但是，比特币由"挖矿"生产，自身价值非常模糊，导致币值极端不稳定。比特币究竟应该值多少钱？它的价值基础究竟是什么？为解决这些问题，2014 年泰达公司（利用比特币上的"万事达协议"）发行了以美元为储备资产的 USDT，2016 年 Digix 公司发行了以黄金为储备资产的 DGX。这两种虚拟货币号称要通过储备资产来稳定币值，被称为"稳定币"。稳定币的发行依赖于中心化的发行者，依赖于现实资产的托管者，对"去中心化"做了一次反动。

2. 反"代码即法律"。比特币追求的是"代码即法律"的治理秩序，在开发者社区决定了需求并写出代码，经矿机主同意之后，必须执行，链上的交易不会被任何人更改。但这种治理也存在"算力专制"，拥有巨大算力的矿池（多个矿场的集合体）会左右投票结果。本书第 11 章还将详细讨论其治理模式。而 EOS 则选择了"代议制民主"的形式，EOS 社群选举出超级节点，超级节点对某些有争议的交易进行仲裁，即 EOS 链上代码所运行出来的结果是可以更改的。

2019 年，脸书推出了天秤币（Libra），这是对现实秩序的大妥协，结合了锚定现实世界和反"代码即法律"的两种趋势。2020年，脸书将天秤币改名为迪姆（Diem），但其基本架构没有发生变化。在2019年的白皮书中，天秤币锚定一篮子货币，而迪姆将锚定货币改为美元。迪姆设立了超级节点，由超级节点来实施管理。迪姆已经远离了比特币去中心化的理想，即便有保留比特币的遗产，那也仅仅是支付环节的去中心化。

历史就是这样，在两种力量的博弈中向前发展。同样在2019年，代表最高隐私保护的 Grin 和 Zcash 出现，而代表彻底脱离比特币理想的迪姆也呼之欲出。

6.2　eCash：点对点电子支付的开创者

大卫·乔姆设计的 eCash 本意是要研制一种支付系统，让银行无从追踪用户的支付信息，这是使用非对称加密技术的先驱，但由于 eCash 还须依靠银行中心数据库的余额进行账目管理，所以并未普及，非对称加密代表的数字资产描述技术也沉寂了20年，直到比特币横空出世。

1982年，密码学家大卫·乔姆发表论文《用于不可追踪支付系统的盲签名》（"Blind Signatures for Untraceable Payments"），第一次提出"盲签名"的技术概念。[2] 用了"盲签名"技术，银行作为可信第三方，在不知晓支付详细信息的情况下，也可为支付者的支付数据签字背书。

1988年，"盲签名"的具体算法得到实现。大卫·乔姆与艾莫斯·菲亚特（Amos Fiat）、莫尼·诺（Moni Noar）合作发表了论文《不可跟踪的电子现金》（"Untraceable Electronic Cash"），该论文详细描述了用 RSA 非对称加密技术实现"盲签名"的算法，以及在银行、用户、商户之间实现"不可追踪的电子现金"的协议。[3]

乔姆设计的电子现金，用了"盲签名"技术实现不可追踪，最重要的目的是保护用户的隐私，银行得不到消费者的消费信息，商户得不到消费者的个人信息，这种电子现金完美地实现了纸钞的消费流程，也实现了纸钞对个人信息的保护。

对比当时的现金交易和电子支付，eCash 集合了现金的匿名性优势和电子支付的便捷性优势（参见图 6.2）。

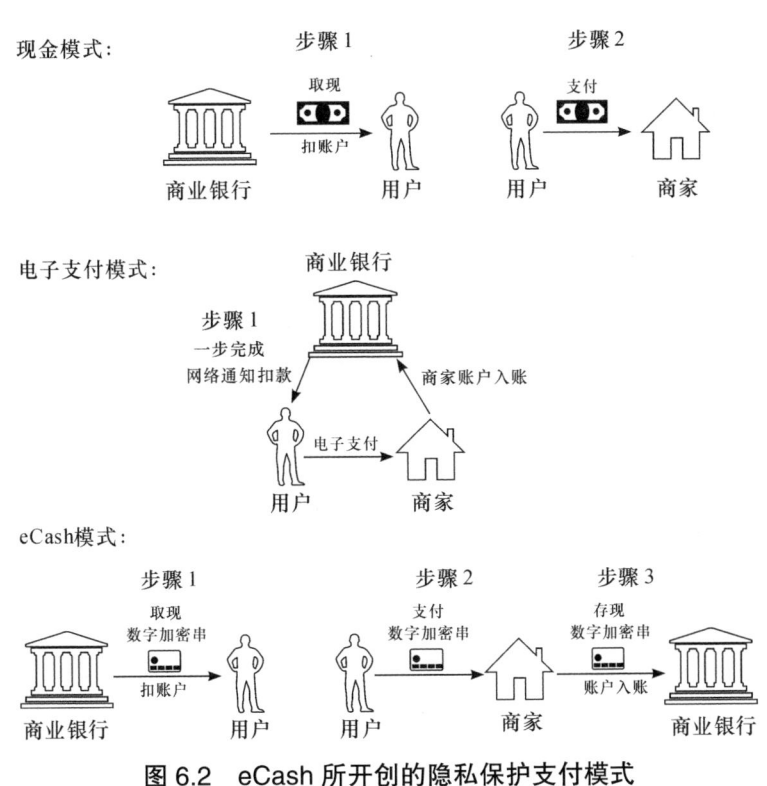

图 6.2　eCash 所开创的隐私保护支付模式

现金模式： 用户从银行取现之后，现金流通就与银行再无关系，用户支付过程只验证货币真伪，不验证用户身份，隐私得到保护。但现金支付的缺陷是缺乏便捷性。

电子支付模式： 支付过程就是与银行通信的过程，通过账户和密码来验证支付者和商家的身份。支付就是支付方账户扣减和收款方账户增加，银行必须知道交易双方身份信息。电子支付的优势是具有便捷性，但银行掌握了客户身份信息和交易信息，隐私得不到保护。

eCash 模式： eCash 是一种电子支付方式，具有很好的支付便捷性。同时，在使用 eCash 时，银行并不掌握客户信息。用户从银行取现，取的是由银行作数字签名的代表货币的数字串，支付过程是数字串的转移，隐私得到了保护。

eCash 的支付流程的技术解读： eCash 的流程大致如下。用户爱丽丝在银行 A 开户，爱丽丝在计算机上安装一个 eCash 客户端。当爱丽丝需要取钱的时候：

1. 爱丽丝发送一个请求给银行 A，该请求是密文 $c(x)$，银行 A 无法解密；

2. 银行 A 获得爱丽丝请求后，扣减爱丽丝账户金额，并对请求的密文消息执行"盲签名" $s(c(x))$；

3. 爱丽丝获得签名的 $s(c(x))$ 后，进行脱盲运算得到 $c'(s(c(x)))=s(x)$，也就是对请求的银行签名；

4. 爱丽丝支付 $s(x)$ 给鲍勃；

5. 鲍勃将 $s(x)$ 通知银行 B，银行 B 将金额存入鲍勃的账户。

实际的协议，比以上过程要复杂很多，此处不再详细展开。

值得关注的是，在上面的第 3 步，爱丽丝脱盲运算得到的 $s(x)$，就可与银行 A 离线，银行 A 无从知晓 $s(x)$ 的踪迹，$s(x)$ 本身也不再依赖银行系统。爱丽丝可以用软盘、电子邮件，甚至将 $s(x)$ 以 ASCII 编码抄在纸上，无论以上何种形式，$s(x)$ 都代表了美元的价值。

eCash 数字格式的 $s(x)$ 是第一个真正意义上的数字货币，因为它在支付环节摆脱了中心化的服务器，数字在 eCash 中是有价值的实体（注意：在 eCash 实际的协议中，数字货币的表示为 $C = \prod_{1 \leq i \leq k/2} f(x_i, y_i)^{\frac{1}{3}} mod n$ [4]）。

我们再以韩梅梅为例，具体说说 eCash 是怎么应用的。回到 20 世纪 90 年代，如果韩梅梅用 eCash，那么她一样需要每周去自动取款机或者银行，从自己的账户中取 1000 元。只是，取出来的不是现钞，而是一些加密字符串，将其存在自己的智能卡（或者电脑硬盘、软盘等存储设备）中。这些字符串其实就是现金，存在智能卡里后，她就可以到商场支付消费了。比如去商场买个包，商家从卡里读取字符串，跟收现金一样。商家收了 500 元加密字符串后，再到银行，把这 500 元加密字符串存到自己的账户里。其中的关键点是，这些代表现金的字符串里，没有韩梅梅的名字，没有她的身份证号，没有任何其他个人的信息。在买个包的支付过程中，银行、商家都不知道是韩梅梅在支付。这是 eCash 与现在的电子支付最大的区别。

eCash 只是将支付过程脱离银行体系，发行、最终承兑（结算、清算）的职能仍然由银行承担。银行负责将法定货币兑换为 eCash，也负责将 eCash 承兑为法定货币。商家获得 eCash 后，再将接受到的数字串存入银行，从而最终将其兑换为法定货币。

1990 年，大卫·乔姆在荷兰阿姆斯特丹成立了 DigiCash 公司，并于 1994 年上线运行 eCash 系统，该系统基于不可追踪电子现金的思想，在之后的几年内得到众多国际知名银行的支持。但由于经营不善等问题，公司于 1998 年破产，eCash 也从此式微。

6.3 比特币：大变局的开创者

eCash 使用了非对称加密签名技术，签名的作用在于所有权证明，但它本质上还是依附于现有的银行体系，并在用户之间实现加密状态下的价值转移。比特币继承了 eCash 的非对称加密签名技术，将非对称加密签名与工作量证明机制相结合，最终实现了对中心服务器的彻底摆脱，从而具备了我们常说的"分布式""去中心化"特点。可以说，eCash 最多是实现了一定程度的点对点支付，它的价值产生、最终证明仍然依赖于银行体系；而比特币真正构建了一个全新的价值体系，这个体系价值的产生、证明、交易完全摆脱了中心化服务器，可以在分布式条件下，以点对点的形式实现。

6.3.1 从"点对点电子现金"说开去

从 eCash 开始,密码学家们已经可以用非对称加密算法进行价值的保护和转移,然而,没有人能够解决对第三方的信任问题。2008 年,中本聪在《比特币:一种点对点电子现金系统》中提出了比特币的思想和技术路径。"点对点电子现金"几个字就明确告诉了世界,比特币对现代支付体系的根本性突破:在点对点的环境下,不依赖可信的第三方,实现电子现金的支付,解决了不依赖于第三方情况下价值证明问题(参见表 6.2)。

表 6.2 现金与电子

特征	现金	电子支付	比特币 (点对点电子现金)
形态	原生形态 (法定货币的法定形态)	派生形态 (以现金为基础)	原生电子形态
信用来源	最终发行者信用 (对中央银行的信任)	金融机构信用 (对金融机构的信任)	最终发行者信用 (对机器和算法的信任)
存在方式	去中心化	中心化 (依赖金融体系)	去中心化
支付方式	点对点直接支付 (支付即清算、结算)	支付、清算、结算三个过程	点对点直接支付 (支付即清算、结算)

熟悉现代支付体系的人知道,"点对点电子现金"在现有的法定货币体系中是不可实现的,现有体系要么是现金形式,要么是电子形式。如果选择电子形式,必须依赖金融机构(主要是银行)。

在当今各国的法律体系中,"现金"(包括硬币和纸币两种)是法定货币的常见形态。电子支付在本质上是金融机构(主要是银行,现在也包括第三方支付机构等)支付现金的承诺。因此,当前的电子支付手段必然以金融机构为中心,而金融机构之间的清算和结算又以中央银行为中心。

现代电子支付体系必须依托金融体系。在现代货币体系中,现金是法定货币的原生形态。如果你不使用现金,就要通过金融体系(银行为核心,广义上包括第三方支付),金融机构将原生形态的现金进行电子化,故而我们可以使用各种电子支付。银行账簿记录了个人资产的收入、支出，个人通过给银行指令进行资产转移。银行之间通过清算机构和中央银行实现清算、结算（请读者回顾本书第 2 章关于跨行支付的例子）。

从货币形态和支付手段的角度，比特币的根本突破在于它是点对点的电子现金，将"现金"和"电子形态"两种冲突的形态合为一体。

原生性：比特币与现金都是以原生形态存在并交易，比特币采电子代币形式，而现金采硬币和纸币形式。相反，电子支付并非原生形态，是以现金为基础的派生形态。

信用直接性：比特币与现金信用都来自发行者，比特币的信用来源于机器和算法，纸币的信用来自中央银行。比特币和现金都直接代表了货币价值本身。相反，电子支付的信用来源于银行，使用者相信银行可以承兑足额的现金。

去中心化：由于比特币与现金就代表了货币价值，其存在方式是去中心化的，不需要依赖于任何第三方的价值证明。

点对点直接支付：比特币与现金可以点对点直接支付，实现了支付即清算、结算，而电子支付则依赖于银行体系，需要支付、清算、结算三个过程。点对点直接支付也是去中心化的表现形式。

我们在此追问：在互联网时代，为什么价值证明和转移必须通过金融机构？电子形态的数据不具有唯一性，也就不能作为价值流转的手段。**计算机世界里的数据可以无限复制，可复制性意味着数据本身没有稀缺性和唯一性，就会出现双花问题**。在互联网时代，解决双花问题的唯一方法是通过可信第三方的证明。

双花问题：举个例子，李雷的所有文本工作，都可以用电脑来处理，但价值证明却不可以。比如李雷向韩梅梅开出了一张汇票，开票人李雷，持有人韩梅梅，三个月后见票即付款项 100 元（不熟悉汇票业务的读者，可以把此处汇票想象成为"借条"）。

如果李雷用计算机 word 文档写一个汇票，韩梅梅可以用这个 word 文件来找李雷承兑吗？当然不可以，这是很危险的，因为韩梅梅可以把 word 版汇票复制 1 万份，李雷就欠韩梅梅 100 万了。这就是我们所说的双花问题。

在比特币诞生以前，我们有两种办法解决双花问题。

方法一：写纸质欠条，双方签字。纸质欠条保证了唯一性，在法律上，韩梅梅和李雷如果拿出了复印件、扫描件，这些并不能作为欠条，最多只能作为欠条曾经存在的某种证据（原件的唯一性）。

方法二：如果李雷和韩梅梅倔强地要用电子形式的借条，这个借条必须有可信的第三方作为见证人，以保证数据的不可篡改和唯一性。比如，现在的一些银行作为可信第三方提供了电子签名的服务。常见的方法是，银行客户使用 U 盾并通过人脸识别后，在电子合同上签字（电子形态需要第三方证明）。

换言之，在点对点网络中，不依赖第三方信用，实现可靠支付的最大难题是双花问题。由于计算机网络中数据是可以无限复制的，如果没有中心化服务器的统一验证，一个价值证明（借条、电子货币）可以被反复使用。解决了价值唯一性的证明问题，比特币的点对点电子现金就呼之欲出了。

6.3.2 比特币的技术实现

比特币革命性突破在于：使用非对称加密技术进行"签名"，结合工作量证明机制实现了点对点的交易，摆脱了对中心服务器的依赖，从而具备了我们常说的"分布式""非中心化"特点。我们在此从技术角度，讲解比特币如何实现了点对点电子现金。

1. 比特币的形式："未花费的输出"

和传统的电子支付一样，比特币也抛弃了纸钞、黄金这样的实体，但为了在点对点环境下实现可信支付，比特币创造性地使用交易记录作为货币的载体。虽然在比特币名字中有"币"这个字，但在比特币这个系统中并不存在一枚金光闪闪的"币"。

中本聪设计的比特币,以交易记录的形式出现。**所谓拥有一个比特币,实际上是一笔交易记录**,这个交易记录载明了比特币从 A 地址转让到了 B 地址。这个记录就叫作"未花费的输出"(unspent transaction output, UTXO),**可以理解为一张可转让的权利电子凭证。**

"未花费的输出":用一张汇票的背书转让的例子来理解。银行给李雷开出了一张汇票,3 个月后,见票即付 100 元人民币。李雷用这张汇票从韩梅梅那里买了朗文英语课本。按照规定,李雷将这张票据转让给韩梅梅时,要在背面写上"转让给韩梅梅"字样,同时签上姓名和时间。这种在票据背面记载转让情况的,法律上叫"背书转让"。

韩梅梅用这张汇票支付给吉姆·格林,让他代购一套《英语辅导报》,也同样完成了背书转让。吉姆·格林也通过背书转让的方式,把这张汇票支付给露西,从露西那里买了一副耳机。

> 汇票背后的转让记录
> 转让给韩梅梅。李雷 1995 年 8 月 1 日
> 转让给吉姆·格林。韩梅梅 1995 年 8 月 3 日
> 转让给露西。吉姆·格林 1995 年 8 月 7 日
> ……

2.非对称加密的签名验证

比特币以"未花费的输出"的形式,记载了比特币从地址 A 到地址 B 的转让过程。那么,如何证明你就是 B 地址的真正拥有者呢?

在现实世界中,你可以使用身份证证明"我是我",也可以通过预留的签字证明身份。但是,在点对点环境下,没有任何第三方证明你的身份。比特币采用了非对称加密技术解决这个问题(参见图 6.3)。

```
私钥  ⇨  公钥  ⇨  地址
      ⇷       ⇷
```

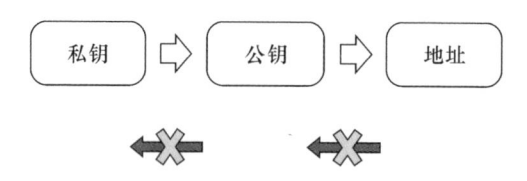

图 6.3　私钥生成公钥和地址是一个单向过程

比特币使用了"椭圆曲线算法"，你拥有一个私钥（可以任意设定），然后就可以通过椭圆算法算出公钥和地址。但是，椭圆算法是单向的，不可逆的。也就是说，你不能通过公钥和地址，反向算出私钥。虽然，不能从地址和公钥反向算出私钥，但私钥、公钥和地址却可以相互验证。也就是说，私钥是你的"最终身份证"。

比特币的交易和验证过程：

转移比特币时，转移到接收方"地址"，地址可以公开。

验证比特币时，用"公钥"验证"地址"，用"公钥"验证"私钥签名"。

在交易支付发生时，支付方爱丽丝指定货币收款方鲍勃的公钥地址（或者由公钥地址生成的钱包地址），然后提交到网络上，由矿机打包生成区块，形成公共账本。

而收款方鲍勃在花费爱丽丝支付给他的货币时，才使用自己对应的私钥对交易进行签名，并公布到网络上；任何收到该笔交易的矿机，都使用鲍勃的公钥对鲍勃的私钥签名进行验证，验证通过则说明鲍勃是该笔数字货币合法的拥有者。

区块成链、交易成链：很多论著或报道告诉我们，区块成链，所以我们把这种技术形象地称为"区块链"。实际上，比特币区块之中的交易通过"未花费的输出"记录的形式也勾连成链，形成了连续的交易链条，也即交易成链。

"区块"是将多笔交易数据打包在一起形成的数据体。可以将区块理解为一个账本，账本里记录了多笔交易。

区块成"链"的同时交易也成链。记账人按照规则在账本（区块）上记满了交易后，在封面贴上时间封条，同时在账本封面上记录前一个账本的编号，这样就在账本之间构成了一个首尾相连的账本链条（参见图 6.4）。

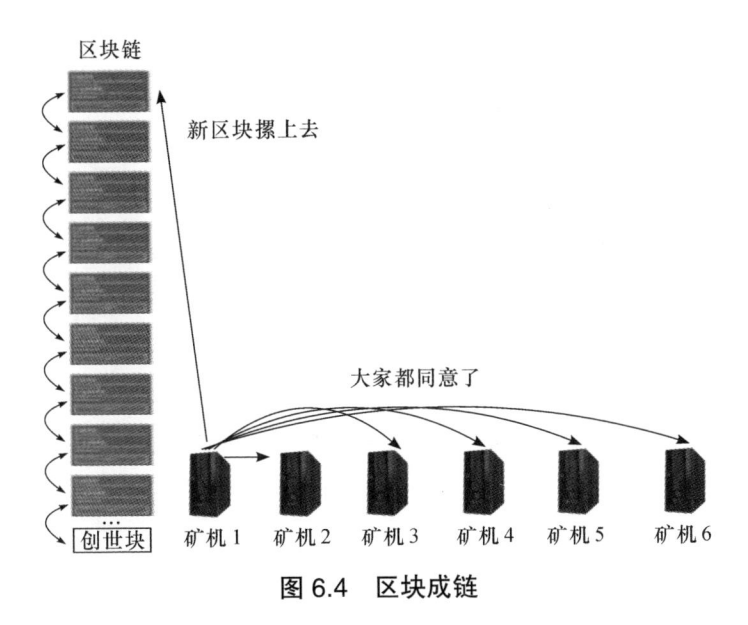

图 6.4 区块成链

3. 工作量证明：维持系统运转

这样构成的账本链条，有一个特点，即越老的账本，其中的交易越难以篡改。若要更改 2015 年高度为 363270 区块中的一笔交易，那么就要将自 2015 年该账本之后的所有账本，全数改掉，重新记账才可做到。

比特币创造性使用了工作量证明机制，每个矿机都参与记账，俗称"挖矿"。挖矿是系统算力的来源，那么，矿机为什么要消耗电力和硬件设备来参与挖矿呢？因为比特币设置了奖励机制，矿机可以获得系统奖励（挖矿所得），也可以收取交易费用（参见图 6.5）。

图 6.5 矿机收入来源

系统奖励，是比特币的原生来源。某个矿机的记账得到系统认可后，系统会给予比特币奖励。比特币设定总量为 2100 万枚，且按照固定比例递减（参见图 6.6）。

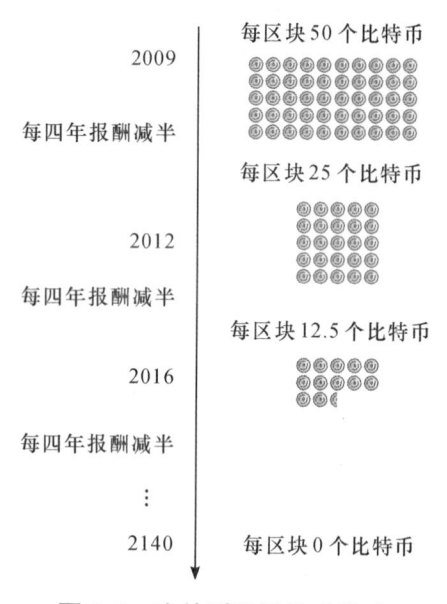

```
2009            每区块 50 个比特币
每四年报酬减半
                每区块 25 个比特币
2012
每四年报酬减半
                每区块 12.5 个比特币
2016
每四年报酬减半
     ⋮
2140            每区块 0 个比特币
```

图 6.6　比特币总量递减模式

矿机还可以向交易者收取交易费用。例如，李雷要将比特币转让给韩梅梅，就要给记账的矿机交易费用。

比特币的交易费用不是固定的，而是用户和矿机进行协商确定的。用户在转移比特币的过程中，提出一个手续费报价，矿机会按照手续费由高到低进行"接单"，形成一个集中报价和交易中介的体系。所以，市场上交易活跃程度会极大影响比特币的手续费。

4. 工作量证明：昂贵的哈希运算防止篡改

比特币如何通过挖矿来防止账本篡改？每个矿机都在争取记账权，但是，只有矿机的记账得到系统认可，才可以获得奖励。这个过程叫作"哈希竞争运算"。

哈希竞争运算为什么这么难？ 矿机对账本打包后，就要进行哈希运算。算出一个数据的哈希值，只要几秒钟时间就可以完成。但比特币对哈希运算的结果数值提出了要求，必须算出指定要求哈希值，你的记账才会得到系统的认可。这是一个矿机之间算力比拼的过程，也包含了运气的成分。

矿机对"区块头"数据进行两次哈希运算（比特币使用的是 SHA-256 哈希算法），得到了一个 256 位的哈希值。比特币系统会给矿机提出要求，如前 19 位数都是零。

比特币设置了自动调节"哈希竞争运算"的难度，保证打包交易、哈希竞争出块的平均时间为大约 10 分钟。这个时间设定，是两个方面的平衡：时间太少，消耗算力不够，无法让篡改企图知难而退，且造成网络同步不稳定；而时间太长则交易确认时间过长，矿机体验太差。

哈希竞争运算的游戏。

哈希运算：将不固定长度的数据文件映射成一个固定长度的数据文件。

（1）比特币哈希运算：使用"SHA-256"，哈希值是 256 位二进制随机数，要计算出指定要求的哈希值。

（2）比特币有难度调节机制：使得计算的平均时间为 10 分钟（参见图 6.7）。

下面是2018年5月20日，第523485个区块的哈希值：
0000000000000000000059554f757f7b1de904220acb93675b5f4c34f8d9910e8

图 6.7　哈希值计算

哈希运算的获胜者，可公布自己的胜利结果，以获得其他矿机的认可，且这个区块的区块哈希可以被下一个区块引用，只要被引用且保持在最长链上，就意味着此次记账权更稳固（参见图 6.8）。

```
交易数据打包 ⇒ 计算哈希 ⇒ 记账权确认
```

图 6.8　比特币记账的过程

如果有人想篡改交易记录怎么办？区块链不是数学上的不能篡改，而是算力上的篡改不经济（中本聪使用的英文是"change"，是一个中性的词"修改"，中文多译为"篡改"）。比特币设计了最长链原则（参见图 6.9），理论上只要算力领先，从某个旧区块上开始追赶，并超越现有最长链，就能篡改那个旧区块之后的区块。

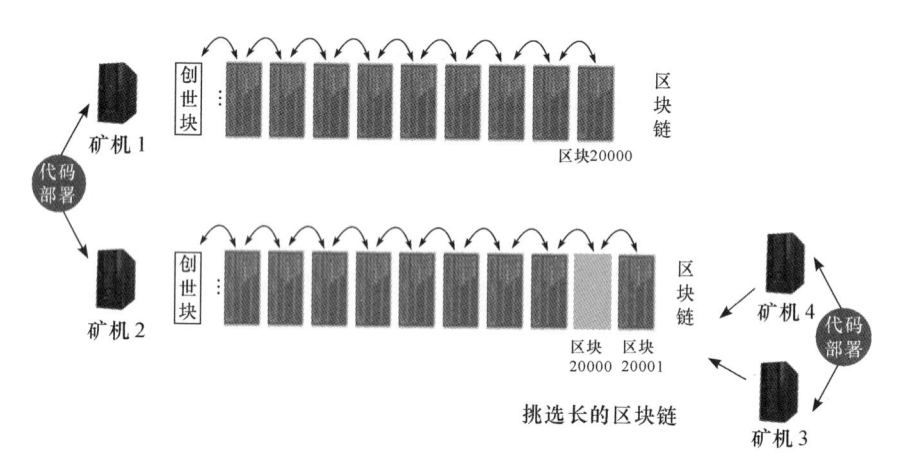

图 6.9　最长链原理

但是，如果你想修改区块链上已有的数据，必须超过全网 51% 算力。这种篡改具有数学上的可能，但却是非常不经济的。花费如此巨大的算力，即便胜利了，欺骗所得也仅限于篡改区块中的交易金额，在经济上得不偿失。

区块链篡改不经济：根据 2020 年 3 月的数据，全网算力是每秒 1.221 万亿亿次哈希运算，要篡改比特币区块链数据，需要超过全网 51% 的算力，相当于 208 万亿台普通的苹果笔记本电脑的算力，或者 89 万台专业矿机的算力（参见表 6.3）。

表 6.3　多种型号矿机参数信息

类型	每秒 SHA256 哈希次数	算力表示	功耗	厂家	价格
普通个人电脑	30 万次	0.3M	—	—	—
蚂蚁矿机 S17	62 万亿次	62T	3600 瓦	比特大陆	14000 元
芯动 T3+	57 万亿次	57T	3600 瓦	芯动科技	12000 元
神马 M10	33 万亿次	33T	2145 瓦	比特微	8000 元
神马 M20S	68 万亿次	68T	3264 瓦	比特微	14000 元
全网算力	1.221 万亿亿次	122.1E	—	—	—

如果你是一个理性的人，以如此巨大的算力来修改区块链数据，不如用来"干正事"，也就是直接挖矿，所获得的收益远远大于篡改获得的收益。

5. 比特币技术突破和机制创新的总结

在点对点网络中，不依赖第三方信用，实现可靠支付的最大难题，是双花问题。由于计算机网络中数据是可以无限复制的，所以用一个比特币，可以执行多次支付。在比特币出现之前，eCash、BitGold、B-Money 等虚拟货币并没有实现去中心化（对另外两种虚拟货币感兴趣的读者可以阅读《区块链简史》第 18-23 页）。

比特币设计了工作量证明机制，创造性地解决了双花问题。在一个点对点网络中，比特币不再采用一台固定的中心化服务器对交易进行验证，以及防范欺诈的双花。比特币的设计思路是，点对点网络中无数的节点服务器，任何一台都可成为那台具有交易验证权限的记账服务器。在大约 10 分钟的间隔内，所有的节点服务器要参与算力竞争，以获得记账权，这种竞争既依赖服务器的算力，也要靠运气。所以在大约 10 分钟的每一轮记账中，具有权限的服务器是随机的，无法预测。

比特币的工作量证明机制在计算机网络领域是一个创新，它在数量众多、陌生且加入和退出随意的开放节点集群中，实现了实际可行的数据一致性。在工作量证明之前，也有各种共识算法，例如 BFT、PBFT、PAXOS、RAFT 等，但这些算法适用于在有限节点的不开放网络环境中达成一致（对技术探索有兴趣的读者，可以阅读《区块链简史》第 76-86 页）。

总之，工作量证明及激励竞争，把记账权的确认与货币的发行结合为一体，这个通缩的货币自动发行机制是巨大的创新。

6.3.3 比特币：重新定义货币

1. 重新定义货币的价值

从价值的角度，比特币是"对价值的直接数字描述"，如黄金一样，本身具有价值，但其价值实现已经完全脱离了来自现实世界的可信第三方。

首先，比特币是从数字世界中诞生并服务数字世界的原生货币，其发行、存储和流转都不再依赖可信第三方：

（1）比特币按照算法发行，发行总量、发行节奏由算法决定；

（2）比特币在区块链上可以实现点对点交易。

其次，比特币不再是对现实世界中商业关系的映射描述：

（1）比特币不是某个银行或者金融机构的记账工具；

（2）比特币不锚定任何现实世界的资产，不是某种纸钞或者资产在现实世界中产权所有和转移的计算机记录。

（3）比特币不是任何现实世界中个人或机构声明的负债。

2. 重新定义货币的技术

从技术的角度，比特币重构了货币的技术形态，加密货币、虚拟货币、数字货币成为新的社会现象登上历史舞台，后续出现的数字货币或多或少采用了比特币所开创的技术特征：

（1）电子形态，数字货币无一不采用电子形态；

（2）基于密码学，采用非对称加密技术签名验证（保护隐私）；

（3）点对点支付；

（4）可编程。比特币开启了数字货币可编程的大门，以太坊将其推向了高峰。

3. 比特币：探索不依赖暴力维持的机器秩序

比特币的创新，不仅体现在技术层面，也体现在社群生态的设计上，它开启了以区块链技术实现"去中心化"的生态治理模式，一切都是自发的，无须一个中心节点的组织、管理和裁决。

在运行层次上，比特币独创性地设计了"挖矿"这一环节，实现了生态自我运转。在任何中心化的网络社群中，都需要由中心节点（或称服务器）提供系统算力，从而维持系统运转。比特币为摆脱这种中心化，设计了挖矿机制，矿机的挖矿过程实际上是给整个系统提供算力，系统则对挖矿者奖励比特币，通过这种精巧的激励机制维持了整个系统的自我运转。在这个系统中，比特币的拥有、转移不再依赖于某个中心节点的证明（例如，银行账户中资产的多少需要由银行作为中心化节点进行证明），而是所有节点基于最长链原理（即大多数矿机的认同）相互证明。

以矿机挖矿实现的去中心化机制，比特币开启了"无第三方信用"和"去中心化"的支付模式，也开启了用区块链技术实现"去中心化"的生态治理模式，当众多节点都运行一样的代码，实现一样的协议或一样的智能合约，这就意味着所有的节点都服从同样的代码逻辑和规则，实现了机器或者代码执行的治理。这一切都是自发的，无须一个中心节点的组织、管理和裁决。

6.3.4 结语：大变局的开创者

比特币是大变局的开创者，从价值、技术角度重新定义了货币，也探索了不依赖于人类暴力的机器秩序。后续数字货币无非从价值、技术或者治理模式上等几个方面对虚拟货币做正向或者逆向的探索。

6.4 以太坊：智能合约平台与彻底的可编程货币

比特币的出现，为数字货币确立了一个典范，重新定义了货币的价值和技术形态。在比特币诞生后，基于比特币的思想，或者直接基于比特币的代码，衍生出众多私人数字货币，但多数与比特币雷同，直到以太坊出现。比特币的设计，是建设一种新的货币秩序，而以太坊的目标，则是建设"世界计算机"，即分布式应用平台。所以，以太坊在技术细节的设计上与比特币差别很大。

6.4.1　概述：从货币系统到去中心化应用平台

2013年，维塔利卡发表了以太坊白皮书《下一代智能合约和去中心化应用平台》（*A Next-generation Smart Contract and Decentralized Application Platform*），要开发崭新的、更强大的区块链平台：以太坊（Ethereum）。以太坊继承了比特币的区块链技术和思想，包括：

（1）用众多节点的算力竞赛来维持可信的分布式账本；

（2）点对点；

（3）非对称加密技术保护隐私；

（4）以太币按照算法发行，不锚定任何现实资产；

（5）可编程。

但以太坊并非简单模仿比特币，我们认为以太坊是当之无愧的区块链2.0版本。比特币的自我定位是一个"货币系统"，而以太坊的目标是做一个"智能合约与去中心化的应用平台"。对比特币来说，其本身就是这个系统和技术的目的；而以太坊中"智能合约"才是目的，以太币只是支撑"智能合约"运行的支付代币。以太币并非"纯粹的货币"，与比特币不同，以太币是有功用的，是为了购买用于驱动智能合约的燃料（gas），也就是矿机服务费。

> 以太坊：去中心化应用平台。比特币白皮书为《比特币：一种点对点的电子现金系统》，以太坊白皮书为《下一代智能合约和去中心化应用平台》。
>
> 比特币是一种"货币系统"，而以太坊则是"IT应用平台"。
>
> 比特币本身就是这个系统和技术的目的；而以太坊中"智能合约"

才是目的，以太币只是支撑"智能合约"运行的燃料。

在以太坊上运行智能合约不是免费的，需要给矿机支付燃料，也就是矿机服务费。类似于比特币转账时，要给矿机支付转账服务费用。

比特币是用技术来服务金融和货币，而以太坊则只是一个技术平台，至于服务什么领域，要看用户在智能合约中开发什么内容。

1. 以太坊已经成为全球第一大区块链应用开发平台

由于技术的完备性，在以太坊上编程开发非常便捷，目前已经成为全球第一大区块链应用开发平台。以太坊的智能合约中承载了全球最多的分布式业务逻辑与代码，绝大多数的去中心化应用都部署其上。据stateofthedapps.com网站在2021年11月13日的数据，以太坊上共部署了2880个去中心化应用（Dapp）。以太坊上的应用，游戏种类占比最大，达到19%；赌博类次之，为14%；金融类为13%；社交类约9%。以太坊全球共有2998个节点，开发者社区有120万名注册用户。

用以太坊智能合约开发虚拟货币，10分钟就可以部署完成，近乎零成本，因此，以太坊在几年内就成为数字货币的母平台。据etherscan.io网站在2021年11月13日的数据，以太坊上的ERC-20代币智能合约共计466741种。2021年11月13日，以太坊上共约1.76亿个账户地址。交易最高峰是2021年5月9日，当日交易量达171万笔。

2015年7月上线至今，以太坊发展成为全球最大的去中心化应用平台，也是全球最大的区块链生态社区。以太坊的开发者，雄心勃勃要将其发展成为"世界计算机"，也许达成这个目标还需要时间，但以太坊确实提供了一条通往"世界计算机"的正确道路。

2. 以太币在平台中的作用机理

以太币的发行机制，与比特币略有不同。以太坊有预售，即在原初代码中就存在的以太币，用于为开发团队募资。这种预先在代码中发行以太币的行为，业内称之为"预挖"。以太坊中预挖的量一共有7188万个以太币。之后，根据代码规则，每年还会产生 1560 万个以太币，用于激励矿机，大约每天产生 4.3 万个以太币。每产生一个区块，可分配的收益包括大约 5 个以太币和燃料服务费。随着以太坊走向 2.0 版本，以太币产生和分配机制也随之有变化。所以，与比特币不同，以太币并非通缩，总量是持续增长的。

以太坊作为一个去中心化的区块链，也是一个经济生态，以太币作为货币在其中至关重要。与比特币系统一样，以太坊的共识达成建立在用以太币对矿机的激励上，因为这种激励的利益，保证了整体区块链的安全。

另外，与比特币不同，以太坊有智能合约。而以太坊的智能合约代码存储在与以太坊地址关联的信息字段中，由发送到智能合约地址的交易驱动智能合约，且智能合约运行要耗费燃料，燃料是用以太币支付的，支付的燃料成为矿机打包的收入，所以可以简单理解以太币所支付的燃料是以太坊的服务费。例如，在智能合约中存入"2022"这个数字，假设可能要耗费 26000 个燃料，也就是大约 0.0013 个以太币。

燃料服务费约束着开发者，要求他们写尽量简洁的代码，也保证了区块链系统不会陷入某些永远运行、不可停机的运算中。

6.4.2 可编程性：智能合约与区块链 2.0

1. 可编程性：区块链 2.0

可编程性考虑的是可用代码对"数字对象"操作的可能性。可编程性具有程度的区别，比特币也具有可编程性，但是，比特币脚本不具有图灵完备性，可编程性较低。而以太坊的脚本是图灵完备的，因此，可编程性高。

理解可编程性。可编程性仅仅考虑可用代码对"数字对象"操作的可能性，可以从程度上理解：

（1）我们的 iPhone 智能手机是可编程的，任何程序员都可以写代码部署上去。

（2）"大哥大"手机可编程性很差，代码必须写在硬件中。

（3）过去的程控交换机（直拨电话），可编程性更差。

（4）古老的插头交换机（手摇电话机），由接线员插拔接口，这就是不可编程。

我们以动物学习能力做类比，人类的可编程性很好，后天可以学习，但蚂蚁的可编程很差，全凭硬件中的天性。

中本聪在设计比特币时，也考虑到了可编程性的需求，所以比特币中有100多个命令，可用于在未花费的输出上开发脚本来控制支付行为。但是，比特币的定位是"货币"，安全性是其第一位的考虑，而编程灵活性是第二位的需求，因此比特币的脚本被严格限制为图灵不完备。但这种不完备是比特币设计上的选择，而非缺点，作为一种货币，比特币以安全为第一追求，至于灵活性，则够用即可。

以太坊的目的不是成为货币，而是成为应用平台。所以，以太坊提供了强大的虚拟机，可部署图灵完备的智能合约。"智能合约"比特币的"脚本"更加强大，基于智能合约可以开发各种应用，能做任何"可以"计算的任务。由此人们称以太坊为"区块链2.0"。

可编程与"区块链2.0"：在区块链领域，人们称比特币为"区块链1.0"，而以太坊则为"区块链2.0"。

比特币系统中所用的技术系列，人们称之为"区块链"，代表了去中心化的计算机技术架构。但比特币的设计目的是实现货币系统，因此设计者中本聪对安全问题关注更多，没有为比特币设计强大的编程功能。以太坊是应用平台，所以能做的事更多。

以太坊与比特币之间的历史传承故事，颇有点类似"大哥大"与智能机。"大哥大"只有语音通信功能，但它开启了无线通信时代。而今天的智能手机，语音通话功能已经不那么重要了，但在无线通信功能支撑下，智能机能做无数的工作。

图灵完备：图灵机是图灵发明的一种通用计算模型，图灵机能执行任何

"可以"计算的任务。之所以把"可以"两字加引号，是因为存在一些任务是无法计算的。而对于一套数据操作规则，或者编程语言来说，如果能够做图灵机所做的运算任务，那么它就是图灵完备的。

我们用人来做比喻，如果某人很能干，能做世界上所有的工作，那么他就是图灵完备的。这听起来是褒扬，但会让这个人陷入困境。例如"追上自己的影子"是一件工作，如果这个人要做，那么他可能就要一直跑下去，直到累死。所以，并不是所有规则、所有语言都要追求图灵完备。比特币的脚本就不追求图灵完备。

以太坊的智能合约是图灵完备的，但却为了防止程序陷入无限运行的陷阱，为其设置了燃料机制。就如同"追上自己的影子"这件任务将导致永不停歇，但如果跑一步就得消耗1元钱，那么这个限制就会及时停止任务。

在本书第1章曾经指出，"数字货币"中"数字的"（digital）一词旨在强调一种高级的数字化水平。可编程性，也许是判断数字货币最简单的金标准。如果一种电子货币可编程，那么就可以被归类为数字货币；一种数字货币不可编程，那么对其数字化程度的承认就要打个折扣。当然，存在这样的情况，数字货币的架构是可编程的，但没有放出编程接口来，这只是权限的问题。

2. 智能合约：区块链分布式应用

由于对尼克·萨博提出的"智能合约"情有独钟，维塔利卡在设计以太坊的时候，将基于以太坊开发出的分布式应用称为"智能合约"。以太坊的智能合约，只是借用了尼克·萨博提出的"智能合约"，向他在密码学上的贡献致敬。用 state of the dapps 网站上一句颇有深意的话说明：智能合约，既不智能，也不是合约。

如果要按照通常的命名规则，以太坊的智能合约，实际上就是基于以太坊开发的分布式应用，可以称之为"区块链代码""链码"。比如 Fabric 上开发的分布式应用就称之为"链码"。

"智能合约"一词的由来。1994 年，尼克·萨博在论文《智能合约：数字市场的基石》中正式提出"智能合约"（smart contract）的概念。将其定义为"可用计算机与密码学算法构造数字化的商务关系"。萨博为"智能合约"举了一个原始的例子，即我们常用的自动售货机：投入 5 元人民币，机器执行合约，"吐"出一罐可乐。

萨博所提出的智能合约是代码写成的商业合同，强调"代码执行"。智能合约之"智能"是"smart"，并非人工智能的"intelligent"，智能合约所追求的目标并不是模仿人类的智慧。之所以称之为"smart"，乃是因为智能合约是代码所写，可自动执行规则，比之现实世界的纸质合同，无疑是智能的。

萨博提出，智能合约将嵌入各种硬件和软件中，遍布世界。如同自动售货机、刷卡机、电子数据交换（EDI）、汇款结算系统（SWIFT）等一样，基于自动的软硬件，执行人们之间的合约，维护着人们之间的商业关系。由于以太坊的虚拟机 EVM 支持的智能合约是图灵完备的，在其上的编程开发非常便捷，于是用以太坊智能合约开发代币近乎零成本。以太坊在几年内成了种种数字货币的母平台，10 分钟就可以部署一个代币。

在传统的计算机环境下，我们部署一套程序的意义，是在这台计算机的本地运行。到了智能合约，则需要转变思维，一个智能合约的部署，意味着这段代码将在千万台以太坊节点上运行。

6.4.3 网络商业三要素

戴维在 B-Money 的设想中指出，网络上的虚拟商业有三要素：数字化身份、数字化货币、数字化合约。这三种要素的技术实现，分别为 eCash、比特币和以太坊（参见图 6.10）。

乔姆：eCash　　中本聪：比特币　　维塔利卡：以太坊

数字化身份　　数字化货币　　数字化合约

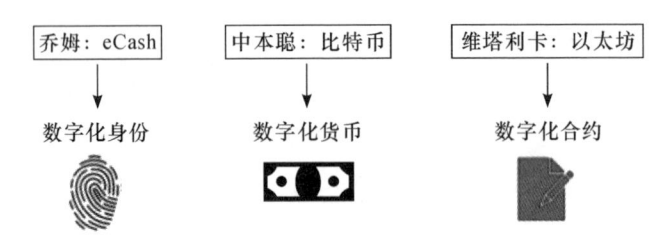

图 6.10　网络商业三要素

6.4.4　其他技术突破

以太坊在技术设计上，与比特币有很多不同。以太坊上并不存在未花费的输出，这是与比特币的巨大差别。比特币因未花费的输出而缺乏脚本灵活性，这可以理解为比特币的脚本如同写在一张 100 元纸钞上的合同，这个合同只能针对 100 元整体，无法针对 100 元中的某 1 元。以太坊需要灵活强大的智能合约，所以采用了余额制，这样在余额中就可以存入智能合约的运算结果。

比特币的交易数据与区块数据，代表着运算的结果，代表着比特币系统的世界状态。而在以太坊上，交易是为了驱动智能合约的，智能合约所运算出来的结果，要存入各个节点的状态数据库。所以，以太坊上的交易数据是过程，而状态数据库中的数据才是结果。

以太坊的共识算法，最初是用工作量证明，但也是改进后的工作量证明，所以出块速度为 15 秒，比比特币快了很多。但以太坊一直在试图转型，从工作量证明转为权益证明，也就是从以太坊 1.0 转型成为以太坊 2.0，这对于以太坊来说，是一个翻天覆地的变化。以太坊还有很多技术细节上有独特的创新，比如帕特里夏树、叔区块等。

我们将有关技术创新总结如下：

（1）以太坊的共识机制从工作量证明转变为权益证明，即不再基于算力竞争记账权和激励，而是基于持币数量的股权来决定记账权和激励；

（2）以太坊开始分片，即从一条链，转为 64 条虚拟链，由一个管理主链"信标链"管理；

（3）以太坊采用 Ewasm 虚拟机，效率更高；

（4）以太坊的经济模型改变，收益与算力脱钩，转为基于权益证明的质押模型，与质押的以太币数量关联。

6.5　Bancor：智能代币的去中心化交易网络

6.5.1　问题的提出：韩梅梅难题

韩梅梅如果持有比特币，那么她将面临两个难题，本书称为"韩梅梅难题"。

第一，比特币对法定货币的价格变动特别剧烈。比特币、以太币通过算法产生，由于没有任何支持资产，"是否具有内在价值""如何判断其内在价值"在专业投资者中尚有巨大的分歧。沃伦·巴菲特认为，比特币是"赌博的工具""老鼠药"。[5] 巴菲特的态度说明全球顶级的投资者对比特币的内在价值也存在怀疑。

> 比特币价格的剧烈波动：比特币的币值极端不稳定。在其发展初期的 2011 年，比特币的价格在两个月内从 0.75 美元涨到 30 美元，上涨 40 倍。随后，在 2012 年 2 月跌破 2 美元，跌幅超过 93%。[6] 相反，主要国家货币日涨跌幅达到 1%，主要股票指数的日涨跌幅达到 2%～3% 已经属于较大价格波动。

通过统计长期以来不同资产价格变化率的波动发现，比特币的波动率是主要货币波动率的 10 倍，是贵金属波动率的 3～5 倍，是股票市场波动率的 3～5 倍，是原油波动率的 3 倍。比特币的波动率超过了现有主要货币波动率一个数量级，也远高于主要风险资产，导致比特币无法成为价值储藏的手段，交易各方也无法约定比特币计价的未来商品和服务。

第二，如果韩梅梅要将比特币换为以太币，她就得去虚拟货币交易所。比特币、以太币是去中心化的，但是，交易所是中心化的，是典型的中心化信任。交易所可能倒闭，韩梅梅存在交易所的虚拟货币也有可能被盗。例如，曾经全球最大的虚拟货币交易平台"Mt.Gox"（注册地在日本，俗称"门头沟交易所"）于 2014 年宣布丢失了客户 85 万个比特币，随后破产（这两个问题和有关案例在第 7 章会更详细解释）（参见图 6.11）。

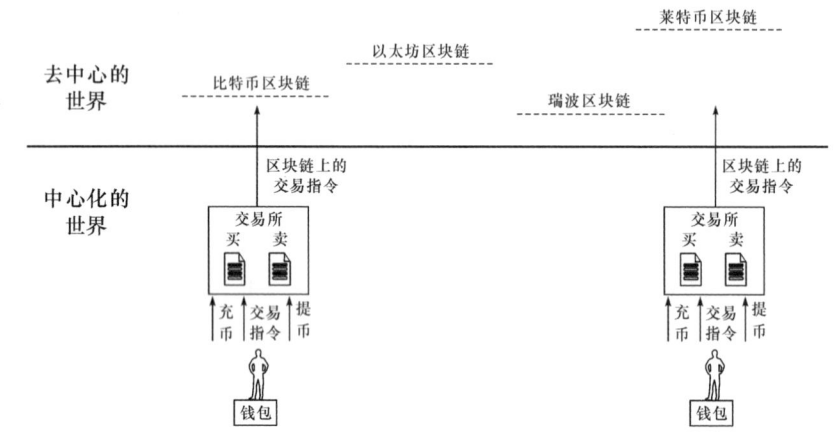

图 6.11　虚拟货币交易所的中心化

比特币上线之后，为了交易方便，很快就出现了在线比特币交易所，最早的就是"Mt.Gox"。后来随着更多的虚拟货币出现，就有了更多的交易所，交易所里可以进行"虚拟货币—法定货币""虚拟货币—虚拟货币""虚拟币金融"等交易。

这些虚拟货币交易所是中心化的，就是一个类似"股票交易所＋股票登记所"的市场，帮助撮合虚拟货币的买卖。比特币与比特币、以太币与以太币，可以在各自的区块链上进行交易，无须中心信任。但要在比特币和以太币之间实现跨区块链的交易，就还得回到中心化交易所，把虚拟货币交给交易所，交易所帮助完成交易。这在模式上几乎可谓"进一步，退半步"。

虚拟货币交易所的奥秘：用户"充币"至交易所后，虚拟货币就控制在交易所手中，如同存钱到银行。用户从交易所管理页面看到自己账户下拥有比特币 1，那只是交易所数据库中的一个数字，交易所未必在比特币链上真的持有一个比特币。

交易所可以随意挪用用户充入的虚拟货币，这个过程只是发生在交易所的数据库中。只有发生"提币"行为，才真的需要写入区块链，把虚拟币从交易所地址转移到用户指定的地址，用户用钱包进行管理。所以，第 7 章我们会讲到，Mt.Gox 可以随意虚增交易所账户中的比特币，从而达到操纵价格的目的。

"虚拟货币—法定货币""虚拟货币—虚拟货币"交易发生时，由交易所的订单簿对买方和卖方做撮合，价格也在撮合机制中形成。

虚拟货币本身的安全依赖区块链技术，相对安全。但虚拟货币交易所基于自己开发的软件代码和数据库，相对较脆弱。所以经常发生的虚拟货币被盗，几乎都是交易所监守自盗，而非黑客真的破解了区块链。

6.5.2 去中心化的智能解决方案

解决币值稳定问题，有中心化的思路和非中心化的思路。中心化的思路是锚定现实世界，以现实世界作为价值基准，从而稳定币值。典型如稳定币 USDT，直接以美元为储备资产，从美元角度看几乎做到了零波动率。但加利亚·贝纳齐（Galia Benartzi）等人选择了非中心化解决方案。

2017 年 2 月，贝纳齐等人基于以太坊的智能合约设计了 Bancor 协议，发布了 Bancor 白皮书，去中心化交易网络诞生了。贝纳齐等人发行的 BNT 是第一个"智能代币"（Smart Token）。

Bancor 协议的基本思路是，发行"智能代币"BNT，此智能代币"持有"一种或多种其他代币作为准备金。此处的"持有"，不同于"锚定"，持有意味着发行的智能代币，真正在智能合约中对应锁定相当数量的其他代币作为准备金。在这个意义上，Bancor 也可以被视为一种稳定币，属于链上

(on-chain)资产支持型稳定币(请重温本书第2章第2节的分类)。

BNT 的意义在于它成为各种虚拟货币的交换中心。Bancor 协议通过算法,自动设置了 BNT 与各种虚拟货币的比例关系(相对价格),通过买卖 BNT,各种虚拟货币之间实现了交换。交换不同币种的买卖双方并不直接发生交易关系,而是以 Bancor 为中央交易对手,双方都同 Bancor 进行交易,所以交易总能实现。

Bancor 依赖智能合约的代码,实现了虚拟货币之间的去中心化交换,克服了中心化交易所的经营风险。多币种的储备,存储多种数字货币至智能合约,以提供流动性。Bancor 代币的发行量和相对价格(与其他虚拟货币的比例关系),由算法决定。通过智能合约控制,保证发行的"智能代币"总市值(以准备金代币为度量单位)与持有的准备金代币总量保持固定比例。

BNT 的币值稳定算法机制:"智能代币"总市值(以准备金代币为度量单位)与持有的准备金代币总量保持固定比例,称为 CRR。若发行"智能代币"的量为 Supply,总金额为 Value,"准备金代币余额"为 Balance,则"智能代币"的总金额 Value 可以写为:

$$Value = Supply * Price$$

所以

$$CRR = \frac{Balance}{Supply * Price}$$

也就是

$$Price = \frac{Balance}{Supply * CRR}$$

为了保证准备金总值与智能代币总值保持比例恒定,每一笔交易发生,执行 Bancor 协议的智能合约都要根据当前的代币余额和数量计算价格,从而确定本次交易的价格和供应量。根据函数算式,要购买 T 量的"智能代币",需要付出的准备金价格 E 为:

$$E \quad R\left(\sqrt[F]{\frac{T}{S}}\ \right)$$

随着 CRR 的值的不同，智能代币的价格与发行量的函数关系也不同。当 CRR 为 100% 时，实际执行的是 100% 准备金机制，这样的"智能代币"实质上就是稳定币。

下面分别是 CRR 在不同值时，供应量与价格的曲线。（参见图 6.12）

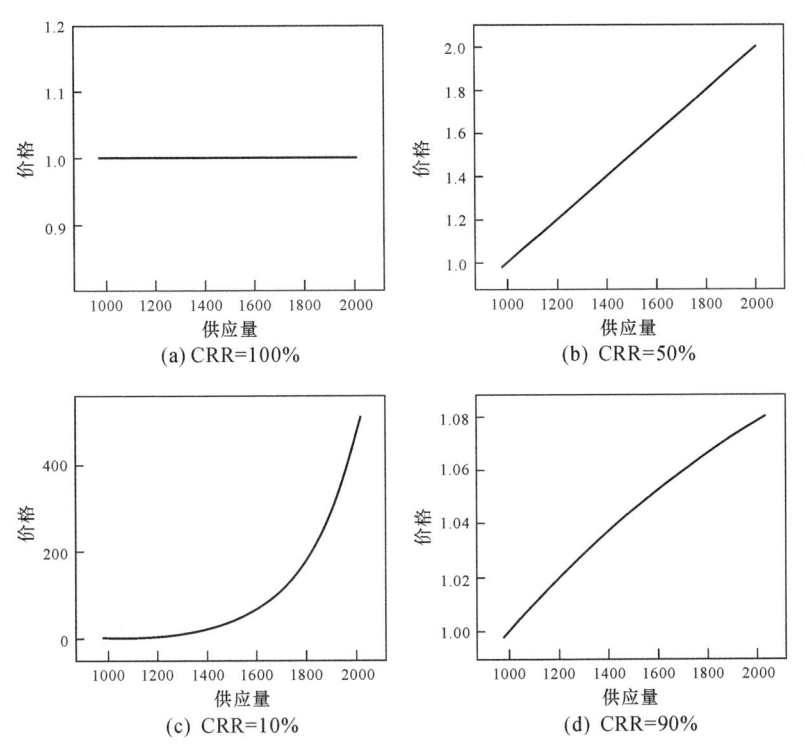

(a) CRR=100%

(b) CRR=50%

(c) CRR=10%

(d) CRR=90%

图 6.12 不同 CRR 下的供应量与价格曲线

Bancor 在数字货币领域是一个创新，通过智能合约在数字货币之间建立自动的准备金机制，实现数字货币价值的锚定和抵押，为数字货币的发行、交易设计了一种自动化的协议，也是实现去中心化交易网络的可行方案。与之原理相似的 Uniswap 随后带动了"去中心化金融"热潮，把合规性暂放一边，这种以代码和算法为对手方的交易所模式，和以算法执行的货币发行和定价模式，削弱了对人和组织的依赖，是对比特币所开创的分布式、去中心化的一次推动。

6.6　USDT：锚定现实世界的币值稳定安排

6.6.1　USDT："韩梅梅难题"的逆向解决方案

Bancor 沿着比特币开创的道路，通过非中心化交易网络，解决了币值不稳定和跨币种交易的"韩梅梅难题"。但 USDT 选择一条逆向的道路，也就是以现实资产作为储备资产，等比例发行 USDT，解决了"韩梅梅难题"，而且在一定意义上是一种更好的解决方案。

USDT 以美元为储备资产，与美元的波动率接近零。从现实世界来看，以国际通用货币美元来衡量，USDT 不再具有价格波动。而 Bancor 只是在虚拟货币世界中起到了稳定币值的作用。从现实世界来看，BNT 的币值仍然是剧烈波动的。

USDT 打通了虚拟世界和现实世界的交易，成为两个世界价值交换的媒介。Bancor 仍然停留在虚拟货币之间，如果要实现虚拟货币与法定货币的交易，需要通过中心化交易所才能实现。

但 USDT 是向传统金融秩序的回归，是对比特币范式的逆反。

USDT 要以现实资产作为储备，依赖于第三方信用。USDT 要将美元资产托管在金融机构，发行者要遵守承诺保证储备金足额，不能挪用储备金。我们发现，这种对人的信任是不可靠的，USDT 出现的问题就是很好的例证。

USDT 的去中心化程度降低了。如果从发行、交易、清算结算三个环节看，USDT 的发行环节是中心化的。而比特币、以太币、以及 BNT 都是通过算法自动发行的。

6.6.2　USDT 的机制

1. 以美元为储备资产的中心化发行

2014 年，泰达公司发行了 USDT，是当前流通最广的稳定币。泰达声称其发行的每一个 USDT，都有对应的一美元存在银行中作为储备。泰达委托银行作为托管人，管理美元资产。泰达公司收到一笔美元后，将资产托管给托管人进行保管，同时发行等值的 USDT。

在发行环节，依然是由发行公司泰达中心化发行，并对其承诺价值，一个 USDT 就是泰达公司的一美元负债。但在交易环节，它仍然是去中心化的，可以在分布式环境下实现点对点交易，支付即清算、结算。

泰达也承诺刚性兑换。在任何时候都提供对 USDT 1∶1 兑现美元，任何人拿来一个 USDT，都可以从该公司换回一美元。

这种稳定币较之比特币，是一种向传统金融秩序的回归。比特币没有发行方，而 USDT 在发行环节是中心化的，泰达公司如银行一样以信用发行，USDT 是泰达公司的债。但稳定币对法币的价格是固定比例的，不像比特币那般波动巨大，这在虚拟货币交易、支付活动中具有优势，成为虚拟货币用户的避险工具和一般支付工具。

2. 多链发行

USDT 本身并没有开发区块链，而是基于业内主流的区块链，例如比特币、以太坊等发行自己的数字货币。USDT 是数字货币，与承载它的区块链一样是点对点的，可支持智能合约编程，可实现多签（多签是比特币、以太坊都有的功能，即支付的时候多人签名）、DEFI（去中心化金融）等功能。在美元等法定货币不支持数字化，且被严格监管的情况下，USDT 就有了巨大的生存空间。2021 年 11 月 USDT 的总量已达到约 750 亿美元。

如图 6.13 所示，2021 年 11 月 14 日，USDT 发行在 9 条区块链上，不同区块链上的发行量如下。

（1）比特币（Omni 染色币协议）[7]：13.35 亿美元；

（2）以太坊：378.33 亿美元；

（3）波场：369.92 亿美元；

（4）EOS：8500 万美元；

（5）Liquid：3656 万美元；

（6）Algorand：7400 万美元；

（7）SLP：600 万美元；

（8）Solana：11.40 亿美元；

（9）Avalanche：100 万美元。

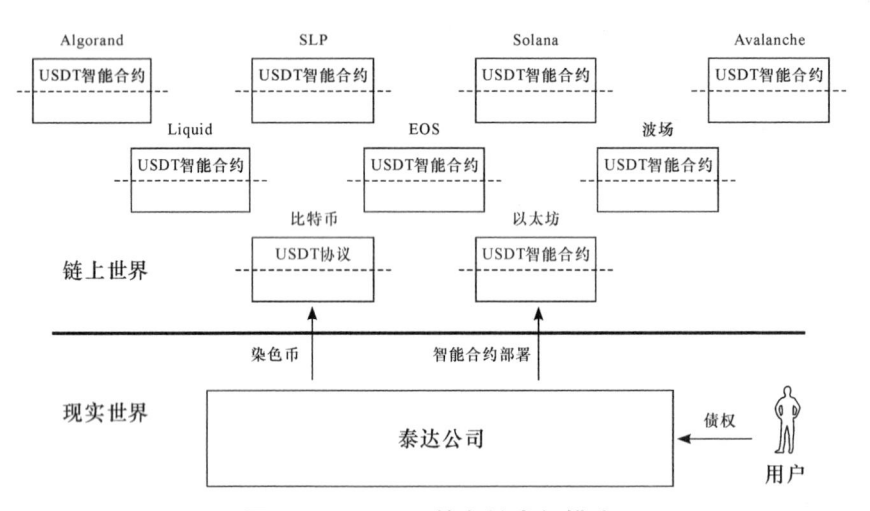

图 6.13　USDT 的多链发行模式

我们也看到，USDT 最初基于比特币协议，之后转向更多的链，并主要基于智能合约，这是为了便利其在不同链上与虚拟货币交易，并可用于该链的智能合约中。

3. USDT 的信任危机

USDT 是中心化发行，本质上是发行者泰达公司的负债。USDT 可信的基础是泰达公司。如前所述，一些研究对这种稳定币发行者是否有足额资产提出过怀疑。泰达公司的问题逐步暴露。

USDT 因为储备金不透明、随意增发、修改用户承诺、挪用资金等受到诟病。但在这个阶段，私人数字货币的合规依然存在种种问题，与传统银行间的接口存在不确定性的时候，USDT 成为人们进入数字货币领域的一个桥梁。如果各国央行推出数字法币，那么这些企业发行的 USDT 的竞争力将大大降低。

6.7　DGX：从锚定货币到数字化产权

6.7.1　数字化产权

2014 年，USDT 以美元为储备资产，等比例发行，解决了"韩梅梅难题"。2016 年，新加坡的 Digix 公司在以太坊上发行了 DGX，其思路与 USDT 如出一辙，但其储备不是货币，而是等比例的黄金实物。由于有储备资产作为支持，每一份 DGX 代表了一定量的黄金实物，也可以一定程度上解决"韩梅梅难题"中的币值波动问题。在这个意义上，DGX 与 USDT 一样，也被归类为资产支持型稳定币（分类参见本书第 2 章第 2 节）。这里我们说"一定程度上解决"，是因为黄金现在已经不是货币，作为一种资产，黄金本身也有一定的价格波动，但无论如何，黄金的价格波动率是较低的，具有价值储藏的基本功能（不同资产波动率问题，可以参见本书第 7 章第 4 节）。

但是，DGX 的意义不仅仅是一种稳定币，而是其锚定了实物形态的资产，实现了"资产上链"。相比于货币，实物资产对第三方信用的依赖性更强，不仅要验明资产真伪，保存要求也更高。另外，实物资产还存在交割问题。

DGX 要成为可信的数字权利凭证，最重要的任务是如何在"现实资产"与"链上数字产权"之间建立不容置疑的关联关系。Digix 公司开发了黄金的"溯源证明"（Proof of Provenance），记录实体黄金生产、物流、库存、检验和审计的所有信息。"溯源证明"由不同角色分布式完成，直接记录在区块链上，当然不能解决"资产上链"的终极困境，但在边际上提供了尽可能摆脱第三方信用的解决方案，也成为目前众多类似项目的解决方案。

6.7.2 "资产上链"的终极

2016 年，Digix 公司在以太坊上发行的代币 DGX，由智能合约写成。一个 DGX 代表一克黄金，由平台上运营的新加坡 Value Max 公司提供黄金的认证、保管和兑现。

这是较早出现的稳定币，比以太坊的 ERC-20 代币标准还早，是以太坊上早期的成功应用。DGX 是稳定币，其价值由实物黄金保证，且由一个机构承诺兑现。这种价值的保证，就要由一个可信第三方承诺，并依赖其信用。

比特币和以太坊是真正的数字原生货币，其价值并不依赖任何现实世界的实物。而 DGX 这样的稳定币，其价值则锚定现实世界中的实物。一个 DGX 本身是以太坊智能合约中的一个代币，但它又代表了 Digix 所经营的金库中的一克黄金（参见图 6.14）。

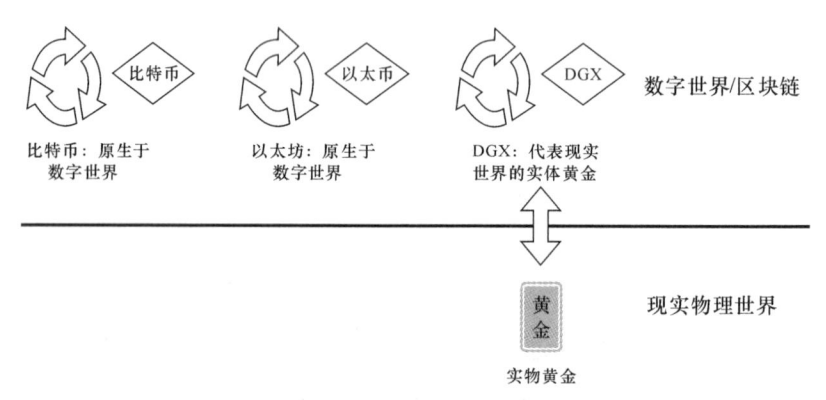

图 6.14 DGX 的黄金价值锚定模式

DGX 代表实体黄金，这种非原生数字资产的最大难点是要证明自身与实物资产的对应关系。也就是说，持有 DGX 的用户如何才能相信真有一克黄金存在金库中？在传统的金融模式下，用户依赖对第三方的信任，一家享有盛誉的银行说，金库里有黄金，那么用户就会相信。

但区块链的思维，要尽可能摆脱对第三方的信任，"资产上链"最重要的任务是如何在"现实资产"与"链上数字产权"之间建立不容置疑的关联。Digix 设计和开发了黄金的"溯源证明",记录了与实体黄金生产、物流、库存、检验和审计的所有信息。这些信息要么是纸质文件的扫描文件,要么是照片,保存在去中心化的 IPFS 文件系统中。这个记录过程是分布式的,不同环节的记录是分布式完成的,每个环节相扣,最大化避免了某一个环节的造假行为。

Digix 溯源证明中的信息和文件如下。

(1)黄金资产信息:金条信息、金条资产 ID、历史信息;

(2)黄金库存审计报告;

(3)黄金库存托管信息:入库单据、入库金质量测试报告;

(4)供应商信息:供应商发货收据、实物黄金图片、分析卡。

当然,尽管前后过程相扣,可以形成相互制约和监督,但这些报告依然是可以造假的,也可能存在串通。如果我们继续按照区块链思路来解决这个问题,就是把"上链"过程扩大化,把"黄金生产""物流""检测"等过程数据也都直接写入链上。上链过程越多,串谋的可能性就越低。Digix 公司声明,为了防止串谋,对不同环节的参与者实施了利益冲突隔离,也就是同一公司只能参与溯源的一个环节。

区块链和数字化不是万能的。即便过程中详细数据都记录在链上,"资产上链"依然面对一个终极的困境,那就是实物必须、也只能在第三方的控制下,再珍贵的资产,最终那道门的把守依然是一位库管员,而且还会面对各种意外的风险:盗窃、抢劫、欺诈等。这里只能借用一句尼克·萨博的话来说明区块链资产上链的意义:**"虽然暴徒依然可以用武力夺取财产,但正确的所有权记录将永续存在,成为暴徒们的眼中钉。"**

DGX 确实方便了人们购买黄金,比购买实物金条要方便。而且虽然它看起来与当前金融行业所推出的"纸黄金""黄金 ETF"类似,但 DGX 在特性和功能上更加丰富:

(1)交易更灵活,购买份额可小于 1 克;

（2）可交割真正的黄金金条，应客户要求，可为客户交付真正的金条。至 2021 年 11 月 13 日，DGX 资产列表中显示，共计交付给客户 67 条金条；

（3）可自由转移，在虚拟货币交易所兑换成其他虚拟货币；

（4）可用于支付，在支持 DGX 的几百家商家处支付；

（5）可用于借贷等金融业务，Digix 公司开展了基于 DGX 的借贷等金融业务。

DGX 代表实体黄金，但它并非一克黄金的编码，它是黄金价值的数字化、抽象化。DGX 这样的代币，是新生事物，具有丰富的功能和多种属性（参见图 6.15）：

（1）私人数字货币，可以进行价值转移；

（2）对应实物资产，可以获得等量黄金；

（3）可以作为金融产品进行投资。

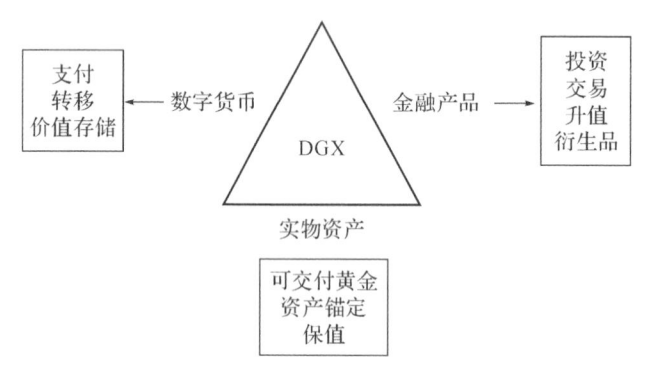

图 6.15　DGX 的功能和属性

Digix 并不认为 DGX 具有证券属性，而是单独发行了另一个代币 DGD，具有鲜明的股权性质，代表着 Digix 公司发起的去中心化自治组织 Digix Dao 的权益。用户投入以太币，换得 DGD，持有 DGD 就意味着可以获得 DGX 手续费的分红，并参与到 Digix DAO 的治理中。

DGX 的证券属性：仔细阅读过本书前四章的读者可能会立刻意识到，DGX 是不是也构成了"证券"？这就涉及各国法律差异带来的问题了。在本书第 4 章第 1 节中，我们从基本原理的角度解释，DGX 肯定构成了证券，但是否真的被认定为证券，就要考虑各国法律的具体差异了。大家还记得美国豁免对"票据"的证券监管吗？

新加坡监管当局给予了 DGX 监管沙盒的实验许可，允许先试行再监管。我们查阅截至 2021 年 12 月的新加坡法律，并咨询了当地监管人士，得出的结论是：DGX 是否要服从证券监管尚无定论。

有兴趣的读者，可以阅读新加坡金融监管局（MAS）于 2020 年 5 月 26 日发布的修订版本《数字代币发行指引》（*A Guide to Digital Token Offerings*）。

DGX 这样的"资产上链"是区块链的重要场景，可帮助传统的"资产"加快交易速度、提升流转效率、减少资产交易成本。"资产上链"的发展所面临的问题，最重要的依然是如何构造"实物资产"的可信与可靠，这是数字化技术要解决的问题。另外，"资产上链"后设计的业务和功能的合规性，也需要继续探索。

6.8 EOS：代码背后的人类意志才是法律

EOS 在两个方面尝试了新的治理模式：反对算力即权力，由持币者投票选举超级节点，来实施治理；反对"代码即法律"，认为"代码背后的人类意志才是法律"，代码无法完美地描述合约人的意志，所以还是需要用人类的语言去描述智能合约所代表的意志。

6.8.1 问题的提出："代码即法律"并未解决人类治理的难题

比特币的创新，不仅体现在技术层面，也体现在社群治理的设计上。

所以加州大学洛杉矶分校安德森学院的金融学教授巴格·乔杜里（Bhagwan Chowdhry）曾提名中本聪为2016年诺贝尔经济学奖的候选人。[8]

1. 比特币社群的治理理想

传统的互联网社群，不论大小，都有一个承担责任的主体，这个主体也许是商业公司，也许是非营利机构，甚至可能是个人。这个主体（通过互联网应用软件，例如社交网站）掌控着社群中产生的数据，同时也掌控着代码。在这种社群模式下，用户失去了对自己数据的控制，而大的互联网公司则形成了数据霸权。[9]

比特币不仅是一个货币体系，也在探索治理结构的变革。以比特币为代表的虚拟货币社群，与互联网社群最大的区别在于，社群产生的数据是所有参与的节点共同掌控的，并无某一权力主体对数据拥有权力。至于代码，在大部分的虚拟货币社群中，代码是开源的，由社群中的开发者按照社群规则进行维护。[10] **虚拟货币的这种社群设计，其目的是实现社群自治，分散权力，且形成社群共识，以保护社群中用户的财产和公正。**

无论在政治学还是管理学中，良好的治理机制是人类的永恒难题。以比特币为代表的虚拟货币，尝试探索一种社群自治秩序，这个治理理想并未完全实现，依然存在种种缺陷，还在探索和发展之中。

2. 比特币："寡头政治"和"豪强统治"的博弈

在比特币的治理决策模式中，代码即法律，算力即权力。 维护人和核心开发者掌握了动议权（修改代码的建议）[11]，矿机掌握了直接投票权（算力），并最终可以通过投票制约维护人和开发者。**在这个过程中，普通用户（比特币持有者）在直接投票中是缺席的**，只能通过用脚投票选择进入或者离开社区，从而间接对社区治理施加影响。

比特币的"维护人"小组： 比特币开发的决定权在中本聪本人，后来中本聪将决定权交给加文·安德列森（Gavin Andresen），由安德列森担任"维护人"（Maintainer）。安德列森随后分权给另外四人，形成了五人分享"维护人"权力的格局，五个人达成一致后有修改代码的最终执行权力。后来，加文·安德列森出局。当前的五人为：弗拉基米尔·凡·德兰（Wladimir van Der Laan）、乔纳斯·施内利（Jonas Schnelli）、马尔科·福克（Marco Falke）、塞缪尔·多布森（Samuel Dobson）、迈克尔·福特（Michael Ford）。五人通常会听取开源社区中所有开发者意见，在协商一致后再做决定。

比特币 11 年的发展形成当前的这种治理机制，虽然仍在正常运转，但历史上也曾经历过严重的危机、争议和分裂，其根源在于其自治理想与现实之间的差距。比特币社群自治机制中存在如下问题。

一是维护人和核心开发者的小圈子可能被利益左右，形成了类似的"寡头政治"的特点。前任"维护人"中的格雷戈里·麦克斯韦（Gregory Maxwell）和彼得·维勒（Pieter Wiulle）是商业公司 Blocksteam 的创始人，很多核心开发者与该公司利益相关，因此，该公司对核心开发者有很大的影响力，比特币发展史上重大争议"区块扩容之争"，Blocksteam 公司是其中重要的主导力量。[12]

比特币的区块链扩容之争：在比特币生态中，最大的争议莫过于区块大小之争。

由于比特币系统设置了出块时间为平均 10 分钟一个区块，且中本聪的"bitcoin core"版本设定了区块大小为 1 兆字节，这就限定了比特币系统的交易容量约为最大 7 笔每秒。比特币的容量局限使其无法成为零售支付系统，只能成为一个投资和储值的工具（下一章会详细分析这种局限性）。

为此，比特币社区中有两种应对的思路：一种是加大区块；一种是用闪电网络做离线交易，更深化了系统去中心化的程度。

这两种思路在比特币生态中引发了广泛的争议，矿机运营者多支持大区块，因为大区块交易更多，更依赖大矿机的算力（大区块情况下，普通家用 PC 运行比特币数据全节点的难度增大），矿机收取的交易费更多。然而由于当时绝大多数的矿机在中国，世界 5 大矿场中的 4 家在中国,这些中国的矿场担心国内的网络带宽以及中国出入境带宽的吞吐量存在劣势,中国矿场在竞争中不利,所以虽然支持大区块,但只支持温和的大区块升级方案,不欢迎两年翻倍的激进方案。

核心开发者中一部分也支持大区块。核心开发者加文·安德列森和迈克·赫恩(Mike Hearn)是大区块的坚定支持者。2014年7月,迈克·赫恩提交BIP64(a small P2P protocol extension that performs UTXO lookups given aset of outpoints),并于2014年10月提交更新的代码版本。2015年7月,加文·安德列森提交BIP101,建议2016年区块为8兆字节,之后每两年增大区块一倍,直到2036年达到8吉字节大小。核心开发者杰夫·加齐克(Jeff Garzik)早在中本聪时代的2010年便提出扩容区块的方案,他在2015年提交BIP100方案建议增大区块到8兆,这是中国矿场运营者所愿意接受的。

然而,在比特币开发者中具有巨大影响力的Blockstream公司,一直在研发侧链和闪电网络技术,这都是与扩大区块方案竞争的扩容技术。所以代表Blockstream公司的格雷戈里·麦克斯韦、彼得·维勒等核心开发者,以及Blockstream公司的CEO亚当·拜克(Adam Back)反对大区块方案。反对大区块的核心开发者们提出了"隔离见证+闪电网络"(SegWit+Lighting)方案。

随着比特币核心开发者的分裂,加文·安德列森和迈克·赫恩等大区块支持者的退出,最终这场比特币社区的"内部战争"演变成为矿机经营者与核心开发者的斗争:矿机要求扩大区块,而核心开发者反对扩大区块。

二是算力即权力。类似于上市公司个别大股东可以左右上市公司股东大会投票结果一样,一些人控制了大量矿机,使得其在投票中具有举足轻重的作用,具有某种"豪强统治"的特点。

3. 以太币："开明专制"和"财阀统治"的博弈

以太币是继比特币之后影响力最大的虚拟货币。

以太坊是创始人独裁模式，创始人可以直接单方面修改代码，并不存在"代码即法律"。由于以太币的创始人维塔利卡·布特林（Vitalik Buterin）没有像比特币创始人中本聪那样退出，维塔利卡通过控制以太坊基金会来决定以太币社群（以太坊）的决策，成为实际上的社群"独裁者"。

> 以太坊基金会单方面修改代码。2016年，以太坊上部署了一个智能合约，叫"道"，是一个无人管理的风险投资，投资者可向这个智能合约中投入以太币。后来，因为代码漏洞，价值1.6亿美元的以太币逐渐被黑客偷走。以太坊社区此时面临抉择：黑客偷钱，也是代码执行的结果，那么是否愿赌服输？最终以太坊社区决定挽回巨额损失，对以太坊进行分叉，所谓分叉，类似抛弃旧的合同，重新开始新合同。有点像是双方签合同，A方不小心，写入了对自己不利的条款，出现损失后，A方单方面作废合同，另起新合同。这个做法，颇损以太坊和领袖维塔利卡的声誉，也导致了"代码即法律"理念的受损。

但是，布特林并不是独断专行，而是采取"开明专制"的统治策略，在作出重大决策时，基金会一般会"征询民意"，用户按照持有代币数量进行投票。

由于以太坊在设计之初，便刻意防备算力集中的隐患，其共识算法Ethash在设计上，要求大量占用矿机的内存[13]，这就消除了专用集成电路矿机的优势（专用集成电路 ASIC 矿机只运算 SHA-256，不配置大内存），让矿机节点更加去中心化，所以以太坊不再像比特币那样依赖矿机。另外，因为以太坊作为区块链 2.0，其创新在于"智能合约"和可编程性。借助以太坊的 Solidity 语言，让开发者可以极为便捷地使用 Solidity 开发出新的虚拟货币和合约。所以以太坊不仅是"去中心化的支付手段"，同时也是"去中心化的开发平台",对于以太坊而言,"用户"比"算力"更加重要。

在"按币投票"的格局下,对投票结果的影响取决于持币数量的多少,拥有大量以太币的"财阀"可以左右投票的结果。这种用户"按币投票"固然纠正了比特币用户缺席的不足,但是,衍生出来的问题就是谁的以太币多,谁的发言权就大,以太币社群中最终由掌握代币较多的"财阀"左右着规则的修改。以太币社群治理变成了"君主"和"财阀"的博弈。

6.8.2 EOS：代码背后的人类意志才是法律

2017年,丹尼尔·拉利玛（Daniel Larimer,网名 ByteMaster,BM）开始创建 EOS,发布 EOS 白皮书,EOS 是 Enterprise Operating System 的缩写,意为"企业级操作系统"。EOS 的目标就是解决比特币和以太坊存在的问题。经历了一次 42 亿美元规模的首次代币发行募资（ICO）后,EOS 于 2018 年 6 月上线。但之后 EOS 的表现,似配不上其盛大、华丽的首次代币发行,至 2021 年 11 月 14 日,其市值仅为 47.7 亿美元,不到以太坊的 1%,地址为 300 万条,大约是以太坊 1.76 亿条地址的 1.7%,其业内影响力更谈不上挑战以太坊。

但 EOS 之所以还值得一谈,值得出现在我们这本书中,依然因为其理念上对比特币和以太坊的挑战。**EOS 并不信奉比特币所推崇的"代码即法律",而是按照代议制体制,建设了一套结合了线下和线上的治理模式。**

从图 6.16 可以看出,相比于比特币和以太坊,EOS 体系中人的权力增大。由开发者、持币者、超级节点运营者构成的社群治理,有着更多的事务要处理,包括"更新代码""调整参数""选举超级节点""纠纷仲裁"等,而在比特币和以太坊社区中,社区治理主要体现在对代码的更新,其他的执行都由代码承担。

EOS 的链上世界,不仅有代码,还有代表用户意志的宪法与合约,用于作为最后的判断依据。所以,EOS 社区的宪法是社区判断善恶的根本标准。不论是真正的国家宪法,还是 EOS 宪法,都是文字写成。与现实中的宪法一样，EOS 宪法也可以修改，只是要通过社区投票通过，条件是最少 15% 的持币权益参加投票，赞同的票数要超过反对票数的 10%，此结果在 120 天中持续 30 天即可生效。[14]

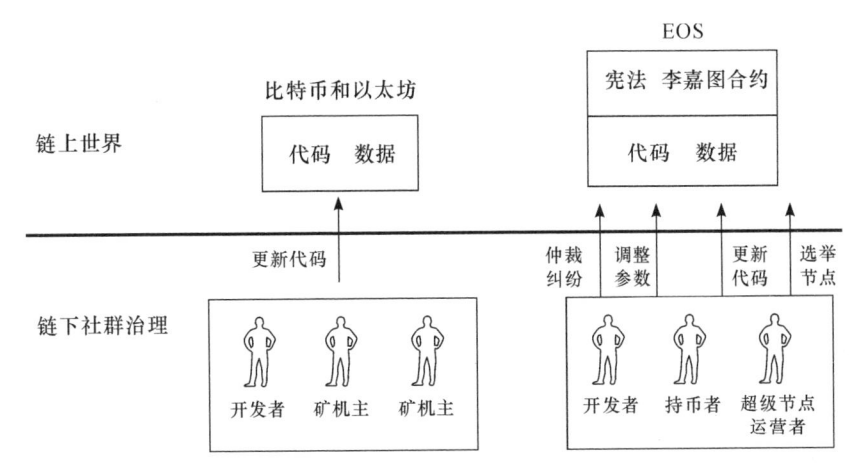

图 6.16　EOS 独特的链上和链下治理

在 EOS 社群中，法律是为人而设，需要人来理解，而代码则为机器而写，需要人的意志去约束代码。在 EOS 上的智能合约，要用李嘉图合约（Ricardian Contract）格式来用文字描述合约意图，并且指定发生纠纷后的仲裁方式。

李嘉图合约的目的包括：

（1）为了普通用户对交易和合约的理解；

（2）在发生纠纷的时候用于仲裁。

EOS 认为代码难以根除缺陷（bug），代码无法完美地描述合约人的意志，所以还是需要用人类的语言去描述智能合约所代表的意志。在 EOS 的哲学中，并非"代码即法律"，而是"代码背后的人类意志才是法律"。[15]

6.8.3　EOS 的治理机制

比特币和以太坊的共识算法采用工作量证明，算力即权力。EOS 则采取了委托权益证明共识算法，具有代议制民主的特征。

在委托权益证明算法中，所有持币地址投票，选出21个超级节点，由此超级节点负责轮流出块，超级节点之间的共识采用PBFT算法。如果超级节点不负责任，则踢出此超级节点，由替补节点替代。

工作量证明与权益证明：

工作量证明（proof of work）类似古雅典的直接民主制度，每个节点都有权利参与公共事务治理，区块链中的公共事务以记账为核心，在工作量证明中决定节点参与记账的方法是掷骰子竞赛，谁掷赢了，谁记账，其他节点监督记账的合规性。但工作量证明存在两个问题。

（1）工作量证明的投票以算力为依据，大型矿场具有举足轻重的发言权；

（2）工作量证明采取的竞争式记账，所有节点参与竞争，能源损耗更多。

权益证明（proof of stake）根据参与节点在生态中拥有虚拟资产，通过选举的形式来决定谁有权利参与挖矿。其好处是，不是所有人都参与竞争性挖矿，有利于节约能源消耗。其不足是，持币数量越多的人，越容易被选出，容易造成"财阀统治"，即最有钱的人拥有最大的权利。我们可以用公司进行类比，权益证明共识的公司，由股东直接决定生产经营，对大股东最为有利。

委托权益证明（delegate proof of stake）在区块链上复现了政治治理中的代议制。委托权益证明共识下选出超级节点，类似于公司"管理层"，或者代议制民主选举出的总统、参议员。相反，权益证明则直接由持币人根据持币量进行日常治理，相当于由股东、选民直接决定治理事务。

在EOS的**委托权益证明**共识机制下，所有持有货币的参与者，投票选举出超级节点，由21个超级节点负责记账。代议制的出现，一是为了效率，事事都需要全体参与者共同决定的直接民主制，在古代的城邦雅典也许可行，但在现代一个上百万人的大型社区是难以实现的，执行的效率会非常低。二是为了防范民众缺乏治理上的专业知识，或者受到恶意煽动做出情绪化的举动（参见图6.17）。

比特币和以太坊	POW	算力即权力	节点平等记账	代码的原则治理	代码即法律
EOS	DPOS	持币即权力	代议制超级节点	人的自由裁量	代码+文字法律

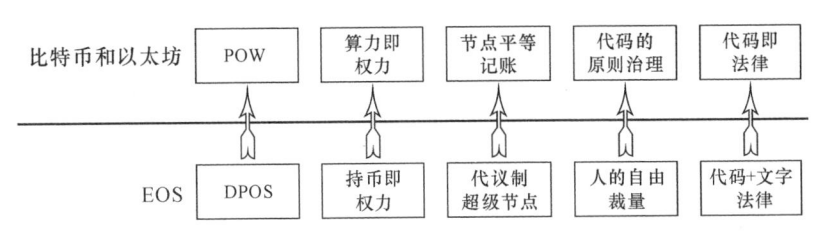

图 6.17　EOS 之独特理念

从区块链的共识算法上比较，权益证明先天容易造成"财阀统治"，即最有钱的人拥有最大的权力。而委托权益证明将财富与记账权分离，而且委托权益证明的投票过程并非一币一票，而是一币 30 票，一个账户可以向 30 个候选节点投票，投的票数为该账户拥有的币量。

共识机制的不同，带来了治理理念和机制的一系列差异。

第一，算力即权力与持币即权力的不同。在比特币和以太坊的工作量证明机制下，算力即权力，所以，记账权在算力大的矿场控制之下。而且，开发者写出代码后，要矿机投票才能生效。对这种机制的批评是，矿机并不代表用户，为何赋予其权力？而权益证明和委托权益证明的拥护者则选择将权力赋予持币者，也就是用户。

持币者的权力，不仅体现在记账权，甚至影响 EOS 的使用。在比特币和以太坊中，交易被矿机录入的速度是根据交易费多少而定，类似谁给小费多，矿机就先记谁的账。在 EOS 中则根据持币人占有的中央处理器、内存、带宽来决定交易速度，简单说，谁存款多，谁的交易就快。

第二，记账方式不同。在比特币和以太坊的点对点网络中，所有节点平等记账，基于算力竞赛和运气获得记账权，牺牲了效率换来去中心化。而委托权益证明则委托 21 个超级节点记账，不是竞争而是协作，这样效率更高，但为人诟病的是其"去中心化程度"不高（参见图 6.18）。

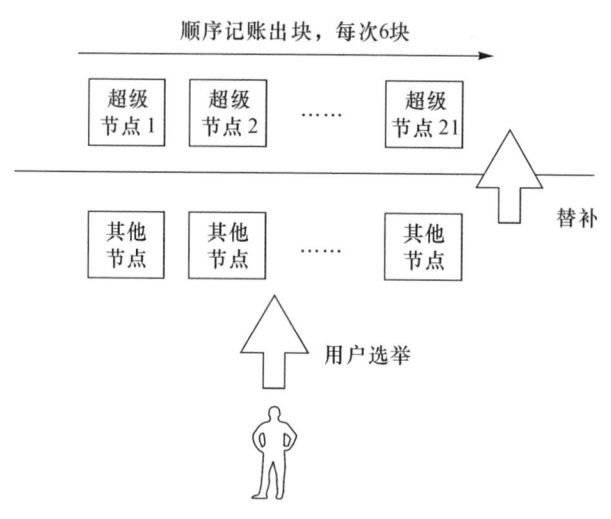

图 6.18　EOS 记账模式

第三，人的自由裁量不同。比特币和以太坊的理念是"代码即法律"，在开发者社区决定了需求并写出代码，经过矿机同意之后，必须执行，链上的交易不会被任何人更改。而 EOS 则允许超级节点对某些有争议的交易进行仲裁，即 EOS 链上代码所运行出来的结果是可以更改的。EOS 链上的一些重要参数，例如区块大小、出块速度等，其调整需经"代表"投票同意，而"代表"由持币用户选举产生。

第四，争议解决方式不同。比特币和以太坊的理念是"代码即法律"，但 EOS 并不认为代码可以完全描述清楚人的意志。所以 EOS 采用了"代码+文本"的模式，在每个智能合约的代码中附上李嘉图合约，用于代表人的意志。一旦出现纠纷，则可以用李嘉图合约在社区中进行仲裁，由仲裁者裁定。

如果韩梅梅持有 EOS 虚拟货币，那么她丢了 EOS 私钥，是可以找回来的。

另外，如果韩梅梅在 EOS 上部署了智能合约，就空调购买与社区的人达成约定，如果发生纠纷，比如空调质量未达到预期，而合约已自动付款，则韩梅梅可根据这个智能合约附带的李嘉图文字合约，提出诉讼，诉讼则是在真正的法庭进行。

6.8.4　良好治理：政治哲学中的永恒难题

确实，在治理机制上，通过区块链技术实现自治的社群中仍然存在严重的决策权力集中、普通用户难以发声的治理缺陷。但是，现在谈论其成功失败、优势劣势为时尚早。毕竟，治理机制的恰当和平衡是政治哲学中的永恒难题。

虚拟货币社群自治并无经验供借鉴，但是，10 年来自发形成的秩序支撑着比特币、以太币成为千亿美元级别的金融体系。这是没有任何暴力维持而形成的大型全球化社群，支撑其运行的秩序是自发形成的。

从动态的角度看，也许 10 年时间还太短，我们不能以一时的治理困局否定竞争和进化的力量，毕竟虚拟货币的用户掌握了用脚投票的权利，私人竞争的长期存在，通过反复的试错，最终可能会产生意想不到的成功治理模式。例如，比特币历史上著名的区块扩容之争导致的分叉[16]就体现了这种用脚投票的潜在改进力量。

基于密码学和区块链的经济社群，是公司制之外的一种新的经济协作模式，虚拟货币社群的探索，是一种可贵的经验积累，是对互联网大公司数据控制权的挑战，也给互联网的未来发展提供了一种可选的模式。

6.9　迪姆：迎合现实秩序的合规

6.9.1　迪姆：巨大的潜在影响

2018 年，"脸书"透露正在研究和开发区块链。2019 年 6 月 28 日，脸书正式发布"天秤币"白皮书，宣布进军数字货币领域。天秤币是一种稳定币，最初的计划是与一篮子法币锚定，之后改为与美元锚定。天秤币遭到了美国国会和监管部门的强烈抵制。2020年，天秤币改名迪姆（Diem），由一个协会（Diem Association）独立运营，至今尚未向大众发布。

迪姆的目标是成为全球化的货币，为其27亿乃至未来更多的用户实现普惠金融，建设全球最大的金融基础设施。这种雄心超过了像比特币、以太币这样发端于密码社群的私人数字货币。

"脸书"是科技巨头，市值超过5000亿美元，掌握了全球27亿用户，拥有强大的技术储备。试想有一天脸书的用户，用迪姆交易，它不仅可以跨越国界，还能通过智能合约替代现有国际贸易中的信用证，克服跨国贸易的不确定性；对客户争端的解决，迪姆甚至可以代替跨国贸易仲裁。还有哪一种货币能够如此广泛且便捷地使用？还有哪一个政府能够如此管辖全球贸易争端？

我们曾经设想过一个"雄霸共和国"，它掌握了全球通行的数字货币。掌握了这种货币，就掌握了直达个人的控制权，"雄霸共和国"的仲裁、司法判决将具有穿透主权边界的执行力。"脸书"一旦整合了自己的用户与迪姆，就等于掌握了对全球数十亿人的强制执行力，在迪姆平台上的仲裁决议将具有超越国家和主权的效力。

6.9.2 迪姆的中心化道路：全面向现实秩序妥协

如果说比特币代表了彻底的中心化，那么迪姆则选了中心化方案。这种中心化方案是对比特币失败的货币职能的反思，也是对现实秩序的妥协（参见表6.4）。

表 6.4　比特币与迪姆对比

特征	比特币	迪姆	迪姆要解决的问题
货币产生	算力贡献（挖矿）	法定货币储备抵押	价值波动巨大
参与机制	公链（无限参与节点）	联盟链（有限特许节点100个）	容量不够，无法用于日常支付
组织形态	自治社群	由迪姆协会负责运营，由迪姆委员会管理和最终决策	自治秩序的弊病

1.迪姆以法定货币资产储备为基础

从货币产生机制上看，迪姆的发行以法定货币为支持资产，具有内在价值。 起初，天秤币以美元等一篮子法定货币为储备资产并使天秤币与法定资产价值一一对应，而改为迪姆之后，则改变策略，针对性地发行单一法币稳定币，例如 USD 稳定币、EUR 稳定币，以及一个混合的稳定币 XDX。

相反，比特币来源于算力贡献，为系统提供的算力越多，获得的比特币就越多，比特币的价值不依赖于法定货币，有独立的价值体系。迪姆锚定法定货币，是以现实主义的态度对比特币币值不稳定的一种反思和检讨，通过锚定法定货币解决虚拟货币币值不稳定问题。这与我们前面讲到的 USDT 采用的是同一思路（参见图 6.19）。

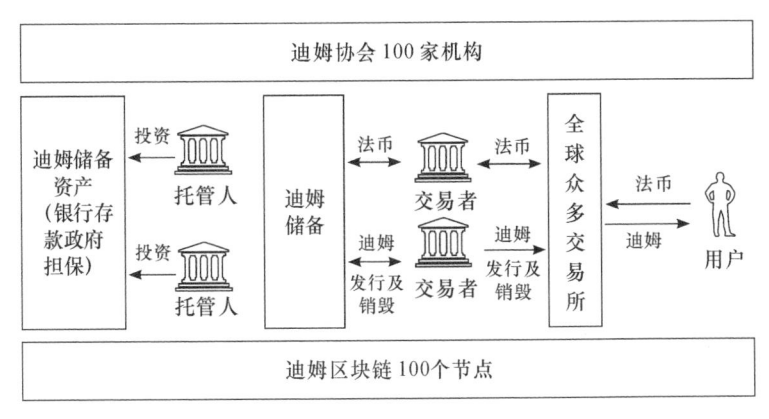

图 6.19　迪姆模式架构

对于先前的一些稳定币（如USDT），学界和实务界对其储备资产是否充足提出过很多质疑，可以说储备资产的充足性是稳定币币值的关键要素，因此，迪姆拟定了专门的"储备管理政策"。

6.9.3 迪姆采取中心化的治理机制

与比特币社群自治治理机制不同，迪姆构筑的治理结构是中心化的：决策权和管理权由迪姆委员会行使，委员会由初始100个成员享有同等投票权，迪姆协会负责运营。

从参与机制上看，迪姆是一种许可链（联盟链），仅设定100个有限个节点，投票权被有限节点掌握，类似于非上市公司决策机制中的有限原始股东。相反，比特币是公链（非许可链），任何人都可以不受约束地参与到公链的记账和决策中，因此，理论上每个提供算力的节点都是股东，类似于购买上市公司股票，贡献资本金即成为股东。

> 从可访问的范围上，区块链分为三种：公链、私链、许可链（Permissioned Blockchain）。
>
> 公链是诸如比特币、以太坊等区块链，可容纳无限节点，陌生节点可以随意加入。
>
> 私链是企业、组织、个人独自拥有并运行的区块链，运行有限的已知节点。
>
> 许可链又称联盟链（Consortium），陌生节点加入需要许可批准，确认身份后才可称为有效节点。许可链在区块链的基础上添加了一个控制层，对参与节点的行为进行治理。
>
> 许可链的效率高，保护数据隐私，有利于监管。如果许可链可以兼顾区块链的本质特征"无限节点""陌生节点随意加入"和监管需求，则可成为未来发展的主流。

从组织形态上看，迪姆由专门的协会负责日常运营，由专门的委员会行使最终决策权和管理权。相反，比特币在参与机制上的开放性，形成的是一种社群自治的秩序，并没有固定的组织形态和管理机构。

迪姆的参与机制和组织形态是对虚拟货币社群自治秩序缺陷的深刻反思，迪姆的白皮书中指出，迪姆的远景理想虽然是公链，但是公链分散的决策模式并未能"向全球数十亿人提供交易所需的规模、稳定性和安全性"。

另外，如前所述，当今的中心化结算系统已经完全解决了零售交易的电子化支付的安全性和速度，但比特币的系统容量不足，无法支撑大规模的日常零售交易。

因此，从目前的迪姆治理机制上看，迪姆是由原始会员（大公司）共同控制的中心化的管理秩序。从某种意义上来说，迪姆是大公司利用新技术对国家法定货币的权力进行的延伸。如果比特币代表"自治秩序"，那么迪姆最多是一种"半自治秩序"，是仅能由少数原始会员参与治理的秩序。

6.9.4 合规困境：迪姆面临的首要问题

"脸书"是第一个染指虚拟货币的互联网大公司，迪姆虽然在模式和技术上并无很大的突破和创新，但它的影响力足以引发一场全球性的金融创新和变革，引起各国监管机构的重视。不论是监管机构对合规性的顾虑，还是大众舆论对隐私的担心，所有人都对迪姆疑虑重重。因此，迪姆发起者也意识到，迪姆最重要的工作是合规性，它将探索如何与监管机构合作，为数字货币的合规性铺就可行的道路。

2019年10月23日，美国众议院金融服务委员会举行了对"脸书"的听证会[17]，与其说是听证，不如说是批判大会。众议员们开足火力猛批脸书，议员们列举其以往在种族歧视、保护隐私方面的种种劣迹，质疑其发行天秤币将会带来的影响。委员会主席麦克辛·沃特斯（Maxine Waters）已经草拟了《防止科技巨头涉足金融法案》（*Keep Big Tech Out of Finance Act*），意图禁止脸书这样的大型平台获得任何金融牌照，或者参与金融业务。[18]

议员们强烈反对的背后，首先是因为美国立国思想中对超级私人公司的警惕，美国 20 世纪出现的反垄断法也是受这种思想的直接影响。其次，比特币和以太币尽管影响很大，但是并没有影响到现有的法定货币体系（其交易速度、交易容量都不足以撼动法定货币体系）。相反，迪姆则具有成为"雄霸共和国"的可能性，成为凌驾于主权之上的实体。

在扎克伯格接受国会众议员听证问询之后，美国政府和美联储的高官也表示反对，随后其多个主要合作伙伴（PayPal、Visa、Mastercard、eBay、Stripe 和 MercadoPago）都在几个月内退出。

天秤币也曾计划获取瑞士金融市场监管局（FINMA）的支付系统牌照。2019 年底，瑞士总统于利·毛雷尔（Ueli Maurer）表示，央行不会接受其一篮子货币的储备方案。天秤币的瑞士合规落地计划失败，随后回到美国，并从"天秤"改名"迪姆"以强调独立性，将一篮子货币的储备方案改为只锚定美元或单一货币。

在监管合规的困境下，迪姆的落地日期也一再推迟，原定于 2021 年推出挂钩美元的稳定币试点，但至 2021 年 11 月依然未能成功。2021 年 10 月，"脸书"开始在美国和危地马拉推出数字钱包 Novi 的"小规模试点"，但试点所用的数字货币是 Paxos，并与 Coinbase 合作。"脸书"声称将在迪姆获得监管批准后一起推广 Novi，随即遭到了美国一些参议员的反对。

虚拟货币诞生自民间，合规性并不在发明者的考虑范围，有些发明者毫不掩饰对货币秩序当局的挑战姿态。但新技术普及的趋势总能促使对抗的双方走向妥协，众多虚拟货币要走向合规，这是虚拟货币自身的技术先进性所决定的，它并非为了挑战而挑战，它带来了更好的技术和创新的模式。只是，合规的路是漫长和艰难的，考验着创新者和监管者双方的耐心。

6.10 Grin 和 Zcash：匿名性的高峰

6.10.1 比特币设计中的冲突困境：用户匿名但账本透明

比特币运行在公有链上，任意节点可以随意加入，这些节点都是匿名的。但区块链账本却是透明的，每个节点之间的交易是公开可获得的（参见图 6.20）。

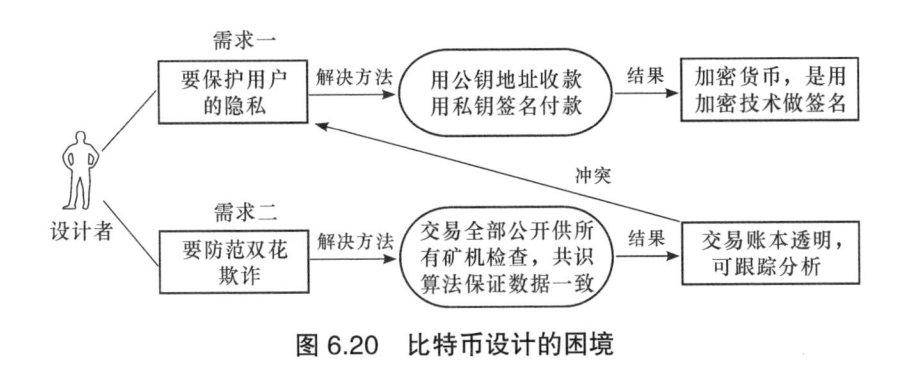

图 6.20 比特币设计的困境

比特币为了保护隐私，所以用非对称加密技术的公钥收款，私钥签名付款。称其为加密货币，是指其用非对称加密技术做"签名"，而非"数据加密"。

比特币为了在点对点网络下防范双花欺诈，就只能公开所有交易记录供所有矿机节点检查（矿机保持记账一致，是通过共识算法），带来的一个结果是交易账本数据透明，可以被追踪分析。

换言之，比特币之所以可以保护隐私，只是因为它凭公私钥发起交易，不像银行那样收集个人的实名信息。比特币以非对称加密签名实现价值在点对点环境下的保护和流转，并非对信息进行加密，相反，所有的比特币交易，都是明文的。所以，比特币号称加密货币，但实际上，并不能达到彻底的隐私保护。

所以，比特币出现不久，数字货币社区和研究的学者们就发现，可以对比特币之类的数字货币交易账本进行分析，以定位比特币拥有者以及交易的走向。

如果韩梅梅拥有比特币，那么确实没人知道她的公钥地址归属。但韩梅梅支付比特币的所有交易，都是明文上链的，人人可见。于是，通过分析这些交易数据，可以追踪比特币的去向。而且，如果结合韩梅梅在中心化交易所的实名信息，就能在真实身份与区块链地址之间建立关联，从而跟踪韩梅梅的交易动向。

例如，中本聪的地址中至今还有约 100 万比特币，人人都知道该地址属于中本聪。又例如，当数字货币交易所被盗窃后，刑侦人员就会跟踪接收交易所转出货币的地址。一些区块链安全公司大量收集暗网上公开的比特币地址，在这些地址之间建立关联，并长期跟踪，以帮助公共秩序机关侦查案件，追踪犯罪。

6.10.2 零知识证明：彻底的匿名化

为了协调用户隐私和防止双花的两难问题，Grin 之类的加密货币，采用零知识证明技术，做到了使用者匿名，账本不透明。2016 年，比特币社区中安德鲁·波尔斯特拉（Andrew Poelstra）等人开始讨论比特币加密协议，之后在 2017 年发表 Grin 白皮书，介绍了其算法和协议，Grin 主网于 2019 年 1 月 16 日上线运行。Grin 这样的加密货币，是彻底的"加密"，解决了比特币中的隐私需求冲突，把隐私保护做到了极致。

如图 6.21 所示，Grin 的技术核心是加密学领域的"零知识证明"，用该技术处理后的交易，生成密文，提交到链上，矿机对密文可以验证其交易平衡等。例如，韩梅梅支付 2 个 Grin 到鲍勃的地址，提交到公共账本中的是加密后的数据，但是基于这些数据，计算机节点可以验证韩梅梅签名正确，且并未双花。

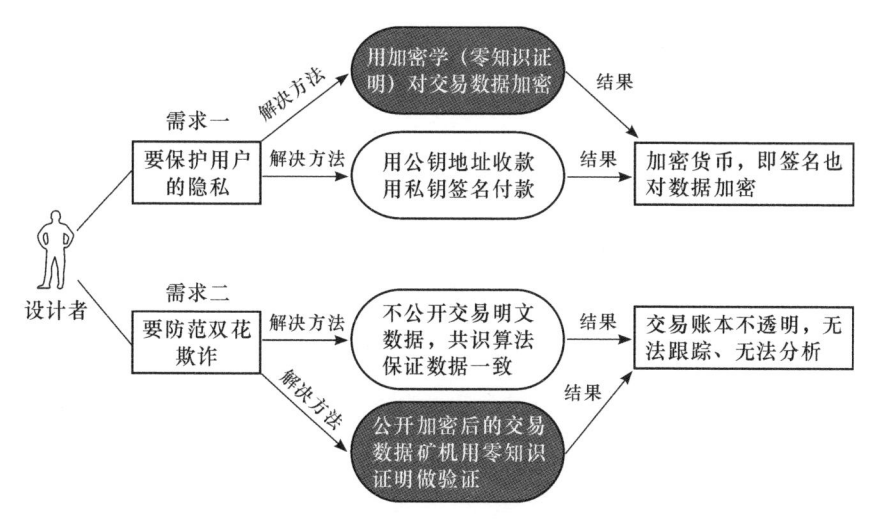

图 6.21 零知识证明的解决之道

零知识证明：1989 年，戈德瓦瑟（S. Goldwasser）、米卡尔（S. Micali）及拉科夫（C. Rackoff）三人在论文中提出了本概念，之后零知识证明在密码学中发挥了重要作用。

零知识证明是基于密码学的一种双方或者多方协议。一方是证明者，一方是验证者。证明者要向验证者证明自己知道某种知识或者论断，但又不能透露关于该知识或论断的任何一丝内容。

举个简单例子，韩梅梅为了向李雷证明自己知道从奥森公园到天坛的道路，一种方法是在地图上指出给李雷看，但这样一来李雷也就知道了道路信息。另一种方法是，韩梅梅和李雷从奥森公园出发，李雷蒙上眼睛，韩梅梅开车前往天坛。到了天坛，李雷看到天坛就能对韩梅梅知道路这个结论做出验证，而韩梅梅也并未泄漏道路信息。

2019 年，另一个加密货币 Zcash 上线，Zcash 要实现的功能与 Grin 类似，但使用了更加复杂的零知识证明协议 zkSNARK。[19] 该协议[20] 基于 2017 年发表的"防弹衣"（Bullet Proof [21]）方案，是一种无须交互且简洁的零知识证明方案，但与 Grin 比较起来，对复杂密码学的依赖更多。

Grin 和 Zcash 之类的加密数字货币技术，弥补了数字货币基于区块链明文的缺点，将数字货币的隐私保护推到了更高层次。未来的数字货币应该会普遍采用零知识证明来加强对隐私的保护。

当前的 Grin 等虚拟货币对交易隐私的保护更加严密，对于有意躲避监管的虚拟货币社群来说，确实极大增加了对抗监管的力量。但零知识证明保护下的虚拟货币，并非与监管本质上冲突，愿意接受监管的，一样可以实施合规监管，兼顾合法监管和对抗恶意隐私侵犯两种需求。

Grin 中所使用的算法主要是零知识证明范畴的"Pedersen 承诺"，"Pedersen 承诺"也是基于椭圆曲线有限群的加法算法。简单举例说明，假设交易的金额为 v，在比特币上 v 会以明文提交。而在 Grin 上则提交如下：

$$v*G+r*H$$

G 和 H 都是一条椭圆曲线的生成元点。r 是椭圆曲线上的一个随机数，用来盲化 v。这样提交到区块链上的值就是加密的密文，是一个"Pedersen 承诺"，节点可验证，但并不知道详情。

以上的解释是原理，实际上 Grin 里对交易平衡的验证是下面这个公式：

$$(v_1*G+r_1*H)+(v_2*G+r_2*H)-(v_3*G+r_3*H)$$

其中 $v_1+v_2=v_3$，保证交易金额是平衡的，但其中 $r_1+r_2-r_3$ 并不等于零，而是用这个值对交易进行签名，实现了输出的所有权声明。

另外，为了保证交易安全不会被负值攻击，Grin 采用了零知识证明的范围证明（Range Proof）。为了进一步盲化交易，在交易进入区块时，采用 Coinjoin 技术将区块中所有交易打乱，从而无法分析出配对的输入和输出。

关于 Grin 的更多具体细节，请参见 Grin 白皮书。[22]

注释

1　Francis Scott Key Fitzgerald, *The Crack-Up*, New Directions, 1945. 本书集结了菲茨杰拉德1936年在杂志《时尚先生》（*Esquire*）发表的三篇文章。

2　David Chaum, Blind Signatures for Untraceable Payments, in *Advances in Cryptology*. Springer, Boston, MA, 1983, p.199-203.

3　David Chaum, Amos Fiat and Moni Naor, Untraceable Electronic Cash, in *Conference on the Theory and Application of Cryptography*, Springer (New York, NY), 1988, pp.319-327.

4　Ibid.

5　Yun Li, Warren Buffett Says Bitcoin is a "Gambling Device" with "a lot of Frauds Connected with it", CNBC, May 4, 2019, at Market, available at: https://www.cnbc.com/2019/05/04/warren-buffett-says-bitcoin-is-a-gambling-device-with-a-lot-of-frauds-connected-with-it.html.

6　关于比特币的历史价格来源：blockchain.info。

7　2012年在比特币社区发行的万事达币（Master Coin）是一个值得一提的创新，它在比特币协议之上写了自己专属的二层协议，由此创建出了一个自己的币种，这种手法后来被称为染色币。万事达币后来改名为Omni。USDT在比特币区块链上发行，就是借用了Omni的这种染色币技术。

8　参见美国有线电视新闻网（CNN）的报道：*UCLA Finance Professor Nominates Satoshi Nakamoto For Nobel Prize*, https://www.ccn.com/ucla-finance-professor-nominates-satoshi-nakamoto-nobel-prize/。

9　可参见万维网发明人Tim Lee在2017年针对万维网发展现状所写的一封信：https://webfoundation.org/2017/03/web-turns-28-letter/。

10　当然，也有一些虚拟货币，是由一个机构例如基金会或者公司，掌控代码的开发权利，在这种情况下，从代码维度观察，则虚拟货币社群与互联网社群并无区别。

11　"维护人"和核心开发者信息可见于Github网站：https://github.

com/bitcoin/bitcoin/graphs/contributors。

12　该公司信息可见其官方网站：https://blockstream.com/。

13　关于 ethash 的原理，可参见：https://github.com/ethereum/wiki/wiki/Ethash。

14　资料来源：https://medium.com/@bytemaster/the-intent-of-code-is-law-c0e0cd318032。

15　同上注。

16　关于比特币社群中的争议和危机，可参见论文：Primavera De Filippi, Benjamin Loveluck, The Invisible Politics of Bitcoin: Governance Crisis of a Decentralized Infrastructure, 5(4) *Internet Policy Review*, 2016, available at: https://policyreview.info/articles/analysis/invisible-politics-bitcoin-governance-crisis-decentralised-infrastructure。

17　全文见众议院网站：https://docs.house.gov/Committee/Calendar/ByEvent.aspx?EventID=110136。

18　全文见众议院网站：https://financialservices.house.gov/news/documentsingle.aspx?DocumentID=404479。

19　Daira Hopwood, et al., *Zcash Protocol Specification*, GitHub: San Francisco, CA, USA 86, 2016.

20　Gennaro, Rosario, et al., *Quadratic Span Programs and Succinct NIZKs without PCPs*, Annual International Conference on the Theory and Applications of Cryptographic Techniques, Springer(Berlin, Heidelberg), 2013.

21　Benedikt Bünz, et al., *Bulletproofs: Short Proofs for Confidential Transactions and More*, 2018 IEEE Symposium on Security and Privacy (SP), IEEE, 2018.

22　资料来源：https://github.com/search?p=3&q=ecc&type=Repositories。

7 私人数字货币：失败的社会实验？

7.1 概述

7.1.1 比特币引发的虚拟货币运动提供了一次社会实验

卡尔·波普尔说，科学的属性是"可证伪性"（falsifiability）。物理学之所以被称为"标准的"和"真正的"科学，是因为科学共同体可以通过可控实验发现和检验科学理论。但是，社会科学无法把社会当作实验室来验证某种理论，所以社会科学常常是公说公有理、婆说婆有理。

虽然说社会科学不能像自然科学那样可以在实验室"做出"可控实验，但是，人类社会偶尔会给我们"提供"社会实验。比如，一战后的德国魏玛共和国和抗战结束后的国民党政权滥发货币引起超级通货膨胀，就给经济学家验证货币数量和通货膨胀的关系"提供"了绝佳的社会实验。

当然，这些例子也告诉我们，"社会工程"（social engineering）一旦失败，结果将是灾难性的。因此，我们认识社会现象往往只能从既有历史现象中观察、总结和分析，我们要倍加珍惜社会活动"提供"的那些社会实验。

2009年，比特币的诞生，标志着虚拟货币作为一种现象级事件正式登上了历史舞台。时至今日，虚拟货币的最高市值曾达3万亿美元，近年来的日均交易额超过1600亿美元，远远高于世界第二大经济体中国的单日证券交易量。虚拟货币作为一场私人货币的实验，已经不是单个或偶发的事件，而是一场蔚为壮观的社会运动。

本章通过分析这场社会实验，阐述为什么虚拟货币是失败的"货币"。但本书的雄心不在于讨论失败，而是致力于探讨虚拟货币所带来的区块链技术将怎样改变人类与社会。我们认为：**虚拟货币虽然是一场失败的货币实验，但同时又是一场成功的技术革新——这是一场尚未终结的社会试错实验**。

7.1.2 一场失败的私人货币社会实验

产业界、学界和政府曾经对虚拟货币给予了很高的期望，比如推动普惠金融，再比如基于虚拟货币可编程性以实现可以自动履行的智能合约。但是，虚拟货币意图成为一种货币的初心，是失败的，这种失败根植于其货币理念和技术手段。历经十余年的发展，比特币并未成为有效的货币和流行的支付手段，它成为一种投机资产。

从货币职能的角度看，虚拟货币并不成功。**虚拟货币由于容量有限等技术缺陷，导致交易速度慢、成本高，其无法成为公众交易媒介，也未能展现普惠金融的优势**。比特币每笔交易的平均验证时间要 10 分钟，交易拥堵时几天几夜也不能完成交易；而使用支付宝，则可以在几秒内完成支付。比特币的交易手续费少则几角人民币，交易拥堵时则多至 200 元人民币；而我们国内网银转账是零手续费，国际汇款手续费也不过二三百元人民币。相比于现有的网银和第三方支付（支付宝、微信支付），比特币并无任何便捷性和低成本优势。

同时，**由于投机以及严重的价格操控，虚拟货币的价格波动率极大，其价格波动率是一般风险资产的 3～5 倍，无法成为可信的价值储藏手段**。在发展初期的 2011 年，比特币曾经在两个月内价格上涨 40 倍，从 0.75 美元上涨到 30 美元；随后的 2012 年 2 月，价格又跌破 2 美元，跌幅超过 93%。

你拥有一个比特币，就像拥有一个没有涨跌停限制的小盘股，价格每天都在过山车。试想，你上午拿到比特币价值 10000 美元，下午就变成了 8000 美元，你还敢用它来作为财富储藏手段吗？

另外，**虚拟货币由于内在价值的不确定性，被各种金融诈骗所利用，成为金融诈骗的重灾区**。我们不妨看一下我国已经立案或者判决的各种打着区块链旗号的犯罪，就知道这种诈骗已经到了何种触目惊心的地步。比如，"虚拟货币 GGP 共赢积分"项目半年之内诈骗 3.2 亿元，PlusToken 的"区块链智能搬砖"涉案金额高达 200 亿元。

更为严重的是，**虚拟货币由于匿名性和跨国界性，使其具有很高的洗钱风险，虚拟货币已经成为犯罪和恐怖活动交易的重要工具**。

7.1.3 一场成功的技术革新

比特币虽然以私人货币为目的，但是，它同时带来了一系列新的技术——区块链技术。区块链技术由虚拟货币引发，但**区块链并不等于虚拟货币，区块链早已超出了虚拟货币的范畴**。虚拟货币本身虽然是一场失败的货币实验，但催生了一场成功的技术革命，并引领了一系列影响经济模式和社会格局的技术创新，影响到价值流转、权利证明、商业模式等各个方面。

第一，比特币自治社群的成功运转，证明了不依赖第三方信任的价值流转的可行性，非中心化的商业网络因而得以实践。比特币在没有任何外来暴力干预的情况下，自发形成了数千亿美元的市场，而且这个自发市场还保持着旺盛的生命力，这本身就是最好的证明。

第二，智能合约运行在区块链上，完成了不依赖第三方的数据可信性和强一致性，使合约的自动化执行具备了可能性，机器商业成为现实。所谓机器商业，也就是在区块链这样分布式的可信运行环境上，用代码写成的智能合约，可由机器自动执行，这些合约可构成虚拟合同、虚拟商业关系、虚拟企业等，形成能够由机器按照代码规则自动执行商业合约和价值转移的新型商业形式。

我们相信，区块链和智能合约技术已经取得的局部实验成功，预示着这个技术对商业模式和社会格局改造的巨大潜力。这恰是本书所要深入探讨和展望的方向。

7.1.4 一场尚未终结的社会试错实验

从动态的角度，也许10年时间还太短，我们不能以一时的困局就否定竞争和进化的力量，通过反复的试错，最终可能会产生意想不到的成功治理模式。

针对虚拟货币实验中遇到的问题和不足，"脸书"也曾经筹划推出"天秤币"，试图通过法定货币储备资产、中心化管理解决内在价值不足、交易容量小以及自治社群弊病。

同时，很多中央银行也正在抓紧研究论证或者积极试验"央行数字货币"，试图在吸收虚拟货币技术优势的同时强化法定货币的地位。虚拟货币是一场尚未终止的货币社会试错实验，引领了一场会颠覆既有商业模式和社会格局的深刻技术革新，此为法定央行数字货币推出的背景，央行数字货币又将是怎样一番天地，我们拭目以待。

总之，这场虚拟货币的社会实验给我们提供了绝佳的观察机会。当然，我们不能因为虚拟货币执行货币职能的失败和产生的负面效果，就对虚拟货币及其带来的区块链技术创新进行全面否定，而应当认识到，虚拟货币所带来的区块链技术创新可能对经济模式和社会格局产生革命性影响。

7.2 回顾比特币的初心

如本书第一章所述，"货币"在一般的语境中已经与"法定货币"成为同义词，但是，实际上"货币"既可以是法定货币，也可以是事实上的货币。这种事实上的货币，既包括一般等价物形态（如金银），也包括普通实物形态（如大米）。**人类的货币经历了私人货币到国家货币的转变，国家货币经历了从金本位到纯信用货币的转变。**随着现代国家的发展，法定货币地位渐固，成为人们能够理解的唯一货币。

在货币发展的历史长河中，法定货币是很新近的概念。在文明发展的早期,一般等价物可能是贝壳、金银等,后来形成专门铸造的金属货币和印制的纸质货币。早期一般等价物并无固定形制和官方授权,在铸造和印制货币时期,则存在自由铸造、授权铸造和统一铸造等多个阶段。早期一般等价物和授权铸造都可视为私人货币。

例如,我国汉代初期即允许民间铸钱,即汉高祖刘邦的"听民私铸"政策。惠帝时期,发《盗铸钱令》,禁止民间私铸钱币,收回中央政府的铸币权。后至文帝时期,尝试再次放开私币铸造,为此展开了一场铸币权大讨论。自汉以后,几乎再也没有放开私人铸币的权力。美国在1837—1866年,是完全的私人铸币,人人可发货币,出现了很多无价值的所谓"野猫银行"发行的货币。1863年的《国民通货法》和1864年的《国民银行法》开始对银行进行监管,只有国民银行才可发行银行券。至1914年联邦储备系统建设,美元体系形成,此后在美国私人发行货币违法。

1944年的"布雷顿森林体系"是人类历史上第一个世界性的货币秩序。在这个秩序下,美元与黄金挂钩,其他货币与美元挂钩。1973年,由于美国不断加剧的国际收支失衡而解体,美元不再担负承兑黄金的义务,"布雷顿森林体系"崩溃,世界货币进入了没有"锚"的纯信用货币时代。"布雷顿森林体系"瓦解的同时,资本主义经济也进入了长期的滞胀。人们对资本主义货币的道德正当性、合理性都产生了深刻的怀疑。

一方面,美国政府单方面宣布不再将美元和黄金挂钩,等于是对世界人民的一次大劫掠。在"布雷顿森林体系"下,人们愿意储备美元,是因为美元意味着等值的黄金,美国单方面违约,意味着美元只是绿币。在"布雷顿森林体系"下,35美元意味着1盎司黄金。1973年,"布雷顿森林体系"崩溃时,140美元才能换得1盎司黄金,5年后则需要590美元才能换得1盎司黄金。另一方面,法定货币的币值崩溃,加剧了资本主义的滞涨,人们开始从根本上怀疑国家法定货币究竟是否能够起到稳定币值和推动经济发展的作用。

在这种背景下,自由主义大师哈耶克(Friedrich August von Hayek,

1899-1992）在 1976 年出版了《货币的非国家化》（*The Denationalization of Money*），成为虚拟货币的重要思想来源。[1]

遵循他一贯的观点，哈耶克认为政府并不值得相信，历史一再证明政府如果垄断某种商品一定会导致无效率，政府垄断货币也并不比私人发行货币更好。他梳理了政府发行货币的历史，无一不以政府失信、货币贬值终结。他提出："私人货币发行者之间的竞争要优于政府的垄断。"[2] 在哈耶克的私人竞争模型中，债权人倾向于选择逐渐升值的货币，而债务人倾向于选择逐渐贬值的货币，但两种力量的合力导致币值稳定的货币成为共同的选择。

比特币的思想植根于奥地利学派，受到哈耶克《货币的非国家化》的直接影响，按照哈耶克的思想，国家对货币的干涉导致经济周期性波动加剧和大规模通货膨胀，私人发行的货币相互竞争最终将产生币值稳定的货币，从而减少经济周期波动和通货膨胀。

虽然法定货币体系存在诸多问题，私人货币也以各种形式存在，但由于私人货币无法解决信用问题，影响只在有限范围内。例如在苏格兰和北爱尔兰地区很多城市发行地方货币，只是也要经过议会的许可。加拿大也存在"轮胎货币"（Tire money）等形式的私人发行货币。另外，商业中的积分、里程、预存卡等形式的价值工具，也可视为企业货币。

设计比特币的初心，也是比特币最大的突破，是通过机器和算法解决私人货币的信任问题。比特币无须第三方信任，由算法发行，比特币的信任不再来自任何人、任何组织。比特币通过挖矿产生，本身体现了资源投入的价值，而且，比特币通过算法控制总量，可以防止滥发货币。比特币之后，模仿比特币或者另辟技术路径的虚拟货币，本质上与比特币区别不大。

7.3　虚拟货币：一场蔚为壮观的私人货币实验

2009 年，比特币诞生。截至 2021 年 11 月 30 日，etherscan.io 网站统计显示，仅基于以太坊上 ERC-20 标准开发的虚拟货币就达到 46.67 万种。根据 Coinmarketcap 网站对 430 个虚拟货币交易所中 14290 种虚拟货币的统计，虚拟货币最高市值达 2.92 万亿美元（2021 年 11 月 8 日），单日最大交易额达 2450 亿美元（2021 年 9 月 8 日），其中比特币最高市值达 1.27 万亿美元、单日最大交易额达 660 亿美元。³Blandin 等（2020）统计，截至 2020 年 9 月底，全球在虚拟货币服务商[1]开立了账户（即虚拟货币"托管钱包"）的独立用户超过 1.01 亿个，账户数量达 1.91 亿个（参见图 7.1）。

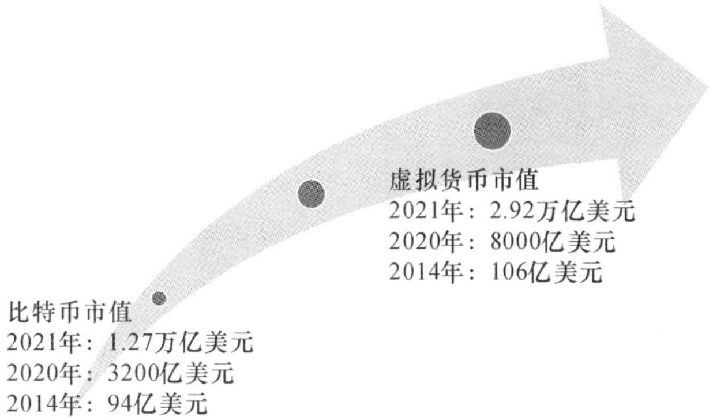

虚拟货币市值
2021年：2.92万亿美元
2020年：8000亿美元
2014年：106亿美元

比特币市值
2021年：1.27万亿美元
2020年：3200亿美元
2014年：94亿美元

图 7.1　虚拟货币市值

注：Coinmarketcap 回溯统计 14290 种虚拟货币市值；截止时间为 2021 年 11 月 30 日。

我们再将虚拟货币交易量与证券市场交易量进行对比。2020 年 4 月 7 日，Coinmarketcap 网站跟踪的 318 家虚拟货币交易所交易量为 1695 亿美元[2]，而当日美国纳斯达克证券交易量为 1935 亿美元⁴，中国沪深两市股票交易量仅为约 1000 亿美元⁵。我们从交易量来看，虚拟货币交易量接近全

---

[1] 虚拟货币服务商（Virtual Assets Service Provider，VASP），亦称虚拟资产服务提供商，是为虚拟货币活动提供保存、转移和交易等活动的中介机构，FATF 于 2019 年制定的国际反洗钱标准中，将其称为"虚拟资产服务提供商"。虚拟货币服务商包括"虚拟货币交易平台""虚拟货币交易所"等典型中介机构，类似于现有法定货币体系中的金融中介（如银行）。
[2] 数据来源参见 Coinmarketcap.com，2020 年 4 月 7 日数据。值得注意的是，该网站对虚拟货币之间的交易存在重复计算，例如，对于比特币和莱特币之间价值 100 美元的交易，该网站会统计为 200 美元虚拟货币交易。

球第二大证券交易所的日交易量，超过了世界第二大经济体的日交易量。我们对近三年的历史交易量做比较，也基本是这种情况（参见图7.3）。

基于以太坊ERC20所开发虚拟货币

2020年　24.55
2021年　46.67

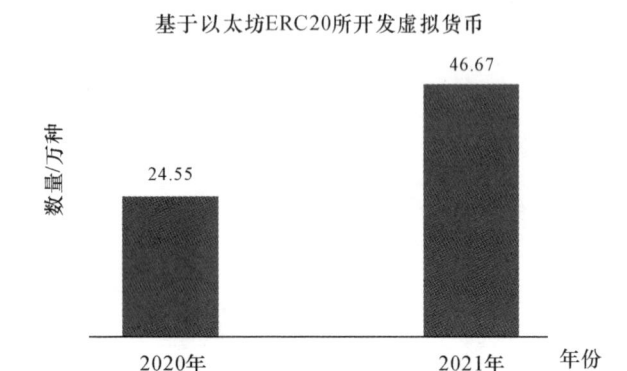

数量/万种

图 7.2　以太坊 ERC-20 部署趋势

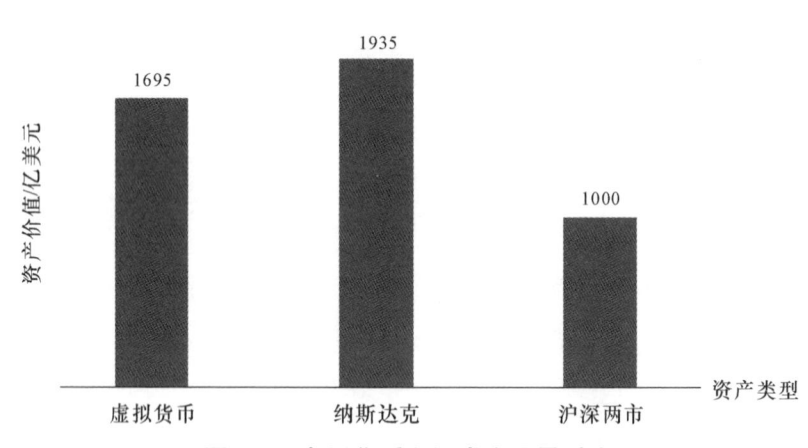

2020年3月5日交易量

虚拟货币　1695
纳斯达克　1935
沪深两市　1000

资产价值/亿美元

图 7.3　虚拟货币和证券交易量对比

虚拟货币无论绝对数量、金额、交易量都是巨大的，已经成为金融市场不可忽视的重要一极。据此，我们认为，虚拟货币作为一场私人货币的实验，已经不是单个或偶发的事件，而是一场蔚为壮观的社会运动。

7.4 为什么虚拟货币无法有效执行货币职能?

本书第 1 章阐述了"货币""数字货币""虚拟货币"的基本概念。"虚拟货币"之所以被称为"货币"并不是承认它们是"法定货币",而只是说它们是"事实上的货币",也就是可以在一定程度上执行货币的三大职能。

我们在此不再就"什么是货币"进行抽象争论,而是找到不同学派对货币的基本共识。不同学派对什么是货币至少包括两个共识:首先,货币具有价值储藏、交易媒介和计价单位三大基本职能[6];其次,货币是一种被普遍接受的支付方式,在交易双方之间形成一种可以通过其购买服务和商品的共同信念。[7] 这两个共识是对事实意义上货币的判断标准。前者是客观因素,后者是主观因素,两者在动态演化中相互作用。

虚拟货币是数字化代币,可以执行价值储藏、交易媒介和计价单位职能。计价单位职能是前两个职能的衍生,只有具有价值储藏职能且可以良好执行支付手段职能的货币才会成为计价单位。

7.4.1 技术限制无法用于日常支付

1. 系统承载容量有限无法用于大规模支付

从系统可承载交易量看,比特币特殊的技术安排导致其交易容量有限,不能承载社会大规模使用。比特币的技术设计限定了其平均每秒 7 笔的交易容量,而支付宝可承载的峰值交易记录是每秒 25.6 万笔(2019 年 11 月 11 日)。截至 2019 年 11 月 23 日,比特币共有约 60.5 万个区块,理论上目前的比特币系统仅能承载约 24.78 亿笔交易,不及中国第三方支付的三日清算量。相反,现有的中心化电子支付系统(银行电子支付系统、第三方支付系统)可以通过系统的软硬件升级做到无限扩大容量。

尽管后续的虚拟货币试图对比特币进行改进,但技术缺陷仍未有根本突破。例如,根据以太坊白皮书推算,以太币的理论最高承载量仅为每秒 15 笔交易。EOS 声称每秒承载容量可达到 3996 笔交易[8],但其至多用于小的国家、地区或者行业支付。最近提出的"闪电网络"寄希望于通过离线技术（以比特币作为"抵押"在闪电网络进行交易，通过比特币系统做最后"结算"）实现比特币无延迟、低成本交易，但目前仅有 895 个比特币的支付容量[1]，且存在一系列技术性不足[2]（参见表 7.1）。

表 7.1　比特币和现有货币的对比

特征	法定货币	比特币	后果
系统容量	现有电子支付系统理论上可以无限扩容	系统容量有理论上限	比特币无法成为公众大规模使用的支付手段
支付速度	几秒（现有电子支付）	平均 10 分钟	
币值波动率	相对稳定（主要货币）	超过主要货币 10 倍	比特币无法成为价值储藏手段和可信计价单位
支付成本	中国国内银行转账：0 中国国际电汇：200～300 元	0.58～224 元（2016 年）	比特币并未展现普惠金融的优势
技术安全性	高	低	

2. 交易速度极慢导致虚拟货币无法用于日常支付

从单笔处理速度看，比特币比现有普遍使用的电子支付方式落后了几个数量级，无法用于公众日常使用。实践中比特币每笔交易的平均确认时间为 10 分钟（大额交易需要的确认时间更长），相反，支付宝每笔交易时间为 3 秒，而常用的非接触卡交易时间少于 1 秒。2017 年 12 月，由于比特币价格上涨导致比特币交易暴增，比特币系统开始拥堵，当月一笔交易平均等待时间是 2 天 2 夜。[9]

因此，从交易媒介的角度，比特币及后续出现的多种虚拟货币由于容量过小、交易速度过慢，无法用于公众大规模支付，只能用于对时限要求不高的大宗交易。

---

[1]　2018 年 1 月闪电网络系统在比特币主网上线，目前闪电网络有节点 11624 个、支付通道 36289 个，整体支付容量为 895 个比特币。数据来源于 1ml 网站，https://1ml.com/statistics，2020 年 3 月 6 日访问。
[2]　如闪电网络结构趋向中心化，网络运行效率依赖大型中心节点的支付容量，而非点对点网络的规模扩张。

7.4.2 币值波动过大导致其不能承担价值储藏手段和计价单位职能

从价值储藏的角度，比特币的波动率相对于法定货币波动率过于巨大，并不是好的价值储藏，也不能作为可信的计价单位。

前文已提及比特币的剧烈波动，我们可以通过统计长期以来不同资产的波动率，更加清晰了解比特币币值的极端不稳定性（参见表7.2）。

表7.2　不同资产价格变化率的波动率

资产类型		价格变化的波动率（60日内）
虚拟货币	比特币	85.7%
主要货币	美元指数	7.5%
	人民币对美元	1.65%
	英镑对美元	8.64%
	欧元对美元	9.19%
	美元对日元	9.4%
贵金属	黄金（COMEX）	14.4%
	白银（COMEX）	25.7%
股票市场	标准普尔500指数	16.5%
	上证指数	22.5%
石油	布伦特原油（ICE）	28.5%

以上数据截止时间是2019年11月29日。

主要货币、股票市场和石油开始时间2000年6月1日至2019年11月29日；黄金的开始时间是2010年4月19日，白银开始时间是2010年10月25日；比特币的开始时间是2010年7月18日。

资料来源：Wind数据库；blockchain.info。

超高的波动率说明比特币目前还只是一种投机品：持有比特币，类似于持有了一个没有涨跌停板限制的"ST"股票，一般只能被视为投机品（至少目前如此），最多也就被视为投资品，无论如何也无法满足货币所需要的稳定性。我们以比特币历史上的几次暴涨暴跌为例，类比于现有的股票涨跌停板（比特币没有涨跌停板，我们只是做类比）：

连续 38.5 个涨停。2011 年 4 月到 6 月，两个月内从 0.75 美元上涨到 30 美元，涨了 40 倍。

连续 25 个跌停。2012 年 2 月，又从 30 美元左右跌到 2 美元以下，跌幅 93%。

单日 4.5 个跌停。2020 年 3 月 12，24 小时内价格下跌 38%。

单日 2 两个跌停。最近一次，2021 年 12 月 4 日 14:30 至 12 月 5 日 5:30，比特币在 15 个小时内下跌了 20%。

下面是比特币历史价格图（见图 7.4、图 7.5），数据从 2013 年 4 月至 2022 年 3 月。

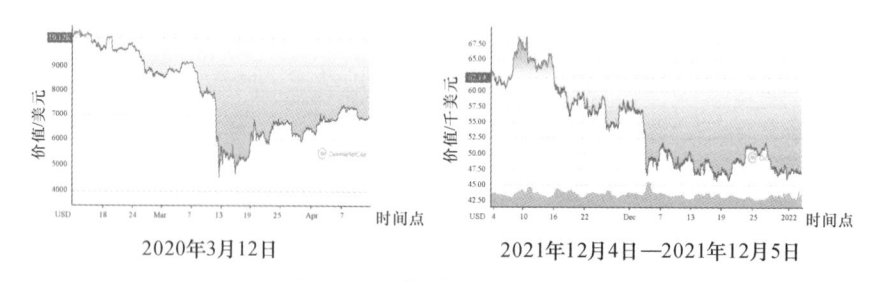

图 7.4　两个时间段的比特币

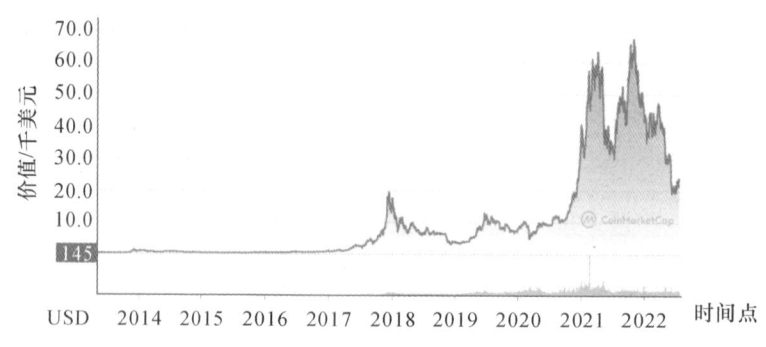

图 7.5　比特币价格走势历史

极高的波动率导致比特币无法成为价值储藏的手段，交易各方也无法约定比特币计价的未来商品和服务。从货币职能的角度，由于上述两个核心职能存在缺陷，以虚拟货币标价（计价单位）体系也难以稳定和有效。

7.4.3　容量有限、速度慢导致交易费用过高

比特币的支持者一再宣扬，比特币有利于无法从现有金融体系中获得服务的人们（如偏远地区没有银行网点，民众难以获得金融服务），虚拟货币的去中心化可以增强金融的包容性。然而，这仅仅是一种理论上的推演，完全不符合实际情况。虚拟货币虽然可以脱离金融中介在点对点网络中流转，但是，这种虚拟货币的流转需要消耗系统算力，用户支付转账时必须给提供算力的矿机支付一定比例的虚拟货币以补偿其算力。[1]

以比特币为例，当用户转移比特币时，首先要在钱包上构造交易，然后提出一个手续费报价，交易广播出去到达矿机后，矿机一般会按照手续费由高到低进行"接单"，形成一个众多钱包各自分散报价和众多矿机自主选择交易的撮合体系。也就是说，比特币的交易费用由用户和矿机间的自由市场所确定，并无固定比例和规则约束。随着虚拟货币币值的升高和交易活跃程度增加，则转账手续费也越来越高。其中，虚拟货币币值升高，意味着等量手续费对法定货币的相对价格上升；交易活跃程度增加，则大量交易在矿机中形成基于手续费高低的竞争，矿机倾向于选择验证和打包手续费报价更高的交易。对于用户而言，他们若希望矿机更早验证和打包自己的交易，则需要支付更高的手续费。

2016 年，每笔比特币交易费折合人民币平均为 0.58 元。2017 年 12 月，由于交易拥堵和比特币价格暴涨则高达 224 元。[10] 相比而言，我国银行国内网络转账已经实现零手续费，几大银行对境外汇款每笔手续费一般在 200～300 元之间，比特币转账在成本上并无任何优势。

---

[1]　矿机为系统提供算力可以获得两部分利润，一是系统提供挖矿收益，二是用户提供的转账手续费。按照比特币的算法设计，2040 年之后，比特币总量不再增加，矿机的收益将只有用户的转账手续费。

7.4.4 安全性较差

虚拟货币的安全性较差，谁拥有比特币私钥，谁就拥有了比特币，私钥一旦丢失将无法追回。[11] 例如，2013 年，Mt.Gox 价值 4.5 亿美元的比特币丢失；2016 年，Bitfinex 价值 7000 万美元的比特币丢失，至今尚未追回。虚拟货币安全性的特点对使用者的技术水平提出了很高的要求，往往超出普通人的技术能力。相反，现有的电子支付体系经过反复检验已经具有了很高的安全性和使用便捷性。

这也提出了普惠金融的悖论：能够安全使用虚拟货币进行支付的使用者，一定拥有电子设备和相应的技术能力，而这样的人往往有充分的渠道获得现有金融体系的服务。

7.5 虚拟货币"难堪大任"的底层技术缺陷：以比特币为例

经过公开媒体的渲染，我们总有一种印象，那就是比特币是一种全新的"高科技"，但是，上一节中我们提到技术缺陷导致虚拟货币无法用于日常支付。本节中，我们将以比特币为例，详解这种底层技术缺陷。

从系统技术效率的角度，比特币之于现有的电子支付（如支付宝），犹如马车之于火箭，差别巨大。我们可以负责任地说："比特币是马车！"实际上，作为支付工具，比特币和支付宝的差距比马车与火箭的速度差距还要大数百倍。请注意，这里仅是从支付工具的角度讨论，并不是否认比特币带来的区块链技术所蕴含的创新性和应用价值。

记得我们的中学教科书里说过，新生事物的发展是曲折的。这句话用到比特币和众多虚拟货币之上也是合适的。比特币确实提供了一种新型货币和支付体系的思路，但是，至少到目前为止，比特币和各种虚拟货币并没有表现出作为支付手段的任何优势，甚至在关键技术指标上可以说是"落后的"，它们不可能成为公众大规模使用的支付手段。

为什么现实和期望之间有如此巨大的反差？这还要从比特币的底层技术说起。

7.5.1 比特币的交易数据构造：交易、区块、链

为了在点对点环境下实现可信支付，比特币创造性地使用交易记录作为货币的载体。虽然在比特币名字中有"币"这个字，但在比特币这个系统中并不存在"币"这样的实体。比特币所构造的模型迥异于传统银行系统的余额制，当然更不同于古老的金银铸币和纸钞（倒是在流通模式、隐私保护上与金银和纸钞类似）。中本聪设计的比特币，以交易记录的形式出现。**你并非拥有一个比特币，而是拥有别人转比特币给你的一笔记录**。这个记录就叫作"未花费的输出"（UTXO），**可以理解为一张可转让的权利电子凭证**（请读者复习第 6 章第 3 节）。

区块相连构成链，所以这种技术被称为"区块链"。实际上，比特币区块之中的交易通过未花费的输出记录的形式也勾连成链，形成了连续的交易链条，也即交易成链。我们来具体了解一下"区块"的特点和"链"的形成过程。

"区块"是将多笔交易数据打包在一起形成的数据体。可以将区块理解为一个账本，账本里记录了多笔交易。单笔交易在最简单的情况下，大小为 250 字节，当然实际发生的交易会大于这个数值。每个区块大小被中本聪限定最大为 1 兆字节（1024 千字节），那么我们就可以算出来，一个区块最多可以容纳 4096（1024000/250）笔交易。**以账本做比喻，中本聪限定了一个账本最多只有 1024 页。而每个最基本的交易要占用 1/4 页，那么一个账本最多就有 4096 笔交易**。

区块成"链"的同时，交易也成链。记账人按照规则在账本（区块）上记满了交易后，在封面贴上时间封条，同时在账本封面上记前一个账本的编号，这样就在账本之间构成了一个首尾相连的账本链条。这样构成的账本

链条有一个特点：越老的账本，其中的交易越难以篡改。若要更改2015年高度为363270区块中的一笔交易，那么就要将自2015年该账本之后的所有账本，全数改掉，重新记账才可做到。

如何防止篡改账本呢？比特币创造性使用了工作量证明机制，矿机通过哈希运算竞争获得记账权，从而防止区块篡改。比特币没有中心服务器，而是由所有节点的矿机自发运行为系统提供算力。矿机通过竞争，以获得记账权，系统会给获得记账权的矿机以比特币作为奖励。也就是我们常说的"挖矿"。矿机作工作量证明运算就是对"区块头"数据进行两次哈希运算（比特币使用的是SHA-256哈希运算），得到了一个256位的哈希值。

算出哈希值只要几秒时间，矿机在瞬间即可完成，因此，比特币给哈希运算提出了要求，也即你必须算出指定要求的哈希值，比如，前19位数都是零。这样，难度陡然增加。矿机要算出指定要求的哈希值，必须用试错的方法，将随机数（专业上称作"被使用一次的非重复的随机数值"，下简称"随机值"即Nonce）不断代入以运算出小于某个数值的哈希值。因为SHA-256的运算结果是非常随机的，所以，要想运算出指定的哈希值，唯一的方法就是不停地尝试随机值。因此，矿机是否能够挖矿成功，一是依赖矿机的运算速度；二是依赖运气，也许第一次改变随机值的值，就得到了合乎大小的哈希值，也许运行几百亿次，也没有得到。**比特币设置了自动调节哈希运算的时间，将其设定为平均10分钟，并动态调整**。这个时间设定，是两个方面的平衡：时间太少，消耗算力不够，无法让篡改企图知难而退，且造成网络同步不稳定；而时间太长则交易确认时间过长，矿机体验太差（哈希运算问题比较复杂，这几个术语我们限于篇幅不做详细解释，有兴趣的读者可以阅读《区块链简史》第四章）。

认识比特币运行效率：以上是对比特币的区块链原理的基本解释，对于非技术人员了解比特币的运行效率而言，有三个方面至关重要。

第一，可以将每一次比特币交易验证过程理解为一次"出块"，就是将很多交易数据文件整理在一起后封装，并盖上数据哈希和时间戳，从此不再更改（前提是在哈希竞赛中胜出并在共识机制中得到足够多的确认）。

第二，比特币区块大小被设定为 1 兆字节，每个区块理论上只能记载 4096 笔交易。

第三，出块时间就是矿机们验证交易、区块打包、哈希竞赛的时间，按照比特币代码的设定，比特币哈希竞赛的目标难度值会进行动态调整，使出块时间平均维持在 10 分钟。

7.5.2 交易速度慢，无法用于公众日常使用

比特币在底层技术上将"出块"时间设定为平均 10 分钟，这也即意味着完成"一批"交易的验证时间是 10 分钟。每次交易的平均确认时间也约为 10 分钟。对于公众日常支付，这个速度是无法接受的。试想，你在超市结账，排在你前面的人，用比特币发起支付到商家确认收到比特币，要 10 分钟，这队伍应该排到几公里外了。再仔细用简单的数字计算一下：超市的一个收银柜台要 10 分钟完成一笔收款，一个小时才 6 笔，在 8 个小时的营业时间里只能完成 48 笔。

大家可以回想一下我们日常使用电子支付的时间。生活经验告诉我们，支付宝每笔交易的系统处理时间不超过 3 秒（仅指系统处理时间，不包括打开软件应用，输入密码等用户操作所耗时间），网络银行转账也可以几秒之内到账。按照中国银联的技术规范，非接触卡交易时间更是应少于 500 毫秒。

> 交易确认时间
> 比特币：支付宝 =10 分钟：3 秒 =200（倍）
> 比特币：非接触 IC 银行卡 =10 分钟：500 毫秒 =1200（倍）

7.5.3 从并发交易速度看，比特币的每秒可处理交易数量是支付宝的 3.7 万分之一

决定一个系统交易处理速度的，还要看并发处理能力。比如，一条高速公路能够行驶多少辆车，除了要看道路长度，还要看道路宽度，这个宽度决定了一次可以通过多少辆车。比特币每 10 分钟最多处理 4096 笔交易，换算到每秒，也就是每秒最多处理 6.83 笔交易。

比特币并发处理速度
4096 笔 /10 分钟 =6.83 笔 / 秒

而根据支付宝 2017 年"双十一"公布的数据，**支付宝的每秒交易处理量峰值是 25.6 万笔**。这两者的处理速度差距有多大呢？相差了 3.7 万倍！而火箭的第一宇宙速度和马车的速度也仅是 474 倍的差距（参见表 7.3）。

表 7.3　速度快慢之比较

第一宇宙速度：7.9 千米 / 秒 =28440 千米 / 时	第一宇宙速度：马车速度 =474（倍）
马车速度：60 千米 / 时	
支付宝 25.6 万笔 / 秒	支付宝处理速度：比特币处理速度≈ 37481（倍）
比特币 4096 笔 /600 秒 =6.83 笔 / 秒	

打个比方，"比特币高速公路"10 分钟通过 4096 笔交易，换算到每一秒仅通过 6.83 笔交易，而"支付宝高速公路"一秒钟通过 25.6 万笔交易。假如全球有 4097 笔交易，那么第 4097 笔交易注定要在 4096 笔交易完成后，在下一个 10 分钟才能完成。想象一下，在出行旺季，高速公路只有一个收费站，必然是绵延几公里、几十公里的汽车排队长龙。

7.5.4 从可承载交易总量看，比特币也难以成为大规模支付手段

通过进一步的简单的数学计算，我们可以发现，理论上比特币一日仅

能处理 59 万笔交易，一年仅能处理 2.12 亿笔交易。从实际处理交易看，以 2019 年第三季度数据为例，比特币每日交易为 30 万笔左右，从 2009 年 1 月 9 日至 2019 年 4 月 12 日，比特币历史累计有约 4 亿笔交易。

专门进行网络第三方支付清算的中国网联平台日均处理 11.8 亿笔交易，接近比特币历史交易总量的 3 倍。考虑到我国网络第三方支付的交易有些通过网联转接清算，有些通过银联转接清算，还有相当一部分在支付巨头体内自循环。因此，这个数字仅是我国网络第三方支付的部分交易量（参见表 7.4）。

表 7.4　比特币与第三方支付容量对照

比特币	中国第三方支付
理论上比特币能够处理的最大交易数量： 【每小时】：60 分钟 ×（4096 笔 /10 分钟）≈ 2.46 万 【每日】：24 × 每小时交易量 ≈ 59 万 【每月】：30 × 每日交易量 ≈ 1770 万 【每年】：12 × 每月交易量 ≈ 2.12 亿	支付宝：每秒 25.6 万笔并发交易（2017 年"双十一"）
截至 2019 年 11 月 23 日，共有区块 60.5026 万个，那么能够承载的最大交易为 24.78186496 亿笔交易（60.5026 万 × 4096），实际约为 4 亿多	中国第三方支付清算量（通过网联）：每日 11.8 亿笔（2019 年第三季度）

比特币系统满负荷运转，理论上每年仅能承载 2.12 亿笔交易，相当于网联每日清算量的 1/5 左右。比特币将近 10 年的累计历史交易量仅相当于网联每日清算量的 1/3。

7.5.5　从各国央行数字货币的架构选择，反证当前区块链技术的不足

比特币所带来的区块链技术发源于民间密码学社区，但很快便吸引了各国政府部门，尤其是各国央行的兴趣。以中国、英国、加拿大、日本、新加坡为首的多国央行，各自展开了区块链技术实验。多数央行在数字货币实验中，确实使用了区块链技术，但只应用在批发业务中（批发业务即金融机构间的交易和清结算业务），而非零售业务（即普通公民的日常支付、转账

业务）。

毫无疑问，批发业务所面临的压力远远小于零售业务。这种选择和定位，虽然主要出于金融业务上的考虑，但一定程度上也反映了对区块链技术的态度。**英国、加拿大等进行央行数字货币实验的国家不约而同都声称对区块链的兴趣主要在于"结算效率"。**也即金融机构之间的结算在区块链上可以实现"交易即结算"，不再需要央行居间处理。注意，此处的效率仅指"结算效率"，并非我们前文所讨论的技术层面的效率（交易速度、承载能力等）。

根据公开资料显示，**我国的数字人民币是全球首个在零售领域进入实验阶段的央行数字货币。**但是，数字人民币并未完全照搬区块链技术，仅引入了**分布式账本技术**，用于实现交易追溯，这种交易追溯类似于前文所述的"交易成链"。在发行、清结算、支付、回收销毁等环节，**数字人民币都坚持以央行为中心，技术上也以中心化系统为核心。**

从各国央行数字货币实验中的技术选择，侧面说明了在主流货币和支付系统领域，当前的区块链技术并非主流官方的首选。

7.5.6　总结：虚拟货币难堪货币大任

比特币作为一种技术创新，具有革命性意义。但是，比特币的单笔交易确认速度过慢、并发处理能力过低，这些技术特点决定了其无法普及，难以取代现有法定货币体系而担当货币大任。比特币类似技术在支付和结算领域的成就，仅能适用于对时效性要求不高、交易量有限的批发式业务。

当然，后续的虚拟货币一直试图对比特币做提升和改进，但至今依然无法作为大规模社会公众使用的支付手段。例如，以太币（ETH）的交易效率高峰也仅为每秒15笔左右。据报道柚子币（EOS）曾达到每秒3996笔交易的交易高峰，但也至多作为小的国家、地区或者行业的支付工具。

2019年以来常被提及的"闪电网络"寄希望于通过离线技术实现比特币无延迟、低成本交易，但闪电网络当前的支付容量极为有限，且存在一系列技术不足。2016年，潘（Poon）与卓亚（Dryja）在一篇论文中系统地提出了闪电网络的构想,其原理是把海量的小额交易放到闪电网络的节点上执行,而并不提交到比特币系统中,比特币系统只作为闪电网络的后台"抵押"和"结算"系统。2018年1月,闪电网络系统在比特币主网上线,截至2020年3月6日,闪电网络节点共计11624个,支付通道共计36289个,整体支付容量为895个比特币。对闪电网络上线之后的研究表明,闪电网络结构趋向中心化,网络运行效率依赖大型中心节点的支付容量,而非点对点网络的规模扩张。

比特币和当前众多的其他虚拟货币还无法成为可以被公众大规模使用的支付手段,未来的技术发展也许可以让区块链成为大容量支付系统,但虚拟货币的内在价值、交易成本、合规等问题依然存在,可能依然难当货币大任。这是比特币等虚拟货币作为私人货币的局限,又是一个极具争议的话题,让我们留待下回继续展开。

7.6 无监管状态下虚拟货币价格被人为操控

正如沃巴赫在《信任,但需要验证:论区块链为何需要法律》所指出,信任区块链的分布式记账技术"不可与信任特定个人和机构混为一谈"。[12] 在虚拟货币交易过程中形成了一些大的交易所,这些交易所利用独特地位,操纵虚拟货币价格。比特币历史上,两次价格暴涨的背后都有交易所的背后操纵。严重的价格操纵导致整个虚拟货币领域价格扭曲、投机严重。

以比特币为代表的虚拟货币(采用非对称加密技术的"加密货币"),有两种交易方式。一种是在区块链上进行交易,也就是在区块链的不同地址上进行交易(类似于现金交易)。另一种是通过虚拟货币交易所进行交易,这是一种中心化的交易方式(类似于通过银行的交易)。

尽管理想中的比特币是去中心化的,可以通过社群自治的方式得以维持,但是,在现实的交易过程中,虚拟货币交易所却可以利用其特殊的地位,操纵比特币价格。

第一次价格暴涨是 2013 年 10 月 3 日至 2013 年 11 月 30 日，每枚比特币的价格由 116 美元涨至 1150 美元，2 个月内暴涨 10 倍；第二次是 2017 年 3 月 27 日至 12 月 17 日，每枚比特币价格由 1046 美元上涨至当天最高 20089 美元，9 个月之内暴涨 20 倍。比特币的市值从 2014 年 1 月 1 日约为 94 亿美元，到 2017 年 12 月 17 日已经涨至 3200 亿美元的历史峰值。[13] 根据东京地方法院判决有关报告和有关研究显示，在 2013 年底的价格暴涨中，当时全球最大的交易平台 Mt.Gox 操纵了比特币价格。

比特币的两种交易方式： 虚拟货币交易既可以在区块链上直接进行点对点的匿名交易，也可以通过区块链之外的中介机构（虚拟货币服务商）进行交易。

在区块链上进行交易（去中心化）：以比特币为代表的虚拟货币，以分布式共识协议为基础，能在区块链上实现可靠的点对点交易，从而摆脱对第三方中介信任的依赖。用户可以通过免费的开源软件，创建任意数量的比特币地址，在任意比特币地址之间可以相互转移比特币。

如果是区块链上的交易，私钥由使用者自己保管在"非托管钱包"中，使用者通过指令可以将虚拟货币由一个非托管钱包地址转移至另一个非托管钱包地址，交易完全发生在区块链上。

通过虚拟货币交易所进行交易（中心化）：如果是通过中介机构进行交易，使用者将虚拟货币托管在中介机构的"托管钱包"中，中介机构进行交易撮合，根据用户指令在本机构的不同"托管钱包"之间转移虚拟货币。

如果我们把通过区块链进行交易想象成现金交易，那么，通过交易所的交易，类似于将现金存入银行后，通过银行进行交易。 客户将法定货币存入银行，法定货币控制权归属于银行，类似地，虚拟货币托管在中介机构，虚拟货币控制权归属于中介机构，用户并不控制私钥。同理，银行客户通过客户端向银行发出指令，汇转法定货币，而虚拟货币用户则通过中介机构提供的客户端向中介机构发送指令，以交易虚拟货币。

Mt.Gox 操纵比特币价格：虚增比特币。2013 年 10 月 3 日至 2013 年 11 月 30 日，每枚比特币的价格由 116 美元涨至 1150 美元，两个月内暴涨 10 倍。

2017 年，以色列特拉维夫大学、美国塔尔萨大学的三位研究人员，在一则学术研究中用严谨的数据和逻辑证明，Mt.Gox 虚增几个特定账户中的美元资金和比特币，然后通过几个账户之间的交易人为拉高比特币价格。[14]

通过虚拟货币交易所进行交易时，将比特币私钥存入交易所，交易所保管客户的私钥。客户进行交易时，只是在交易所的钱包账户上显示，客户有多少比特币。直到客户从交易所将比特币提取到区块链上时，才会产生比特币的真实转移。

注意，只要用户不提取比特币，交易所就可以随意给用户账户中增加比特币。这就好比一个不受监管的银行，可以给客户账户中随意增加存款数目，只要客户不提现，银行就不会露馅。

这篇论文指出，Mt.Gox 在几个账户中虚增了比特币，然后通过这几个账户，将比特币价格由 150 美元拉高到了 1000 美元。

但是，虚增的比特币总是要兑付的，Mt.Gox 不可能拿出这些比特币。这就好比银行虚增了存款数目，银行客户来兑付，这笔钱是拿不出的。这篇论文估计，Mt.Gox 的这几个账户，至少虚增了 60 万个比特币。

怎么办？玩消失啊！2014 年 2 月，Mt.Gox 宣布："平台遭黑客入侵，85 万个比特币不见了！"当时这些比特币价值 4.5 亿美元。

当然，后来 Mt.Gox 又宣布，"找到"了 20 万个比特币。不禁让我们想起獐子岛的扇贝，一夜之间全跑光了，过几天又跑回来了几个。说来也有趣，后来比特币价格一路飙升，2017 年，比特币价格飙升到 2 万美元，按照市价折算，这些"找到"的比特币足以赔偿受害人损失了（损失是按照 2013 年底的市价进行计算）。

2019 年 3 月，东京地方法院判决 Mt.Gox 的 CEO 篡改记录虚增资产罪名成立。检察官同时也起诉 Mt.Gox 的 CEO 侵占了这些比特币，但因为证据不足，未得到法院支持。[15] 在日本执法部门调查期间，纽约州总检察长办公室（The New York Attorney General's Office）就价格操纵和比特币丢失等启动了调查。[16]

2017 年的价格暴涨引起了广泛的社会批判并遭到司法部门的调查。2018 年 6 月，另外一则学术研究揭露了，泰达公司如何通过发行稳定币 USDT、操纵 Bitfinex 交易所（全球最大的虚拟货币交易所）来操纵比特币价格。

泰达公司操纵比特币价格：虚增"钱"。2017 年 3 月 27 日至 12 月 17 日，每枚比特币价格由 1046 美元上涨至当时最高的 20089 美元，9 个月之内暴涨 20 倍。

2018 年，美国得克萨斯大学奥斯丁分校、俄亥俄州立大学两位研究人员，发表了严谨的学术论文，揭露泰达公司是如何通过虚增"钱"来操纵比特币价格。[17] 泰达公司有两个角色，一个角色是发行稳定币 USDT，另一个角色是控制 Bitfinex 交易所。USDT 以美元为支持资产，相当于打通了虚拟世界美元和虚拟货币的交易通道，所有交易可以发生在虚拟世界。

两位专家通过对 200G 的交易数据的研究，在文章中证明的几个主要假设是：（1）当比特币价格下跌时，大量 USDT 用来购买比特币；（2）当比特币价格在整数关口附近时，大量 USDT 用来购买比特币;（3）存在明显的"月底效应"，也即每个月底会计师事务所审计 USDT 资产状况时，存在明显的卖出比特币换回 USDT 的情况。

在 2019 年的更新的版本中，两位专家增加了一个新的发现：来自一个账户的交易者，展现了"未卜先知"（clairvoyant）的把握交易时点的能力，对比特币价格施加了"极端巨大的"（extremely large）影响力，操纵了 2017 年 3 月 1 日至 2018 年 3 月 31 日期间的大部分价格上涨。

由于该研究的巨大影响力，2018 年 11 月美国司法部和美国期货交易委员会（CFTC）联合对比特币背后可能存在的价格操纵进行了调查，但尚未有比较确定的结论。[18]

由于比特币在虚拟货币中的鼻祖地位，比特币价格的暴涨，引起了对虚拟货币投资的跟风效应，刺激了"山寨币"的大量出现，代币首次发行募资变成了热门话题，各种"币"价格暴涨。

7.7 山寨币与空气币泛滥成灾，成为诈骗的重灾区

7.7.1 "山寨币"遍地开花

早期的"山寨币"仅指模仿比特币的其他虚拟货币，是中性词。但是，2015 年"以太坊"的出现完全消除了山寨币的技术门槛，山寨币泛滥成灾，山寨币成为没有技术含量、没有价值的虚拟货币的代名词，国内也将这种虚拟货币称为"空气币"。

"山寨币"对应的英文是"比特币的替代币"（alternative of bitcoin），英文简称"Altcoin"[19]，有时候也翻译为"竞争币""替代币"，指的是模仿比特币的各种虚拟货币。早期的"山寨币"在技术上往往颇有创新，并非贬义词。2011 年 10 月，"莱特币"（Litecoin，LTC）在比特币基础上调整了几个参数，成为最早的比特币模仿者。[20] 其他虚拟货币如"万事达币"[21]，设计精巧独特，成为比特币二层协议的经典。[22] 当然其中更多的是简单地抄袭代码运行一条独立的链，或者从比特币的某个块上做分叉，形成分叉币，知名的分叉币包括 BCH、BSV 等。早期这些山寨币的运营，所需技术能力或大或小，视开发者技术上创新追求而定，但还是需要一定的技术和成本投入。

"山寨币"词源考：比特币以外的加密货币。"Altcoin"这个词的首次出现已难考证，不过最早可查的是"域名币"（Namecoin），发布于 2011 年 4 月。之后"莱特币"于 2011 年 11 月发布，"狗狗币"于 2013 年 12 月发布。这些都是基于比特币源码，并对比特币源码做了少量改变的加密货币。

莱特币发布的时候，基于比特币代码做了一点参数调整，把10分钟出块调整为2.5分钟，另外把比特币工作量证明算法改为Scrypt算法。作为最早的比特币模仿者或者山寨币，莱特币没有发布白皮书，因为其技术原理与比特币基本一致，代码也是基于比特币进行很小的调整，没有必要再写一份白皮书。

早期对山寨币的定义也并不完全一致，保罗·维格纳（Paul Vigna）在《华尔街日报》发文首次将其定义为"比特币的替代版本"（alternative versions of bitcoin）。艾伦·汉金斯（Aaron Hankins）在《市场观察》（*MarketWatch*）上的文章则认为除了比特币，其他所有加密货币都是山寨币。在早期的加密货币社区中，其他加密货币都基于比特币设计，所以用Altcoin指代比特币的替代品。随着加密货币和区块链技术的发展，后期出现的加密货币在代码上并不基于比特币源码，而是全新开发，且在原理和机制上也区别很大，已经不大适合用"比特币的替代版本"这样的说法，但人们已经习惯了以山寨币指代比特币之外的所有其他加密货币。

2015年，以太坊的出现彻底消除了山寨币的技术门槛。以太坊的智能合约使用Solidity语言，开发者可以极为便捷地使用Solidity开发出新的虚拟货币[23]：只需部署一个标准的ERC-20代码即可完成，其简易程度如同注册一个域名，用时不超过10分钟。开发上远超比特币的便捷和灵活，以及以太坊作为区块链2.0的声势，将区块链开发者、虚拟代币开发者聚拢成庞大的网络社区。据etherscan.io网站的统计，在2018年6月12日以太坊上的ERC-20代币智能合约共计90738种，到2020年3月5日已经增加到245504种，2021年11月30日增加到46.67万种。其中有真正价值的代币凤毛麟角。

以太坊出现后，虚拟货币由比特币一支独大发展成各种山寨币遍地开花。根据Coinmarketcap按照市值排名对5164种虚拟货币的统计，2014年1月1日，虚拟货币市场总市值为106亿美元（其中比特币94亿美元）。而到了2017年12月17日，虚拟货币总市值为8003亿美元（其中比特币

3200亿美元）。2017年底，比特币在虚拟货币市值中的比重由约90%降为约40%，此后一直稳定在这个比重，虚拟货币由比特币一枝独秀变成了遍地开花。

7.7.2 国外以虚拟货币为噱头的诈骗

国外诈骗案件的特点，通常是骗局本身比较复杂，对象是中产阶级以上，受过一定教育。以美国为例，监管当局除了公布风险提示，还公布了大量案例（参见表7.5）。

表7.5 美国典型虚拟货币为噱头的诈骗案

案件名	诈骗噱头	时间	受害人	诈骗金额
沙沃斯（Shavers）案	比特币资产的套利交易，每周7%收益	2011.2—2012.8	100人	70万枚比特币（约450万美元）
加尔萨（Garza）案	通过挖矿获得"小哈希"	2014.8—2014.12	1万人	1900万美元（损失金额918.3万美元）

沙沃斯案被美国司法部称为美国虚拟货币诈骗第一案，这是典型的打着虚拟货币为支持资产幌子的庞氏骗局。说它"第一"，并不是金额大，而是第一个被追究。

故事的主角名字叫作特伦登·沙沃斯（Trendon T. Shavers），他创立的实体名叫Bitcoin Savings and Trust（比特币储蓄与信托，BS&T）。2011年2月至2012年8月，BS&T对外宣称，要发行以比特币为支持资产的基金，这个基金通过复杂的算法进行套利交易，可以保证每周7%的收益率。每周达到7%的收益率，意味着年化收益率达3641%！能做到这个收益的唯一方法只能是旁氏骗局，用新诈骗所得给之前的受害人补贴收益。2012年8月，BS&T无法兑付，宣布关闭，美国证券交易委员会介入调查。

这个骗局其实比较复杂，没受过金融教育的投资者还很难上当。其最吸引人的地方是"比特币"加上"套利交易"，在真实的套利交易中，这确实可以将收益（亏损）控制在一个区间。如果要给这个骗局的受害人做画像，我想应该是那些经常通过互联网、畅销书学习投资技术的中产阶级。所以，这个骗局最后的受害人也仅有 100 人，受害人购买比特币总共花费了 450 万美元。

美国政府对沙沃斯的处罚让其付出了几十倍的代价：一是高额的行政罚款。2014 年，美国证券交易委员会通过司法程序对沙沃斯及其控制的实体提起诉讼，处以总共 4030 万美元的罚款。其中，沙沃斯及其控制的实体"回吐"（disgorgement）4000 万美元，沙沃斯及其控制的实体分别各自承担"民事惩罚"（civil penalty）15 万美元。[24] 读者可以发现，美国政府诈骗的行政处罚是相当高，本案中的罚款数额就达到了诈骗金额的 9 倍。美国政府会将行政罚款纳入受害人基金，然后对受害人进行赔偿。

理解美国法上的行政处罚。沙沃斯案的罚款包括两项：第一项是沙沃斯及其控制的实体总共"回吐"4000 万美元，第二项是对沙沃斯及其控制的实体各自施加"民事惩罚"15 万美元。

读到此处的读者可能会对这两个词非常困惑，笔者在此做个简单解释。第一，"回吐"这个词，有些中文论文中将其翻译为"交回违法所得""追缴违法所得"，但是，实际上美国最高法院在判例中指出，证券法上的"回吐"是惩罚性的，并不限于违法所得本身，完全可以超过违法所得。所以，这里笔者认为"直译"可能更好，以免我国读者将其误认为是"违法所得本身"。第二，美国行政法上的"民事惩罚"大约相当于我国的"行政罚款"。

二是刑事诉讼。在行政处罚的同时，美国检察官还对沙沃斯提起了刑事诉讼。2016 年，法院判决沙沃斯监禁 18 个月，监禁服刑完毕后，还要被监外看管（Supervised Release）3 年（类似于假释），没收赃款 122.866 万美元。[25]

细心的读者可能已经发现美国金融诈骗的严刑峻法。本案中，行政罚款和刑事罚金已经接近诈骗金额的10倍，而且诈骗分子还要被判处有期徒刑。

加尔萨案也是美国当时具有影响力的虚拟货币诈骗案。故事的主角是荷马·约书亚·加尔萨（Homero Joshua Garza），他开设了两个号称挖矿的公司 GAW Miners 和 Zen Miner。加尔萨对外宣布，他的两个挖矿公司将致力于比特币挖矿（mining），投资者可以从这两个公司购买"小哈希"（hashlets），拥有"小哈希"就可以终身无代价地获得比特币的挖矿收益。

这里，诈骗者利用了"哈希"（hash）这个在区块链中广泛使用的概念，似是而非的说法成功欺骗了投资者。这个骗局也比较复杂，需要受害人听说过"哈希""哈希计算"，所以我们推测受害者应该长期阅读财经报纸杂志。不过，这个骗局的故事毕竟没有沙沃斯案中"套利交易"那么复杂，所以从行骗的角度来说，它要成功得多。在4个月内，加尔萨骗了1万多人，骗取了1900万美元。[26]

案发后，加尔萨与美国政府合作，变卖涉案资产赔偿受害人损失，投资人最后损失918.2万美元。由于态度合作，加尔萨的处罚比沙沃斯略轻。在行政处罚方面，行政罚款略高于诈骗金额。两个挖矿公司"回吐"1038万美元、承担"民事惩罚"各100万美元，加尔萨本人"回吐"约918.2万美元及附带利息74.3万美元。在刑事处罚方面，加尔萨被判处监禁21个月（前6个月在家中服刑，以便于处理受害人赔偿），监禁服刑完毕后，还要被监外看管3年。

7.7.3 大量山寨币沦为空气币，完全成为投机和诈骗的工具

以太坊的出现彻底消除了虚拟货币的技术门槛，山寨币价格的涨跌已经完全脱离经营收益或者技术成就，发行完全依赖营销手段和操控做市。国内习惯上将这种没有任何技术含量和价值支撑的山寨币称为"空气币"。国内外都出现了大量打着"区块链"和"虚拟货币"旗号的骗局，山寨币已经成为诈骗的温床和重灾区，各种欺骗模式花样百出。

如果说美国的虚拟货币诈骗案件还有那么点技术含量，那么，我国的虚

拟货币诈骗案件则简单粗暴。我国的虚拟货币诈骗，主要是发行毫无技术含量的山寨币。山寨币能否募资成功，关键是宣传造势，因此，名人效应、宣传效果至关重要（参见图7.6）。

```
宣传造势  · 拉起一只有名气的创业队伍（通常有名人站台）
         · 通过研讨会、发布会、论坛等多种形式线上、线下宣传

项目开发  · 编一篇项目白皮书（直接在网上抄袭）
         · 用10分钟时间在以太坊上部署一个ERC-20的代币

募集资金  · 小范围募集：在区块链、虚拟货币网络社区里募集首期资金
         · 大范围募集：在（非法的）虚拟货币交易所挂牌募集资金
```

图7.6 空气币的募集资金流程

由于没有来自政府的监管，虚拟货币交易所也没有像股票交易所那样履行自律监管职责，在虚拟货币交易所，项目方自己或第三方可以充当做市商，直接操纵虚拟货币价格。[27] 虚拟货币募资不再是技术含量的竞争，名人站台、高科技幌子成了这场骗局的"新酒瓶"。总结起来，有以下三个套路。

（1）**直接发行没有任何价值支撑或技术创新的山寨币进行融资**。例如，名噪一时的空气币"太空链"，发布时风光火热，众多业内知名人士站台，仅在一天内便募集了10亿资金。但就在小范围募集阶段，"太空链"已爆出抄袭白皮书等丑闻，挂牌交易所后更是一路暴跌，站台的知名人士也纷纷撇清关系。2018年3月8日，扬州市公安局开发区分局就"太空链"涉嫌诈骗进行立案。[28]

（2）**通过山寨币进行传销**。上述锁定期高额分红还逐渐发展成为"传销"，以高回报率为诱饵，层级分销"拉人头"为模式，举办大型营销活动为手段，说服投资者投入比特币等主流数字货币，承诺每月或者每年高收益率，同时用高额提成煽动投资者发展下线，聚敛投资。[29] 以"GGP共赢积分"案为例，

卢某某等人打着虚拟货币的旗号，发展成了有 30 个层级、1 万余人的传销网络，涉案金额共计人民币 3.2 亿余元。由于案件的典型意义，已经被最高人民检察院收录于 2019 年典型案例。[30]

（3）项目方承诺自己发行的山寨币在锁定期内高额分红。近来出现了新型骗局，投资者以比特币或者以太币等主流虚拟货币购买山寨币并锁定一定期限，山寨币发行者承诺在锁定期限内给予山寨币持有者很高比例的同种山寨币作为分红，发行人在某个交易所中操纵并维持山寨币的价格，给投资者造成真有收益的错觉，从而维持现有投资者并吸引新的投资者。典型的例子是"贝尔链"（Baer Chain）项目，投资者使用主流虚拟货币以太币换取贝尔链发行的虚拟货币"BRC"，项目方将投资者投入的 BRC 锁定一定期间，在此期间内，以投资者玩一款财富游戏为名给投资者奖励新的 BRC。[31]

7.7.4　世纪大骗局：PlusToken

这几年，"区块链养猪""智能搬砖"等通过区块链"快速致富"的项目屡屡出现，当然，大多数人对此都一笑置之，但这样的项目仍然骗到了投资者，甚至还利用区块链和互联网赋能，手段远高于传统的金融诈骗。

2020 年 7 月 30 日，公安部网站公布了一条要闻"公安部指挥破获首起以数字货币为交易媒介的特大跨国网络传销案　彻底摧毁 PlusToken 非法交易平台涉案金额逾 400 亿元"[32]。2020 年 11 月 26 日，江苏省盐城市中级人民法院对这个号称目前世界范围内最大的虚拟货币诈骗案作出终审裁决。

本案主犯陈某，2018 年伙同丁某、彭某等人架设搭建了 PlusToken 平台，以"去中心化智能搬砖钱包"为噱头，承诺用户投入虚拟货币 PlusToken 后，年收益高达 700%，就是这样一个如此明显的骗局，仅用一年时间席卷全球 170 个国家，受害者 269 万人，骗取价值 500 多亿元人民币的虚拟货币（以 2019 年案发时市值计算）。可以说，PlusToken 是近来虚拟货币诈骗的集大成者。

诈骗噱头：以"智能狗搬砖"为噱头。项目代币 PlusToken，通过"智能狗搬砖"获得区块链上的代币收入，保证每月收益 6%～18%。

财富幻觉：锁定期分红。客户以比特币、以太币等主流虚拟货币买入 PlusToken，定期获得新的 PlusToken。同时，犯罪人操纵 PlusToken 价格，使得客户获得了代币数量增加和价格增加的双重收益。这与前述"贝尔链"是一个套路。

发展模式：采取传销拉人模式，高额奖励发展下线。将成员分为会员、大户、大咖、大神、创世五个等级，并按等级高低发放相应数量的 PlusToken 作为奖励和返利，发展出 3293 层的传销网络。

组织分工：设技术组、市场推广组、客服组、拨币组，分别负责技术运维、宣传推广、咨询答复和审核提币等工作。

国际化宣传：招聘在华留学生，充当台前"国际人士"；通过研讨会、培训、旅游等多种形式增加权威性、可信度；在韩国、日本和国内组织大量现场宣传活动和线上宣传活动。

2019 年初，江苏盐城公安机关成立专案组对其立案侦查，犯罪分子为逃避法律制裁，将人员和服务器搬至境外，继续从事诈骗活动。2019 年 6 月，我国公安民警分赴多个国家和地区，配合当地警方成功将藏匿在境外的 27 名主要犯罪嫌疑人抓获归案，同时在境内也抓获 1 名主要犯罪嫌疑人。至此，PlusToken 案件基本告破。2020 年 3 月，公安机关将涉嫌传销犯罪的 82 名骨干成员全部抓获。

该案缴获的虚拟货币，可以说创中国金融诈骗之最。判决书显示，2018 年 5 月 1 日至 2019 年 6 月 27 日期间以最低价计算，缴获的虚拟货币总价值超过 148 亿元人民币。以 2019 年 6 月案发时的市场价格计算，总价值超过 500 亿元人民币。即使按照最低价计算，这个诈骗金额也能排到新中国金融诈骗案的前几位了（参见表 7.6）。

表 7.6 PlusToken 案追缴的犯罪所得

类型	收缴数量/枚	2021年2月的单价/美元	总价/美元	2021年5月高点时的单价/美元	总价/美元
BTC 比特币	314200	38395.69	12063926523	62654	19685886800
ETH 以太币	9174200	1602.308	14699891231	3909	35861947800
BCH 比特币现金	117500	440.4615	51754231	1542	181185000
DASH 达世币	96000	117.0769	11239385	411	39456000
DOGE 狗狗币	11060000000	0.070154	775901538	0.716	7918960000
LTC 莱特币	1847700	148.6154	274596646	383	707669100
EOS 柚子币	51363300	3.230769	165942969	14.37	738090621
XRP 瑞波币	92800	0.421538	39119	1.77	164256
总计			28043291642		65133359577

如果以 2021 年的市场价格计算，该案的违法所得更是骇人听闻。这些虚拟货币的总价值在 280 亿～650 亿美元之间，约合 1820 亿～4225 亿元人民币。相比而言，2020 年江苏盐城的 GDP 为 6000 亿元人民币，财政收入仅 400 亿元人民币。

7.8 虚拟货币洗钱工具

7.8.1 虚拟货币链上交易与反洗钱的天然冲突

现有的反洗钱体系以实名制作为基础，金融机构作为主要义务机构通过对客户状况、交易目的等进行审查，在很大程度上可以抑制违法活动通过金融体系交易。而且，实名制和金融机构的交易数据使得发现、追踪违法犯罪活动具有可能性和便利性。"追踪资金"（follow the money）成为预防和打击犯罪活动、恐怖活动的有效手段，被各国广泛使用。

金融机构的反洗钱预防体系:"钱"是犯罪目的,也是犯罪的工具。中国人民银行反洗钱局前任局长曾经精辟地指出:"当今社会经济金融活动须臾离不开'钱',无论是违法犯罪活动、还是非法金融活动都与资金密切相关,'钱'要么是其目的,要么是其工具。"[33] 所以,当今世界各国都建立了反洗钱体系,也普遍意识到"追踪资金"是预防和打击犯罪活动的有效手段。反洗钱体系的核心是金融机构,金融机构中的核心是银行。

我们去银行办理业务时,银行职员一定会要求我们出示证件,任何银行都会拒绝为身份不明的客户办理业务,这就是我们常说的"实名制"。我们去银行办理大额汇款,银行职员一定会问资金来源、资金用途等问题。这些是银行履行反洗钱义务的基本要求。在人们看不见的银行后台,还有一套反洗钱系统,用来识别可能的违法交易。如果银行发现了违法交易,必须要向中国人民银行上报违法交易,而且还会根据情况决定停止交易。用反洗钱专业的行话来说,银行要履行客户尽职调查义务,报告可疑交易,采取风险管控措施。

中国人民银行作为反洗钱行政主管部门,在接收到可疑交易线索后,会决定是否报告公安机关,由公安机关进行刑事调查。

实名制是反洗钱的基础,金融机构是履行反洗钱义务的主体。但是,虚拟货币在区块链上的去中心化交易方式,使得虚拟货币天然可以逃脱现有的反洗钱监管。再次提醒,这里我们讲的是区块链上的交易,这是原生的交易形式。虚拟货币也可以通过中心化的虚拟货币交易所进行交易,这些虚拟货币交易所也会要求客户实名制,也要承担和银行一样的反洗钱义务(参见图7.7)。

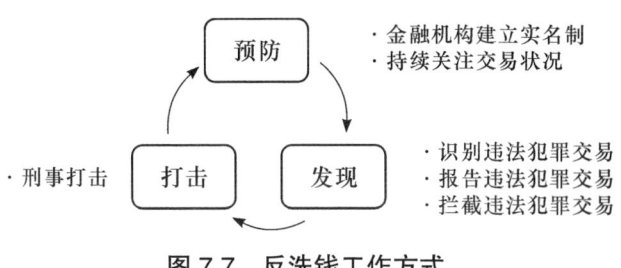

图 7.7 反洗钱工作方式

7.8.2 虚拟货币成为网络犯罪支付工具

从犯罪和比特币之间的关系看，虚拟货币成为"暗网"（darknet，darkweb）的通用支付手段，被各类网络犯罪广泛利用，且已经成为犯罪分子之间交易的重要支付手段。"暗网"市场[34]中的几乎所有的交易都通过虚拟货币进行。

互联网的分层：我们现在的万维网（the World Wide Web）是互联网的一部分，而万维网分为"表层网"（surface web）和"深网"（deep web）两个部分。我们日常能够使用的仅是"表层网"，能够通过搜索引擎索引，可以通过普通浏览器直接登录。相反，不能被搜索引擎索引的被称为"深网"，也叫"不可见网"（invisible web），常见的包括电子邮件、付费数据库、公司的内网等。"深网"的范围极其广泛，根据估计，"深网"的规模至少是"表层网"的 4000～5000 倍（参见图 7.8）。

图 7.8 互联网分层示意图

"暗网"是"深网"的一部分，通过加密技术刻意将内容、网址等隐藏起来，需要通过特殊的软件、授权或设置才可以接入。比较常见的暗网地址是洋葱路由地址，由洋葱路由协议支持的暗网网址，在洋葱路由器客户端和支持洋葱路由协议的浏览器中显示为".union"。除了洋葱路由地址外，暗网地址还包括 I2P、freenet 等类型。

由于"暗网"具有良好的匿名性和保密性，通过暗网可以保护隐私、从事合法活动（如个人加密通信），但同时暗网也被犯罪和恐怖活动所利用，成为非法活动交流、协调和行动的平台，几乎涉及各种类型的犯罪。[1]以2013年美国政府捣毁的暗网网站"丝绸之路"为例，该网站在2011年1月至2013年9月期间交易金额达到120亿美元，不仅有武器、毒品、假护照、儿童色情产品、性奴服务，甚至还有器官买卖，成为"经济仿真体"（economic simulation）。[35] 暗网同时也被恐怖主义活动利用。[36]

虚拟货币的出现使得"暗网"有了相匹配的匿名支付工具，使得暗网形成了资金的闭环，能够更好地躲避现有反洗钱监控体系的监测。几乎所有的暗网市场都通过虚拟货币进行交易，据统计，其中大约76%使用比特币，7%使用以太币。[37] 比特币因此也被称为"暗网世界之王"。

7.8.3 虚拟货币延伸到各种犯罪的支付活动

根据2015年欧洲刑警组织的报告，**虚拟货币不再限于暗网交易，其已经被各类网络犯罪活动所利用，使用于犯罪活动之间的交易**。[38] 例如，近来兴起的各种网络勒索，如通过勒索病毒、攻击服务器、窃取隐私等要求受害

---

[1] 当然，笔者无意将"暗网"污名化，正如无意将虚拟货币污名化一样。这里，笔者的意思仅限于：暗网具有被犯罪活动利用的"内在风险"，或者说，其特性导致其容易被犯罪活动所利用。根据美国"铽实验室"的研究，从事合法活动和从事非法活动的域名占比分别为 47.7% 和 52.3%，大约各占一半。

该研究通过随机抓取 400 个洋葱网址，然后利用其追踪技术分析其当日的活动。该研究特点和优势在于，所有网址是随机抓取，避免人工选择的偏误。但不足在于仅是这些网址单日活动的统计，而且也只限于洋葱路由地址。

"铽实验室"的研究是近来给暗网正名的重要研究，国际货币基金组织特意对该研究进行了评述。该研究参见 Gollnick, Clare, Emily Wilson, *Separating Fact from Fiction: The Truth about the Dark Web*, Terbium Labs, 2016, pp.5 - 6. available at:https://dsimg.ubm-us.net/envelope/385643/510253/The%20Truth%20About%20The%20Dark%20Web.pdf。IMF 的评述参见 Aditi Kumar, Eric Rosenbach, The Truth about the Dark Web, 56(3) *Finance & Development* 22, Sep.2019。

者支付一定的赎金，这种网络化的犯罪越来越多使用虚拟货币进行支付。

2017 年，勒索病毒在中国和世界多地大规模爆发，中毒的电脑必须以比特币形式缴纳"赎金"才可以恢复正常，公众第一次见识到了通过"比特币"支付赎金。[39] 欧洲刑警组织也注意到，越来越多的犯罪活动不再通过传统的金融系统进行支付，而是通过虚拟货币进行支付，从而逃避监管和执法机关的追踪。

从自身的用途来看，虚拟货币中至少一半用于违法犯罪活动。**根据 2018 年的研究推算，1/4 的比特币用户、1/2 的比特币交易与非法活动有关，2015—2017 年每年大约有 720 亿美元的规模，相当于美国和欧洲每年毒品犯罪额的总和。**[40] **无论是相对数量还是绝对数量都是非常惊人的。**[41] 难怪时任金融行动特别工作组主席马歇尔·比林斯莱（Marshall Billingslea）在 2018 年 10 月的公开撰文呼吁各国重视虚拟货币被犯罪活动所利用的严重性，因为"虚拟货币已经与金融犯罪手牵手"[42]。

7.9 狗狗币和世界首富的闹剧

7.9.1 过山车一般的狗狗币

在虚拟货币大家族中，狗狗币（Dogecoin）是一个异类，在其名字上便可看出端倪。比特币（Bitcoin）、以太坊（Ethereum）等，名字皆冷冰冰，闪烁着科技的光芒，一看就是科学家、工程师的杰作，而狗狗币的名字一点都不严肃，更像是一个玩笑，或者朋友之间互赠的外号，实际上，狗狗币真就是一个玩笑的产物，而在狗狗币的历史中，也全是闹剧和喜剧式的故事。

根据 2022 年 3 月 27 日的数据，狗狗币的价格为 0.1417 美元，总市值 188 亿美元，在虚拟货币大家庭排名第 12。一如所有虚拟货币价格之跌宕起伏，狗狗币在这价格波动上，真可谓冠绝群雄。图 7.9 是狗狗币从 2013 年至今的价格走势图（来自 Coinmarketcap 网站）。

图 7.9 狗狗币价格走势图

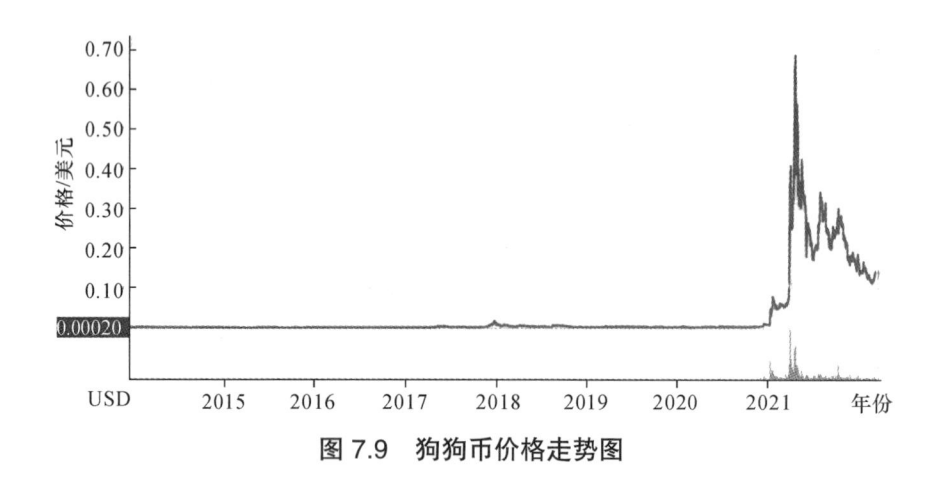

狗狗币和比特币一样，没有 ICO 过程，所以也就没有初始价格。这些早期的虚拟货币，其初始价格可算作零，之后用户逐渐建立起信心，价格才随之逐渐出现。

狗狗币历史最高价格在 2021 年 5 月 7 日，为 0.6848 美元，比之 2015 年 1 月 1 日的 0.0002 美元，上涨 3424 倍。而比特币历史最高价格在 2021 年 8 月 11 日，为 67566.83 元，比之 2015 年 1 月 1 日的 314.25 美元，上涨 215 倍。狗狗币的波动是比特币的 16 倍。在 2020 年 12 月到 2021 年 5 月的不到半年间，狗狗币涨了近 200 倍。

虽然比特币作为货币是失败的，但比特币代表着科技创新和金融创新。狗狗币则既不代表科技创新，也不代表金融创新，它代表着一种"玩笑"的创新，其币价的疯狂上涨，又教科书般讲述着"知名人物影响市场价格"的故事，这种现象在币圈内俗称"喊单"。

7.9.2 狗狗币的历史

狗狗币创立于 2013 年 11 月，最初有两位创始人，一位是澳大利亚人杰克逊·帕尔默（Jackson Palmer），另一位是美国人比利·马库斯（Billy Markus）。

2008年,杰克逊·帕尔默毕业于澳大利亚纽卡斯尔大学,专业是市场营销。毕业后他在一家悉尼公司"商业催化剂"(Business Catalyst)做市场分析师。随后国际大公司奥多比(Adobe)收购商业催化剂,杰克逊·帕尔默就此成为奥多比员工,在奥多比悉尼公司做产品市场营销专家。2013年,杰克逊·帕尔默调动到奥多比加利福尼亚分部,做产品市场营销经理。

杰克逊·帕尔默承认,狗狗币就是一个玩笑,并不是什么严肃宏伟、目标明确的设计。那是2013年11月27日晚上,他喝着啤酒,在网络上消磨时间,他随手在推特上发了一个帖子"正在投入狗狗币的事业中,这绝对是未来的方向"。之后,他注册了域名"dogecoin.com"。而"Doge"是网络上流行的一个小狗头像,他只是顺手拿过来,对杰克逊·帕尔默来说,这就是个玩笑。

然而,互联网就喜欢玩笑,马上就有人鼓励杰克逊·帕尔默,要他认真做一下狗狗币。其中就有比利·马库斯。比利·马库斯是IBM的工程师,也是比特币的爱好者,他主动联系了杰克逊·帕尔默,二人成了合作者,共同成为狗狗币的创始人。据传,比利·马库斯仅用几个小时就完成了狗狗币的开发。

狗狗币并无技术创新,只是模仿了莱特币,稍稍改了点参数。狗狗币所使用的共识算法与莱特币一样,都是scrypt,但出块速度是1分钟,较比特币的10分钟和莱特币的2.5分钟都快。另外,狗狗币第一年的发行量高达1000亿,之后每年增发50亿,上不封顶。

无人知道,甚至连两位创始人也都莫名其妙,为何狗狗币立刻就火了。在1个月内,狗狗币网站访问量达100万次。2013年12月19日,狗狗币在24小时内价格暴涨300%,从0.00026美元上涨到0.00095美元。

狗狗币的名字好玩,"狗狗"(Doge)的网络流行文化的亲和力和传播力,都是网民们喜欢狗狗币的重要原因。另外,小费文化是狗狗币流行的一大原因,比特币币值当时已经过高,而狗狗币发行量1000亿,币值足够低,人们在网上做小额支付的时候,乐意使用狗狗币。狗狗币价格虽然不高,但由于用户多，所以交易量在2014年一度超过比特币。

总结起来，狗狗币初期的流行，可归因于如下几点：

1. "狗狗"模因（Meme）文化的亲和性和传播力；

2. 网络小费文化的需求，人们需要小额币值的虚拟货币做网上支付；

3. 慈善事业的需求，很多慈善和公益事业的捐款使用狗狗币。

但没人能够预料，竟还有第四个热点在2020年等待着狗狗币。在讲第四个热点之前，要先分析狗狗兴起的主要原因：模因文化。

7.9.3 "狗狗"的模因

互联网兴起后，文字、图片、视频等在网络上快速传播，不论是传播速度还是传播模式，都有别于过去的报纸、电视等传统模式。毕竟网民既是受众，也是生产者和传播者，不同于传统模式下观众读者与内容生产者的对立。互联网传播并不看重精工细作，也不看重深沉的内涵，"火起来"才是硬道理，而什么能"火起来"，往往无法预料，流行起来的东西常常是莫名其妙的。

"模因"这个词的发明人是英国学者理查德·道金斯（Richard Dawkins）。他是著名的生物学家，动物学家和科普作者，是英国皇家科学院院士和牛津教授。坚定的无神论者和演化理论拥护者，人称"达尔文之犬"和"无神论四骑士"。他在1976年的著作《自私的基因》中提出人类的行为都是为了传递基因的自私行为，可谓惊世骇俗。另外，演化的行为不仅发生在生物基因上，还发生在文化上，对这种文化中的遗传、复制、变异和选择过程，他为其造了个词，就是"Meme"，中译有"觅母""米姆""模因""迷因"等，本章取用"模因"一词。道金斯发明这个概念的时候，是从语言、观念、信仰、行为方式上归纳模因现象，及至互联网时代到来，模因成了解释互联网传播的最佳理论。

例如，彩虹猫、绿豆蛙、兔斯基等形象便是模因文化。我国的小品常常引发话语的模因传播，例如《卖拐》《不差钱》等。互联网上的各种事件和新闻也带来了模因传播，最近则以各种"表情包"最为主流。

狗狗就是一个模因文化。2008年，一位日本女教师佐藤敦子（Atsuko Sato），收养了一条柴犬小狗，她为这条小狗起名为卡波苏（Kabosu，一种日本柚子）。2010年，佐藤敦子在网上发布了一系列卡波苏的照片。2013年，这些照片突然在互联网上流行起来。网民们喜欢用卡波苏的照片，肆意修改，随意创造，标上各种搞怪的词语，例如"特文艺"（very art）、"如此赞"（such wow）等。在4Chan、Reddit等网站上，"狗狗"成为最热门的形象、最热门的梗，也成了最热门的创作浪潮。2013年，"狗狗"被评选为"最流行的意外"。

杰克逊·帕尔默随手用了"狗狗"的形象，但"狗狗"作为流行文化元素，威力明显大于明星，狗狗币成为主流虚拟货币且币值一路走高，用户量和交易量比肩比特币。

而且，在2020年，狗狗币又迎来了它命中贵人，世界级企业家埃隆·马斯克（Elon Musk）。

7.9.4　埃隆·马斯克小传

埃隆·马斯克可谓无人不知，他是全世界最有影响力的企业家之一，继比尔·盖茨、乔布斯之后，科技产业的领袖光环就到了他头上。2021年他成为胡润富豪榜的世界首富，同年，他还被选为美国国家工程院院士。

马斯克生在南非，后赴加拿大读书，创业在美国。他自小编程，算是工程师本色，至今仍自诩工程师。他多年来连续创业，成功的企业有Zip2、贝宝等。当前，他旗下的公司有特斯拉（Tesla）、太空探索（SpaceX）、太阳城（SolarCity）、神经连接（Neuralink）、钻洞科技（Boring）等。这些公司都是硬科技企业，做的产品前所未有，足以改变产业。

马斯克是重度社交网络用户，经常发表惊世骇俗的言论。2021年，他一共发了3113条推特，2020年则是3367条。这两年平均下来每天要发9条。作为世界首富，管理着如此多的企业，还能频繁发言，只能说他时间管理特别好，而且可以判断，他并非惜字如金、言语谨慎之人。

马斯克的网红风格给他带来过麻烦。2018 年 8 月，他在推特发布消息，声称希望以 420 美元的价格私有化特斯拉，并已经确定了资金来源。为此，美国证券交易委员会对马斯克进行调查，并对其罚款，要求其辞职。最终和解结果是特斯拉支付 2000 万美元罚款，马斯克辞去特斯拉董事长职位，且 3 年内不可复任。

2021 年，马斯克在推特上的发言，又给比特币和狗狗币的价格带来巨大影响，甚至让他成为所谓狗狗币的"教父"。那么判断马斯克的发言到底是深谋远虑的战略规划，还是随意跟风参与一下热点玩玩，就是非常必要的。马斯克并非严肃慎言之人，玩玩的可能性显然存在。

7.9.5 马斯克对狗狗币的助推

马斯克虽然创立过贝宝支付，熟悉支付行业，但他对虚拟货币的了解确实很晚。2018 年 10 月 23 日，他才在一条推特上开始关注比特币。马斯克最早关于狗狗币的推特是 2019 年 4 月 3 日对狗狗币推特账号的一个回复，当时他接受了大家推举他为狗狗币 CEO，这次推举也是社群里的一个玩笑之举。

马斯克真正引发狗狗币暴涨，是 2020 年 12 月 20 日的一条原发推特，内容是"一个词：狗狗币"（one word: doge），随即狗狗币价格应声而涨，涨幅高达 20%。

表 7.7 是马斯克在推特上关于狗狗币的发帖统计，列出比特币同期数据以作参考。

表 7.7 埃隆·马斯克关于狗狗币发帖的统计列表

年份	发帖/回复	狗狗币	比特币
2022	发帖	0	1
2022	回复	1	0
2021	发帖	23	10
2021	回复	22	13

续表

年份	发帖/回复	狗狗币	比特币
2020	发帖	1	3
	回复	1	4
2019	发帖	0	0
	回复	1	0
2018	发帖	0	0
	回复	0	1
Total		49	32

注：此表所统计，只是基于关键词"Doge"和"Bitcoin"，所以并不包括所有相关话题。2022年数据截至3月28日。

从表7.7可以看到，2018年和2019年虽然有发帖，但只是偶发的。2020年，马斯克对虚拟货币的关注开始增加。如上文所述，2020年12月20日的发帖引发狗狗币暴涨。而2021年则是马斯克对虚拟货币进行影响力"狂轰滥炸"之年。到了2022年一季度，他的发帖就很少了。而虚拟货币在2021年走出了一个历史高峰，这次大潮从2020年9月左右启动，到2021年11月到达高峰，随后开始走低。马斯克的活跃是与此次高涨趋势大致同步的，他在其中起到了推波助澜的作用，但他只是顺应潮流，并非创造潮流。2022年，他的兴趣就不再持续下去。

从表7.7还可以看出，他对狗狗币的兴趣是大于比特币的，对狗狗币情有独钟。

表7.8列出马斯克关于狗狗币发帖中，获得点赞最多的前五条。

表 7.8　埃隆·马斯克关于狗狗币最热门发帖

时间	内容	点赞数/次（四舍五入到千）
2021年2月4日	图：一张举着狗狗的图	961000
2021年5月8日	图：客人与狗狗	744000
2021年2月8日	文字：谁放出了狗狗	756000
2021年2月4日	文字：没喝多，也不低落，只有狗狗	743000
2021年5月14日	文字：与狗狗币开发者一起工作，提高系统交易效率，很有前途	533000

如果仔细阅读马斯克所有关于狗狗币和比特币的发言，则可以看出，他仅仅理解这是一种货币系统的新技术，而且只想借机考虑虚拟货币是否可为他的电动车和火箭业务增色。他对虚拟货币并没有深刻的洞见，甚至看不到他认真思考的迹象。

在2021年初，马斯克力挺狗狗币的时候，发帖的影响非常之大。到了后来，5月之后，发帖点赞数下降，只有类似"火箭发射狗狗币到太空""接受狗狗币买特斯拉"等实际利好行动的帖子，才会引发围观。马斯克关于特斯拉接受狗狗币和比特币付款的设想，倒是一直没有实现。

2020年12月20日，马斯克发布第一个关于狗狗币的帖子，开启了"喊单"之旅，在接下来的这一年内，狗狗币的价格几乎是随着马斯克的指挥棒而动。图7.10在2021年狗狗币走势图中（数据来自Coinmarketcap），标出马斯克的言论对币价的直接影响的时间点。

表7.9列出了2020年至2021年间，马斯克"喊单"的详细信息（价格趋势来自Coinmarketcap网站）。

图 7.10 埃隆·马斯克"喊单"狗狗币趋势

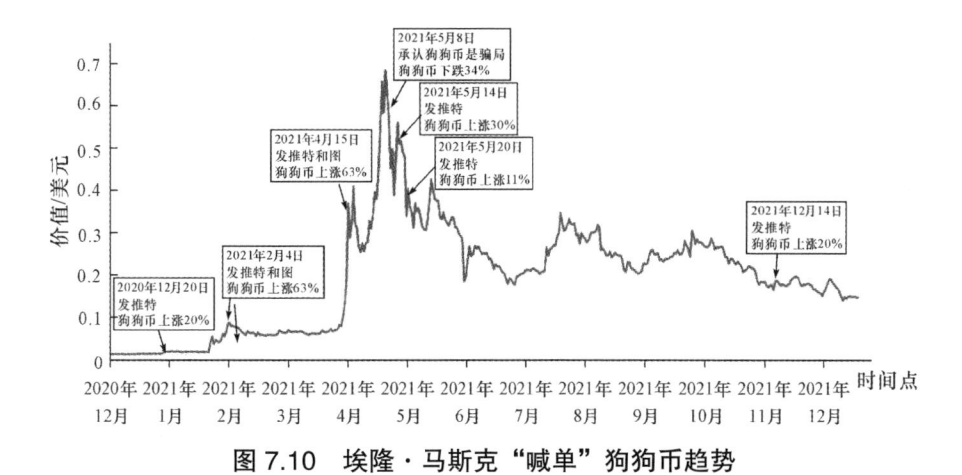

表 7.9　2020 年和 2021 年埃隆·马斯克"喊单"狗狗币详情

时间	行为	市场反应
2020 年 12 月 20 日	发推特：狗狗币	币价上涨 20%
2021 年 2 月 4 日	发推特：没喝多，也不低落，只有狗狗 发推特：举起狗狗的图	币价上涨 63%
2021 年 4 月 15 日	发推特：狗狗吠月	币价上涨 100%
2021 年 5 月 8 日	在《周六夜现场》（Saturday Night Live）承认狗狗币是骗局	币价下跌 34%
2021 年 5 月 14 日	发推特：与狗狗币开发者一起工作，提高系统交易效率，很有前途	币价上涨 30%
2021 年 5 月 20 日	发推特：窗口里的狗狗值多少钱。贴一张狗狗模因图	币价上涨 11%
2021 年 5 月 25 日	发推特：如果你要帮助升值狗狗币，请提建议	币价上涨 10%
2021 年 12 月 14 日	发推特：特斯拉将接受狗狗支付	币价上涨 20%

如果狗狗币是股票、期权等证券，马斯克的此番操作必然违反证券法，美国证券交易委员会不会轻饶了他。但他"喊单"的是狗狗币，法律就缺位了，任由价格随着他的指挥棒忽高忽低如过山车。美国证券交易委员会前执法部门负责人道格·戴维森（Doug Davison）和前欧洲中央银行副行长维托

尔·康斯坦西奥（Vitor Constânci）都曾提出应该审查马斯克的"喊单"行为。然而，也有人认为狗狗币并无注册的实体公司，而且马斯克的推特发言是个人言论，他不该为此受到审查。

马斯克到底为何对狗狗币情有独钟，在那么多加密货币中选择了狗狗币，并兴高采烈地做了"狗狗币教父"？

其中一个直接的原因是，2019年4月2日，狗狗币的官方推特发起了一个选举狗狗币CEO的活动，号召网友从四个人中选一位做狗狗币CEO（狗狗币并无公司，此次选举也只是闹着玩）。这四位分别是以太坊创始人维塔利卡·布特林、莱特币创始人李启威、埃隆·马斯克，以及金属支付（Metal Payment）创始人马歇尔·海纳（Marshall Hayner）。马斯克以54.4%得票而当选，并随之声称狗狗币是自己最喜欢的加密货币，然后就开启了狗狗币"喊单"之旅，以"狗狗币教父"自居。

还有一个可能的原因就颇具战略意味。是不是马斯克在为自己的火星世界选择一款货币，所以选中了狗狗币？如果是，这倒是符合大企业家、大战略家的身份和使命。而之所以选择狗狗币，除了人家社区给了CEO这么个荣誉称号，应该还因为狗狗币已经无主，狗狗币的创始人当时都已经离开狗狗币，且狗狗币的持币人很分散。马斯克要在火星上构建社区，自然就可以由马斯克来指定货币了，用地球上的美元、欧元就不那么酷，狗狗币就成了首选。但是，按照马斯克的计划，要到2050年才会在火星上建设出100万人的独立社区。提前30年考虑货币，似乎有点早。火星选币这个理由，也只是个营销噱头。

当然有一点是明确的，马斯克在推特上多次表扬狗狗币，那就是狗狗币有模因。狗狗币和"狗狗"一样是流行文化元素，其独特价值也在于此。而因为这种所谓的模因，后来又出现了众多狗狗的模仿品种，例如柴犬币（SHIB）、僵尸币（ZINU）等，这些山寨狗狗币动辄百倍、千倍的上涨和下跌，这就是胡闹了。

马斯克是否还想重回贝宝支付的旧业，用加密货币做支付系统？看上去可能性不大，正如他自己所说"别在加密货币上赌太多，重要的是为人类提供最好的产品和服务"，而且他进入这个领域有点晚，依照他革新行业所遵循的"第一性原则"，这件事已经被中本聪做了，他再做并无太大突破。他所做的电动车、可回收火箭、地下胶囊地铁等都是令人震撼、令人难以置信的产品，加密货币以及随之带来的区块链虽然还有很大的空间，但从他的推特发言看，他并没有看到这一点，可以推测他并不认为此处还有伟大产品诞生的可能。正如他的一条推特所说，"和孩子搭建了狗狗币矿机，很好玩""是很好的家庭教育项目"，他的目的和动机也许仅限于此。

马斯克于 2020 年底接触加密货币，而此时，正是加密货币大牛市，整个 2021 年加密货币市场达到历史高峰，马斯克只是看到了潮流和热闹，不甘寂寞参与一下而已。2022 年，加密货币市场走低，他关于狗狗币和比特币的推特也随之减少。也更加证实了这一点：与电动车和火箭不同，那是马斯克认准且孤勇坚持多年的方向，他凭个人之力改变和颠覆了行业；而对于加密货币，他只是顺应潮流、浅尝辄止，简单说就是玩玩。毕竟，在社交网络上，马斯克是一个非常活跃，发言随意的人，他甚至说过"我想做一个全职网红"。

7.9.6 "喊单"的启示

狗狗币并无技术创新，也无业务价值锚定，仅仅是创始人出于开个"玩笑"，便成就了一个几百亿乃至上千亿美元市值的虚拟货币。从这个事实看，虚拟货币的共识是复杂的、多样的。如狗狗币这样，共识并非建立在理性的价值认知上，而是源于一种类似游戏的心理。虚拟货币这场货币实验，并不严肃，并不理性，也并不是认真规划的，很多时候它是随意的、诙谐的，甚至是搞怪的，与严肃的货币截然不同，格格不入。

虚拟货币价格波动剧烈，在狗狗币身上可见一斑。而最令人不安的是，其价格波动的原因，并非实际需求和供给，也不是国际局势、产业革新，竟然只是一个人的一句话。即使这个人是埃隆·马斯克，也让人无法接受，这就是"点石成金"啊。显然，马斯克的自我认知也并非"点石成金"这种游戏，他自称工程师，他的使命是设计"伟大产品"，在狗狗币这件事上的言论和行为，他用的是游戏心态。

正如本章所论述，虚拟货币的价格波动巨大，易于操纵，虚拟货币的"货币实验"是失败的。

虚拟货币的技术是区块链，其革命性在于去中心化，即账本在众多机器上记录且具有强一致性，而不是依靠某人或者某个组织。然而，需要澄清的是，虚拟货币的技术和虚拟货币的价格，这是两件事。虚拟货币的价格，并不因为其技术是去中心化的，就也能达到去中心化。相反，由于虚拟货币技术的去中心化，其价值是非债券类的，也多数无实物锚定，价格随意波动，就更易为人所操纵。如同风中之飘絮和肥皂泡，风大便能送其直上青云。虚拟货币技术的去中心化是好的，但它要与信用货币、法定货币一较短长，币价稳定依然是其软肋。比特币价格不稳定，以太坊价格也不稳定，狗狗币价格更不稳定，而具有去中心化技术的央行数字货币已经呼之欲出，这算是取其长而去其短。当然央行数字货币必然是信用型的。那么基于去中心化技术的非信用货币的价格永远不可能稳定？永远不可能规模化应用？在本书撰写的这个历史阶段，尚无法回答这个问题。正如本章所欲阐述的主题，这是一场失败的私人货币社会实验，但它还没有终结，路正向远方缓缓延伸。

注释

1 关于哈耶克思想对虚拟货币的影响，可参见 Luca Fantacci, Cryptocurrencies and the Denationalization of Money, 48(2) *International Journal of Political Economy*, 2019, pp.105-112。

2 F.A. Hayek, *Denationalization of Money: The Argument Refined*, Hobart Paper, 1978, p.9.

3 数据来源：https://coinmarketcap.com/，2021年11月15日最后访问。

4　资料来源：纳斯达克官方交易量统计，http://www.nasdaqtrader.com/Trader.aspx?id=DailyMarketSummary。

5　其中上海证券交易所股票交易量为 2867 亿元人民币，深圳股票交易所股票交易量为 4455 亿元。上交所交易量统计，http://www.sse.com.cn/market/stockdata/overview/day/。深交所交易量统计，http://www.szse.cn/market/overview/index.html。

6　这是中外主流教科书中对货币基本功能的界定。例如，N. Gregory Mankiw, *Principles of Economics*, Cengage Learning, 2018, p.605；逄锦聚等主编，《政治经济学》，高等教育出版社 2014 年版，第 50-52 页。该《政治经济学》教科书中还列举了延期支付（书中称为"支付手段"）和世界货币两个职能，延期支付职能可被认为是交易媒介职能的延伸，两者具有包含关系；世界货币职能是前几个货币职能的国际化延伸。

7　Thomas H. Greco, JR., *Money: Understanding and Creating Alternatives to Legal Tender*, Chelsea Green Publishing, 2001, p.22.

8　参见其官方网站：https://eosnetworkmonitor.io/。

9　数据来源：https://btc.com/stats。

10　关于比特币的历史价格，请参照 blockchain.info 的统计数据。2019 年 11 月 23 日最后访问。

11　Christian Beer and Beat Weber, Bitcoin – The Promise and Limits of Private Innovation in Monetary and Payment Systems, *Q4 Monetary Policy and the Economy*, 2015, pp.53-66.

12　凯文·沃巴赫：《信任，但需要验证：论区块链为何需要法律》，林少伟译，载《东方法学》2018 年第 4 期。

13　数据来源：https://coinmarketcap.com/currencies/bitcoin/。

14　相关详细分析参见 Neil Gandal et al., Price Manipulation in the Bitcoin Ecosystem, 95 *Journal Monetary Economics* 2018, pp.86-96。该文的初稿通过互联网公开于 2017 年 5 月 23 日，发表时根据同行评议做了修改。

15　有关案件的情况参见彭博社报道，Yuki Furukawa, *Former Mt. Gox CEO Mark Karpeles Gets Suspended Jail Term*, March 15, 2019, 载 https://www.bloomberg.com/news/articles/2019-03-15/former-bitcoin-baron-mark-karpeles-gets-suspended-jail-term。

16　有关进展可参见福布斯报道，Michael del Castillo, New York Attorney General Warns that Kraken Cryptocurrency Exchange could be Violating Regulations, *Forbes*, September 18, 2018。

17　John M. Griffin & Amin Shams, Is bitcoin really un-tethered?, 76(4) *The Journal of Finance*, 2020, pp.1913-1964. 此论文最早公开于2018年6月25日，更新于2019年11月5日，更新版本通过同行学术审议后发表于《金融学期刊》。

18　彭博社报道，参见 Matt Robinson, Tom Schoenberg, Bitcoin-Rigging Criminal Probe Focused on Tie to Tether, Bloomberg, November 20, 2018, at Markets, availableat:https://www.bloomberg.com/news/articles/2018-11-20/bitcoin-rigging-criminal-probe-is-said-to-focus-on-tie-to-tether。另见CNBC的报道，Kate Rooney, As Bitcoin Nosedives, Regulators Said to be Investigating whether it was Propped up Illegally, CNBC, November 20, 2018, available at: https://www.cnbc.com/2018/11/20/regulators-investigate-whether-bitcoin-price-was-propped-up-illegally.html, last visited on Jun.10, 2020。

19　Paul Vigna, Which Digital Currency will be the Next Bitcoin?, *The Wall Street Journal*, Dec. 19, 2017, at Markets, available at: https://www.wsj.com/articles/which-digital-currency-will-be-the-next-bitcoin-1513679400; Bitcoin Begins the Week with a Stumble; SEC Announces Adviser for Digital Assets, *MarketWatch*, June 4, 2018, available at: https://www.marketwatch.com/story/bitcoin-begins-the-week-on-a-sour-note-2018-06-04。

20　对莱特币的了解，可参考其官网介绍，https://litecoin.info/index.php/Litecoin；对其代码的了解，可阅读其公开代码，https://github.com/

litecoin-project?page=2。

21　万事达币协议发布于 2012 年 1 月，后更名为 Omni 协议，可参考其协议，https://www.omnilayer.org/。

22　关于万事达协议的细节，参见其技术规范 *Omni Protocol Specification*, https://github.com/OmniLayer/spec，也可直接阅读代码 https://github.com/OmniLayer/。

23　可参考其发行白皮书 *Ethereum White Paper*, https://github.com/ethereum/wiki/wiki/White-Paper。

24　参见美国证券交易委员会（SEC）公告，Litigation Release No. 23090 / September 22, 2014, http://www.sec.gov/litigation/litreleases/2014/lr23090.htm。

25　参见美国司法部公告，Texas Man Sentenced For Operating Bitcoin Ponzi Scheme（This is the First Federal Securities Fraud Case Involving a Bitcoin-Related Scheme），https://www.justice.gov/usao-sdny/pr/texas-man-sentenced-operating-bitcoin-ponzi-scheme。

26　参见 SEC 网站的对该案件全部相关诉讼的公告，Connecticut-Based Bitcoin Mining Fraudster Sentenced to Prison，https://www.sec.gov/litigation/litreleases/2018/lr24281.htm。这里需要说明的是，美国法院审理行政争议案件依照民事诉讼程序进行。所以，按照中国法的逻辑，这里的民事案件本质上是行政争议案件。本文所引用的以 SEC 为原告的案件都是这种以民事诉讼程序进行的行政争议案件。

27　在正常的股票交易中，一些证券公司等机构为了维持股票（尤其是交易不活跃的股票）的流动性，充当做市商角色，同时买卖股票。但是，证券监管当局和自律监管组织对做市商有明确和严格的监管规则，防止做市商操纵价格。

28　参见冯樱子、金微：《太空链破发 90% 大佬纷纷撇清关系》，《华夏时报》2018 年 4 月 9 日，第 13 版。同时可参见《区块链概念火热追

"链"须防欺诈》，央视财经评论官方网站，http://tv.cctv.com/2019/11/19/VIDE1Kez7KcFf7mqAFOTEBUX191119.shtml。

29 有关区块链传销，可以参考王阳、潘晔：《警惕区块链成行骗"金字招牌"》，《经济参考报》2019年11月21日，第5版。

30 2019年该案已经二审宣判，并被最高人民检察院列为2019年典型案例，参见最高人民检察院官方网站，https://www.spp.gov.cn/xwfbh/wsfbh/201912/t20191203_440338.shtml。

31 关于贝尔链的相关报道参阅搜狐网《警惕！贝尔链（Baer Chain）包装上市的圈钱资金盘》，http://www.sohu.com/a/334138228_120131663。2020年6月15日，江苏省连云港市公安局海州分局官方公众号发布《海州区关于贝尔链案投资会员信息核实登记通告》表示，犯罪嫌疑人程某法、张某等人涉嫌组织、领导传销活动一案，已由连云港市公安局海州分局依法移送海州区人民检察院审查起诉，要求受害人在6月30日之前到指定地点进行登记。

32 公安部报道网址：https://www.mps.gov.cn/n2253534/n2253535/c7293348/content.html。

33 刘宏华：《全力推动反洗钱工作向纵深发展》，载《中国金融》2020年第11期。

34 Kristin Finklea, *Dark Web*, Congressional Research Service: R44101, 2017, pp.2-3, pp.9-12.

35 该网站创始人宣称："我正在创造一个经济仿真体，让人们亲身体验一个没有（国家）系统暴力的世界。"参见 Caitlin Dewey, Everything We Know about Ross Ulbricht, the Outdoorsy Libertarian behind Silk Road, *Washington Post*, Oct.3, 2013, at Teck Policy。

36 Kristin Finklea, *Dark Web*, 2-3, 9-12, Congressional Research Service: R44101, 2017.availableat:https://fas.org/sgp/crs/misc/R44101.pdf。

37 资料来源：Cipher Trace, Q2 2019 Cryptocurrency Anti-Money

Laundering Report, July2019, available at: https://ciphertrace.com/q2-2019-cryptocurrency-anti-money-laundering-report/。该机构是专门提供虚拟货币合规和调查技术服务的机构。

38　ECC Europol, The Internet Organised Crime Threat Assessment (IOCTA) 2015, Sept. 30, 2015, p.11, availableat:https://www.europol.europa.eu/activities-services/main-reports/internet-organised-crime-threat-assessment-iocta-2015.

39　魏蔚:《勒索病毒一年波及500万台电脑》,《北京商报》2018年5月15日,C04版;邢萌:《勒索病毒任性傍国人漫天要价:三日内1个比特币逾期加倍!》,《证券日报》2019年1月31日,B01版。

40　Sean Foley, Jonathan R. Karlsen, and Talis J. Putnins, Sex, Drugs, and Bitcoin: How Much Illegal Activity Is Financed Through Cryptocurrencies?, 32(5) *Financial Studies*, May 2019, pp.1798-1853.

41　也有研究认为比特币从事非法活动数量可能不多。美国麻省理工学院IBM沃森人工智能实验室利用人工智能对20万个比特币节点的23万个支付流和166种特征进行了深度学习,只发现其中2%从事非法活动、21%从事合法活动。但由于对其余77%无法进行有效识别,该研究说服力不强。Mark Weber et al., Anti-Money Laundering in Bitcoin: Experimenting with Graph Convolutional Networks for Financial Forensics, arXiv: 1908. 02591, Submitted on July 31, 2019, available at https://arxiv.org/abs/1908. 02591.

42　公开文章参见:Marshall Billingslea, Virtual Assets and Financial Crime Now Go Hand in Hand, *Financial Times*, Oct. 28, 2018, at Opinion, https://www.ft.com/content/8e26bba2-d91f-11e8-aa22-36538487e3d0。

8 数字货币再探索：央行数字货币

8.1 概述

8.1.1 央行数字货币的两股驱动力

历史上，央行直接向公众发行电子化法定货币的构想，成为当今央行数字货币的第一股驱动力。

20世纪80年代初至90年代初，美国爆发了严重的储贷危机，大量"储蓄贷款协会"（小型会员制存贷款机构，类似于中国的信用合作社）倒闭。1985—1986年，美国储贷危机日益严重，为解决商业银行存款的风险问题，詹姆士·托宾于1987年提出了"存款现金"的概念。公众在中央银行开立"存款现金账户"，"存款现金"是中央银行直接向公众发行的电子现金，"存款现金"和现金一样，代表了中央银行的信用。这样，通过"存款现金"，公众可以不通过金融中介（银行）就可以享受电子支付服务，而且这种电子货币是永远安全的。央行向公众直接开放的"存款现金"可以被视为"央行数字货币"的最早原型构想（参见图8.1）。[1]

当时的互联网并不普及，现金也被广泛使用，因此，"存款现金"这个理念可能过于超越时代，所以，并未产生巨大的社会影响。在第6章第2节，我们也讲到了另一个超越时代的私人数字货币eCash，同样，eCash所追求的个人隐私保护，在20世纪90年代，还并未像今天一样，成为社会的重大关切，因此，eCash 也失败了。

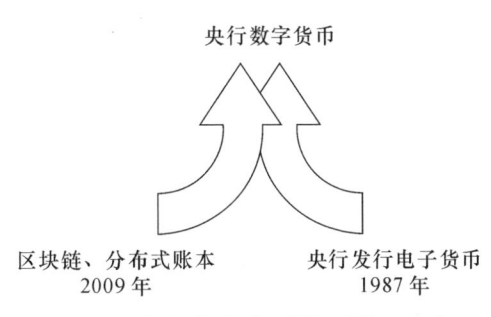

```
              央行数字货币
                 ↑
         ↗           ↖
区块链、分布式账本    央行发行电子货币
    2009 年            1987 年
```

图 8.1　央行数字货币的两股驱动力

"存款现金"的构想提出后，并未在那个年代引起过多的反响。将近 10 年后的 1996 年，国际清算银行在其报告中也仅仅极为简略地分析了央行直接发行面向公众的电子货币时的可能影响，但也未引用托宾的论文。[2] 直到比特币出现以后，央行直接发行电子货币的可能性再次被提出时，人们才猛然从故纸堆中重新发现了 30 多年前托宾的光辉构想。

比特币所带来的区块链技术，成为引发央行数字货币的第二股驱动力，也是最直接的驱动力。

2009 年，比特币产生后，虚拟货币、加密货币成为现象级事件，引发了一场私人货币实验的社会运动。确实，由于比特币等虚拟货币在承担法定货币三大职能方面的缺陷，并未显示出任何动摇现有法定货币体系的可能性，西方主要国家货币当局对虚拟货币还是一直采取谨慎观察的态度，没有展现出对虚拟货币取代法定货币的担忧。

但是，比特币在技术上催生了通过区块链技术改造法定货币体系的想法。2014 年，加拿大金融研究者孔宁在网络文章中提出了采取比特币技术，发行电子化美元联储币的设想。2016 年，英格兰银行副行长本·布罗德本特提出了借用比特币技术开发法定数字货币的构想，第一次提出了"央行数字货币"的概念，并将央行数字货币与区块链技术关联在一起。

直到 2019 年，"脸书"宣布天秤币（后更名为迪姆）计划，私人数字货币第一次引起了主要国家的警惕。如第 6 章第 8 节所述，美国国会和货币当局公开表达了对迪姆的担忧，美国、瑞士也没有给迪姆颁发许可。同时，迪姆也一定程度上刺激了主要国家加速央行数字货币的研究和开发。

8.1.2 央行数字货币的两条道路

在借鉴比特币改造现有法定货币体系时，出现了两条明显的道路。第一条道路是，在金融机构清算、结算环节借用区块链技术，提高现有的清算结算效率，一般称为"批发式"央行数字货币。第二条道路是向公众发行电子化/数字化的法定货币，一般称为"零售式"央行数字货币，或者"通用型"央行数字货币。第一条道路更多是一种纯粹的技术改进，虽然也称央行数字货币，但充其量只是对现有的电子化清算结算环节的效率提升，并未对金融体系形成根本性改变（请读者回顾本书第 1 章第 4 节，在现有货币体系中，金融机构之间通过中央银行实现清算和结算，这个过程已经实现了电子化。只不过电子化程度较低，清算结算效率较低）（参见图 8.2）。

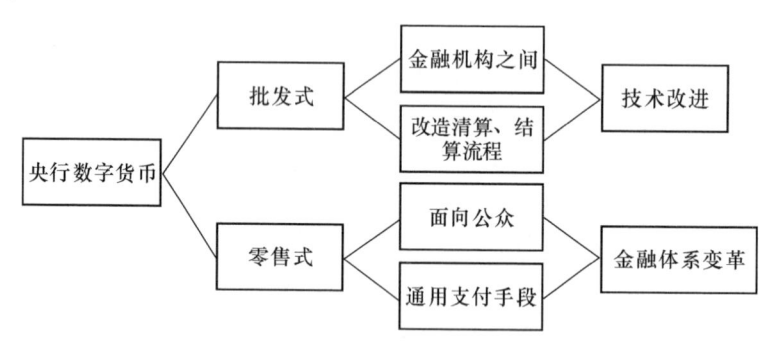

图 8.2 央行数字货币的两条道路

今天，真正能够对金融体系形成根本性改变，也是我们所讨论的央行数字货币，则是第二条道路，也就是零售式央行数字货币，或者叫通用型央行数字货币。中国人民银行前行长周小川在 2019 年 11 月的演讲中就指出：

"央行数字货币更多是聚焦于本国，可能更加注重于批发，在央行之间、在第三方支付者之间的批发、清算环节提供数字货币，理论上央行数字货币也可以为零售服务，但由于会对现有金融体系带来很大冲击，因此大家非常谨慎。"[3]

批发式央行数字货币，仅在金融机构之间带来了清算和结算效率的改变，最多被视为一次技术升级。相反，零售式央行数字货币不仅提升了支付效率，改变了通用货币的形态，也具有改变金融体系的巨大潜力。因此，我们所讨论的央行数字货币及其影响，一般都是指这种零售式央行数字货币。

8.1.3 央行数字货币的研究和实践历史

世界上首个因比特币和区块链技术启发而提出的央行数字货币是2014年的联储币，2015年英国的RScoin则是首个实验运行的央行数字货币，之后加拿大、新加坡、泰国和日本等国出于不同目的，使用不同技术，陆续进行了各自的央行数字货币的实验和测试。

央行数字货币（CBDC）作为一个专门的概念，最早由布罗德本特于2016年提出。他指出区块链在结算上的创新，才是央行数字货币值得研究之处。[4] 布罗德本特将央行数字货币的概念与加密货币技术关联在一起。

2017年，奥勒·比伯格（Ole Bjerg）提出货币经历了三个阶段：铸币、印刷和数字。今天，人类进入了数字货币时代，央行发行的通用电子货币即央行数字货币。[5] 奥勒·比伯格从是否由央行发行、是否电子化、是否通用三个维度为货币分类，而央行数字货币是满足这三个条件的货币。文中从货币使用者、管理者和发行者三个场景分析了央行数字货币的功能及可能的效果。

2017年，英格兰银行的沃尔特·恩格特（Walter Engert）和本·冯（Ben S.C.Fung）在内部报告中，将央行数字货币定义为"央行发行的面向大众的通用电子货币"。其报告详细分析了央行发行数字货币的动机（motivation）和目的，指出有些动机并不迫切，有些动机则不可行，文中提出提高零售支付系统的效率是当前央行数字货币最有意义的动机。[6]

2017年，莫滕·比彻（Morten Bech）和罗德尼·加勒特（Rodney Garratt）在针对央行加密货币（CBCC）的研究中提出"货币之花"的思想，从发行者、电子化、点对点、通用四个维度对货币进行分类。[7]将央行发行的、电子的、点对点的货币，称为"央行加密货币"，包括两种：一种是批发式，不是通用货币；一种是零售式，是通用货币。货币之花中，还有一类"基于账户的央行通用货币"（但不是点对点的，也就是未采用区块链技术的，如詹姆士·托宾于1987年提出的"存款现金"），与前面两种央行加密货币合并，即为上面奥勒·比伯格所定义的央行数字货币。注意，这里作者用了"央行加密货币"，但是，如本书第1章所述，加密货币一般指采用非对称加密技术的私人数字货币。因此，这篇论文影响力很大，分类方法也被广泛接受，但后续研究更多是接受其分类方法，但不接受其命名方法。例如，国际清算银行（BIS）在2018年的论文中，引用了这篇论文中货币之花的分类方法，但是，将CBCC改称为"CB digital token"（央行数字代币）。[8]（参见图8.3）

2016年，周小川指出"作为上一代的货币，纸币技术含量低，从安全、成本等角度看，被新技术、新产品取代是大势所趋"。而中国的央行数字货币是替代纸币的新技术和新产品，并指出央行数字货币设计思路与比特币不同，不一定使用区块链技术。[9]2016年，姚前在《中国法定数字货币原型构想》一文中分析了乔姆的eCash和比特币，并指出了中国央行数字货币的设计原则和目标。[10]同期来自央行学者针对中国央行数字人民币的讨论很多，其中皆有对于央行数字人民币的目的和期待的讨论。[11]

中国央行数字货币名称的演变。在早期阶段，中国的法定数字货币通常被称为"DC/EP"，也被称为"DCEP"，是英文"Digital Currency/Electronic Payment"的缩写，含义为"数字货币/电子支付"。从名称即可看出，它既是一种数字货币，也是一种电子支付工具。可以理解，央行数字人民币是一种新的货币类型，带来了新的支付工具和支付方式。

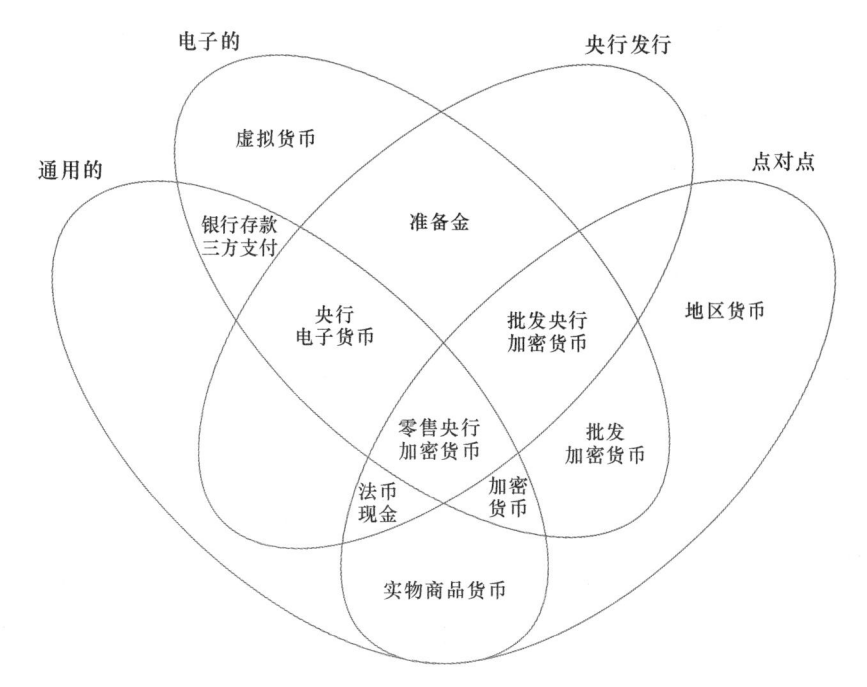

图 8.3　莫滕·比彻和罗德尼·加勒特的货币之花

2019年末，中国人民银行在深圳、苏州、雄安、成都及2022北京冬奥会场景开展央行数字货币试点测试。2020年11月开始，增加上海、海南、长沙、西安、青岛、大连6个新的试点地区。测试阶段后期，"数字人民币"的名称确立。

2021年7月，中国人民银行数字人民币研发工作组发布《中国数字人民币的研发进展白皮书》，将中国的法定数字货币定名为"数字人民币"，对应英文缩写为"e-CNY"。

各国央行货币的方案与模型设计很多，2014年，孔宁提出联储币，还只停留在概念上，并未落地。2015年，英格兰银行与伦敦大学合作的RScoin，进入实验阶段。2016年，加拿大央行与R3联盟合作CADcoin项目。2016年，新加坡金融管理局联合多家银行实验Ubin项目。2016年，日本央行联合欧洲央行开展了名为Stellar的央行数字货币实验。2017年，瑞典中央行启动了电子克朗 e-Krona 研发计划。2020 年中国央行数字人民币开始在四个城市试点测试（参见图 8.4）。

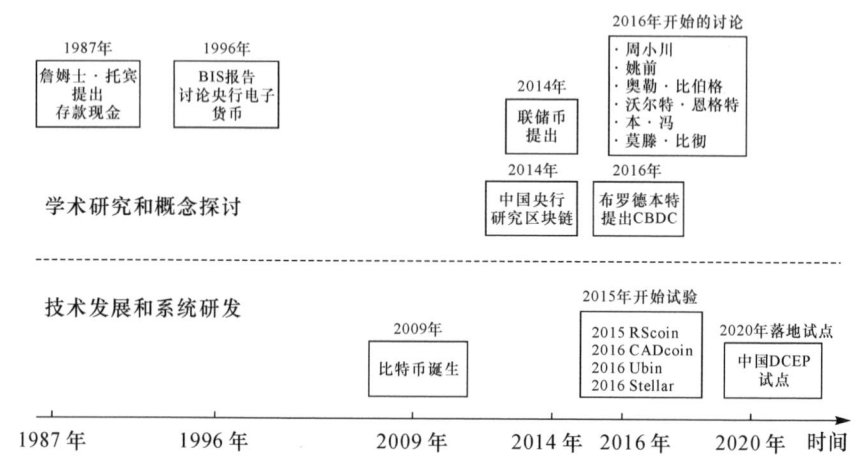

图 8.4　央行数字货币研究和发展历史

8.2　区块链技术带来了哪些启发？

比特币证明了点对点电子现金的可行性，区块链恰逢其时地送上了合适的创新技术和模式，重新点燃了"存款现金"的思想火种。但是，世界各国的中央银行对这些技术和模式要做选择，并非照单全收。

8.2.1　支付技术与模式

比特币的支付技术与模式参见表 8.1。

表 8.1　比特币带来的货币支付技术

技术特性	业务模式创新	对央行的选择	总体态度
非对称加密签名	点对点支付	清算和结算无须中介 降低支付成本 提高电子支付的效率	认可并接受
	非中心化条件下的数字资产产权登记	用数字签名声明产权，实现数字化产权登记所	认可并接受

续表

技术特性	业务模式创新	对央行的选择	总体态度
非对称加密签名	保护隐私	保护用户隐私，但需要防范洗钱犯罪风险 可用于小额下的普惠金融，但需与监管平衡	警惕但有限接受
	离线电子支付	支付安全和支付可靠性	认可但需控制范围

1. 点对点支付

从货币支付的角度，我们很容易理解，非对称加密技术实现了点对点支付，这是最容易被关注的技术创新，也最能被央行所接受。可以说，从央行数字货币提出的一开始，央行最为看重就是比特币点对点电子现金的特点，希望借助区块链技术实现支付即清算结算。

2. 非中心化条件下的数字资产产权登记

如果我们进一步思考，将视野超过点对点支付技术，进一步探究这种支付的本质，实际上，在非中心化的网络中，利用非对称加密技术，进行签名验证，从而确定权利的归属。在第6章第3节，我们讲过，比特币拥有者掌握了私钥，通过私钥证明自己是权利的拥有者。换言之，这种支付和转移过程，就是产权证明的过程。

在比特币诞生之前，尼克·萨博已经在1998年的论文（"Secure Property Titles with Owner Authority"）中探讨过，在非中心化的网络环节中，怎样利用数字签名声明用户的产权。比特币的诞生，才真正为这个问题找到了合适的解决方案。比特币上线后，万事达、比特股等协议，便是为了登记资产所用。

区块链技术提供了全新的资产持有方式和资产结算方式。布罗德本特指出，比特币提供了一种高明的结算方式和财产持有方式，其本质是一种"去中心化的虚拟清算所和资产登记所"（decentralized virtual clearing house and asset register）。

在全面测试央行数字货币之前，中国人民银行已经于2017年率先成功测试了基于区块链的数字票据交易平台。[12]每个验证节点代表单位都是强信用企业，由自己保管公私钥，所有参与方在票据平台上的交易、查询等业务操作需要使用私钥进行认证与数据加密。当然，这里只是借用区块链技术进行产权流转，并非纯粹的去中心化，票据资产上链时的真实性和参与者身份需要经过平台核实。

3. 隐私保护

比特币在支付时，公链上的地址是开放的，无须进行身份验证。这种支付方式保护了客户隐私，但是，匿名性容易被洗钱和犯罪活动所滥用。因此，央行和监管机构总体上对此采取警惕态度，需要在客户隐私保护、金融普惠方面取得平衡。比如，中国的数字人民币在试点过程中，允许小额交易情况下的有限匿名。

8.2.2 发行机制

比特币技术的发行机制参见表8.2。

表 8.2 比特币带来的发行机制

技术特性	业务模式创新	央行的选择	总体态度
去中心化	去中心化发行货币	坚持央行中心化发行货币	坚决反对
POW工作量证明	51%诚实算力保证支付安全	存在风险，央行坚持中心化记账	坚决反对
	记账竞赛获得铸币激励	反对算法调节货币发行量，坚持货币发行弹性	坚决反对
	固定量通缩货币		

比特币独创了工作量证明机制，通过竞争激励，把记账权的确认与货币的发行结合为一体，创造了一个通缩的货币自动发行机制。这个机制体现了哈耶克的私人货币思想，对中央银行极端不信任。正如哈耶克所指出的那样，历史上，资本主义中央银行发行货币，无一不以政府失信、货币贬值而终结。因此，比特币将货币的发行交给严格执行算法的机器，并且提前设定了比特

币的产生节奏和总量。

这种从根本上否定中央银行的机制，是中央银行无论如何也不能接受的。因此，只要中央银行要保持对货币的垄断权，就要否定比特币的去中心化发行和工作量证明机制。目前，正在试点中的数字人民币，就采取了由中国人民银行集中发行的模式。

8.3 可编程货币

比特币技术带来的可编程货币参见表 8.3。

表 8.3 比特币带来的可编程货币

技术特性	业务模式创新	央行的（可能）选择	总体态度
代币[1]	可溯源	改革账户余额制，代币制更便利溯源	认可并接受
	为可编程提供基础支持	央行期待可编程带来监管创新、发行创新、金融业务创新	认可并接受
脚本和智能合约	智能追溯	反洗钱、防范犯罪等监管效率提高	认可并接受
	可编程货币	监管创新、金融业务创新 穿透式监管，监测货币政策有效性 券款对付，支付和金融资产交易效率提高 自动化金融	认可并接受

比特币的货币形态是"令牌型"（token-based），也即每一个比特币是一串独特的代码。与"令牌型"相对应的是现有金融体系的"账户型"（account-based）。在"账户型"下，货币混同后存入金融机构，记录在金融机构的中心化账簿之上。

"代币制"和"账户余额制"是货币在数字形态上的根本差异。"代币

---

[1] 从科学严谨性的角度，这里应该是 UTXO 和 token。加密货币实现可追溯性，有多种实现方式，包括 UTXO+ 脚本、以太坊的账户余额 + 智能合约、以太坊 token。不同实现方式意味着不同的颗粒度，意味着可追踪精度上的差异。比特币的 token 在追踪精度上不如以太币。此处，我们做了简化处理。读者可以参考本书第 8 章第 5 节。

制"形态的电子/数字货币表现为一串代码，这串代码本身是可追溯的，可追溯性不仅对反洗钱具有重要影响，也是可编程性和智能化的前提。

"代币制"也决定了货币是否具有可编程性，进而决定了货币是否可以具有一系列智能化特点。

1. 中央银行通过央行数字货币，可以更好地实现穿透式监管的目的，有效监测货币政策的有效性。

2. 央行数字货币的使用，也开启了自动化金融的大门：

（1）例如，当前电商所提供的7天付款功能，需要依赖一个可信的电商平台。有了央行数字货币，就可以在智能合约中约定7天付款，不需要托管至第三方账号。

（2）例如，商业中使用的押金、预付款等也不再需要交给商家或者第三方，而是可以锁定在智能合约中，按照条款，自动支付。

（3）再例如，央行可以在投放数字货币时，约定一批货币只能流向绿色产业。

当然，目前全世界范围内真正落地开始大规模试点的央行数字货币仅限于中国的数字人民币。我们已经看到了支付技术与模式、发行机制的实验，但是，数字人民币尚未开放智能合约接口，我们对此做了可能性判断。智能合约是否开放，在多大程度上开放，还要结合央行数字货币的整体定位。正如《中国数字人民币的研发进展白皮书》指出：数字人民币通过加载不影响货币功能的智能合约实现可编程性，使数字人民币在确保安全与合规的前提下，可根据交易双方商定的条件、规则进行自动支付交易，促进业务模式创新。

8.3.1 央行数字货币的三种定义

对央行数字货币的定义，并无学界和业界一致同意的标准。各国央行在讨论央行数字货币时，所指代的概念和所包含的含义，也并不一致。如同众人都在追逐大海中的同一拨浪潮，但有的是捕鱼，有的是捕虾。在央行数字货币这一波浪潮上，大家所喊的口号央行数字货币是一样的，但因为动机和目的不一，所采用技术和模式也不一，所追求的央行数字货币在实质上，也并非同一种事物。

只在两个维度上，央行数字货币的各种定义尽皆一致，其一央行数字货币必须是电子化的，其二央行数字货币必须是央行发行的。这也是上一段比喻中，众人所赶的浪潮，可称为同一浪潮的依据。至于区块链和分布式账本，可能是浪潮的起点，也可能是最显眼的那道波峰，但未必是人们赶海的目的所在。

现存的央行准备金账户体系就符合这两个条件：电子化、央行发行。如果央行数字货币包含了现存的准备金，就构成对央行数字货币定义范围最宽泛的概念，即为下表中的定义一（参见表8.4）。

表8.4 央行数字货币三种定义的范围

定义	描述	举例
定义一	央行发行的电子化货币	准备金账户、联储币、RScoin、CADcoin、Ubin、Stellar、e-Krona、数字人民币、Dinero electrónico
定义二	央行发行的电子化、通用型货币	Dinero electrónico、联储币、RScoin、e-Krona、数字人民币
定义三	央行发行的基于区块链或分布式账本技术的电子化货币，包括批发式和零售通用式	联储币、RScoin、CADcoin、Ubin、Stellar、e-Krona、数字人民币

但准备金账户不是此处讨论的对象。所以，本书不采用定义一。

央行数字货币的三种定义：第一种是布罗德本特提出的，他重点分析了央行利用分布式账本技术，对更多机构甚至对个人放开资产负债表访问的可能性和影响，讨论了不同设计下央行数字货币的性质，以及可能对商业银行带来的影响。他指出"分布式账本"将是央行发行电子货币更好的技术手段。

第二种由加拿大银行的研究学者沃尔特·恩格特和本·冯提出。2017年在名为《中央银行数字货币：动机与启示》（*Central Bank Digital Currency:*

Motivations and Implications）的研究报告中，他们将央行数字货币定义为"一种电子化的货币储值方式，代表央行的负债，可用于支付"。

第三种由英格兰银行的研究学者迈克尔·库霍夫（Michael Kumhof）和克莱尔·努恩（Clare Noone）提出。他们在 2018 年名为《中央银行数字货币——设计原则和资产负债表影响》（*Central Bank Digital Currencies—Design Principles and Balance Sheet Implications*）的研究报告中提出：

> 央行数字货币是一种央行的电子货币，其使用范围可以比储备金更广泛；在零售交易中应该比现金更加方便，功能更加强大；可与央行其他形式的货币分离，具备不同的运营方式，可发挥全新的独特功用；可以生息，利率可与储备金不同。若是定义为央行发行的电子化、通用型货币（将准备金排除在外），那么这个定义是当前最主流的，也是英格兰银行等国家央行所采用的定义，即上表中的定义二。在这种定义中，并不关心是否使用区块链和分布式账本技术。

类似的概念最早出现于 1987 年，詹姆士·托宾提出的"存款现金"模型，便是提议央行直接面向用户发行"存款型现金"。1996 年，国际清算银行也深入研究过央行发行用于零售的通用型电子货币的可行性。[13] 但直到今天，唯一正式运行过的央行电子货币，只有厄瓜多尔的 Dinero electrónico，且并不成功。

定义一和定义二对于"电子化"所采用的技术是否为"点对点""去中心化"，并不加以区分，技术并非这两个定义所考虑的重心。

定义三则考虑了技术维度，定义只有采用了类似区块链、分布式账本，可实现点对点支付和结算模式的，才算央行数字货币。从这个角度看 Dinero electrónico 就不属于央行数字货币。

三种定义之间的关系如图 8.5 所示：

```
      定义三:
    央行发行的
  基于区块链技术的电子货币         定义二:
                              央行发行的
                            通用电子货币


    定义一:
  央行发行的
    电子货币
```

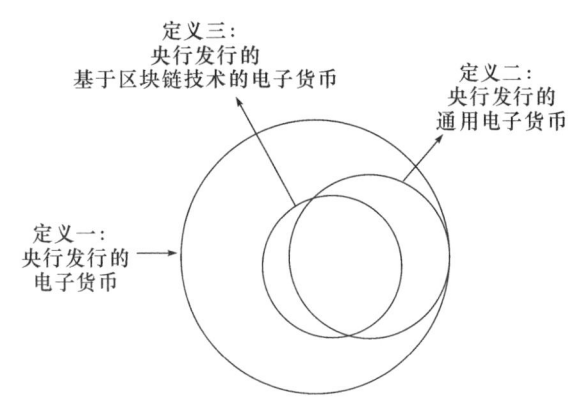

图 8.5　三种定义范围的关系

定义二是定义一的子集,即"央行发行的通用电子货币"属于"央行发行的电子货币"。而定义三与定义二有交集,即"央行发行的通用电子货币"中有一些是基于"区块链技术的电子货币",而定义三中不属于定义二的部分,则为"央行发行的基于区块链技术的准备金"。

中国人民银行为自己的央行数字货币命名为数字人民币(e-CNY,早期也曾以 DC/EP 为英文缩写),而对数字人民币的定义则较为偏重技术角度的阐述。如前所述,针对央行发行通用零售电子货币的研究,有着很久的历史,早于比特币和区块链的出现。一些海外的学者研究央行数字货币,并不是因比特币、区块链和分布式账本技术而产生兴趣,而是针对央行发行的电子化通用型货币。但中国的学者们对央行数字货币的研究,多以比特币、区块链和分布式账本为兴趣的起点。[14] 例如姚前文中多以 eCash 和比特币为研究对象。中国人民银行很早就定位数字人民币为数字化的 M0,所以对央行数字货币的定义就较为明晰。

数字人民币的定义:第一,姚前(时任中国人民银行数字货币研究所所长)于 2016 年指出央行数字货币"本身就是货币,而不仅仅是支付工具",而现有的电子支付是"现有法定货币的支付信息化"。[15]

第二,刘向民(时任中国人民银行条法司司长)于 2016 年指出"央行数字货币是中央银行发行的,以代表具体金额的加密数字串为表现形式的法定货币。它本身不是物理实体,也不以物理实体为载体,而是用于网络投资、交易和储存,代表一定量价值的数字化信息"[16]。

第三,狄刚(中国人民银行数字货币研究所副所长)于 2018 年指出"法定数字货币是数字化的人民币现金,是承载国家信用的加密数字符号货币"[17]。

从这些观点可以看出,中国人民银行对于央行数字货币的定义,其一强调央行发行,其二强调替代现金 M0 用于零售,其三强调形态为加密数字串。所以,中国人民银行因区块链而研究数字货币,但最终采用的技术并未定位于区块链或者比特币的模式,而是更多地强调密码学和分布式账本的应用。

本书中对央行数字货币的定义,采用定义二和定义三,将两种定义都算到央行数字货币的范围中。我国中央银行的数字人民币也同时符合定义二和定义三。

8.4 央行数字货币的探索:从早期实践到区块链

8.4.1 央行数字货币的四种可能模式

在现有的法定货币体系中,中央银行对大众发行的是现金,但是,中央银行与商业银行之间的往来是通过电子形式的。商业银行的储备金记账和结算系统,都依托于央行的中心化数据库。如果对数字化别无技术上的追求,只等同于电子化,那么当前的准备金就已经是央行数字货币,因为准备金系统都是基于数据库技术,是电子的("数字的"是"电子的"高级形式)。

在现有法定货币体系的基础上,结合区块链和分布式账本,从逻辑上有四种可能的央行数字货币(参见图 8.6):

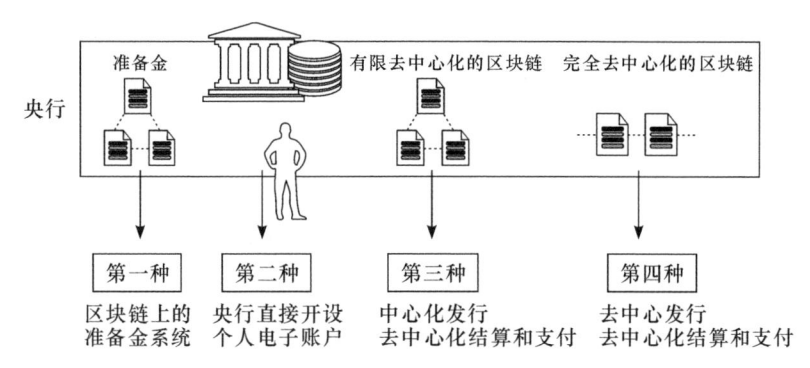

图 8.6　四种可能的央行数字货币

第一种，通过区块链技术改造现有的准备金系统，使用分布式账本来提高结算效率。这种模式也被称为**批发式央行数字货币**，如加拿大的 CADcoin、新加坡的 Ubin。

第二种，采用中心化的数据库，央行资产负债表直接面向大众，大众在央行开户，并在央行的电子账本上交易。如果技术上只采用中心化的数据库，还不能算是"数字货币"。但如果不追求概念上的严谨，也可称之为央行数字货币。为区分方便，本书将其称为"直接型央行数字货币"。詹姆士·托宾的"存款现金"可以说是这种央行数字货币的原型。厄瓜多尔于 2014 年推出的 Dinero electrónico 是世界上第一个基于传统账户模式的央行数字货币。

第三种，用于大众的消费支付环节，即央行发行的、用于零售支付的、电子形式的货币，且基于类区块链的分布式账本技术、非对称加密的签名技术。这是严格意义上的央行数字货币，也被称为**零售式央行数字货币，或者通用型央行数字货币**。当前，通用型央行数字货币一般选择在中心化数据库发行（央行必须保证发行垄断权），但结算和支付环节利用支持点对点支付的分布式技术，如中国的数字人民币。

第四种，用于大众的消费支付环节，即央行发行的、用于零售支付的、电子形式的货币，且基于类区块链的分布式账本技术、非对称加密的签名技术，而且发行环节也基于算法在去中心化的系统中执行，这是与比特币等虚拟货币一致的完全去中心化的数字货币。现在还很少有央行会认真考虑这种方式设计虚拟货币，除了唯一一个用比特币作为法币的萨尔瓦多。

第二种央行数字货币，并不能被称为真正意义上的"数字货币"，而且实践也证明不可行。第四种央行数字货币等于放弃了货币主权，不具有一般性借鉴意义。因此，我们一般所谓央行数字货币，只包括批发式央行数字货币和零售式央行数字货币两种，且一般只认为零售式央行数字货币才是真正的央行数字货币。

8.4.2 央行数字货币的实验

1. Dinero electrónico：央行直接向公众提供服务的失败

厄瓜多尔的 Dinero electrónico 是世界上第一个基于传统账户模式的央行数字货币，于 2014 年规划并上线，属于我们前述的第二种央行数字货币，也即"直接型央行数字货币"（由于数字化程度低，称之为央行电子货币则更严谨）。该国公民直接在央行开户，并用手机做支付和转账等交易操作。但由于无法获得大量用户和交易量（2015 年该系统只有 5000 名用户，2016 年底交易总额只有 80 万美元）[18]，该系统于 2017 年关闭，并由商业银行的移动支付系统提供替代的服务。

这是一次失败的尝试，**说明不论从货币发行角度，还是从支付系统运营的角度，央行不依赖商业银行而独自运营一整套货币支付体系，都具有很大挑战**。[19]

    厄瓜多尔 Dinero electrónico
    发行者：厄瓜多尔央行；
    技术：中心化技术；
    模式：账户余额制；中心化发行、结算和支付；
    目的：央行直接为用户提供账户服务；

货币类型：零售/通用；

项目状态：运行后失败；

数字货币：不是严格意义上的数字货币，只是央行电子货币。

2. 联储币（Fedcoin）：标准央行数字货币的概念原型

孔宁是加拿大的一位金融研究者，他在自己的博客上发布过一系列文章，讨论比特币，以及如何用比特币的技术架构改造现有央行系统。2014年，他的一篇名为"Fedcoin"的文章首次提出了利用区块链技术发行法定货币的设想。他在文中建议，美联储发行一种新的货币联储币，采用类似比特币的区块链技术，但在价值上锚定现有的美元纸币和电子化美元准备金，以解决比特币的价值波动问题。[20]

需要澄清的是，之后的一些研究中称联储币为第一个央行数字货币的概念。这种认定有一个前提，即已经在"央行数字货币"的定义中加入了技术要素，也就是限定央行数字货币必须是基于区块链、分布式账本一类的新技术，面向公众用户所发行的零售货币。

虽然孔宁的联储币并未得以落地实现，仅仅得到美联储圣路易斯副总裁大卫·安多尔法托（David Andolfatto）对此概念的赞同[21]，但之后各国在央行数字货币上的设计和实验，或多或少都学习和参考了联储币的思路。

联储币采用的区块链技术，在模式上更近于瑞波（Ripple）和USDT，货币的发行和销毁由唯一的中心化机构美联储执行，但交易的执行和验证，则由众多银行和机构的分布式节点共同承担，共同维护账本数据。

从图8.7可以看到，在发行之后，联储币如美元纸币一样，进入自由流通状态，不再处于美联储和商业银行的控制之下。

联储币是一种独立的货币形态，但只能用美元现金和准备金兑换。其价格则规定为1:1。兑换联储币，则销毁等额的现金或者储备金；销毁联储币，则发行等额的现金或者储备金。所以，其发行由央行执行，但其发行量，则由市场上的需求决定。

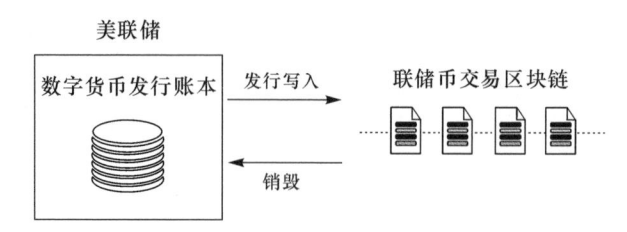

图 8.7　联储币的有限去中心化

虽然联储币是央行的第三种负债形态，但其发行量的波动与现金相同，所以它并不影响央行的货币政策。只有一点例外，联储币让央行可以执行低于 0 的利率，也就是负利率，这是过去的货币体系无法实现的，从这个角度来说，联储币为央行提供了新的货币政策工具。

发行联储币的目的，在孔宁看来，最重要的还是降低成本，提供一种更经济的支付手段。美元现金有发行成本，而联储币可以零成本发行。联储币没有清算结算过程，实现了支付即结算。

无疑，联储币的发行和运行将伤及商业银行的地位，商业银行似乎再也没有存在的必要。孔宁认为，商业银行的出路是发行其自身的数字货币，类似今天的银行存款。商业银行可以在利率和服务上与联储币竞争，从而找到商业银行在新模式下的生存之道。

孔宁预测，联储币出现后，银行存款、商业银行、信用卡体系、现金、Fedwire 以及比特币都无法与之竞争，都将逐渐式微。

联储币（Fedcoin）
发行者：美联储（设想中）；
技术：比特币的区块链、中心化数据库；
模式：账户余额制结合区块链；中心化发行，去中心化结算和支付；
目的：美联储货币系统的数字化、区块链化；
货币类型：零售 / 通用；
项目状态：仅限概念探讨，并未试验、落地；

数字货币：严格意义上的央行数字货币（通用型央行数字货币）。

3. RScoin：标准央行数字货币的实验

英国的央行英格兰银行很早便开展了对虚拟货币的研究，于 2015 年最早提出央行数字货币（CBDC，Central Bank Digital Currency）的概念，并深入讨论和研究央行数字货币的技术和模式设计。2016 年，英格兰银行与伦敦大学合作，设计并开发了 RSCoin，并进行了实验测试。联储币只停留在概念讨论阶段，RSCoin 则是首个落地于技术层面并完成开发和测试过程的央行数字货币。

RSCoin 与联储币坚守的原则一样：由央行发行法币，而交易则在分布式账本上执行。RSCoin 是一个试验项目，其任务和目标更多是技术层面的。RSCoin 本意是多保留一些比特币的技术特征，实际上，其设计的两阶段交易提交协议，与比特币的工作量证明协议完全不同。RSCoin 与比特币之相同之处，不过是数字签名、地址和未花费的输出账本结构。RSCoin 这样的设计，一来维护了央行的中心地位，二来则在容量和可扩展性上大大提高，在实验阶段可达到每秒 2000 笔交易。[22]

从英格兰银行的工作报告中可以看到，该行对比特币技术最感兴趣之处，在于比特币提供了一种高明的结算方式和财产持有方式，英格兰银行将比特币称之为"去中心化的虚拟清算所和资产登记所"。[23] 比特币的初衷是去第三方信任，无须央行便可进行发行和结算。而英格兰银行认为央行可以使用比特币的技术，但目的却是反其道而行之，是要让更多的机构还有个人，更加依赖央行，对央行更信任。在传统的货币模型下，央行只对商业银行开放资产负债表，而在分布式账本技术的支持下，央行是否可以对更多的商业机构，乃至对个人提供资产负债表的访问，这是英格兰银行在 RSCoin 项目中所要达到的实验目的。

RSCoin 保持了交易的匿名性和透明公开性。联储币和 RSCoin 在发行后，央行不再控制，如比特币和纸币一般自由流转、匿名，基于公私钥收付款，也就无法监控，但其交易账本则如比特币一样完全公开透明。

RSCoin实验的成功，从技术层面确凿证明了区块链技术可提高支付结算的效率。还进一步说明了技术的中性，证明去中心化与中心化可以兼美。比特币意在实现无中心发行和无中心结算，比特币如黄金一样成为非债务货币，而以联储币和RSCoin为代表的央行数字货币，则强化了央行中心，货币依然是央行债务，且弱化了商业银行这样的中心。

> RScoin
> 发行人：英格兰银行（伦敦大学参与）；
> 技术：区块链、中心化数据库；
> 模式：账户余额制结合区块链；中心化发行，去中心化结算和支付；
> 目的：央行对个人用户放开资产负债表访问的实验；
> 货币类型：零售/通用；
> 项目状态：实验、未落地；
> 数字货币：严格意义上的央行数字货币（通用型央行数字货币）。

4. CADcoin：批发式央行数字货币的实验

2016年，加拿大银行、加拿大支付协会、6家商业银行和R3联盟共同对数字化法币系统CADcoin进行了首次试验，实验项目名为Jasper。CADcoin所设计的场景是用于批发市场，而非面对零售消费者。其模式是参与的机构在加拿大银行存入货币抵押物，换得CADcoin，然后在平台上进行资产交易。

R3联盟： R3联盟创立于2014年，创始机构是摩根大通、巴克莱等9家知名银行。2016年Corda平台开始研发，Corda是一种"类联盟链"，加入的节点需经过许可，采用"可信公证人"机制来做交易验证，从这个角度来说，这是一种偏中心化的系统，交易的验证依赖对第三方的信任。Corda并非严格的区块链，而是"类区块链"的分布式账本，专为金融行业设计。

在价值锚定与转换机制上，CADcoin 与联储币理念完全一致，但其面对的场景不一样，联储币面向零售，而 CADcoin 面向批发。所以，联储币是一种新的货币形式，可创造新的货币政策，而 CADcoin 则代表着存款凭证，运行 CADcoin 系统更近于一种结算方式，是技术带来的模式升级。

罗德·加勒特（Rod Garratt）指出，仅仅从支付的技术效率上看，CADcoin 比之当前的电子支付是一种倒退。然而，CADcoin 验证了一个概念，也是 CADcoin 实验的收获：清结算可以同步完成。[24] 这是业务模式上效率的提高。

CADcoin 与联储币另一个重要区别在于，联储币目标是对现金的数字化，所以联储币要继续保持现金的匿名性，而 CADcoin 是在机构之间的清算工具，所以匿名和隐私并非它的主要目标。当然考虑到一些参与机构对交易数据的保密需求，可以通过设定数据读写规则或者零知识证明技术来实现。

CADcoin

发行者 / 参与者：加拿大银行、加拿大支付协会、6 家商业银行和 R3 联盟；

技术：区块链、中心化数据库；

模式：账户余额制结合区块链；中心化发行，去中心化结算；

目的：用区块链技术支持准备金系统；

货币类型：批发；

项目状态：实验；

数字货币：技术上属于严格的数字货币，但非通用型，属于批发式央行数字货币。

5. Ubin：批发式央行数字货币的实验

继 CADcoin 之后，新加坡金融管理局（新加坡的中央银行）发起了央行数字货币验证项目，联合了 R3 等技术机构和多家银行（汇丰、摩根大通、星展等）开展了一个名为 Ubin 的项目。在项目中，使用了三种区块链平台 Corda，Fabric 和 Quorum，对三者在交易效率、私密性、高可用性、交易最终确定等特性上进行了比较。[25]

Corda，Fabric 和 Quorum。Corda 前面已经介绍过了。

Fabric 是由 IBM 主持开发的区块链，2014 年开始研发，2015 年 Linux 成立 Hyperledger 区块链基金会，IBM 就把 Fabric 捐赠给 Hyperledger。Fabric 是典型的"联盟链"和"许可链"，其目标就是为企业、企业联盟所用。Fabric 是无币的，也根本不用工作量证明、权益证明等共识算法，对交易的验证采用"交易预案—背书—交易提交—排序—验证—广播"流程，本质上是依赖中心化节点的排序服务。Fabric 是模块化的，应用方便。

Quorum 是摩根大通开发的区块链项目（于 2020 年并入 ConsenSys 公司），基于以太坊技术，但做了较大的改动，以适应金融行业联盟的需求。Quorum 是联盟链和许可链，经过许可的节点方可介入，其共识机制也不是工作量证明或权益证明，而是采用 Raft 共识，共识速度提高（但只能用于有限节点、已知节点）。Quorum 的一个创造是设计了"私有交易"，即除了在所有节点之间公开的交易账本，每个节点还维护私有交易数据。

参与 Ubin 项目的银行机构，通过在新加坡电子支付系统（MEPS+，MAS Electronic Payment System）上开设监管账户，其中的存款记录为"可重用存款凭证"（Continuous Depository Receipt），该账户中的余额与分布式账本上的余额进行同步。日间的银行间交易结算则依赖分布式账本，可实现实时的"可重用存款凭证"结算。

Ubin 是一种用于批发业务的央行数字货币，新加坡金融管理局的目的是利用分布式账本提高结算效率。

  Ubin
  发行者／参与者：新加坡金融管理局和 R3；
  联盟技术：区块链、中心化数据库；

模式：账户余额制结合区块链；中心化发行，去中心化结算；

目的：用区块链技术支持准备金系统；

货币类型：批发；

项目状态：实验；

数字货币：技术上属于严格的数字货币，但非通用型。

6. 恒星（Stellar）：批发零售的综合实验

日本央行联合欧洲央行于2016年开展了名为恒星的央行数字货币实验，项目的目的是研究分布式账本技术在金融基础设施中的应用。恒星项目分为三个阶段，第一阶段验证分布式账本技术对支付系统流动性的改善和提高；第二阶段研究分布式账本技术在证券交易上的应用，验证利用区块链实现DvP（券款对付）的可能性；第三阶段则研究利用分布式账本进行跨境支付业务。恒星项目使用了两种区块链平台：Fabric和Corda，以了解不同平台之间的性能和区别。[26]

DvP 券款对付（Delivery vs Payment）：交易达成后，在结算日，证券/债券与资金同步进行结算并互为结算条件的交易方式。在传统技术模式下，需要证券/债券系统与资金结算系统接口。由于存在两个系统，从理论上看，其依然是一种异步方式。

有了数字货币和智能合约化的证券/债券登记，券款对付才真正实现，区块链上的一笔交易，驱动智能合约中资金支付和证券/债券转移同时发生。

恒星项目的第一阶段和第二阶段，属于央行数字货币批发业务，第三阶段则属于零售支付业务。日本央行发行数字货币的目的，是利用分布式账本和区块链的结算效率，革新结算系统架构。

恒星

主持/参与者：日本央行、欧洲央行；

技术：区块链、中心化数据库；

模式：账户余额制结合区块链；中心化发行，去中心化结算；

目的：用区块链技术支持准备金系统；

货币类型：第一二阶段是批发，第三阶段是零售；

项目状态：实验；

数字货币：技术上属于严格的数字货币。

7. e-Krona：小额支付场景中的电子现金

2017 年，瑞典中央银行启动了电子克朗 e-Krona 研发计划，技术合作方是埃森哲，其目的是发行央行数字货币用于替代现金功能，在个人小额支付的场景中使用。瑞典央行无计划近期发行央行数字货币，e-Krona 的目的是从技术层面研究分布式账本技术。[27]

e-Krona

发行者：瑞典央行；

技术：区块链、中心化数据库；

模式：账户余额制结合区块链；中心化发行，去中心化结算；

目的：用区块链技术做小额支付；

货币类型：零售；

项目状态：实验；

数字货币：技术上属于严格的数字货币。

8.4.3 数字人民币的进程

中国人民银行从 2014 年开始研究比特币等虚拟货币技术，2016 年召开数字货币研讨会，并同年成立数字货币研究所，2018 年基于区块链的贸易金融供应链平台上线运营，2019 年末数字人民币在四城市开始试点运行。

数字人民币是全球第一个进入生产应用的央行数字货币。[1]虽然其技

---

[1] 此处暂将厄瓜多尔的 Dinero electrónico 排除在央行数字货币之外。实际上，Dinero electrónico 的运行也是不成功的。

术启发来自区块链，但其主要思路和模式与联储币大致类似。当然，如果细究，则不论是技术细节上，还是具体模式上，其都与联储币存在很多差异。

中国在央行数字货币的研发方面走在了世界前列，在世界主要国家中，中国第一个大规模试点了面向公众用户的央行数字货币。根据中国人民银行 2021 年 7 月发布的《中国数字人民币的研发进展白皮书》，截至 2020 年 11 月，中国人民银行已经先后在深圳、苏州、雄安、成都等十个城市对数字人民币进行了试点，基本涵盖了珠三角、长三角、京津冀、中部、西部、东北和西北等不同地区。截至 2021 年 6 月底，数字人民币试点场景 132 万个，开立个人数字钱包 2087 万余个、对公数字钱包 351 万余个。

> 数字人民币的主要历程
> 2014 年：中国人民银行开始研究比特币等虚拟货币的技术；
> 2016 年：召开数字货币研讨会；
> 2016 年：成立数字货币研究所；
> 2018 年：基于区块链的贸易金融供应链平台上线运营；
> 2019 年末：数字人民币在四城市开始试点运行。其间历时 6 年；
> 2021 年：至 6 月，数字人民币试点场景 132 万个，开立个人数字钱包 2087 万余个、对公数字钱包 351 万余个。

8.5 非数字货币不可？——对央行数字货币动机与目标的分析[28]

"动机"（motivation）指人的内心动力，也就是人为什么要行动，而"目的"（purpose）则指行为人期待要收获什么。本节考察央行数字货币的"动机和目的"，动机和目的是主观的。但技术能否实现目的，这是一种基于客观现实的判断。

本章第 2 节，分析了区块链技术对中央银行带来了哪些启发，也就是哪些技术是中央银行愿意使用、可以使用的。而本节则是要分析，中央银行要实现某些动机、达到某些目的，是不是必须采用数字货币的方式。换言之，要到这个目的，非数字货币形式不可吗？

央行数字货币一直是媒体报道的热点，大量专家对央行数字货币也进行了多种解读。我们将其总结为十个方面，逐一分析这些所谓的动机和目的，探讨究竟哪些可以由货币数字化带来独特贡献。

比如，有些媒体高唱数字货币将可以促进人民币国际化，但是，我们认为，货币国际化本质上是经济问题和政治问题，从来就不是技术问题。再比如，有些媒体认为，法定货币数字化将可以提高金融普惠的程度，但我们认为，中国现有的电子支付已经高度发达和普及，法定数字货币带来的增量是极为有限的。相反，数字货币具有可追溯性、可编程性，可以为货币政策、穿透式监管带来全新的监管工具，是现有电子支付体系无法提供的。

8.5.1 支付结算

支付、结算目的参见表 8.5。

表 8.5 从支付和结算角度分析动机和目的

动机和目的	依赖的技术特性	央行数字货币是否有独特贡献	点评
替代现金	无须区块链、分布式账本技术	否	替代纸钞这个目的，更像是为法定数字货币找到一个定位，而非真正的动机和目的
新的结算结构	区块链、分布式账本、加密币串	是	多国央行最看重区块链技术之处，虽然区块链交易效率低，但"点对点支付"下打破之前层层清结算模式，提高结算模式的效率
交易便捷降低成本	无须区块链、分布式账本技术	有限	当前中心化技术下支付交易已经很方便，成本很低。央行数字货币与纸币相比，则交易便捷与降低成本成立

1. 替代现金

随着网银和第三方支付的盛行，现金（纸币、硬币）的比例已经极大降低。[29] 考虑到纸钞减少，无现金社会的逐渐到来，纸钞的消亡似是趋势，替代与否已经无关紧要。

现金是央行的基础货币，现金的退出意味着央行基础货币的重要性降低。数字人民币定位为电子化的 M0，意在替代现金，在隐私上实现可控匿名，既保留纸钞的好处，又克服了洗钱等弱点。所以，替代现金这个目的很微妙，实质并非要消除现存的现金，反而是要升级纸钞，以提高"新现金"的地位和占比才符合逻辑。

综合分析来看，替代纸钞这个目的，更像是为数字人民币找到一个定位，而非真正的动机和目的。

2. 新的货币结算结构

各国央行都在意货币的发行权力，绝不会放松控制，也关心货币对调控经济的作用，不会放弃这种工具，但对于支付和结算服务的控制，则并不在意，因为这些面向用户的服务，最好是由竞争性的商业机构承担。这也是在电子货币的发展中，央行支持网银和第三方支付的原因。

而当前主要国家央行数字货币的设计，都采用中心化的发行机制，在分布式账本上的直接实时结算，极大地提高了结算效率。[30] 这也是加拿大、英国、新加坡等央行实验数字货币的目的和动机所在。

不同货币形态的结算方式：纸币在支付的时候，是完全点对点、去中心化的。张三递给李四 100 元人民币，李四验证 100 元为真币，则收起来，完成支付，全过程仅仅发生在张三和李四之间。100 元纸币的发行人是央行，央行不知道这笔交易的任何信息。

在电子支付后出现后，张三用网银或者手机网银应用支付李四 100 元，实质上是张三用银行存款支付李四，支付过程在商业银行的账本上做数字记录实现价值转移。

如果是跨行交易，则银行之间还需要在清算之后通过央行做结算。所以，网银支付在用户端是瞬时完成的，但实际上清结算的时间还很长（这已经是一个老知识点了，读者可以回顾第 1 章第 4 节）。

央行数字货币借鉴区块链技术，在支付的时候，要么实现区块链账本上的记账价值转移，要么实现价值令牌的转移，如同用纸币支付时传递纸币一样，无须再次清算和结算，实现了支付即结算。这是区块链技术给央行带来的启发，也是众多央行所重视的技术特性，支付即清算带来了支付中清结算效率的提高。

数字人民币虽然也将利用新的结算架构、减少清算和结算环节、提高支付效率等作为目标，然而，从数字人民币的技术设计上看，暂时并未把使用分布式账本进行商业银行间的点对点结算作为系统的重点，而是继续依赖央行和商业银行的中心化账户数据库作为结算系统。[31]

当然，数字人民币的技术特性也改变了结算系统，升级为通过央行的额度控制系统和商业银行的账户系统协同执行。这种结算模式，类似纸钞的流转，虽然并未实现完全的点对点，但也有别于当前依赖电子准备金的层级清结算模式，结算效率有所提高。

8.5.2 货币政策与金融监管新工具：精准投放和穿透监管

政策和监管上的目的和动机参见表 8.6。

表 8.6 从政策工具和监管手段分析动机和目的

动机和目的	依赖的技术特性	央行数字货币是否有独特贡献	点评
更有效的货币政策工具	加密币串可溯源 智能合约可编程	是	这是央行数字货币相关技术所带来最有价值的点之一，也只有区块链、分布式账本、智能合约技术才能实现，传统技术做不到
穿透式监管	加密币串可溯源 智能合约可编程	是	区块链、分布式账本等数字货币技术可以带来的强大监管能力，实现通过资金的穿透式监管

孔宁的联储币设计思想，已经认识到央行数字货币将是一种新的货币工具。电子形态的货币，可以成为负利率的工具，这在现有金融体系中是难以有效做到的（因为银行对储户实施过度的负利率，储户会将现金从银行取出）。中国人民银行在数字人民币对货币政策的影响上，研究更加深入，认为数字人民币可能极大影响货币政策，对于提高货币政策有效性将起着关键作用。[32]

法定数字货币之所以对货币政策具有影响能力，来源于它的三个特性：电子货币、可追溯的账本结构、可编程性。

通过法定数字货币的流向监控。央行对法定货币的管理，在当前的技术条件下，是总量调控，仅仅从宏观层面控制"量"和"价"，所制定的政策也需要人工调查做监控来保证执行。

这是因为，不论是现金还是银行存款，都难以追踪，而且都是同质的，同等金额的纸币都一样，银行账户中的余额也难以区分和追踪。因此，央行无法控制货币的投放和货币的流向，而监管也只能根据事后追查和事后惩罚来达到震慑的目的。

所以，我们经常会在大众媒体上看到这样的报道：应该支持实体的贷款资金流向房地产，应该支持小微企业的资金流向低效和落后产能企业。

而央行数字货币基于区块链技术，或者类区块链技术，结合智能合约，可以在程序代码上控制，投放的数字货币资金只能走向目标主体，例如小微实体企业、生态环保、农业水利等需要支持的领域。

从技术角度，法定数字货币为追踪、控制资金流向提供了可能性工具，可帮助央行对货币进行监控并实现更有效的货币政策：

（1）分布式账本具有可追溯性，银行相当于掌握了全息货币数据，便于对数字人民币进行大数据分析，从而精准和详细地把握货币的存量、流向、流速，央行可以实施精准评估货币政策有效性。

（2）如果数字人民币实现可编程，则可以通过算法实现精准投放，从根本上提升央行对货币流向的控制能力，保证货币政策的有效执行。

同理，金融监管机关也可以通过资金流向，来进一步提升穿透式监管的能力，包括对违法金融行为的监管，以及对犯罪资金的追踪等。

8.5.3 隐私保护与反洗钱

隐私保护与反洗钱的目的与动机参见表 8.7。

表 8.7　从隐私保护角度分析动机和目的

动机和目的	依赖的技术特性	央行数字货币是否有独特贡献	点评
隐私保护/支付行为自主性	无须区块链、分布式账本技术	否	现有的支付系统，也可以实现彻底的隐私保护和支付行为自主化
反洗钱	区块链交易可追溯 加密币串可追溯	是	区块链交易成链、区块链成链带来可溯源性，结合实名制，对于通过支付来发现犯罪行为，非常有效。但央行对此特别谨慎

隐私保护和反洗钱是对立的两面。现代社会第一部反洗钱立法，是美国于 1970 年颁布的《银行保密法》（*Bank Secrecy Act of* 1970）。这部法律名为"保密"，实际上是第一次以立法形式对银行保密开了一个例外的口子。当前世界各国都建立了反洗钱法律制度，以中国为例，银行客户实名制、拒绝匿名交易等已经成为深入人心的基本规则。

隐私保护和反洗钱一直在寻求合理的平衡。如果过度强调隐私绝对保护，那么，匿名交易可能成为洗钱的温床。如果反洗钱超出必要合理的限度，又可能对个人生活构成不必要的干涉。

1. 其他数字货币的隐私保护设置

从 eCash 到比特币，虚拟货币最重要的动机和目的之一，便是保护隐私。eCash 所用的盲签名可以实现交易的不可追踪，这也是中国央行在研究数字货币技术时重点关注的一种技术。[33]

eCash 的结算依赖商业银行，支付则脱离商业银行的监控，所以其隐私保护是针对交易阶段，而商业银行的开户和监管，依然可以实施。比特币则摆脱了商业银行，不论货币发行还是交易，都在点对点的环境中执行，实现了彻底的隐私保护，但随之带来监管和合规的诸多弊病，成为洗钱和犯罪的工具。

从交易自主性的角度，eCash 这样在交易环节脱离银行，实现了一定的支付行为自主性，而比特币则在货币的持有上，也实现了自主性，因为持有比特币并不依赖商业银行或者第三方支付机构。

联储币和之后英国的 RScoin，都把实现纸币的隐私特性作为目标。这就意味着，在联储币和 RScoin 的方案中，数字货币的发行在央行，之后进入流通，便脱离了账户体系，而进入地址体系，任何人只要有钱包软件和地址，便可收款和支付，无须暴露任何隐私。这虽与纸币的隐私政策一致，但却给监管和反洗钱带来了困难。

2. 数字人民币的隐私结构

而央行数字货币，如果采用了地址模式，则可大幅提升支付行为自主性。

中国的数字人民币则走了一个折中的道路，即"后台实名、前台自愿"的原则。[34] 从当前的观点和信息分析，用户的实名信息，将在商业银行层级的数据库中存储，由商业银行负责[35]，支付场景中的商家无法收集用户信息，这对纠正当前隐私泄露泛滥的情况很有帮助，对个人隐私保护有很好的加强作用。

从交易自主性的角度，数字人民币当前所支持的技术是中心化数据库加分布式账本，客户的交易仍然要依赖金融机构。从技术可能性上看，"数字人民币具有价值特征，可在不依赖银行账户的前提下进行价值转移，并支持离线交易，具有'支付即结算'特性"[36]。但是，实践中，数字人民币采用了"双层投放体制"，中国人民银行并不直接面对客户，客户使用数字人民币仍然在商业银行等金融中介开立"数字钱包"并通过"数字钱包"进行交易。

3. 数字人民币的反洗钱问题

现有的网银和第三方支付由于无法进行全量信息的追踪，做不到精准反洗钱，也难以发现那些违法交易所得。但是，**从可能性的角度**，数字人民币的可追溯全账本数据，结合大数据分析技术，对于反洗钱、打击违法犯罪行为作用和效果巨大。

不同形态货币的可追踪性。纸钞的追溯非常困难，所以犯罪分子多喜欢现金。当然，纸钞上也冠有字号，可以用于跟踪每一张纸钞，因此，警匪片中犯罪分子勒索钱财指定要不连号的旧钞票。但在日常支付中，人们不会去记录和查验冠字号。

网银类的电子支付，则可以实现一定的追溯，即根据银行转账记录追查到资金来源。但由于银行所采用的账户余额制，资金只是总额管理，并无具体数字实体，所以这种追溯是模糊的，账户如同一个蓄水池，从一个账户支出的钱，无法判断来自哪一笔入账。

比特币之类的虚拟货币，多采用类似复式记账法的账本机制，其可追溯性强于账户余额制，任何一笔比特币，都能追溯全部交易历史，直至比特币发行的源头。但是，比特币并没有实名制，所有区块链地址都是匿名的。

从技术可能性的角度，中国所设计的数字人民币采用加密数字货币字符串的形式，其可追溯性更好，结合智能合约技术，可以实现完全的可追溯。

当然，这里的讨论仅从技术可能性的角度，探讨数字人民币的可追踪性问题。但能够使用全量数据库实施犯罪追踪，是重大法律问题，涉及多个法律利益的平衡。中国人民银行一再强调，数字人民币采取"可控匿名"，追求个人隐私保护和打击犯罪的平衡。中国人民银行数字人民币研发工作组在《中国数字人民币的研发进展白皮书》中强调：

> 数字人民币体系收集的交易信息少于传统电子支付模式，除法律法规有明确规定外，不提供给第三方或其他政府部门。人民银行内部对数字人民币相关信息设置"防火墙"，通过专人管理、业务隔离、分级授权、岗位制衡、内部审计等制度安排，严格落实信息安全及隐私保护管理，禁止任意查询、使用。

8.5.4 金融创新与金融普惠

金融创新和金融普惠的动机和目的参见表 8.8。

表 8.8 从金融创新和金融普惠角度分析动机和目的

动机和目的	依赖的技术特性	央行数字货币是否有独特贡献	点评
金融创新	智能合约	是	这是央行数字货币相关技术所带来最有价值的点之一，也只有区块链、分布式账本、智能合约技术才能实现，传统技术做不到。但因为风险原因，短期内央行数字货币不会放开智能合约的接口
金融普惠	无须区块链、分布式账本技术	否	区块链带来的技术，本质上无助于普惠金融。仅仅因为合规红利才带来普惠金融的假象。如果当前的网银、移动支付可以豁免监管要求，则一样可以提高普惠程度

比特币作为虚拟货币，其技术架构和隐私模型的独特设计，使得用户无须开户，只需要一个公私钥地址便可以收款和支付。从无须开户这个角度看，比特币等虚拟货币确实带来了普惠金融，让没有银行网点地区的民众也可以使用电子化支付，并且有可能降低成本。传统的电子支付，例如支付宝、微信支付等，若不考虑合规性的要求（开户的实名制验证等），那么一样可以达成与比特币近似的便捷性。数字人民币在极小额情况下也不要求实名，则数字人民币可以达到比特币一样的普惠程度。

但是，新的支付方式能够促进金融普惠，要从增量角度来看。近年来，随着电子支付的发达，第三方支付广泛渗透，我国金融普惠程度已经相当高。能够使用数字人民币的群体，至少拥有智能手机，这样的人往往有充分的渠道获得现有电子支付的服务（如支付宝、微信支付等）。另外，我国取消了跨行电子汇款的手续费，电子支付实现了零成本。

因此，在我国电子支付高度发达、普及和低成本的情况下，数字人民币所带来金融普惠的增量是有限的。

8.5.5 人民币国际化

人民币国际化的动机和目的参见表 8.9。

表 8.9 从国际化角度分析动机和目的

动机和目的	依赖的技术特性	央行数字货币是否有独特贡献	点评
人民币国际化	传统技术也可实现	有限	央行与央行之间使用货币桥，将区块链技术、分布式账本用于批发业务，有利于提高跨境结算效率

联储币并没有提出国际化这一目的。也许因为，美元在当前的支付体系下，已经实现了国际化。加拿大、英国、新加坡的央行数字货币实验，也没有把国际化当成目标。日本的实验，虽然是与泰国进行跨境结算，但着眼点依然是结算体系，并非货币的国际化。

在数字人民币设计和试点过程中，社会各界对数字人民币能够促进人民币国际化较为关注，一些媒体推测跨境支付以及突破他国的支付限制是数字人民币的重要目标。

1. 数字人民币不能带来人民币国际化

货币国际化并不是技术问题，技术问题既不是充分条件，也不是必要条件。从历史的角度，英镑、美元成为国际货币，都与支付技术没有关系。一些第三世界国家也曾试验过法定数字货币，如厄瓜多尔曾经试验过 Dinero electrónico，但并未改变其货币地位。

中国人民银行数字人民币研发工作组在《中国数字人民币的研发进展白皮书》对此做了明确阐述：

> 跨境支付涉及货币主权、外汇管理政策、汇兑制度安排和监管合规要求等众多复杂问题，也是国际社会共同致力推动解决的难题。货币国

际化是一个自然的市场选择过程，国际货币地位根本上由经济基本面以及货币金融市场的深度、效率、开放性等因素决定。

2. 数字货币技术有利于提高跨境支付效率

现有的电子支付体系是中心化的，但是，国与国之间是平等主体，各国的支付体系是一个个独立的体系，跨国支付成本高、速度慢。如果你给国外的亲戚朋友电汇过美元，你大概对此有一定感受。

如果你通过北京给纽约的美国银行（BOA）的客户汇款，你首先要选择一家中国的银行，这家银行需要在美国的商业银行开设一个代理行账户，如中国建设银行。你在中国建设银行办完汇款手续后，中美两个银行之间要通过环球银行金融电信协会支付系统（SWIFT）进行清算，然后通过中国建设银行在美国开设的代理行账户进行结算。换言之，你要进行美元的跨境支付，最终是要通过在美国的代理行账户之间划拨头寸。进行其他币种的跨境汇款，也采用类似方式。

瑞波通过区块链技术，给银行之间提供了平等点对点网络。但本质上仍然是代理行模式结算，只是一定程度上减少了通过环球银行金融电信协会支付系统（SWIFT）进行电汇的成本。

但这些都不涉及央行之间的直接清算合作。区块链技术给构建央行之间的平等点对点网络提供了技术可能性。近来的"央行数字货币桥"，通过区块链技术构建了各国央行之间的分布式账本，各国参与货币桥的银行和企业机构通过货币桥的平等网络进行结算和清算，提高了国际贸易的支付和清结算效率（参见图8.8）。

多边央行数字货币桥： 2021年2月24日，中国人民银行数字货币研究所、香港金融管理局、泰国中央银行、阿拉伯联合酋长国中央银行联合发起多边央行数字货币桥研究项目（m-CBDC Bridge）。中国人民银行数字货币研究所担任货币桥项目技术委员会主席，搭建了货币桥测试平台。货币桥采用"走廊网络"模式，各央行和参与的商业银行在"走廊网络"中都有节点，通过

本国央行数字货币的"存托凭证"进行点对点交易。

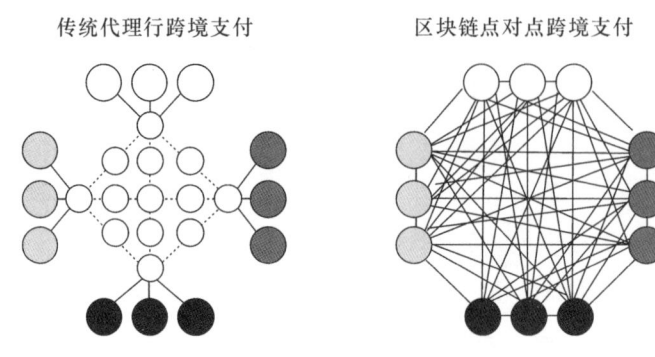

图 8.8　两种跨境支付模式

8.8.6　对抗虚拟货币

关于对抗虚拟货币的动机与目的参见表 8.10。

表 8.10　对抗虚拟货币的动机和目的

动机和目的	依赖的技术特性	央行数字货币是否有独特贡献	点评
对抗虚拟货币	区块链、分布式账本 智能合约	否	虚拟货币底层技术缺陷导致其难以成为公众支付手段。国家也完全可以立法禁止虚拟货币。中央银行更多是学习区块链技术，提高法定货币支付体系的效率

比特币以及其后诸多加密货币，作为一种零售货币并不合格，其底层技术导致的不足都阻碍其成为大规模支付手段。

但是，2019 年，迪姆设想的提出，确实从一定程度上刺激了世界各国央行加快对区块链技术的研究。如第 6 章第 9 节所述，脸书拥有 27 亿用户，如果迪姆成为脸书社群中的通用货币，那么，脸书将具有超越主权的控制力。

对抗私人货币不像是站得住脚的动机，毕竟从法规上可以直接禁止私人货币。央行数字货币更多是为了借鉴区块链和分布式账本技术，提高法定货币体系的效率。

当然，即便为了技术而技术，学习并对抗比特币也是一个合理的动机和理由。尤其当经过仔细分析之后，区块链和分布式账本的技术中性特征显露无遗，这就更加吸引了央行。

8.6 央行数字货币可能带来的风险

8.6.1 再谈二元结构

1. 二元结构下的货币

跟"钱"有关的生意，都是银行在经营，这是现代社会的常识。银行又分两种，一种是国家中央银行，就一家；另一种则是众多的商业银行。央行是商业银行的"父母"，俗称"央妈"，它既管着商业银行，又决定货币政策，这就是所谓的银行业"二元结构"。央行是政府机关，存钱、贷款、支付这样具体的业务是不做的。只有一项业务算是具体的事，央行一直不放手，那就是现金发行，纸钞、硬币都是央行亲自印制、铸造、发行。

大众日常接触的货币有两种，一种是现金，来自央行；一种是银行存款，来自商业银行。现金的量其实很少，银行存款占据货币的大部分。随着电子支付的普及，现金越来越少。另外，还有一种大众接触不到的货币，就是银行在央行的准备金，这也是一种电子货币。

在计算机和网络还不发达的时候，大家支付都用现金，流通中现金就特别多。商业银行就处理存取款，人们要用钱了，就去商业银行取现金；人们钱包里现金太多了，就去商业银行存钱，把现金变成商业银行的存款。

到了互联网兴盛的时代，电子支付、移动支付迅速普及。日常零售几乎都用手机支付，哪怕是买一斤青菜。而这些电子支付形式，都依赖于商业银行的账户做清结算。人们不再携带现金，全部都存在商业银行了。央行这时候观察到一个现象，那就是自己似乎不用再印刷纸钞，也不用再铸造硬币了，商业银行基于互联网把所有的事都包办了，全世界的央行陷入沉思，连印钱这么一件具体的事，也没了，到底该喜该忧？央行开始研究这件事。

只要是电子支付，就得把钱给商业银行，而电子支付所支付的货币，实际上是商业银行存款，是商业银行的"货币"，并非央行货币。电子支付似乎是商业银行的天下。那么央行的纸钞，代表着国家机关背书的现金，是否能够实现电子化？答案很简单，只要央行敞开自己的账本，个人可以去央行开个户，然后用央行的账本做支付、结算，就可以了。但这就相当于抢了"孩子们"——商业银行的"衣食饭碗"，而且"央妈"也担心处理这些具体的事务，自己会忙不过来，所以几乎没有央行这么干。厄瓜多尔 Dinero electrónico 失败了，其中很重要的原因是央行不堪重负。

2. 二元结构下的货币创造

在本书第 1 章第 4 节，我们通过一个例子讲解了贷款如何创造货币。根据我们所学的经济学基础知识，客户将现金存入银行后，与银行的其他现金产生混同，在客户和银行之间产生了债权债务关系。银行收到客户的存款后，以银行的名义将现金贷出。贷款人收到贷款后，存入银行。如此循环，商业银行通过存款—贷款放大了社会货币的总量。

8.6.2 如果公众可以直接访问央行资产负债表

在现有货币体系下，现金和准备金是央行发行，代表国家信用，而银行存款只是商业银行信用，它存在风险，也就是银行可能倒闭，所以央行设计了存款保险制度。

央行一旦发行数字货币，那么这是代表央行信用的新形态货币，它是央行负债，代表国家信用，是无风险的。如果从绝对安全的角度考虑，大众当然更倾向持有央行数字货币。如果允许个人直接访问央行资产负债表，或者说，如果允许公众直接在央行开设账户，通过法定货币进行交易，那么这意味着对现有二元结构的彻底改变。

1. 储户抛弃商业银行

当前的电子支付体系依赖银行账户、央行准备金账户做层级清算、结算。如果有了央行数字货币，国家信用背书，而且其结算是点对点的，效率更高，那么大众都会选择使用央行数字货币，而抛弃银行的存款账户。商业银行将彻底从支付体系中消失。

商业银行通过贷款创造货币，只要对外贷款，就意味着创造了更大量的货币，对于商业银行只是资产负债表上一边增加存款，一边增加贷款。但由于大众更愿意持有央行数字货币，就造成了存款大搬家，商业银行只能出售自己的贷款资产。在这种情况下，商业银行只能贷出客户所存的资金，而不能再通过贷款创造货币。商业银行创造货币的能力消失，成为"狭义银行"。

什么是狭义银行？ 狭义银行（Narrow Bank）即100%准备金银行，这种商业银行的所有存款都必须有100%的央行准备金支持。狭义银行不再发放贷款，不再具有信用扩张功能，只是央行货币投放的渠道。

准备金制度也由此走向终结，由于大众全部持有央行数字货币，所以就从当前的"部分准备金制度"转变为"100%准备金制度"。央行可以直接控制货币供应，这与当前央行通过利率和货币供应量的控制完全不同。

要避免这种剧烈的变化，可以通过利率上的设置来控制大众对央行数字货币的需求。如果央行数字货币如现金一样无息，或者低于银行存款利息，甚至负息，那么人们并不会把银行存款全部转换成央行数字货币。

2. 储户抛弃商业银行后引发的风险

2014年，联储币概念便已提出；2015年，RScoin实验开始。加拿大等国也都先后进行了央行数字货币实验，但至今没有一个国家的央行正式发行数字货币。中国人民银行自2014年开始关注并研究比特币，2016年成立数字货币研究所，关于央行数字货币的论文和专利很多，但直到2020年才对数字人民币进行小范围的测试，并在2021年扩大测试范围。各国央行对数字货币的谨慎，主要在于担心央行数字货币可能带来的风险。

1. 央行自身能力定位

央行是政府部门，欠缺市场经验和技术力量，在面对用户的支付服务和金融服务中，与企业比并无优势。而且央行是非营利机构，并无创新动力，却容易造成垄断，可能会扼杀私人机构的支付创新。这一点上，从数字人民币的设计可以看到，央行在努力规避这些风险，尽量让商业银行和机构有更多的空间发挥优势。

2. 为当前商业银行的业务和金融格局带来动荡

由于央行数字货币的权威性，可能造成存款搬家，从而迫使商业银行成为狭义银行。商业银行的存款业务大幅收缩，资金短缺，信贷业务萎缩，进而降低货币创造量。

3. 强化央行地位带来的中心化风险问题

由于货币和支付系统在数字人民币模式下，数据和运算向央行集中，造成系统性风险。若央行信息遭受攻击，则可能产生严重的隐私泄露问题。

无论如何，发行央行数字货币对央行、对货币体系整体，乃至对经济和用户，都将产生巨大的影响。所以各国央行都非常慎重，我国央行在多年的研究、论证和实验后，开始落地应用数字货币，但可以看到，其政策的制定周详地考虑了可能产生的风险，在存在风险的地方要么用技术手段，要么用政策机制来预防和规避。

8.6.3 理解数字人民币设计中的风险应对

从公开讨论的资料看，中国的数字人民币在设计和试点过程中，充分了考虑了储户抛弃商业银行对金融体系的冲击。因此，通过两个关键设计，尽可能避免这种风险。

1. 双层投放体制

数字人民币采用了"双层投放体制"，中国人民银行并不直接面对客户，客户使用数字人民币仍然在商业银行等金融中介开立"数字钱包"，并通过"数字钱包"进行交易。

通过双层投放体制，仍然由商业银行提供数字人民币服务，这样，既有利于发挥商业银行在技术上的多样性探索，也防止中央银行对支付的垄断。

2. 数字人民币不计利息

《中国数字人民币的研发进展白皮书》中强调，数字人民币的定位是M0，因此不计利息。这是一种隐形的价格手段，防止存款搬家。数字人民币等同于现金，直接代表央行信用，具有最高安全性保证。如果数字人民币也计利息，那么，在同等收益（利息）的情况下，理性的人一定会倾向于选择更加安全的货币形式。也就是说，如果数字人民币也有利息，那么人民一定会倾向于存款搬家。

8.7　技术的方向是前进

非对称加密技术是一个起点，分布式系统、工作量证明、时间戳、点对点网络等技术汇聚一起，造就了区块链，为互联网插上了价值的翅膀。货币本质是数字，几千年来不得已寄身于黄金、纸钞，终于因区块链而找到了自己的"数字化"真身。央行数字货币受比特币启发，但它的出现是一个必然趋势。从 eCash 开始到比特币，再到以太坊，最终出现央行数字货币，它们的目的各不相同，甚至可能相反、冲突，乃至对抗，但它们都是技术发展河流中航行的船，在水流前进的方向上各自行驶（参见图 8.9）。

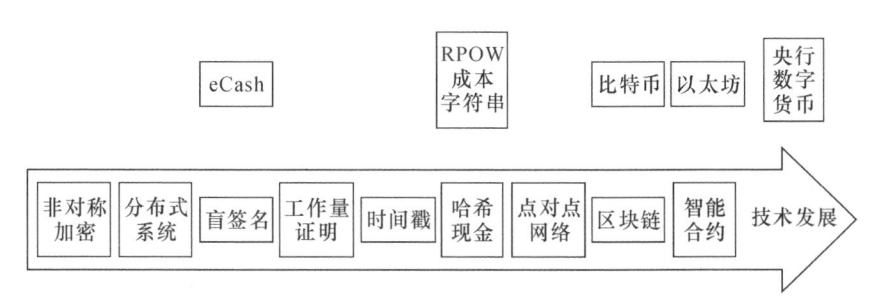

图 8.9　技术发展的方向

1994年，eCash上线，其盲签名技术能够让货币脱离银行系统，在匿名的情况下做支付。eCash并未成功，而同期信用卡支付、网银、网络支付、移动支付等电子支付技术逐一登场，渐成主流。eCash的动机和目的是"保护用户隐私""防止交易追踪"，eCash失败也许原因众多，但其中之一无疑是：eCash的动机和目的并不是用户急迫的需求，所以人们在市场上做出了选择。

近30年过去，在各国对央行数字货币热议中，中国数字人民币已经落地实验。其核心技术分布式账本虽然更多来自比特币，但其模式则更近于eCash：代表法币、数字签名的货币发行、中央账户支持的结算、离线的交易。为何30年过去，往事重现？其间当然经历了计算机和网络翻天覆地的变化，技术的运行更加成熟。同样重要的是，当年的动机和目的到今天更为现实。对于保护隐私这件事，人们更加在意。更重要的是，同样的技术已经可以用来服务更多的动机和目的。数字人民币也强调保护隐私，不过是可控匿名，设计了"后台实名，前台自愿"的模式，为数字人民币赋予了"可追踪""可大数据分析"的功能，帮助监管，帮助反洗钱和对抗犯罪行为。这就与eCash等虚拟货币先驱们的目的截然相反了。

比特币的诞生，在eCash的基础上更进一步，用工作量证明实现了去中心化，"数字签名"与"共识机制"终于相遇，在点对点的网络环境下，价值转移可信了。但比特币的目的不仅仅是保护隐私，它的目的是摆脱对第三方的信任。如前所述，它的颠覆性比之哈耶克的私人货币理论还要猛烈。其革命性和激进程度，多年之后还值得人们仔细去品味。然而，比特币作为一种支付货币，其目的并未达到，一路走来，比特币成为一种资产。从技术角度，比特币已经成功，达到了它"点对点的支付系统"这个初心和目的。但若视其为"货币"，则它并未达到目的，其支付容量有限、币值不稳定的特点，限制了它成为一个支付货币系统的能力。当然还有一个原因，人们更倾向于选择法币，国家的信用依然在支付上占有优势。比特币的动机和目的，并不符合用户当前的需求。

但比特币的技术，包括用数字签名声明产权、公私钥地址模式、可追溯的分布式账本、开放环境下的共识算法，则吸引了各国央行的注意。各国央行要么看中分布式账本的结算效率，要么看中数字签名和公私钥地址模式对隐私的保护，动机和目的各不相同。在联储币和RScoin，以及加拿大、新加坡、日本和泰国等各国央行的研究中，对技术的利用和发行数字货币的目的各不相同。

技术是中性的，人们总能为技术的应用找到动机和目的。在好奇心和实用追求双重驱使下，技术在前进方向上不会停止，动机和目的也会在选择中发展。

自1987年托宾提出"存款现金"，各国央行和学者们对央行发行电子化的现金，直接为个人和企业提供电子货币的研究从未中断。但各国都只停留在研究阶段，时至今日这个课题与区块链、分布式账本技术潮流合二为一，研究和讨论更加热烈，但一些国家依然对央行直接发行电子货币持谨慎态度。这些持谨慎态度的央行，有的认为这种改变没有必要，有的认为应该由商业机构来承担这个工作，有的则只对区块链技术改进批发结算业务感兴趣。但另外一些国家，包括中国在内，则对央行直接发行通用型的数字货币，在严谨的探索后，向前迈进一步。

数字人民币是世界上第一个进入试点阶段的零售央行数字货币，也许还将是世界上第一个进入流通使用的央行数字货币。[37]数字人民币在技术上受eCash、比特币、联储币等技术和概念的影响，但它的动机和目的，则大为不同。数字人民币为央行提供了更为有效的政策工具，可以强化央行的货币地位，有利于监管和打击犯罪，这在众多目的中更为迫切，更为可行，更为重要。至于保护隐私、替代纸钞、降低成本、金融普惠等，固然也是目的，但没有那么迫切、可行和重要。而且这些目的，多数并不依赖区块链，所以央行也指出，数字人民币并不一定使用区块链技术。只有数字化签名和分布式账本技术是数字人民币明确已经应用的技术。

数字人民币的发行更像是在央行对货币体系、支付和金融格局上渴望变革,渴望创新之时,数字货币技术恰如其分地出现在央行视野中,其中的某些技术和理念可以借鉴,颇具价值,于是两种研究合二为一。央行所渴望的变革和创新,其外在推动力和技术前提,都以互联网和数字化经济的成熟发展为历史背景和技术条件,而这种变革和创新的实现,又将反过来形成新的推动力和技术前提。区块链虽然技术上激发了央行数字货币,但在大的潮流上,它也只是互联网和数字化经济前进方向上的一股力量。

技术是中性的,但发明和应用技术的人,却有其明确的动机和目的。同样的技术,在不同的动机驱使下,可以服务截然相反的目的。

央行数字货币不仅仅是技术的升级,而且是新的货币形态,是极具颠覆性的创新,放到历史的长河中也是罕见的变革。在设计和发明之时,人们并不是为了技术而技术,而是有动机的驱使,人们预设了技术将服务和达成一些目的。而这些目的是否能够达成,则需要了解技术、货币、金融多方面知识,并对目的是否可以达成做出预判。

央行数字货币的概念,是央行直接发行通用型电子货币这样一个课题,与区块链、分布式账本技术潮流的融汇,二者合二为一,但各自的动机和目的,则需要从细节上去研究。

数字人民币的发行,肩负众多目的和期待,这些期待是互联网和数字时代发展的必然结果。本章中的分析支持这样一种观点,在这些目的中,以有效的货币政策工具强化央行地位、加强监管和打击犯罪是本阶段最重要、最迫切、最可行的。数字人民币的发行无论如何都将对互联网和数字化经济起到极大的推动作用。各种目的和技术互相推动,技术在进步,目的在调整,可以相信,在走向数字化秩序的大趋势上,一切努力都是前进的。

注释

1　James Tobin, The Case for Preserving Regulatory Distinctions, in Restructuring the Financial System: A Symposium Sponsored By the Federal

Reserve Bank of Kansas City, 1987, pp.167-183.

2　BIS, *Implications for Central Banks of the Development of Electronic Money*, October 1996.

3　2019年11月8日，第十届财新峰会，演讲视频可见于：http://photos.caixin.com/2019-11-08/101480405_3.html#picture，文字稿可参见 https://www.sohu.com/a/352512170_481890。

4　Ben Broadbent, Central Banks and Digital Currencies, Speech by Deputy Governor for Monetary Policy, *Bank of England to the London School of Economics*, March 2, 2016.

5　Ole Bjerg, Designing New Money-The Policy Trilemma of Central Bank Digital Currency, Copenhagen Business School Working Paper, June 2017.

6　Walter Engert and Ben S.C. Fung, Central Bank Digital Currency: Motivations and Implications, Bank of Canada Staff Discussion Paper, November 16, 2017.

7　Morten L. Bech and Rodney Garratt, Central Bank Cryptocurrencies, *BIS Quarterly Review*, September 2017, Available at: https://ssrn.com/abstract=3041906.

8　BIS CPMI, *Central Bank Digital Currencies*, p.6, March 2018, available at: https://www.bis.org/cpmi/publ/d174.pdf.

9　周小川：《专访周小川——央行行长周小川谈人民币汇率改革、宏观审慎政策框架和数字货币》，载《财新周刊》2016年第6期。

10　姚前：《中国法定数字货币原型构想》，载《中国金融》2016年第17期。

11　本书对央行学者观点的探究，完全基于公开论文和媒体报道，包括范一飞：《中国法定数字货币的理论依据和架构选择》，载《中国金融》2016年第17期；徐忠、汤莹玮、林雪：《央行数字货币理论探讨》，载《中国金融》2016年第17期；刘向民：《央行发行数字货币的法律问题》，载《中国金融》2016 年第 17 期；姚前、汤莹玮：《关于央行法定数字货币的若干思考》，载《金融研究》2017 年第 7 期；姚前：《理解央行数字货币：一个系统性框架》，载《中国科学：信息科学》2017 年第 47 卷第 11 期；范一飞：《关于央行数字货币的几点考虑》，《第一财经日报》2018 年 1 月 26 日，A05 版；狄刚：《数字货币辨析》，载《中国金融》2018 年第 17 期；姚前：《法定数字货币对现行货币体制的优化及其发行设计》，载《国际金融研究》2018 年第 4 期。

12　周雷、陈捷：《国家数字货币应用区块链技术初探》，载《杭州金融研修学院学报》2018 年第 6 期。

13　BIS, *Implications for Central Banks of the Development of Electronic Money*, October 1996.

14　研究的技术，早一些可以回溯到 1994 年的 eCash。但研究的热情则发源于比特币出现之后，一个重要时点是 2014 年央行开始研究区块链。

15　姚前：《中国法定数字货币原型构想》，载《中国金融》2016 年第 17 期。

16　刘向民：《央行发行数字货币的法律问题》，载《中国金融》2016 年第 17 期。

17　狄刚：《数字货币辨析》，载《中国金融》2018 年第 17 期。

18　Lawrence H. White, *The World's First Central Bank Electronic Money Has Come–And–Gone: Ecuador 2014-2018*, available at: https://www.alt-m.org/2018/03/29/the-worlds-first-central-bank-electronic-money-has-come-and-gone-ecuador-2014-2018/.

19　Lawrence H.White, *Dollarization and Free Choicein Currency*, GMU Working Paper in Economics No. 14-44, 10 Dec 2014, available at:https://papers.ssrn.com/sol3/papers.cfm?abstract_id=2536238.

20　参见 http://jpkoning.blogspot.com/2014/10/fedcoin.html。

21　参见 https://www.stlouisfed.org/dialogue-with-the-fed/the-possibilities-

and-the-pitfalls-of-virtual-currencies/videos/part-2-an-overview-of-bitcoin。

22　关于 RScoin 的细节，可参见 George Danezis and Sarah Meiklejohn, Centrally Banked Cryptocurrencies, Submitted on 26 May 2015 and last revised Dec 18, 2015, *arXiv preprint arXiv: 1505.06895*(2015), available at: https://arxiv.org/abs/1505.06895。

23　参见英格兰银行副行长 Ben Broadbent, Central Banks and Digital Currencies, Speech by Deputy Governor for Monetary Policy, *Bank of England to the London School of Economics*, March 2, 2016。

24　关于 CADcoin 的详情，参见 Garratt Rod, *CAD-coin versus Fedcoin*, 15 R3 Report, 2016。

25　关于 Project Ubin，参见 https://www.mas.gov.sg/schemes-and-initiatives/Project-Ubin。

26　关于 Stellar 项目的详情，参见 *ECB/BOJ joint research project on distributed ledger technologies Synchronised cross-border payments*, June 4, 2019, available at: https://www.boj.or.jp/en/announcements/release_2019/data/rel190604a2.pdf。

27　关于 e-Krona 项目的详情，参见：https://www.riksbank.se/en-gb/payments-cash/e-krona/。

28　本节由朱玮撰写，仅代表朱玮个人观点。

29　自 2003 年以来，我国央行货币与 M2 的比率下降 5%。参见姚前：《法定数字货币的经济效应分析》，载《国际金融研究》2019 年第 1 期。

30　狄刚：《数字货币辨析》，载《金融科技》2018 年第 17 期。

31　姚前：《中国法定数字货币原型构想》，载《中国金融》2016 年第 17 期。

32　姚前：《法定数字货币对现行货币体制的优化及其发行设计》，载《国际金融研究》2018 年第 4 期。

33　姚前在多篇论文中大篇幅提及乔姆的 eCash。这些文章包括《中国法定数字货币原型构想》《关于央行法定数字货币的若干思考》《数字货币的前世与今生》。狄刚在《数字货币辨析》《密码技术在区块链领域的应用观察与思考》等文中也讨论了乔姆的盲签名技术和 eCash。

34　姚前：《中国法定数字货币原型构想》，载《中国金融》2016年第17期。

35　范一飞：《中国央行数字货币应采用双层投放体系》，《第一财经》2019年08月11日。

36　中国人民银行数字人民币研发工作组：《中国数字人民币的研发进展白皮书》，2021年7月。

37　如前所述，此处暂将厄瓜多尔的 Dinero electrónico 排除在央行数字货币之外。

| 第三编 |

数字货币中的数字
秩序和机器权力

9 虚拟货币的秩序挑战

9.1 概述

当人们能够从社会中获得可预期、稳定的行动结果,这就构成了一种社会秩序。社会秩序的保障,来自法律、制度、习俗、道德等因素。

当代的货币秩序由来已久。代表国家的央行发行法定货币,其效力具有强制性。商业银行处理和经营货币清算、存贷款等业务,在市场中竞争。众多支付公司作为通道,在商业银行基础上处理支付交易。历史上对这种秩序有过质疑,比如乔姆就认为商业银行在电子支付中处理支付结算时,不一定需要收集用户的消费隐私,乔姆为此发明了 eCash 以保护个人隐私。经济学家哈耶克也曾经挑战过央行,他支持商业银行,建议由商业银行发行各自的货币,这样有竞争的货币才是好货币。

比特币的发明是对当代货币秩序的全面挑战,质疑央行、商业银行和支付公司这一系列机构存在的必要性。比特币试图建设一种去中心化的货币秩序。货币的发行根据既定的算法,由提供记账服务的计算机节点执行;货币的支付和结算则在公共的账本上记账,所有的计算机节点共同监督验证;隐私是绝对受保护的,因为就不需要实名制。之后,以太坊带来了智能合约,各种合约、金融业务都能够在无人看护的情况下由代码自动执行。

虚拟货币对货币领域的挑战巨大,但看起来只是针对虚拟货币领域的变革。事实并没有这么简单，虚拟货币为货币领域带来了新秩序，这种新秩序是一种实验，未必能为社会接受，能成为主流，但虚拟货币带来的秩序，不仅仅限于货币，而是指向人类社会的所有秩序。

从货币角度来看，虚拟货币提出了新的秩序内容，与当前的秩序不同，但这只是它带来大变局的第一个小目标。如同蒸汽机出现替代了产业工人，降低了成本，这是最初的现象和结果，也可能是发明者最初的目的，但蒸汽机这个时代浪潮所过之处，影响就绝不限于替代产业工人。

更重要的是，虚拟货币为人类社会带来了秩序执行的新方法和手段。如前所述，传统的秩序，依靠的是法律、制度、习俗、道德，而虚拟货币和区块链为秩序执行所带来的新方法和手段，是程序和代码。这种新的方法和手段，注定将会为人类社会带来新面貌，这是一场巨大的变革。

人们总是容易将目光聚焦在最早的风吹草动上，却常常对沧海桑田视而不见。虚拟货币对金融秩序的挑战，恰如太阳初升斜照海面时那令人惊叹的波光粼粼，殊不知，与烈日当空普照大地相比，那只是短短的前奏曲。

今天，不论是虚拟货币变局，还是秩序的变局，都还处在初期。虚拟货币带来的新秩序，可见的有以下这些形式（参见图9.1，表9.1）。

图 9.1　虚拟货币的启示

第三编　数字货币中的数字秩序和机器权力　253

表 9.1　虚拟货币的新秩序

新秩序	描述	对应的传统秩序	冲突激烈程度	当前的状态
隐私保护	- 匿名，不收集用户信息 - 用公私钥地址替代实名账户	实名制账户	强	- 反洗钱等监管机构要求实名制 - 央行数字货币普遍提高隐私保护程度
去中心化	- 货币发行的去中心化 - 结算的去中心化 - 支付的去中心化	中心化	强	- 监管中心化的虚拟货币服务商 - 央行数字货币接受结算和支付的去中心化
数字原生价值	- 数字具有价值	实物商品 债权、股权	强	- 普遍对此抵触，并加强监管 - 央行数字货币依然代表债权
价值令牌	- 用数字实体代表价值描述，数字即具有价值 - 比特币等价值实体无锚定，算法发行，价值自有	账户余额制	弱	- 央行界开始采用价值令牌取代账户体系。但排斥去中心化发行的价值令牌
去第三方信任	- 原生财富无须第三方托管	财富托管制	弱	- 普遍不接受原生财富 - 在支付、结算环节逐渐减少第三方
首次代币发行	- 在去中心化的链上融资	公司制、首次公开募股	强	- 多国禁止，一些国家以证券监管方法约束
机器金融	- 用智能合约实现无人的、去中心化的金融，包括借贷、交易、衍生品等	银行、交易所	强	- 多国禁止，正在寻求监管方法

续表

新秩序	描述	对应的传统秩序	冲突激烈程度	当前的状态
非同质化代币	- 用智能合约描述数字资产的产权并处理交易 - 用智能合约描述实体资产的产权并处理交易	电商、大宗物资交易所	弱	- 普遍可接受实体类资产的一般交易。对虚拟资产的交易需监管
区块链应用	- 多公司、多机构之间形成基于智能合约的商业约定	合同、公证、法庭	弱	- 普遍接受用区块链实现存证、溯源、防伪、产权描述，但价值交易需监管
数字秩序	- 给机器以权力，支持数字化秩序工具，是一种新的秩序方式，也是新形式的秩序	数字秩序	强	- 虚拟货币、央行数字货币、都是机器权力下的数字化秩序。民间和官方都在拥抱数字秩序

个人信息保护法：2021 年 8 月 20 日，第十三届全国人大常委会第三十次会议表决通过《中华人民共和国个人信息保护法》，自 2021 年 11 月 1 日起施行。

个人信息是以电子或者其他方式记录的与已识别或者可识别的自然人有关的各种信息，不包括匿名化处理后的信息。

依照《个人信息保护法》，处理个人信息应当取得个人同意。

9.2 保护隐私

在互联网时代之前，个人隐私问题似乎只困扰那些明星与名人。互联网兴起之后，通信联系几乎全部转移成数字方式，个人信息就成了商家的宝贵资产，也成了违法犯罪者用于滥发广告、诈骗、系统侵入等行为的资源。现代社会的每一个普通人都苦于骚扰电话、短信、垃圾邮件，还有网络诈骗。各国政府陆续出台了严格的个人信息保护法，典型的包括欧盟的《通用数据保护条例》（GDPR）以及中国的《个人信息保护法》。在中国，公共安全部门为了防范和制止网络诈骗，投入了巨大的人力物力，设立专线，开发防诈骗应用软件，甚至入户走访做防诈骗教育。可以说，互联网野蛮发展的时代已过，该收获的红利已收获，到了解决问题、建设规则的时候了。

从维护社会秩序和保护个人权利的角度看，对个人隐私存在两个相互冲突的要求，一方面民众希望尽量少地暴露个人隐私；另一方面在面对违规和犯罪行为时，公权力则需要尽量多地可跟踪个人信息（参见图 9.2）。

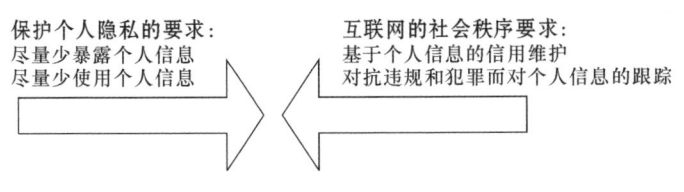

保护个人隐私的要求：
尽量少暴露个人信息
尽量少使用个人信息

互联网的社会秩序要求：
基于个人信息的信用维护
对抗违规和犯罪而对个人信息的跟踪

图 9.2 个人隐私保护上的冲突

个人隐私保护上矛盾和冲突的解决方法：

（1）制定法律，严格个人隐私的收集和利用，惩治侵犯个人隐私的行为。

（2）对需要利用个人信息的场景，尽量使用技术手段替代粗暴的个人信息收集和验证，技术手段包括零知识证明、安全多方计算等。

（3）提升个人隐私收集的权限要求，减少个人隐私暴露的机会。例如，一般的支付场景中，商家不可随意收集用户姓名、卡号等个人信息。

而对这种冲突的解决之道，无非法律、技术两种方法。

虚拟货币发展史上关于个人隐私保护的声音：

埃里克·休斯（Eric Hughes，密码朋克运动发起人）：密码朋克们会自己写代码来保护隐私。

乔姆（eCash 发明人）：互联网没有边界，没有防护，人们在网上的隐私和财产如荒野的羊羔，脆弱不堪。

戴维（B-Money 发明人）：在加密数字世界中，不会再有暴力，因为这个世界的居民不使用真名实姓和真实的地址，与现实世界彻底隔绝。

中本聪（Bitcoin 发明人）：电子支付中，商家要对客户保持警惕，不断收集更多客户信息。在比特币中，公钥地址是匿名的，所以交易账本是公开的，但个人隐私不会暴露。

虚拟货币诞生于民间密码学社区，这些密码学家们组建密码学社区的目的就是保护个人隐私，虚拟货币的设计也因保护个人隐私而起。很多参与到虚拟货币运动的工程师和科学家，都以保护个人隐私为目的之一。

虚拟货币的发明者们对待个人隐私的态度，较为激进。他们普遍认为，电子支付过程中，应该彻底保护个人隐私，实现类似现金一样的匿名性。虚拟货币的隐私模型比之现金更加彻底。现代银行的现金管理实际上非常严格，有反洗钱法规在监管控制，用户存取现金都需要经过银行的合规调查，而虚拟货币则没有任何监管，是彻底的自由。

另外，使命的不同导致关注的重点不同。虚拟货币发明者，以"支付交易"本身的可靠、可信为第一要务，即在电子支付中，不能出现"假钞"这样的欺诈行为。至于"支付交易"所用金钱的来源、去向是否合法，付款和收款双方是否为犯罪分子，虚拟货币发明者则并不考虑。多数的虚拟货币发明者只是科学家，并无支持和鼓励犯罪的动机，但他们激进的隐私保护理念中，确乎存在躲避法律监管的意图，甚至视公权力为敌，这就是虚拟货币对社会秩序最大的挑战。

虚拟货币发明者们认为，最重要的事是保护民众的隐私权，而对抗犯罪是另一件事。

而政府和监管机构则认为，保护个人隐私很重要，为了对抗犯罪，也需要民众出让隐私权。两者之间需要平衡。

从图 9.3 可以看出，虚拟货币设计与传统金融秩序下银行体系的任务区别巨大。所以，虚拟货币如果要走向社会普及应用，必然要合规，施加监管。而各国央行数字货币借鉴虚拟货币的技术和模式，也必然考虑反洗钱中所需要的"了解你的客户"和"反洗钱"等措施。

虚拟货币设计者的关注点

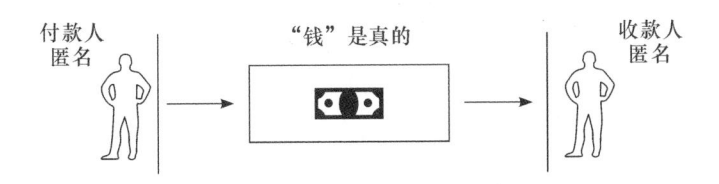

付款人　　　　　　"钱"是真的　　　　　　收款人
匿名　　　　　　　　　　　　　　　　　　匿名

传统金融秩序下银行体系的关注点

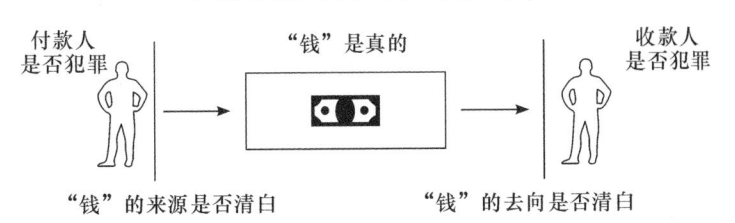

付款人　　　　　　"钱"是真的　　　　　　收款人
是否犯罪　　　　　　　　　　　　　　　　是否犯罪

"钱"的来源是否清白　　　　　　"钱"的去向是否清白

图 9.3　虚拟货币设计者与银行业关注点的差别

9.3 去中心化

在互联网的幼儿时期，支持者曾经喊出一个口号：互联网是去中介的。他们的意思是，有了互联网的"去中心化"的通信手段，消费者可以直面产品生产者，生意就做成了。当时的人们颇受鼓舞，并为之欢呼雀跃。如今看来，这种想法无疑是荒谬的：互联网的发展强化了中介。可以说，人类历史上，中介从来没有如此强大过。

互联网的强中心化趋势根源于对数字世界信任缺失的弥补。没有互联网的时代，人们依赖社区的市场、中介，是一种分散的人与人之间的商业关系。

互联网出现后，网络世界是数字的、虚幻的，若要做支付、做贸易，需要更强的信任来弥补网络和数字世界的虚幻感。所以，银行和第三方支付提供了支付中的信任，而大的电商平台就提供了这种对商品品质、物流品质、售后服务品质的信任。

中本聪在比特币白皮书中谈过这种对信任的弥补：基于互联网通信的电子支付，必须依赖第三方信任，且信任成本高昂。

互联网技术的普及，并未改变社会模式。只是，一个分散化的信任网络结构变成了中心化的信任网络结构。互联网并未对秩序产生根本挑战，也没有引发巨大的社会冲突，无非小中介消失，大中介兴起。

比特币等虚拟货币的出现，真正开启了金融"去中心化"的历程，才是对当前秩序的真正挑战。

比特币白皮书并未提及"去中心化"，而是"点对点"网络中的电子货币。另外，白皮书还提及了"可信的中心权威机构"。而设计比特币的任务就是在"点对点"网络中，消除对"可信的中心权威机构"的信任依赖。

"点对点"：是计算和网络上的概念，点对点计算和点对点网络指一种分布式的应用架构，在平等的"成员"之间分配任务和工作。在应用中，"成员"权利对等，平等工作，这些"成员"被称为"节点"，计算机上与之对应的概念是"客户机/服务器"（Client/Server）模式，在"客户机/服务器"

架构下，多台客户机从居于"中心"的服务器那里申请服务和资源（参见图9.4）。

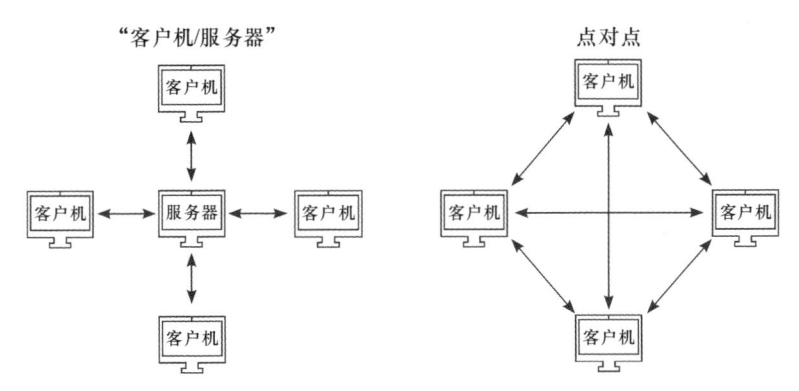

图 9.4　客户机 / 服务器模式与点对点模式

"点对点"更多在描述节点成员之间的架构关系，而"去中心化"则强调组织中成员不存在依赖关系，二者常常可替代使用。

去中心化："中心化"和"去中心化"（参见图 9.5）大约于 18 世纪末、19 世纪初出现在法文中，用于形容政府的组成结构。随后，其在 19 世纪初出现在英文中。

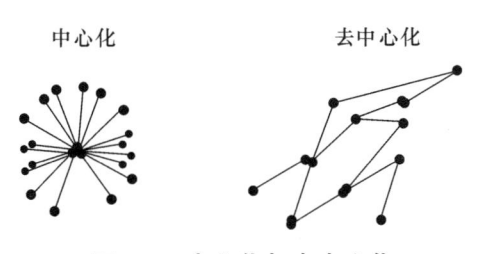

图 9.5　中心化与去中心化

托克维尔曾经在《旧制度与大革命》中写道："大革命本是朝向去中心

化的努力，却最终加强了中心化。"[1]

20世纪90年代，去中心化一词开始用于系统论："一个去中心化系统中，决策由代理们做出，无须中心控制或处理。系统的重要特征是代理之间的连接程度，可用以衡量信息的流转顺畅度。如果代理们广泛地互相连接（交换状态或作用），那么系统就是充分连接的。"

虚拟货币发展初期，也就是比特币出现之前，"去中心化"并不是科学家们主要的追求。大家努力解决的问题还是保护隐私，以及如何实现数字世界的可信成本。最关键的是，"去中心化"模式下，如何在节点间达成数据的一致，一直是个难以解决的问题。

最早提出虚拟货币要实现去中心化的，是戴维的 B-Money 和尼克·萨博的 BitGold。1998年戴维在"B-Money"一文中设计了一种用于网络虚拟世界的货币，货币的产生通过计算机计算数学难题来做工作量证明。戴维认为 B-Money 必须依赖一些服务器来记账，而这些服务必须在一定程度上是可信的，所以要设计一些机制来保证这些服务器诚实。但戴维没有详细描述如何实现这种机制。

尼克·萨博在1998年也提出了 BitGold 概念，他更明确地认为必须"去中心化"，必须不依赖中心的权威机构，才能摆脱中心化发行的通货膨胀。BitGold 在基本思路上与 B-Money 相似，只是尼克·萨博在去中心化实现上提出了一个思路：工作量证明字符串必须使用时间戳服务器盖上时间戳，这些时间戳服务器必须是分布式的，无须依赖某一台服务器。

戴维和尼克·萨博二人清楚描述了去中心化货币的思路，两人的动机都对当前金融和货币秩序极具挑战，要彻底抛弃依赖中心机构信用的货币体系和结算体系。但在如何实现去中心化上，他们并未深入。更早还有哈尔芬尼的"可重用的工作量证明"（RPOW），提出的"透明服务器"，实际上也并没有实现去中心化。

---

[1] 阿历克西·德·托克维尔（Alexis-Charles-Henri Clérelde Tocqueville）是法国著名的历史学家、政治学家、社会学家，著有《旧制度与大革命》《论美国的民主》等书。

在去中心化模式下，如何实现节点间数据的一致性，是问题的关键。

如何实现节点间数据的一致性：这个问题在计算机上被称为"分布式系统"问题。很多计算机科学家研究并在此领域有过贡献，其中莱斯利·兰伯特提出了拜占庭将军问题，设计了拜占庭口头协议算法、签名算法、PAXOS等，是此领域的开创者。

分布式问题的解决方案有两种。

一种是由莱斯利·兰伯特等科学家所设计的算法，包括兰伯特的PAXOS算法、卡斯特罗（Miguel Castro）和利斯科夫（Barbara Liskov）的PBFT、迭戈·翁加罗（Diego Ongaro）和约翰·欧斯特霍特（John Ousterhout）的RAFT算法。这些算法的特点是可靠、严谨的形式化证明、高效，但仅限用于"有限数量节点"和"已知节点"的前提下。

另一种则是开端于中本聪在比特币中所设计的工作量证明（POW）共识机制，后发展出权益证明（POS）、委托权益证明（DPOS）等。这些方法之所以被称为机制，而不是算法，是因为它们的有效和可靠，最底层的信心根植于参与节点机器的主人们的经济选择，与PAXOS等算法路径完全不同。而这一类机制的优点是，可在无限节点间达成共识，且陌生节点可随意加入。

比特币之后，电子货币的"去中心化"才得以从技术和模式上真正实现。电子货币的"去中心化"有两层含义，一层含义是指电子货币的支付系统，无须中心化服务器的支撑，这是技术层面的现象；另一层含义是指货币体系中，不再需要一个中心化权威机构来提供信用做货币发行，也不需要中心化权威机构来提供信用做支付记账。第一个层面是第二个层面的技术支撑，第二个层面是第一个层面的模式创造。

虚拟货币和数字货币的"去中心化"，还可根据货币业务环节分为几个层次，代表这种数字货币的数字化程度之高低。

如图9.6所示，只要支付环节不再使用纸钞、硬币等实体货币，支付就进入电子货币领域。而电子货币的去中心化分为三个层次。第一个层次是支付环节去中心化,不再依赖中心服务器,但结算和发行仍然依赖中心服务器,eCash 是其中的典型;第二个层次是结算环节去中心化,不再依赖中心化服务器,但发行还依赖中心服务器,USDT 等稳定币是其中的典型;第三个层次是发行环节去中心化,不再依赖中心化服务器,比特币是其中的典型。

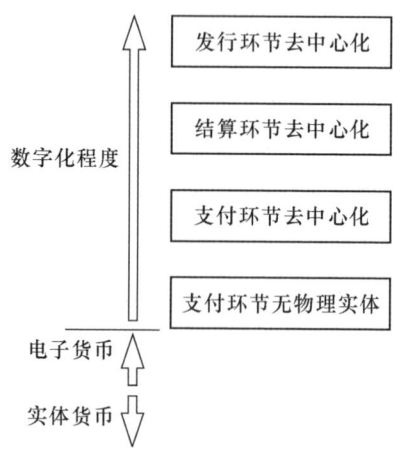

图 9.6 虚拟货币去中心化的层次

支付和结算的去中心化,是对当前电子货币支付体系的一种升级,对秩序的挑战主要在于反洗钱的监管。但在发行环节的去中心化,则对当前货币体系的根本,乃至国家、社会权力架构的根本,都提出了挑战,这是最激烈的挑战。各国央行在发行央行数字货币的时候,都不会采用这种发行的"去中心化"。监管机构对待虚拟货币的发行"去中心化",则视其为私人货币、证券等,依据相关法律法规施加监管。

9.4 数字原生价值

关于"价值"的争论,在经济学研究中从未停止。在古典经济学中,人们以为价值乃是财货内在属性的客观衡量,这也是人们直觉上的感受,例如粮食有价值，而野草没有价值。马克思主义经济学则认为劳动是价值的来源，商品中注入了人类的劳动，则价值产生。奥地利经济学派则提出了价值的主观论。奥地利学派的门格尔是第一位学者指出这样一个理论，不论是黄金还是面包，其价值在于人们通过使用这种商品获得的满足，这种满足完全是主观的。

在数字时代的初期，数字世界就价值而言还没有什么争论，因为那时候计算机和网络中的数字都是对现实世界物体或关系的描述，仿佛纸上记录的账目数字，本身并无价值。及至比特币出现，困惑和争议随之而来。人们的质疑是，比特币是一串数字，它不代表任何实际物品，也不代表任何经济关系，它没有价值。为比特币价值做辩护的一方则要么认为比特币提供了账本服务，是一种功能，自然应该有价值；要么从奥地利的主观价值理论出发，认为比特币与黄金、面包一样满足了人们的欲望，人们从主观上可以衡量出自己满足的程度。

在常规的金融系统中，计算机系统用二进制数字存储和记录信息，所记录的是物理世界实物的数量属性，或者是经济关系。电子货币系统、金融系统中的转账，实际上是对代表实物的数量数字做增减。计算机中的数字是否能够具有价值，而不仅仅是对现实世界实物的记录？是否可以指着计算机屏幕上的一个数字字符串，对客户说，这个字符串值 100 元？

对"数字价值"的研究，起始于 1993 年，辛西娅·德沃克（Cynthia Dwork）和莫尼·诺（Moni Naor）为了解决对网络系统的 DoS 攻击，提出了"工作量证明"的概念。"工作量证明"即申请服务的计算机需要向服务器提供一个证明，证明自己消耗了一定的算力，才能获得服务器的服务。类似《西游记》中唐僧取经，需要经历故意设置的困难，以证明诚心，这样佛祖就阻止了众多贪婪而不诚心的取经者。

工作量证明算法出现后，计算机的数字世界中，有了"成本"，即发过来一串字符串，就能证明这个字符串数字，耗费了计算机大约多少中央处理器时间和电费。

应用了工作量证明的"哈希现金"（Hashcash）：1997年，亚当·拜克(Adam Back)发明了"哈希现金"，应用了工作量证明以防范垃圾邮件。

使用"哈希现金"所发邮件的邮件头如下：

X-Hashcash:1:52:380119:calvin@comics.net:::9B760005E92F0DAE

此邮件头是经过几千万亿次计算。如果对其中"1:52:380119:calvin@comics.net:::9B760005E92F0DAE"部分做SHA-1计算，可得到"0000000000000756af69e2ffbdb930261873cd71"，此16进制数的前13位是0。这是发邮件的客户端耗费一定时间尝试出的，而接收邮件的客户端只用一次计算就能验证出其正确。

随后科学家们寄希望于工作量证明，尝试在计算机上设计出"数字黄金"来。也就是在计算机和网络上模拟黄金挖矿：耗费一定中央处理器和电力的成本，在计算机上产出类似黄金这样的数字资产，可以用作网络世界的货币。哈尔芬尼所设计的可重用工作量证明、戴维的B-Money以及尼克·萨博的BitGold思路就是如此，希望借计算机的成本，带来计算机世界的价值，当然，他们的设计都没有完全实现。直到比特币出现，才完美实现了黄金挖矿的过程。但是，比特币虽然应用了工作量证明，其思路却并不拘泥于黄金挖矿。

从图9.7可见，比特币不同于之前的思路，工作量证明所耗费成本仅用作安全的防火墙：要攻破比特币系统，那就要付出工作量证明所耗费的成本代价。至于比特币的价值，比特币认为这是应该由市场供需决定。比特币系统所努力要达到的目标，只是这一串字符串所代表的价值，在比特币的点对点网络中，是无法"双花"的。至于这种币与一种法币的价格对比，则交由市场决定。基于工作量证明成本，或者不基于工作量证明成本，只要其价值不再依赖现实世界的资产实物，也不再依赖现实世界的经济关系，那这种价值，就是一种数字原生价值，它诞生于数字世界，流转于数字世界，与现实世界再无关联。

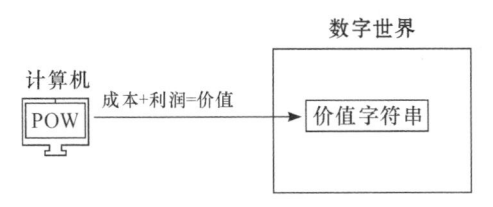

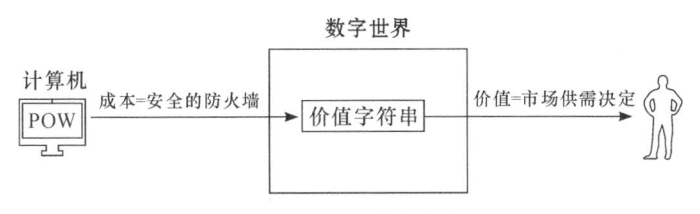

图 9.7　虚拟货币不同的价值模式

至于比特币诞生之后随之出现的稳定币，以及中心化发行的央行数字货币，其价值模式依然是电子货币的价值模式，并没有采用比特币的模式。传统价值模式与数字原生价值模式如图 9.8 所示。

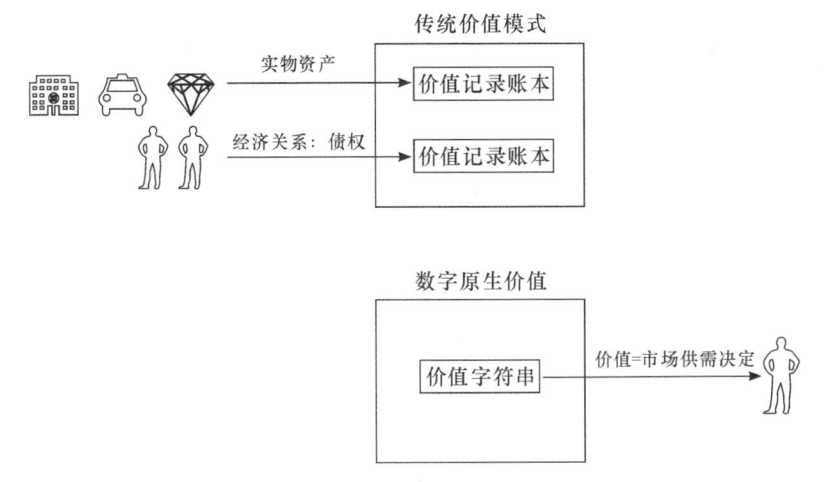

图 9.8　传统价值模式与数字原生价值模式

数字原生价值模式对货币和金融秩序的挑战是巨大的，人们的激烈批评也聚焦于此：虚拟货币没有内在价值。从这个角度甚至可以认为比特币等虚拟货币，是真正的"空气币"。所谓空气币，是指这种虚拟货币不锚定任何实物资产，不与任何功用挂钩，也不代表任何实际的经济关系。但从另一个角度说，这种虚拟货币又恰恰不是"空气币"，比特币基于算法发行，没有任何人能随意凭空增发哪怕一聪比特币。至于如何看待，就只有见仁见智了。

数字原生价值模式是各国央行数字货币不会采用的模式，各国央行数字货币，都在发行环节坚守自己的发行权，不会交给算法，也不会基于工作量证明计算出"空气币"。

9.5 账户和令牌

韩梅梅到餐厅吃饭，如果她付款用现金，那么餐厅只验证现金的真伪，并不关心韩梅梅是谁。如果用银行卡付款，那么刷卡机背后的银行就要验证这张卡的身份，而且韩梅梅要在小票上签字，以证实自己是韩梅梅，银行再对韩梅梅的账户做扣款，这种支付方式关注的是她的身份。

在古代，支付用的黄金和白银，也要验证黄金白银的真伪。所以，黄金、白银、现金，都是一种令牌。eCash 也是令牌。但银行卡就是账户。在虚拟货币出现之前，令牌和账户的定义，是非常简单的（参见图 9.9）。

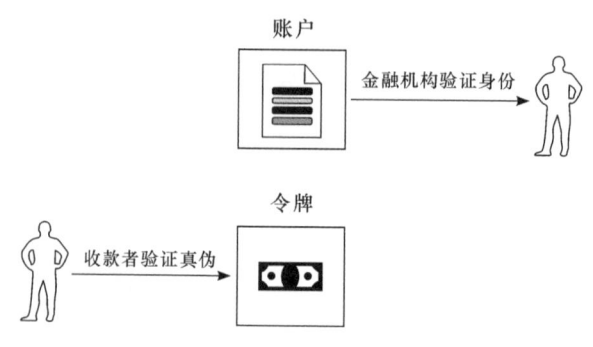

图 9.9　账户和令牌的一般区分

比特币的出现，是要实现数字黄金，理论上它应该属于一种令牌，支付的时候只验证比特币的真伪。但事情并不那么简单，比特币以及虚拟货币，在账户和令牌的属性上非常复杂。从趋势上来说，比特币在往数字令牌的方向走，但账户的身影依然若隐若现。

账户还代表着财富托管制，韩梅梅在银行有账户，就意味着她的钱存在银行。相对地，令牌代表着自我持有，韩梅梅持有黄金，那就是资产掌握在自己控制中。但随着虚拟货币的浪潮，情况变得复杂，账户也可能是自我持有，比如，以太坊从技术角度就是一种账户制，但以太币却因去中心化而化为持有制。使用令牌也可能是托管，例如央行数字货币采用了数字令牌技术，但中心化数据库的交易登记，依然用价值托管保证了用户权益。

9.5.1　什么是账户

账户的英文是 account，基本词义来自会计学，意指一个会计记账单位，例如资产、负债等，用于记录、归集、统计价值。Account 的词根是 count，本意就有计算、计数的意思，而 account 账户就是一个计数的单位或类目。从 7000 年前人类发明了数字，学会了抽象，就开始使用账户的概念了。家里有 5 只羊、2 头牛，那么羊这个账户上的数字就是 5，而牛这个账户上的数字就是 2，牲口账户上的数字就是 7。

而银行账户（bank account）则来源于会计的记账账户。通常所说银行账户，指根据银行经营业务，比如活期、定期、贷款等业务，为个人、企业所创建的记账单位。

不论是账户，还是银行账户，其基本作用都是两个：

（1）价值归集的容器，就像一个瓶子、袋子一样，把价值的数量装进去。人们提起银行账户，就仿佛是口袋和保险柜，但实质上账户里存的不过是个数字。

（2）交易来源和去向目标，是价值流动的坐标系。通常收款、支付都不用个人姓名，而使用账户。

作为价值归集的容器，账户上一般只记录总额，这就是余额制。而交易，则是与账户关联的价值流动和转移的明细。交易是过程，账户余额则是结果。

在纸质记账时代，有明细账本，用于记录每一笔明细交易；而总账，则记录每个账户单位的余额，也即当前的最终结果。

到了计算机的时代，数据库替代了纸质账本，但还是模仿了纸质记账的数据结构，几乎一模一样。

9.5.2 什么是令牌

令牌的英文是 token，在计算机领域指的是在计算机和网络中用于访问系统、声明权限的字符串凭证。词面上的本意指代币，例如游戏机所用的那种塑料片，这些代币在有限场所使用，且不是政府发行的法定货币，所以称之为代币。

在提及虚拟货币时，有时用 coin，有时用 token。有人建议将 token 翻译为"代币"，指非官方发行的数字货币，有人建议将其翻译为"通证"，有借鉴字符串凭证的意思，用于指在某个场所或者虚拟社区中使用的价值凭证。这些关于如何翻译的争议和讨论，多针对货币学和金融学的范畴展开，译者和拥护者都具有鲜明的立场和站位，很少是从技术的中立角度出发的。当然，更不是关于文字的。在本书的其他部分，为了突出 token 的价值属性，使用中文"代币"指代 token。在本节中，展开针对 token 技术和金融属性的讨论，为了不预设立场，所以使用更中性的中文词"令牌"指称 token。

> 虚拟货币中的 coin 和 token：token 在数字货币领域的真正流行，起源于以太坊社区。2015 年以太坊出现后，因提供强大的智能合约编程能力，一举成为区块链 2.0 的代表。后来以太坊推出 ERC-20 的 token 标准，由此加密货币社区中，将"区块链上的数字资产"称为 token，将"在区块链上对资产做数字化描述"称为 tokenized。而比特币和以太币等基于区块链协议的代币都称为 coin。以太坊上的以太币作为区块链

上的原生币就是 coin，以区别于智能合约中的 token。

虽然并无权威和官方的明确定义，但随着加密学货币、数字货币的产生和流行，又诞生了一个概念：令牌型（token-based），即基于令牌的数字货币，与之对立的则是账户型（account-based）。

令牌型与账户型：从对词语含义的直觉判断，在令牌型中，令牌指货币有一个实体的字符串（与塑料币、计算机系统访问凭证字符串类比），而账户型则是一个容器，代表余额制。这种直觉上的判断，与当前区块链技术设计上的定义是一致的。

9.5.3 令牌和账户：古老的历史

在古代，支付用的是白银、铜钱，人们随身携带的都是沉甸甸的贵金属，去酒楼、店铺里消费，掏出来的都是白的、黄的。这白银、铜钱就是代币。

这种方式对于普通百姓来说是可以的，普通人至多带个二两银子，但对于大富豪就很麻烦，要从北京运 10 万两银子去南京，就很麻烦，而且路途很凶险。

后来，聪明人看到了机会，对这个刚需下了手，开始创业，搞出了票号、钱庄。有钱人只需把 10 万两白银交给票号或钱庄，票号或钱庄给有钱人在账本上开个户头，记上存款金额，然后开一张存折，或者开一张银票。之后，有钱人可以用银票消费，也可以用存折或者银票到票号或钱庄提白银。这种模式下，存折就是账户（account），银票则如今天的纸钞一样还是令牌（token）。所以这种模式是账户+令牌（account+token）复合模式。

不管是用存折还是银票，这种模式下，支付和结算时已经没有令牌实物的转移。当张三向李四支付一张 10 万两的银票，票号或钱庄并不需要在库房里把张三保险柜里的 10 万两搬到李四的保险柜。这种模式已经与今天的银行模式类似，十分省事。

更省事的是把银票也废掉吧。但废掉银票容易，废掉令牌却不容易。

到后来，现代银行出现，银行所用的工具有两种，一种是现金，一种是存折、支票这样的工具，现金还是令牌，但存折和支票不再是价值令牌，而仅仅是用来验证用户身份的工具。提款、支付、转账的时候，银行验明身份后，对支付方和接收方的余额做个增减就"齐活"了。在电子化银行出现之前，银行账户仅仅在存款、提款、转账的时候才做账户增减，而日常消费依然以令牌——现金为主。

终于到了电子银行时代，银行和用户彻底摆脱了令牌，每一次转账、小额支付都直接增减双方的余额即可。这是账户的鼎盛时代，而令牌就真的快要废掉了。

9.5.4 数字货币的历史：令牌的回归

从词语直觉和技术上的定义看，第一个令牌的货币，人们往往以为是比特币，实际并非如此。按照这种定义，令牌代表实体，则这个头筹当归 eCash。

eCash 的应用原理，是结合了账户型与令牌型两种模式。用户在银行开设账户，用于结算，账户中记录余额。用户可通过系统访问银行账户"取款"，这里的取款是数字化的，即从银行获得代表货币的字符串，这些字符串由银行作盲签名，同时从银行账户扣款。当消费的时候，商家获得银行盲签名的字符串，并提交给银行，银行收到字符串后，为商家的账户增加余额。关于 eCash 的详细信息，可以参考本书第 6 章。

eCash 结算还需要依赖银行账户，而比特币则彻底摆脱了银行这样的中心化机构。比特币在支付、结算、发行三个环节，都不再依赖银行，所以比特币彻底摆脱了账户结构，是完全的令牌型的数字货币。

但比特币的数据形态与 eCash 并不相同。eCash 系统中有一个字符串代表一定金额的价值，而在比特币中，是以"未花费的输出"（UTXO）代表价值的持有。比特币系统中并不存在一个代表比特币的字符串。

可以这样想象比特币系统：在一个银行账户系统中，去掉银行账户的余额，只保留交易数据。

比特币的交易与传统银行账户系统的交易不同，比特币采用了复式记账的模式，交易左边是多个输入，右边是多个输出，两边金额平衡。右边的输出，在未花费之前，即构成"未花费的输出"。

所以，可以称比特币为令牌型，但这种代币，是交易数据字符串，或者认为是"未花费的输出"也可以。

以太坊则再次改变，恢复到了传统的账户余额制。以太坊在链上通过简单的交易达成共识，然后所有的节点根据交易写入账户数据库，获得账户的最新状态。以太坊的交易，是传统账户体系下的交易，并不构造左边的输入和右边的输出。以太坊的智能合约，以及账户余额，都存储在账户数据库中。

数字人民币是中心化发行和结算的，是一种密码学货币。央行数字人民币综合应用了账户型、令牌型模式，这种应用模式与 eCash 最为相近。数字人民币中存在一个代表人民币的字符串，这个字符串可以存储在用户各自的钱包中，又在银行的中心化结算系统中登记所有权，而银行的中心化结算系统基于现有的银行账户（参见图 9.10）。

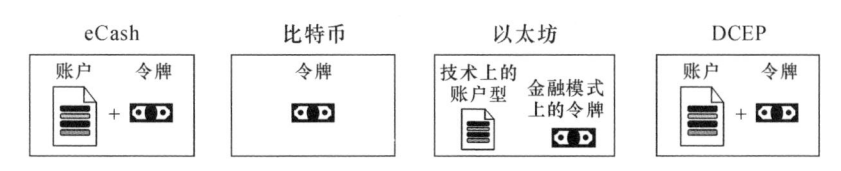

图 9.10　几种数字货币的模式

9.5.5　优劣分析

基于账户的记账方式，最合乎人们的直觉，对一种资产、负债的计数和汇总，人人都能理解，都能接受。发生交易，则根据交易记录，对账户余额做增减。虽然看似理所当然，细想起来，账户模式与人们用金银、纸钞的区别巨大。使用金额和纸钞支付，并不存在对余额做增减的操作。所以，账户的操作模式，是人们对物理货币支付模式的一次抽象，而非简单的模拟。

eCash 是为了保护交易隐私，它的盲签名技术，实现了对物理货币的模拟，在支付环节无须账户的支持，只对加密字符串做转移，而在结算环节，依然要对账户余额做增减。本质上还是账户模式。

比特币采用的"未花费的输出"（UTXO），是一种令牌型模式，在比特币系统中，可以找到一个字符串，代表了对价值的拥有。UTXO 在比特币交易中的结构，参见图 9.11。

比特币交易

交易输入	交易输出
序号 地址 金额	序号 地址 金额
1 1A1zP...0.1 BTC	1 1Lst6Ro...0.4 BTC → UTXO
2 1A1zP...0.35 BTC	
交易费：0.05 BTC	

图 9.11　比特币的交易与"未花费的输出"（UTXO）

但为何比特币要采用 UTXO 模式？

对这个问题的回答，主流的说法有两种。

一种认为 UTXO 是并行的，所以可扩展性好。所谓并行，就是说类似黄金和纸钞，你收一张 100 元钞票进钱包，并不影响你同时抽出一张 10 元支付给别人。而账户余额制则不可以，每一笔交易都必须顺序执行。账户必须先执行了 100 元收进来，再执行 10 元付出去。

但这种并行优势，其实只是针对传统中心化数据库时代的账户余额制才有，对于区块链上的设计，并没有优势意义。也就是说，区块链上，采用 UTXO 还是采用账户余额制，并行的速度都差不多。因为说到底是区块的出块节奏在决定速度，交易是否并行区别不大。所以，以太坊为了提供强大的智能合约，就不用它，而是回归账户余额制。

另一种答案认为 UTXO 能够保护隐私，这个说法很值得商榷。比特币鼓励使用多地址，一次交易一个地址，这样就能隐藏身份。但若是用账户余额制，一样能够做到一次交易一个账户，一样可以起到保护隐私的效果。

有技术文章争议说 UTXO 的多地址效率更高，因为它的数据库中只存储未花费的输出，而账户模式需要查询所有账户，系统开销更大，这个似乎也说不通。账户模式下，也可以在数据库中只保存尚有余额的账户，而剔除掉已无余额的账户，一样可以节省系统查询开销。

UTXO 无可争议的优势就是可追溯，通过交易成链，有来源有去处，哪怕最小份额的货币都可以找到源头（细究起来，其实它只能追到多个源头，并不能绝对定位），这正是代币的优势。

UTXO 也有真正的、无可争议的弱点，这个弱点听起来有点绕：它的面值对于其上的脚本是不可拆分的。

比特币上的脚本，是写在 UTXO 上的，如同在一张 100 元钞票上写了备注，这个备注只能针对整个 100 元，无法对 100 元进行拆分。以太坊白皮书中就对这个弱点做了批评。

另外，UTXO 是无状态的，这个听起来也比较有技术含量。一个 UTXO 就是一笔未花费的收入记录，一旦被花费，它就消失了，不存在任何中间状态。而金融领域常用的场景需求就没法实现，比如对一笔资金做冻结，它就做不到。

由于有这些弱点，以太坊就没有使用 UTXO 模式，而是回归了账户余额制。一个账户，记录这个账户地址的余额，交易发生后，则增减余额。智能合约的脚本也存储在账户上，这个就与比特币脚本存储在交易上不同。

9.5.6 账户与令牌的定义，并无定论

前面几节对账户型和令牌型的分析，是从词语直觉和技术角度的定义来分析，但账户与令牌的定义并非只有技术角度，在不同的社群和不同的领域，定义并不相同，尚无定论，实际上也难以定论。

如前所述，在比特币早期时代，加密学社区中称虚拟货币为"钱币"（coin），例如 bitcoin。后以太坊出现，在其智能合约中可以用代码开发

ERC-20 格式的代币，以太坊社区称呼这种"区块链上的数字资产"为"令牌"。ERC-20 是同质的令牌，所谓"同质"，即相同单位的代币都一样，就如一个一元硬币与另一个一元硬币完全相同。后又发布 ERC-721 标准的令牌，这是非同质的，每一个都不一样，不可替换，其实就是一种单品管理模式。

以太坊链上原生的以太币，则可被称为"钱币"，以示区别。当然，有些文章并不区分"钱币"和"令牌"。

如果从技术角度细究的话，以太坊上智能合约中的 ERC-20 实际上还是余额制，即某个地址上所持有的资产总量是通过余额表现的。以太坊本身的"令牌"以太币也是余额制的。所以，虽然是以太坊定义并宣传了令牌，但从技术角度看，以太坊是账户余额制的。

金融业务角度对"账户型"和"令牌型"的定义：2009 年，两位货币学者卡恩和罗伯茨（Kahn 和 Roberts）在论文中定义了令牌型和账户型两种模式。他们的定义更多是从业务模式角度所做的判断。账户型就是"交易需要验证持有人身份"的模式，而令牌型就是"交易需要验证代币对象真伪"的模式。

银行账户当然是账户型，因为每笔支付交易，都要验证用户身份，证实确是此账户主人在发出支付指令。

卡恩和罗伯茨所说的令牌型则指黄金和纸钞法币这样的货币，用户在使用时要辨别其真伪。

卡恩和罗伯茨所给出的定义，在 2009 年是清晰的、无歧义的。那时候，比特币刚刚上线运行，以太坊还有 5 年才会出现。等到这些加密学货币出现，再套以他们的定义，解释起来就不那么容易，甚至无法划分一个加密学货币到底属于哪一种模式。

按照卡恩和罗伯茨的定义，比特币就是账户制的，因为比特币要验证数字身份，也就是公私钥，符合"交易需要验证持有人身份"的特征。但比特币并非余额制，而是基于 UTXO 的。

至于卡恩和罗伯茨定义的令牌型，则要看到，在数字世界中，辨别数字对象的真伪是根据数字签名、哈希值、默克尔树、UTXO、区块链等技术。从这个角度说，eCash、比特币、央行数字人民币等都可以算作令牌型的，甚至以太坊的"钱币"和"令牌"虽然采用余额制，也可以算作令牌型，因为交易中也要验证以太币、其他代币交易字符串格式的正确性以判断其真伪。

到这里就已经看到，如果想按照定义在账户型和令牌型之间划分一条清楚的界线是很难的，因为对数字货币根本上就很难区分"账户身份"和"令牌对象"。再说，账户型和令牌型并不是非此即彼，而是可能兼容的。

如果从技术角度的定义方式，账户型是汇总余额，不论在纸质上，还是在数据库中，余额都是对价值的汇总，更为抽象。余额的这种特点，导致对价值的来龙去脉无法追踪。例如，账户收到 10 元汇款，余额为 10 元，再收 10 元，余额为 20 元，此时支付 5 元，则余额为 15 元，但系统无法判断支付的 5 元来自第一笔 10 元，还是第二笔 10 元。余额是个池子，所有流进来的、流出去的水，都无法区分。

而"令牌"则以黄金、白银、硬币、纸币、无记名票据为代表，其特性为存在价值实体。那么将此概念扩展到数字世界，可以认为令牌型指存在数字实体，也就是一个具体的字符串代表价值。从这个角度来看，以太坊的设计就是账户型，而不是令牌型，以太坊上以智能合约开发的 ERC-20，也不再是一种令牌，但 ERC-721 则是一种令牌。比特币的设计则不是账户型的，其 UTXO 可算为一种令牌。

所以，加密货币社区、货币金融行业对账户和令牌的定义并不一致，甚至是冲突的。在各种定义中，要清楚划分一个具体的货币、支付方式到底是账户还是令牌，并不那么简单。

9.5.7 账户与令牌含义的详细分析

如果非此即彼的分类不是那么有效，那么在分类学上，就只好继续深入，分析账户和令牌这两个名词背后所可能隐藏的含义。请注意，所谓的"可能"，即指对存在的各种定义都普遍加以接受。下表列出在不同维度的特性下，账户与令牌所指的内涵（参见表 9.2）。

表 9.2 账户和令牌内涵分析

特性	账户	令牌
特性一：价值载体	物理实体、实际债权债务关系等	数字实体、物理实体、实际债权债务关系等
特性二：资产记录模式	余额记账	持有物理或数字实体
特性三：持有方式	托管他人	自己持有
特性四：验证	身份验证	实体真伪验证
特性五：转移方式	中心化记账	点对点转移
特性六：加密学社区的习语	无	智能合约中的资产
特性七：数字技术	余额制	加密字符串

1. 价值载体

开设账户，是为了核算黄金、货币等实物资产的数量，或者记录债权债务等现实中的经济关系。账户中只记录这些实体或者关系的抽象数量。而令牌则是现实中的物理实体，例如纸钞、黄金或者计算机上的一个字符串。

如果令牌是计算机上的字符串，这个字符串可以是原生的，与现实或者物理没有关联，也可以代表实体黄金或者现实中的经济关系。例如比特币 UTXO 就是原生的，自有价值，与现实和任何物理实体都没有关系，而以太坊上发行的 DGX（一个 DGX 代表一克黄金）则代表实体黄金。

2. 资产记录模式

在多数账户体系中，只记录价值的总额、余额。而令牌则按照实际持有的物理实体或者数字实体计算。

3. 持有方式

银行账户中，资产的持有方式是托管，即账户拥有者将黄金、货币等价值托付给他人，比如银行，然后通过指令做价值转移，银行为账户拥有者维持可信的账簿记录。而在令牌体系中，拥有者自己持有资产的物理实体，例如黄金、纸钞。

在这个特性维度上，比特币会存有争议，比特币所有者在自己的钱包中存有的是私钥，而私钥是一种身份，并非价值，价值是 UTXO，存在于所有的矿机服务器上。所以似乎比特币是托管到矿机，更符合托管特性。但还要考虑到比特币是数字原生的，除了共享账本上的 UTXO 之外并无实体，所以比特币的持有方式也可归入自己持有。

4. 验证

在账户体系下，交易时需要验证账户所有者的身份，例如银行账户需要用户名、密码或者刷脸认证。而令牌体系下，则无须所有者身份的验证，只需检验令牌本身的真伪。在黄金、纸钞时代验证的就是黄金和纸钞本身的真伪，而在数字时代，则要验证加密字符串的真伪，包括字符串的格式以及数字签名。在这一点上，数字令牌的验证与账户的验证有重叠之处，例如比特币交易的验证本身就包括数字签名的验证，此时，账户的身份验证与令牌的真伪验证叠加，成为一件事。

5. 转移方式

账户体系下，价值转移无须实体转移，只需账户管理者改变账户余额即可，是最便捷的交易模式。而令牌模式下，则多是物理实体转移，且转移直接发生在个体对个体之间，例如纸钞的递交。在数字令牌模式中，也可能伴随着数字字符串的转移，例如在 eCash 和数字人民币中，就有数字字符串的转移。数字令牌模式，当然可以点对点，但也可在账户托管模式下进行。数字人民币就是既有断网状态的点对点支付，也有中心化账户模式的结算。

6. 加密学社区的习语

在区块链开发者的语境中，"令牌"就指的智能合约中所开发的数字资产。此处的"令牌"并非"账户"的对立面，仅仅指代区块链时代带来的新发明。

7. 数字技术

在区块链开发者提及账户的时候，则指账户余额制，例如以太坊的设计中，为了突破比特币 UTXO 的局限，回归账户余额制，这样智能合约才更加灵活。智能合约中实现的 ERC-20 也是账户余额制的。与账户余额制对应的则是 UTXO，并不是令牌。但 eCash 和数字人民币则非常明显是一种令牌，具有实体加密字符串。如果把 UTXO 也算作一种令牌，那么从数字技术上的定义，可以清楚地区分账户和令牌。

综合以上各种维度的特性，表 9.3 列出可能属于令牌的各种货币，并分析其特性。

表 9.3　令牌型货币特性分析

令牌的类型	价值	防伪	物理形态	转移方式
黄金、白银	内在价值	金属特性	实物	个人对个人 点对点
银票	票号债务	印刷防伪	实物	个人对个人 点对点
法币——纸钞、硬币	央行债务	印刷防伪	实物	个人对个人 点对点
eCash	银行债务	盲签名	数字	点对点 + 中心账户结算
比特币	内在价值，非债务	区块链	数字	点对点
数字人民币	央行债务	数字签名 + 账户 + 实名身份	数字	中心结算 + 碰一碰

综合以上各种维度的特性，表 9.4 列出可能属于账户的各种货币，并分析其特性。

表 9.4　账户型货币特性分析

账户类型	用途	模式	验证	物理形态
票号户头	票号为客户所设立的记账单位	余额 + 令牌	存折	纸质
会计账户	企业内经济核算的分类载体	余额 + 明细	无	纸质或数字化
银行账户	银行为客户所设立的结算单位	余额	身份实名验证	数字化
比特币	账户即持有 UTXO 公私钥地址	UTXO	数字签名验证	数字化

续表

账户类型	用途	模式	验证	物理形态
以太坊	存储地址、余额、状态、代码的数据库记录	余额	数字签名验证	数字化
数字人民币	账户即银行账户，以及依赖银行账户的数字人民币钱包地址	令牌——数字化字符串	身份实名验证＋数字签名验证	数字化

从表9.3和表9.4可以看到，在传统的金融货币体系下，账户与令牌是可以清晰划分开的，而到了数字货币时代就很困难。账户与令牌的特性纠缠一起，不同维度和语境下，账户与令牌的所指也不同。比特币、以太坊、数字人民币都不好简单地说是账户还是令牌。数字化时代的货币，在账户和令牌的各种定义上，就如同光呈现出波粒二象性，这些数字货币呈现出账户令牌二象性。

9.5.7 结论

账户模式与令牌模式的定义，并不是统一的、清晰的，在不同的社区和行业中，人们对这两个词有着不同的定义。这些不同的定义中，账户与令牌代表着很多个维度的特性。不论是在文章中，还是在讨论中，提及账户与令牌，需要考虑具体语境，并仔细分析词语真正的含义。

在加密货币社区中，令牌代表着区块链上的数字资产，这是令牌一词走热的源头。加密社区中并没有试图将账户置于令牌的反面，当他们提及账户的时候，反而指的是一种技术上的模式，即账户余额制，而账户余额制的对立面是UTXO。

在传统货币金融领域，尤其是央行的学术环境中，账户与令牌有了权威的定义，账户指基于用户身份验证的模式，而令牌则指基于对象真伪检查的模式。

考虑到账户与令牌在很多语境下已经形成了对立的两个概念，这就有必要在不同语境下，对这两个概念做出确切的定义，以方便讨论。

在业务层面（金融、货币、央行），账户指财富托管模式、中心化结算、交易基于身份验证的模式。令牌则指财富自我持有（非托管模式）、去中心化结算、交易基于对象真伪检查的模式。

而在技术层面，账户简单地只指代账户余额制。令牌则指非账户余额制，例如 UTXO、加密字符串等模式。

在业务层面，在计算机时代之前，以令牌模式为主流。后信息化和互联网出现，账户模式渐成主流，甚至有消除令牌的趋势。数字货币出现后，令牌再次归来，以数字化的形式，呈现了新的生命力。在技术层面，账户与令牌这两种设计模式将长期共存，在不同的场景下，不同的设计者偏好不同的设计。但传统的简单账户模式，在数字货币时代，将会逐渐减少。

令牌的归来，是加密学货币、数字化经济浪潮中的一个趋势。对当前的货币体系的技术架构、业务模式提出了挑战，但这种挑战无涉权力，仅是技术上的升级要求。虚拟货币带来数字化的令牌以及令牌模式，对这种升级，现有货币和金融体系的管理者是欢迎的，所以各国央行数字货币都乐于采用令牌技术和令牌模式。

9.6 点对点支付

用现金支付，是点对点支付：
李雷递给韩梅梅一张 100 元钞票，完成支付，只涉及两人的行为。
用电子支付：
（1）李雷在支付软件上给韩梅梅的账户发起 100 元支付交易；
（2）第三方支付公司的服务器处理交易；
（3）第三方支付公司的服务器通知交易信息到银行；
（4）李雷的银行减少李雷账户 100 元，通知韩梅梅的银行；
（5）韩梅梅的银行增加韩梅梅账户 100 元；
（6）李雷的银行和韩梅梅的银行各自做批量的清算，即汇总交易做轧差；

（7）李雷的银行和韩梅梅的银行根据清算结果，通知央行做结算；

（8）央行系统为李雷的银行和韩梅梅的银行做结算。

用比特币支付，是点对点支付：

（1）李雷从比特币钱包发起交易，支付0.01个比特币到韩梅梅的地址；

（2）交易发送到比特币的点对点网络，矿机们收到；

（3）矿机打包区块并做哈希竞赛，完成交易过程。

点对点是互联网中技术的一种网络结构，历史也很久，1969年就出现了这样的概念。后来，随着多媒体传播的需要，点对点网络开始流行，互联网流量中一度有40%是点对点流量。与点对点相对的是"客户端/服务器"（C/S）、"浏览器/服务器"（B/S）等依赖服务器提供内容的网络结构，点对点网络中，每一台计算机都既做客户端获取内容，也做服务器提供内容，有点像是计算机的互助网络。第一个商用的点对点软件是Napster，用来分享音乐，后来Bittorrent协议成了最流行的点对点协议。

比特币系统基于点对点网络，它的节点间通信使用点对点协议，也就是意味着比特币系统没有中心化服务器。

而且，比特币的目的，就是实现在点对点网络中做可信支付。点对点支付与传统的电子支付模式完全不同，是真正的技术革新。传统的电子支付，信任上一定要依赖一个中心化金融机构，技术上一定要依赖中心化机构提供的中心化服务器。下面这是传统电子支付的两个前提条件：

（1）要把钱存到银行等金融机构，才可实现电子支付，即信任银行，货币和资产做托管；

（2）要访问银行的服务器，才可实现电子支付，银行的服务器提供账户和交易服务，并保障支付安全。通常情况下，服务器都是"浏览器/服务器"模式。

这种中心化的电子支付，与传统的纸币、黄金支付不一样。纸币和黄金支付是"点对点支付"，不需要托管，由自己持有，支付的时候无须第三方记账，张三直接递给李四 100 元即可。但纸币和黄金这样的实物支付模式，不是电子化的，有优势，也有不便之处。

> 实物支付的劣势：
> （1）容易出现伪钞；
> （2）找零麻烦；
> （3）容易丢失和磨损；
> （4）大量携带非常不方便。
> 但是实物货币有个巨大的优势：保护隐私。在支付过程中，收付款双方都并不留下实名信息。

支付容量是无限的，因为支付发生在两两之间，再大的支付额都没问题，而电子化支付在容量大的时候，对服务器端的容量要求很高。实物货币支付即结算，与电子支付不一样，电子支付要做层层的清结算。

科学家和工程师们一直在寻找一种办法，用电子化手段实现纸币和黄金这样的点对点支付。点对点的网络结构不能解决这个问题，因为点对点网络只是通信协议，分享内容，却不能保证内容的一致和稀缺。张三通过点对点网络传递一个字符串给李四，说这代表他支付的 10 块钱，但他再复制一下，就可以把这个 10 块钱再支付给王五。

eCash 的出现，部分实现了支付环节的去中心化，即点对点支付，如现金和黄金一样可以保护用户隐私，但结算依然依赖银行的账户，依赖银行的中心服务器。

直到比特币出现，才彻底完成货币的去中心化，实现彻底的点对点货币。比特币在支付的时候，不依赖一台具体的服务器。支付后，结算也不依赖银行的中心化服务器。最具革命性的是，比特币的发行也是去中心化的，用算法在矿机中发行。

比特币的点对点性质，令监管和反洗钱等官方机构不快，因为它们难以追踪交易背后的人。但官方对点对点网络带来的支付效率，非常感兴趣。所以，众多央行数字货币的研究方向，都是"支付即结算"，希望在支付环节、结算环节实现点对点。

比特币等虚拟货币的点对点支付，确实实现了纸币和黄金的实物支付特性，数字世界有了"实物"，一个字符串代表着数字实体如同纸币和黄金一样的物理实体，而且，这些数字实体有了价值。这对于传统的中心化电子银行是一个巨大的升级，对人们的电子支付习惯也是一个挑战，人们需要接受在电子支付中回归现金货币的种种特性。

9.7　首次代币发行

韩梅梅要创业，她计划融点资。作为一名会计，她懂得合法的融资途径有两种，一种是从家人、朋友、合作伙伴、风投等处募资，投资者都在工商注册处成为股东，股东数量最多50人；另一种是上市，即到股票交易所挂牌，可以针对大众募资。还有一种方式叫众筹，但众筹是对产品的预售，并非股权募资。

首次代币发行则是随着虚拟货币诞生而出现的一种融资模式，但大多数首次代币发行并不合规，甚至很多都是违法的。韩梅梅如果要进行首次代币发行，按照通常的做法，那么她只要写一份白皮书，描述自己要做的业务，然后在以太坊上部署一套智能合约，其中一个合约代表她发行的代币，另一个合约收取投资人投入的以太币即可，全过程不做任何合规手续，这在任何国家都是违规的。

> 首次代币发行（Initial Coin Offering，简称ICO）：IPO是首次公开募股，企业到交易所出售股票融资。虚拟货币圈子内，对应地采用首次代币发行（参见图9.12）。

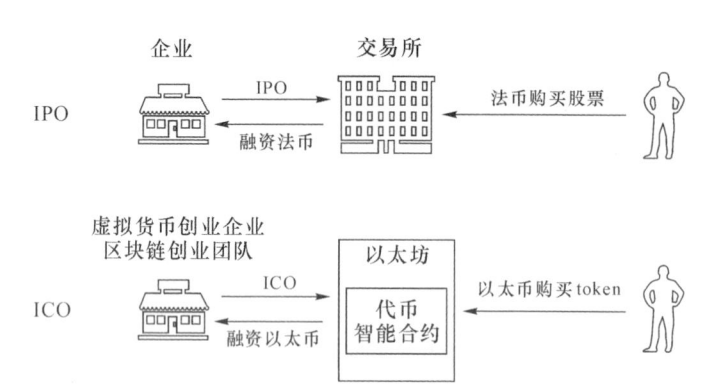

图 9.12　首次公开募股与首次代币发行

但是，在虚拟货币的创业圈内，采用这种方式的募资比比皆是，其中，偶有真正的创业项目，绝大多数都是借虚拟货币和区块链名义的非法融资、传销和诈骗。

有些国家允许通过证券法审核的代币在区块链上首次代币发行，但在当前的市场情况下，如果通过了证券法审查，何不直接去股票交易所挂牌？

首次代币发行是虚拟货币带来的数字化秩序中，非常负面的结果。严格来说，多数首次代币发行并不产生数字秩序，而是冒用技术创新名头所作的诈骗，它们并未提供秩序，而是侵犯他人权益，破坏了既有秩序。

区块链这种技术，不同于其他技术，它在起步阶段，还没有商业模式，就已为自己找到了"盈利模式"。这也让区块链在与人工智能技术竞争市场关注中大获全胜。只要有技术可以做公链，那么通过首次代币发行很快便可以筹集到足够的资金，比如 EOS 融资额高达 42 亿美元，这在科技公司上市融资金额排行榜上位列第四。

人们对首次代币发行的性质归属是什么，还在争论。有人说，首次代币发行是证券融资；有人说，首次代币发行是产品众筹；有人干脆说，这是庞氏骗局。

可以说，以上情况都存在。实际上，由于代币是可编程的，它具有了极大的灵活性。这与现实世界中的各种有价证券、资产截然不同，现有的这些证券，都在确定的法律框架之下。而代币在代码中可以任意地约定，它早已突破了当前那些固有的法律。所以，各国的法律制定者，都需要面对这种新技术，重新审视自己的法律。关于代币的法律属性和监管，可参见本书第 3 章和第 12 章。

三种代币：瑞士、英国、新加坡等国把代币分为三种类型，一种是支付型代币，一种是证券型代币，一种是实用型代币。支付型代币受支付法律约束监管，证券型代币受证券法约束监管，而实用型则无须金融监管。

最早的首次代币发行发起于比特币论坛，据说第一个发起的是万事达币。首次代币发行的故事通常是这样的：

> 李雷在论坛上发了个帖子，说他有一个很好的技术思路，可以做出一个区块链，性能非常强大。李雷可以组建团队开发出这个区块链。但是团队缺钱，就问论坛中的兄弟们，要是看好这个技术，能不能慷慨解囊，支援一下？
>
> 李雷给出一个比特币地址，请支援的兄弟们，把比特币打到这个地址，李雷会公开所有款项信息。其实也不用他公开了，比特币地址上的钱，都是透明的。
>
> 然后李雷承诺，未来自己的区块链运行起来了，投资者每投入 1 个比特币，就可换 1000 个链上代币。就是说，给了 1 个比特币，则将来可以获得 1000 个李雷的币。

后来，以太坊出来后，在以太坊的智能合约中开发代币更容易，于是，大家都转战以太坊社区，故事是这样的：

> 李雷写了一个白皮书，告知天下，自己有一个很好的技术思路，可以做出一个区块链，性能非常强大。李雷可以组建团队开发出这个区块链来。但是团队缺钱，希望币圈的兄弟们，要是看好这个技术，就慷慨

解囊，支援一下。

李雷的白皮书中，除了写明技术外，还要写明未来的链上，共计有多少个"李雷币"，这些币按照什么样的规则发行。然后，李雷在以太坊上写一个智能合约，在这个智能合约中，定义一个 ERC-20 的代币，这个代币与未来的"李雷币"是一一对应的。

李雷先找很多有钱的大佬们，让他们看白皮书，兜售以太坊上的 ERC-20 代币，这个时候，可以称之为"李雷币"。大佬们愿意掏钱的，就把以太币打到李雷的那个智能合约中，相应地，大佬获得一定量的以太坊"李雷币"。在这个阶段，大佬也可用法币直接购买。这个步骤叫私募。拿到私募的以太币或者法币，李雷就有了一些启动资金。

下一步，李雷找到一家数字货币交易所，申请将自己的"李雷币"挂牌，这样就可以在交易所中交易"李雷币"。通常，大的交易所要收很高的费用。"李雷币"上了交易所后，众多散户可能就会蜂拥而至购买。李雷和大佬们，就可以笑着点钱了。

李雷有了一大笔资金，团队可以安心工作了。他们若是不工作，直接跑路，那么"李雷币"就是一种空气币。若是团队安心工作，2 年后，开发出了"李雷链"，那么"李雷币"就不是空气币。

"李雷链"上线后，选择一个时点，将以太坊上"李雷币"的智能合约冻结，将所有数据制作一个快照，把所有的"李雷币"对应迁移到"李雷链"上。这样，全过程就算完成，人们一边使用"李雷链"，一边可以在交易所中交易"李雷币"。全过程如图 9.13 所示。

首次代币发行本是加密货币小圈子内创业融资的手段，随着虚拟货币和区块链的发展热潮，同时监管缺位，首次代币发行成了一种躲避监管的融资方法，更沦为诈骗、传销的工具。诈骗、传销之类的犯罪行为，无疑是对社会秩序的危害，即便是认真的区块链创业者，未经证券监管机构的审核流程发行代币，也是对普通投资者的伤害。各个国家要么制定法律，要么解释适用的法律，用于约束首次代币发行。而我国对首次代币发行则是严令禁止的，这代表了稳妥和防患于未然的态度。

首次代币发行使用区块链智能合约，以代币形式登记证券，这种技术应用则是可借鉴的升级。股票交易所也开始研究，以探索用区块链技术升级当前的股票交易系统（参见图9.13）。

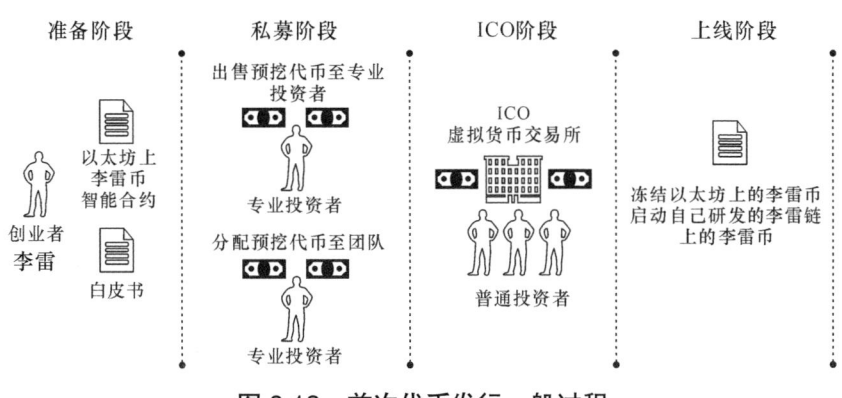

图 9.13　首次代币发行一般过程

9.8　资产登记制

2021年3月11日，佳士得拍卖行的一笔网络竞价震惊世界，一幅数字艺术作品拍出了6930万美元。所谓数字艺术品就意味着，买家得到的是一个数字文件，别无其他，而且这个数字文件是可以随便复制的。这幅数字艺术品来自比伯（Beeple），一位网络上知名的数字艺术家，他把过去5000天每天所创造的数字艺术作品拼成一幅，命名为"每一天：前5000天"。

生成一个数字文件，代表艺术品，然后在区块链上给它一个编码，就是非同质化代币（NFT）了，就可以卖出天价。而且，卖出的只是数字文件本身，还并不包括艺术品的产权。比伯后来也声明，非同质化代币热潮中有泡沫。

非同质化代币代表一种新秩序。数字文件由于可无限复制，所以人们认为数字文件都是零价值的。在互联网早期，人们以光盘形态销售音乐作品，目前通过软件的登录功能和会员付费控制访问。但盗版依然猖獗。数字文件缺乏稀缺性，也就缺乏价值。而区块链带来了数字世界的稀缺性，也就带来了价值。非同质化代币实际是数字文件的一种登记制度。

不仅数字艺术品需要登记制度，具有物理实体的艺术品，例如画、雕塑也一样需要登记制度。韩梅梅购买一幅名画，那么她不会仅仅看画本身，还要看画的所有传承文件，要求卖家出示购买时的律师函、转账记录等纸面证明，最好可以出具前面多次交易的溯源文件。这样韩梅梅作为买家才放心，而那些厚厚纸质文件，也构成交易的一部分。如图 9.14 所示，非同质化代币就是对这种艺术品交易流程的数字化。

NFT 与 FT：NFT（none-fungible token）即"非同质化代币"，指记录在区块链分布式账本上的一种数据格式标准，在这种标准下，每个单位的数据都是独特的，每个数据单位与其他数据单位无法互换。在以太坊区块链的智能合约中，ERC-721 代币标准就是一种具体的非同质化代币格式，ERC-721 最为流行。在其他区块链上也有各自的非同质化代币标准（参见图 9.14）。

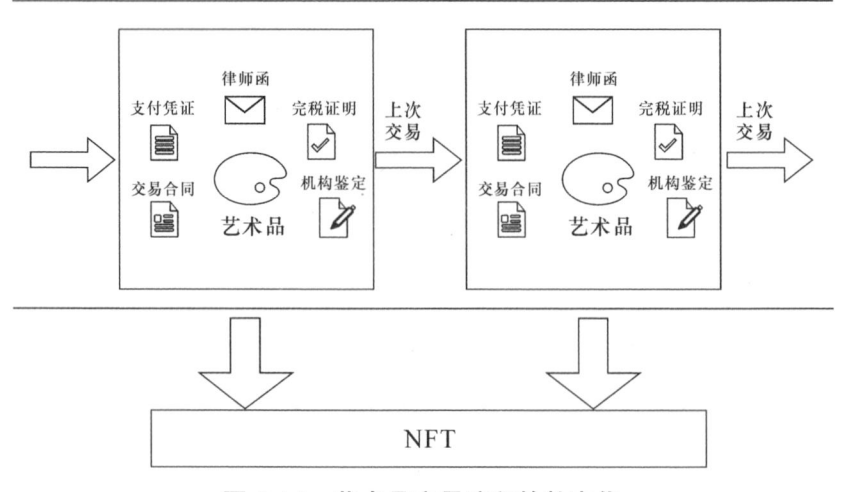

图 9.14 艺术品交易流程的数字化

与 NFT 相对的是 FT（Fungible Token）即"同质化代币"，这种标准下的代币，每个单位都是一样的，可互换。在以太坊智能合约中，ERC-20 是同质化代币标准。

可以理解非同质化代币是"单件"管理，例如对汽车、房屋的管理，要记录追踪每一件。而同质化代币则是"余额"管理，例如对饮料、食品等，只记录"余额"总量，并不区分每件商品。

比特币是一种原生币，即价值在链上流转，链的协议描述了比特币价值。以太坊是区块链 2.0，其上的以太币是原生币，但以太坊上的智能合约可以用 Solidity 开发代币，这种代币是链上智能合约描述的，在以太坊上称之为 ERC 标准。多数的以太坊的代币是 ERC-20 格式，这种代币的每一枚都是相同的，价值也一样，可以理解为在智能合约中，以公钥地址实现了传统的账户余额制。

2018 年，威廉·恩特里肯（William Entriken）、迪特·薛利（Dieter Shirley）、雅各布·埃文斯（Jacob Evans）、纳斯塔西娅·萨克斯（Nastassia Sachs）正式提出 ERC-721，其目的是描述"非同质化代币"，即每一枚代币都不相同，价值也不一样。ERC-721 其他功能与 ERC-20 类似，都可以在地址之间转移。

非同质化代币的概念则可以追溯到较早以前。2014 年 5 月，艾涅·达西（Anil Dash）和凯文·麦考伊（Kevin McCoy）在纽约就设计出了非同质化代币的概念，他们把一小段视频注册在"域名链"上。艾涅·达西的目标是帮助艺术家更好地控制自己的作品，使作品更好卖，帮助艺术家挣到钱。此时，他就提出，数字艺术品也有原创的概念，尽管数字文件的复制件是无区别的，复制过程是无成本的。

2015 年，以太坊刚上线 3 个月，有一个游戏 Etheia 在其平台上发行。游戏玩家可购买六角形的地砖，用地砖做出各种造型。地砖在游戏中是唯一的，是一个非同质化代币。2015 年，地砖并没有卖出去，直到 2021 年 3 月，非同质化代币热潮爆发，这些地砖在 24 小时内销售一空，每一块价值 1 个以太币。

非同质化代币现象级的产品，还是 2017 年上线的加密猫（Crypto Kitties）。根据算法，每一只猫都是独一无二的，眼睛形状、颜色、毛发图案等特征区分了每一只猫咪。用户可以用以太币购买、出售猫咪，猫咪还可以繁殖。加密猫是加拿大公司"去中心化应用实验室"（Dapper Labs）的产品，该公司 CTO 迪特·薛利随后与威廉·恩特里肯等人一道，在以太坊社区提出了 EIP-721，并最终形成 ERC-721 标准。这标志着非同质化代币从概念到技术标准，都已经成型。

2019 年，"去中心化应用实验室"公司与美国职业篮球联赛（NBA）合作推出"美国职业篮球联赛最佳投篮"（N.B.A Top Shot），用来销售和交易数字化的美国职业篮球联赛精彩剪辑，类似纸质的球卡。2021 年数字艺术家比伯的作品"每一天：前 5000 天"在佳士得拍出 6930 万美元的价格。非同质化代币一时大热。

最初的非同质化代币是为数字领域的艺术、资产的收藏和交易而设计，广泛用于游戏、艺术品、收藏品、域名、虚拟资产、身份特征、数字音乐、数字证书等领域。随后，非同质化代币延伸到实体资产领域，用于实际的物理资产的描述和交易，是资产从持有制转变到登记制的契机，是加速资产交易流转的工具。

数字艺术品之类原生于数字世界的作品，从诞生起就处于尴尬的境地，数字文件缺乏稀缺性和唯一性造成数字艺术品的价值如浮萍无根。非同质化代币的出现，为数字艺术品这样的数字资产建立了价值标准和交易标准。不仅限于数字世界，实体资产也因非同质化代币而从持有制大规模转为登记制，这种趋势有利于产权保护、版权保护、价值保护，有利于资产的交易和流转。互联网时代的电商，提高了消费品交易的速度，减少了消费品的交易摩擦，改善了市场环境，但互联网电商对资产类商品的交易并无影响，非同质化代币则应运而生，它将彻底改变资产类商品的产权管理和交易机制。

物权的登记和占有：中国的物权法规定，不动产包括土地、房屋等，权利的取得以登记为要件。政府设立相关的不动产登记机构提供公共登记服务。一些特殊的动产，例如船舶、航天器、汽车等，也以登记为权利要件。不动产的物权公示即为登记。

而对于动产，则以占有和交付为要件和公示方法。由于动产物权的种类和交易形态极其复杂和丰富，且动产交易流动性大。动产物权变动如果采用登记制，则工作繁重，所以才不适用登记制。

但是，随着区块链和非同质化代币技术的出现，可信登记可在链上实现，作为政府公信机关的补充，且成本低、效率高，对动产的登记成为可能。而且，人们对于高价值的动产，例如钻石、珠宝、名画等，迫切需要可信的鉴定、溯源服务，可信的登记制能够满足这种需求。采用区块链和非同质化代币对动产进行登记管理，可提高动产交易速度、减少交易摩擦，降低交易成本。

如图 9.15 所示，区块链非同质化代币之于实物资产和数字资产，类似互联网电商对于消费品，将起到基础设施的支撑作用。意义上不仅于此，区块链非同质化代币是开创了数字资产市场，在非同质化代币出现之前，并无成熟的数字资产市场。另外，区块链非同质化代币对为实物资产和数字资产带来了创新的交易模式：券款对付、可编程权益。

互联网电商	区块链 NFT	区块链 NFT
提高消费品交易速度和效率 减少消费品交易摩擦 降低消费品交易成本 提升消费品交易质量 改善整体消费品市场环境	提高实物资产交易速度和效率 减少实物资产交易摩擦 降低实物资产交易成本 提升实物资产交易质量 改善整体实物资产市场环境 创造新的实物资产交易模式	从零开创数字资产市场 保护数字资产权利 创造新的数字资产交易模式 支撑实物整体资产市场环境

图 9.15　电商与非同质化代币各自的使命

非同质化代币挑战了当前的资产交易秩序，包括数字资产交易秩序和实物资产交易秩序，但这种挑战在必要的监管下，可带来更好的市场秩序，所以，非同质化代币很有可能受到普遍的欢迎，被社会所接受，并扎根落地，成为新秩序的支撑。

券款对付：券款对付（DvP）是证券领域的名词，指交易达成后，在结算日，证券/债券与资金同步进行结算并互为结算条件的交易方式。智能合约结合数字货币，是天然的、最真实的券款对付。

非同质化代币能够为实物资产和数字资产带来券款对付的效果。例如球票、电影票可实现券款对付，数字货币进入智能合约，一张场次、时间、位置确定的球票在智能合约中记录到购买者名下。如果实物资产托管在可信第三方，则对实物资产的所有权可在非同质化代币支持下实现券款对付，无须转移实物资产（物权法中的"指示交付"）。

可编程权益：资产的权利有众多子项，例如一件艺术品有 16 项权利，其中包括 4 项著作人身权、12 项财产权。基于非同质化代币，利用智能合约编程，可对 12 项财产权做明细约定。

例如，非同质化代币市场上，常常约定数字艺术家 T 对自己创作的艺术品拥有一项"交易分成权"。当数字艺术品卖给藏家 A，则当藏家 A 再次销售转让艺术品至藏家 B 时，艺术家 T 可在这笔交易中提成约定的 10% 金额。这种提成是由智能合约自动执行的。之后的所有交易，都如此分成，这对创作艺术家而言，是一种极大的利好权益。

9.9 区块链应用

基于对金融稳定的考虑，以及对传销诈骗犯罪活动的打压，中国对虚拟货币采取了禁止的态度。所以，理论上，中国不存在合法的首次代币发行、交易所、去中心化金融。但中国官方鼓励区块链技术，区块链的应用在中国开花落地，尤其是领先世界的央行数字货币和票据流转区块链，更加说明中国期待使用区块链达成数字化秩序。早在区块链技术之前，中国官方就加大利用信息技术加强征信、产权登记、反洗钱等系统建设，彰显了对使用技术来帮助秩序建设的热情。

无币区块链的应用，主要在存证、溯源、数据和流程共享等领域（参见图 9.16）。

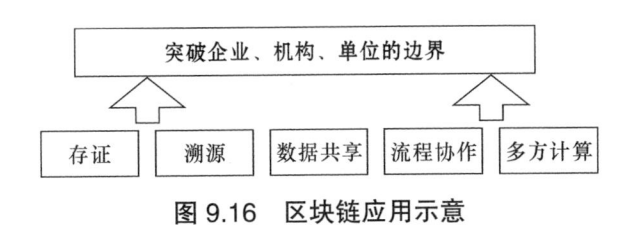

图 9.16　区块链应用示意

韩梅梅在电商平台上采购一件乳胶枕头，从电商的区块链上就可以看到天然乳胶收割的日期、工厂加工日期、电商入库日期等，从而完成溯源过程。这条区块链上，种植农场、加工厂、电商公司等，共同写入数据，构成溯源的全链条。

韩梅梅在医院看病，医生开具了处方，处方写入区块链。韩梅梅可到社区药房，使用自己的身份地址买药，药房查看其地址并获得药方，验证药方的合规性，出售药品给韩梅梅。这是用区块链实现处方流转。

不可篡改，成了区块链应用最多的场景。但不可篡改并非区块链的目的，只是中本聪在设计比特币的时候，为了防止双花，用了工作量证明。不可篡改并非目的，是为了达到不可双花这个目的所采取的一种手段。早在比特币之前，电子文件时间戳技术便实现了不可篡改，广泛用于数字文件的存证。由于区块链的流行，用区块链来做存证，从方便角度考虑，也是可行的。

人们对不可篡改有着广泛的需求，不论是在司法领域，还是在商业领域，电子文件的不可篡改存证，都是防范作弊、欺诈的必要手段。几千年来，人们利用纸张材质、笔迹、印章、水印、印刷技术、集成电路芯片（IC）技术等来实现信息的不可篡改。而对电子文件，则现有的手段只有哈希运算结合时间戳的证明。在区块链中，一样依赖哈希运算来实现不可篡改。同时，区块链本身就是一个时间戳服务，这是所有功能与原理上千差万别区块链的共同特性。

用区块链技术支持供应链溯源，以更加透明地为消费者提供信息，用新的方法建设信任，更及时地满足法规及审计要求，成为区块链应用的热门场景。

传统的基于中心化组织，以及中心化服务器的供应链，天然存在着难以避免的弱点。而区块链则刷新了可用的方法，带来了之前难以实现的优点。基于共识算法的全球化计算机，再也无须依赖任何本地部署的孤岛服务器。基于区块链的溯源，其最基本特征是"多方协作写入"。

基于区块链的供应链模型：基于区块链的供应链模型，其核心特征是"多方协作写入"。一个典型的农产品、水产品场景中，可有6种角色参与写入数据，构成完整的供应链生态。

生产——原初产品的生产，诸如棉花种植、捕鱼等。

工厂——对原材料进行加工的企业，例如鱼罐头加工厂。

登记中心——对供应商上其他角色进行认证与登记的组织。

标准组织——对供应链各个环节提供标准、规范、合规性要求的组织。

验证者与审计者——基于标准，对各个环节、角色、产品进行验证与审计的组织。

用户——消费者。

区块链的数据具备可追溯性，在监管和审计中，可以对过程中的任意点进行数据查看，完全改变了中心化形势下，只能对结果进行审计的情形。

企业、机构间的数据共享和流程协作，一直是信息化系统建设的难点。企业、机构间渴望能够建立系统间的数据共享和流程协作，以提高效率、加强协作。但由于信任关心、技术实现难度等问题，总是难以实现。现有技术例如电子数据交换（EDI）和应用编程接口（API）等都是为此而努力，也取得了很好的效果。但应用编程接口模式下提供的数据是假设"全诚实"的，即只能信任所有提供数据一方都是诚实的，不会造假、篡改。且应用编程接口模式下，对于多方数据共享，更为复杂。而区块链模式，则对数据的可信程度有所保障，且多方共享，模式更为简单易行（参见图9.17）。

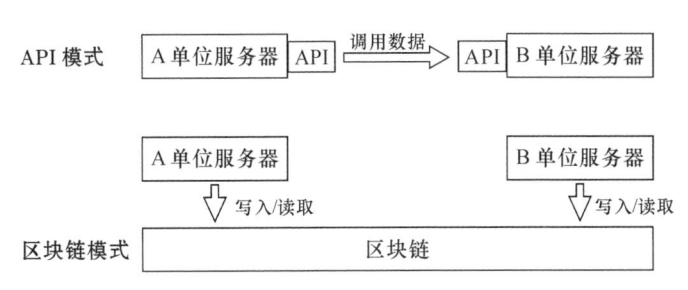

```
API模式    [A单位服务器]─[API] ══调用数据══▶ [API]─[B单位服务器]

                [A单位服务器]                    [B单位服务器]
                     ⇓写入/读取                       ⇓写入/读取
区块链模式 ┌─────────────────────区块链─────────────────────┐
```

图 9.17　应用编程接口模式与区块链模式

一些企业之间建设联盟链，共享产品、生产、库存、销售等数据，以提高产业效率。尤其典型的是，多个政府职能部门之间，通过构建联盟链，打通办事流程，提高面向公众的行政服务效率。

多方计算是企业、机构间应用区块链的更高层次，在某些业务计算上，共同执行一段计算程序，获得各自的结果。例如，A、B、C三个企业共同承担了一个工程项目，分别在此项目中负责部分工作。如果按照传统模式，就要各自做计划，各自管理，企业间需要频繁沟通以达到协作的目的。而采用区块链，则A、B、C企业可在智能合约中共同执行工作计划、项目管理程序，各自输入，获得综合的结果，面对项目如同一家企业一般。

虚拟货币的出现，带来了区块链，而无币区块链的各种应用，最大的意义是提供了打破企业、机构、组织运行边界的技术手段。以法人为范围隔离的企业、机构、组织，有着几百年的运行历史，有其必然性和优势，但弥补其边界僵硬、信任缺失、协作困难等弱点，是数字化时代的任务。互联网并未解决这个问题，区块链则应运而生，对企业边界和由边界构成的秩序发起了挑战。

10 机器金融的秩序挑战

10.1 去中心化金融概述

金融行业的格局和秩序是成熟、稳定的,各种法律法规约束着行业。人们通过银行存款、借款、记账、兑换外汇,通过证券公司买卖股票,从保险公司购买保险。在虚拟货币领域,也有类似的商业组织处理类似的金融业务,如果是中心化的模式,那么就意味着存在一个实体公司在运营,典型就是虚拟货币交易所。如果是去中心化的,也就是通过智能合约来做无人管理的金融业务,则是业内所说的"去中心化金融"(DEFI)。

DEFI 是 Decentralized Finance 的缩写,翻译为中文是"去中心化金融",也有人将其翻译为"开放金融",以回避"去中心化"字样。最早的去中心化金融是 2014 年发布的 MakerDAO,其智能合约可供用户借出稳定币 Dai,是一种无人的、自动化的贷款银行。"去中心化金融"一般的定义是:基于区块链提供的无须依赖经纪人、交易所、银行等金融中介的金融服务。

"去中心化金融"的特征是基于区块链这样的去中心化价值网络,在智能合约中开发代码,用代码来处理各种金融业务,无治理和管理机构,类似汽车的无人驾驶，可行使传统的金融机构职能，包括银行、证券、保险等。用户如果要向 DEFI 借钱，则是与代码打交道，无须与人交往，也无须提交复杂的资料。与虚拟货币交易所比较，用户无须托管虚拟货币至一个公司，规避了一定的风险。用户如果要做币对币的交易，例如将以太币换成 Dai，则直接向智能合约发送以太币即可，智能合约交换出 Dai。

韩梅梅如果要向 DEFI 借钱，则是与代码打交道，无须与人交往，也无须提交复杂的资料。但是，DEFI 的局限是没有所谓的信用，一律需要超额抵押。韩梅梅要借 200 个 Dai，则要抵押 1 个以太币。她借到的 200 个 Dai，可以随便使用，那 1 个以太币依然属于她，但是她不可动用。其实与房产抵押贷款是基本一样的。

这种无责任主体、无运营主体，由代码自动执行的机器金融，效率更高，在监管得当的前提下也更可靠，是金融行业的一个发展趋势。

DEFI 的特征是基于区块链这样的去中心化价值网络，无治理和管理机构，类似汽车的无人驾驶，可行使传统的金融机构职能，包括银行、证券、保险等。

虚拟货币是去中心化的，DEFI 也是去中心化的，但两者的创新重点并不一样。对于比特币这样的虚拟货币，令人惊讶的是：发币竟然可以去中心化，无须中央银行？电子支付竟然可以去中心化，无须中央服务器？而对于 DEFI，令人惊讶的是：借贷这样的金融活动，对手方竟然可以是代码，竟然可以是机器？

虚拟货币的区块链，实现了去中心化，有了去中心化的价值协议，这是 DEFI 的基础。有了去中心化的虚拟货币，才可以出现以代码、机器为对手的金融业务（参见图 10.1）。

否则，借钱的债主永远只能是人。

一些银行的网银软件也可以自动执行借款，用户提交必要的资料，点一点按钮，就可以借出 20 万元人民币。这种网银借款虽然也是基于代码和机器运行，但与 DEFI 完全不同，因为债主还是银行，并非代码和机器。

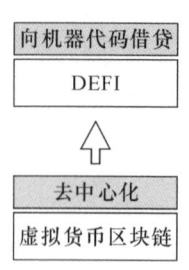

```
向机器代码借贷
    DEFI
      ⇧
   去中心化
 虚拟货币区块链
```

图 10.1　区块链支持下的 DEFI

只有比特币、以太坊这样去中心化的虚拟货币出现后，向代码和机器借钱才成为可能。所以，本书中对 DEFI 这样的创新金融，并不强调其"去中心化"的特性，而是看重"对手方是代码和机器"的特性，因此命名其为"机器金融"。当然，依然肯定"去中心化虚拟货币"是发展"机器金融"的唯一道路。

```
              ⇨  机器独立于    ⇨  机器可信
                 机器主的控制         ⇩
去中心化的共识协议                  机器金融
              ⇨  比特币等数字  ⇨
                 价值协议
```

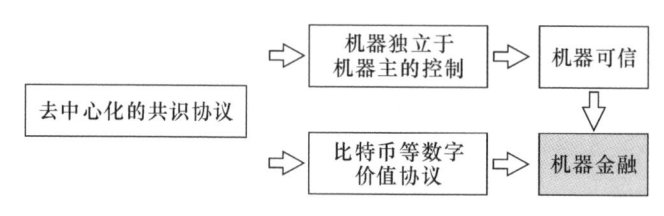

图 10.2　机器金融的来源

如图 10.2 所示，去中心化作为手段，与机器金融这个目的的关系是这样的：

（1）比特币的目的是发明一种"去中心化"数字货币，为此，设计者发明了去中心化的共识协议工作量证明。

（2）比特币作为"去中心化"数字货币，可供编程，可在机器网络上流转。

（3）去中心化共识协议，加入网络中的机器就此从逻辑上独立于机器主人（如果机器主人改动代码，则机器脱离网络）。

（4）机器独立于机器主的控制后，机器可信。机器上的代码可信，成为一个可信任的主体。即大型公链上的智能合约，具备可信性质。

（5）去中心化的数字货币结合可信的机器，于是机器金融产生。人们可以向机器借钱，对手方可以是机器。

如果宽泛地理解，比特币本身就是一种去中心化的金融组织，也可算作一种机器金融。

当前的法币由央行发行，各国央行创建并维持着货币秩序和金融秩序。比特币的诞生，价值原生在网络上，每一个比特币都由算法控制发行，矿机在竞争记账中做出贡献，获得发币权力，这是数字化的发币秩序。所以，从另一个角度来理解，比特币类似一个非官方的、无人的央行。

2014年，以太坊发表白皮书，其中描述了去中心化自治组织和作物保险，去中心化自治组织利用智能合约实现一个去中心化的无人风险投资组织，而作物保险则以智能合约替代了保险公司为农民提供保险服务。

2016年，在以太坊上启动的去中心化自治组织虽然以失败告终，但那是第一个去中心化的VC，投资者对智能合约投入以太币，并行使投票权对投资做管理，获得收益后，分发到投资者地址。

于2017年上线的MakerDao是第一个严格意义上的DEFI。

有了区块链，DEFI的出现是顺理成章、自然而然的事。现代金融本就是价值信息的处理，与物理世界无关，其规则和秩序的数字化并无障碍。

从2017年起，DEFI在加密社区蓬勃发展，出现了各种形态的DEFI。2021年4月，CoinGecko评估去中心化金融市值为1280亿美元，DEFI主要部署在以太坊，推动着以太坊的价值飙升（参见表10.1）。

表 10.1　DEFI 的主要模式和去中心化应用

DEFI 类型	典型示例	对应现有金融机构	数字化的秩序	去中心化特征
虚拟货币	比特币	央行	货币发行及支付秩序	完全去中心化 无实际组织负责运营 开发者、矿场生态
虚拟稳定币	USDT	央行	货币发行及支付秩序	发行环节中心化 有实际组织负责运营
虚拟稳定币	Dai	央行	货币发行及支付秩序	发行环节去中心化 无实际组织负责 有开发团队
借贷	Compound	银行	存款和贷款业务的秩序	完全去中心化 无实际组织 有开发团队
交易所	Uniswap	交易所	货币兑换的秩序	完全去中心化 无实际组织 有开发团队
衍生品	Synthetix	衍生品	金融衍生品的秩序	完全去中心化 无实际组织 有开发团队
基金	Tokensets	基金	基金发行和管理的秩序	完全去中心化 无实际组织 有开发团队
保险	Nexus Mutual	保险公司	保险合约的秩序	完全去中心化 无实际组织 有开发团队

10.2　比特币

比特币带来了区块链技术，所以算得上是 DEFI 的源头，但在对 DEFI 的讨论中，少有纳入比特币。比特币是对现有货币和金融秩序的挑战，在金融体系中它对标的组织是央行，如果人们视央行为金融机构，那么比特币也可列入 DEFI。比特币是去中心化的央行，是无人和无组织的央行，它维持了一种货币的发行和流通秩序。

比特币的发行和流通秩序，都在代码中体现，并由机器执行。其货币发行总量共计 2100 万枚，矿机在竞争记账中获得比特币奖励，是比特币的发行方法。在点对点网络中，无须第三方信任，便可实现支付，这是比特币的流通秩序。

比特币彻底改变了数字化世界中的货币持有方式，无须托管制，在数字世界中回归了黄金和纸钞的实物持有模式。既保留了数字化的便利、效率，又破除了数字化必须依赖第三方信任、必须依赖财富托管的弱点，比特币是彻底的数字化金融秩序。

如图 10.3 所示，比特币对当前秩序的挑战，有三个层面，第一个层面是根据算法发行货币，挑战了央行发行货币的权威；第二个层面是点对点支付，无须中心结算，是一种新的支付结算结构，效率更高；第三个层面是其隐私模型，不保留实名，挑战了反洗钱的要求。

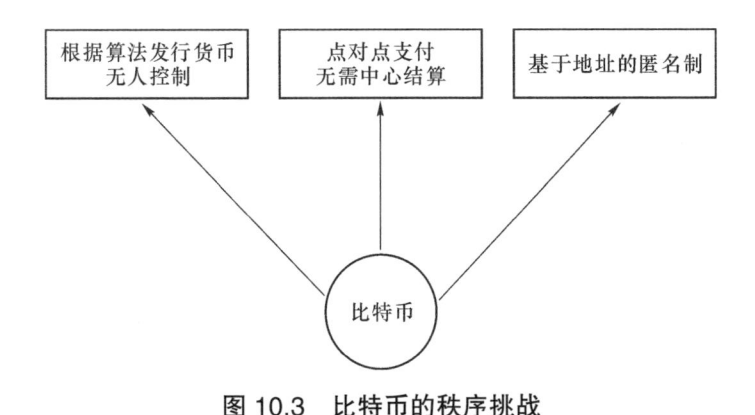

图 10.3 比特币的秩序挑战

10.3 稳定币 USDT

2014 年出现的 USDT 是一种稳定币，它在技术架构上基于比特币（后亦有以太坊、波场等版本），但从金融角度和价值上与比特币并无关系。

USDT 由泰达公司发行，这家公司声称 USDT 以 100% 的美元为储备资产，并负责刚性承兑，价值上与美元 1∶1 挂钩。

USDT 发行的目的，是解决比特币等彻底去中心化虚拟货币币价波动剧烈的问题。由一家机构对其刚性承兑，实际上还是传统的银行模式，只是在流通环节摆脱了泰达公司的控制，不再依赖泰达公司，如同现金纸钞一般，央行发行之后，便失去跟踪。所以，在秩序的构建上，USDT 更近于现有央行，是现有央行模式的数字化。

将 USDT 归入 DEFI，略显牵强，它由一家中心化的组织在负责，缺乏 DEFI 的无人特征。

如图 10.4 所示，USDT 对当前秩序的挑战，有三个层面：第一个层面是由私营机构发行私人货币，需要合规；第二个层面是点对点支付，无须中心结算，是一种新的支付结算结构，效率更高；第三个层面是其隐私模型，不保留实名，挑战了反洗钱的要求。在后两个层面上，USDT 与比特币相同。

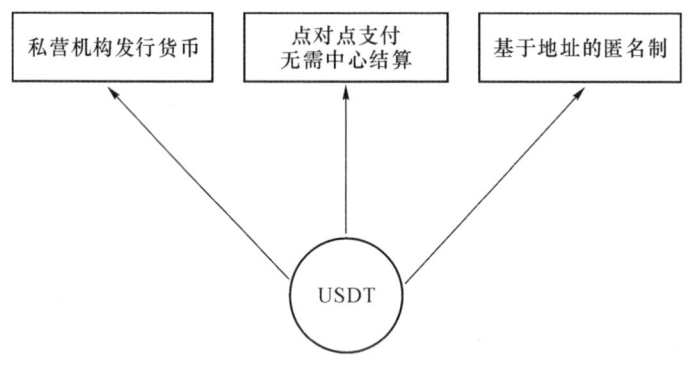

图 10.4　USDT 的秩序挑战

10.4　稳定币 Dai

人们需要价格稳定的虚拟货币，比特币价格完全由市场决定，所以浮动较大，USDT 于是应运而生。但 USDT 依然是中心化发行，依赖于泰达公司的道德和信义，从这个角度看，USDT 是一种传统模式。

要实现币价稳定，又不依赖对一个组织的信任，去中心化的稳定币 Dai 随之出现。2017 年，Maker 协议上线，Dai 是 MakerDao 代币。Maker 协议是基于以太坊的去中心化平台，构建在智能合约上，通过算法保证了 Dai 的价格与美元 1∶1 挂钩，实现稳定价格的目的。

同样都是稳定币，Dai 与 USDT 的区别如图 10.5 所示。

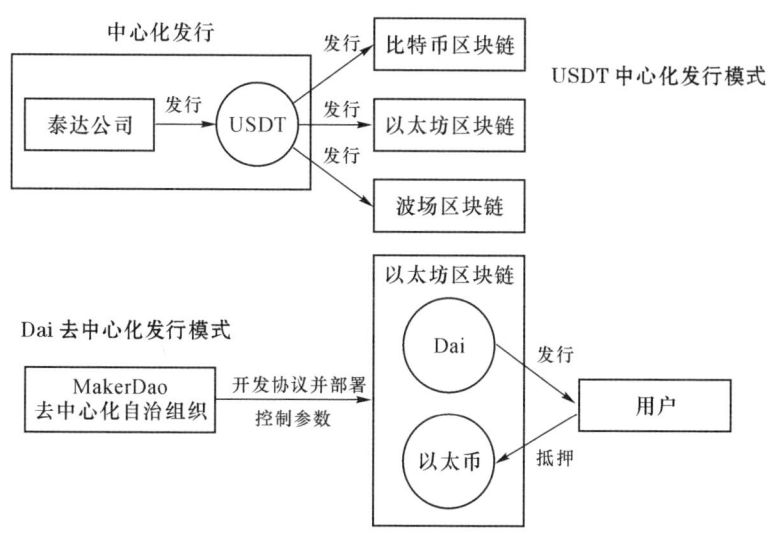

图 10.5　Dai 与 USDT 的区别

USDT 的发行，由泰达公司的管理人员做规划，安排发行量，并通过接口写入比特币、以太坊、波场等区块链的协议和智能合约上。所以 USDT 是中心化发行。USDT 执行准备金制度，但这种准备金制度由泰达公司执行。

Dai 的发行并无一个公司负责。如果追根溯源，则是一个去中心化的自治组织 MakerDao 设计并开发智能合约代码，部署到以太坊区块链上。Dai 的发行由这个智能合约自动执行，所以 Dai 的规模并非由人来控制，而是代码控制。Dai 的发行由用户向智能合约中抵押以太币触发，类似超额准备金制度，但这种抵押是由代码执行的，更加可靠、透明。

关于 MakerDao：2014 年，丹麦人鲁恩·克里斯滕森（Rune Christensen）成立了 MakerDao，但直到 2017 年 12 月，Dai 的智能合约才在以太坊主网上线。Dai 是第一个严格意义上的 DEFI。

MakerDao 是一个"去中心化自治组织"，该组织由全世界持有管理代币 MKR 的人构成。这个组织通过线上投票对 Dai 进行管理。

Dai 是协议发行的代币，是采用加密资产（以太币）抵押，通过算法与美元价值绑定的稳定币。其命名取自中文"贷"的音译。

MKR 是 MakerDao 的权益代币，即持有 MKR 可根据份额对 Dai 的治理投票。另外，MKR 还是 Dai 的资产重组工具，当资不抵债时，即增发 MKR 以获得资本。

Maker 协议是基于以太坊区块链的协议，用户可用来创建代币。当前的代币是 Dai。

Maker 基金会是 MakerDao 自治组织的一部分，主持开发和运行 Maker 协议。

Dai 基金会，设立在丹麦，独立于 Maker 基金会，目的是用来持有各种无形资产，例如商标、代码知识产权等。无法去中心化的事，由 Dai 基金会处理。

Dai 的价格稳定，诀窍在于虚拟资产抵押，即在智能合约中抵押以太币。例如要获得价值 100 美元的 Dai，购买者需要向 Maker 平台抵押 150 美元的以太币。如果 Dai 的价格在市场上低于目标价格，Maker 设计了一种目标价变化率反馈机制，以提高目标价格。手段是减少 Dai 的供应并增加 Dai 的需求，从而激励购买 Dai，以提高 Dai 的价格，反之亦然。

当以太币价格浮动，出现抵押不足的情况，则 Maker 平台会启动清算，自动竞卖出售抵押物，也就是以太币资产。

Dai 是一种稳定币，它复杂的算法和机制，保证了其价格与美元锚定在 1∶1。同时，Dai 还是一种投资杠杆工具，抵押以太币资产，获得 Dai 资产，实现资产杠杆。

如图 10.6 所示，MakerDao 发行的 Dai 稳定币，在基于公钥地址的匿名制和点对点支付两点上，其挑战与比特币一致。而在替代央行发行货币的角色上，与比特币不同。MakerDao 通过用户抵押以太币发行 Dai，归还 Dai 以收回以太币，这种货币发行机制与比特币不同。而且，MakerDao 发行了 MRK 权益代币，这种代币类似股票，拥有 MRK 则可参与管理，并获得收益，同时承担最终的清算风险。MRK 权益代币的发行，是对当前证券秩序的挑战。

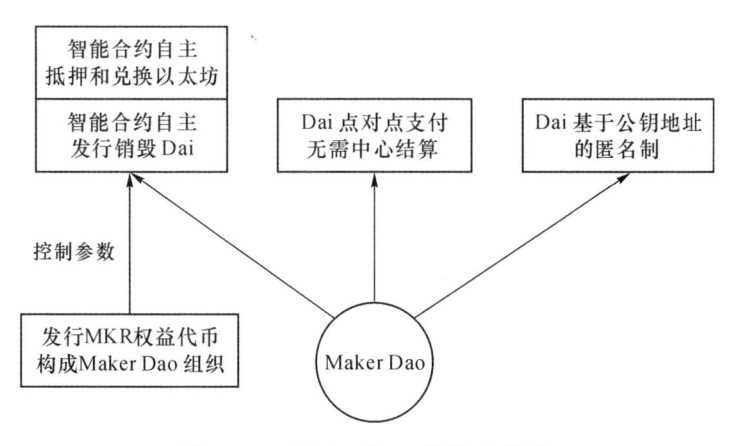

图 10.6　MakerDao 的秩序挑战

10.5　借贷 Compound

传统银行最重要的业务就是存款和贷款，Compound 是 2018 年启动的区块链存贷业务，是典型的去中心化金融，是去中心化存贷银行。用户可以在 Compound 平台存入 18 种虚拟货币（上线时是 9 种），以此获得存款利息。用户如果要从 Compound 平台借款获得虚拟货币，则需要抵押虚拟货币。

Compound Finance：由 Compound Lab 公司所提供的去中心化金融服务。Compound Lab 公司由罗伯特·莱什纳（Robert Leshner）和杰弗里·海斯（Geoffrey Hayes）二人创建，于 2019 年发表 Compound 白皮书和协议规范。

Compound 协议是建设在以太坊上的去中心化金融协议，基于供需，算法自动设定利率，形成资金借贷市场。

COMP 是 Compound 协议所发行的代币，用于对其平台进行治理表决。在 Compound 平台上做借贷交易即可按照一定比例获得 COMP 代币，也可在交易所交易其平台代币。

Compound 与 MakerDao 的区别如图 10.7 所示。

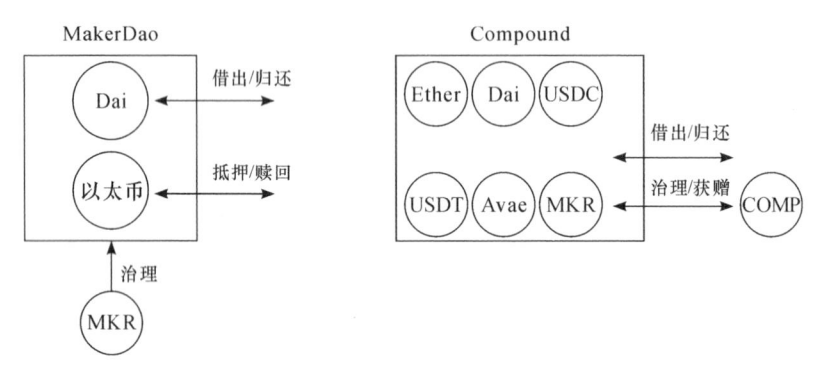

图 10.7　Compound 和 MakerDao 的区别

MakerDao 的目的是以去中心化金融方式提供一种稳定币，采用抵押借贷的方式，发行出稳定币 Dai。Compound 的目的并非提供稳定币，而是针对以太坊上主流的代币提供去中心化金融方式的借贷服务，所以，在 Compound 上存入和借出的 18 种代币，都不是其平台所发行的。

另外，MakerDao 的 MKR 权益治理代币是一种股权，而 Compound 的治理代币 COMP 是对适用 Compound 平台进行借入/借出交易用户的一种激励。

流动性挖矿（Yield Farming/Liquidity Mining）：Compound 协议出现，创造了一个概念，即"流动性挖矿"。在比特币生态中，矿机参与记账的哈希竞赛以获得比特币激励，这种比特币发行和激励节点的方式，被称为"挖矿"。Compound 平台对存入代币的行为，被称为提供流动性。对于存入和借出代币的用户，平台都分配一定量的 COMP 代币，作为激励。这种激励的本意是吸引用户参与到平台治理中，但由于 COMP 具有价值，可以交易，于是造成众多用户存入代币到平台提供流动性以获得 COMP，类似比特币矿机提供算力以获得比特币。由此，"流动性挖矿"成为一个虚拟货币行业的新热点。

与传统的点对点借贷平台不同，Compound 并非对借款和存款人之间做撮合，而是在平台上构建流动性池。存款和借款都与平台互动，因而实现了实时存款和借贷。

如图 10.8 所示，P2P（点对点借贷）平台是一个公司，是法人实体，由其居间撮合，帮助借贷双方确立借贷关系，并完成资金借贷的全过程。由于点对点借贷金融平台风险控制困难，借款人恶意逃债，以及某些平台非法构建资金池、非法融资等问题，2020 年中国清退了所有点对点借贷经营平台。

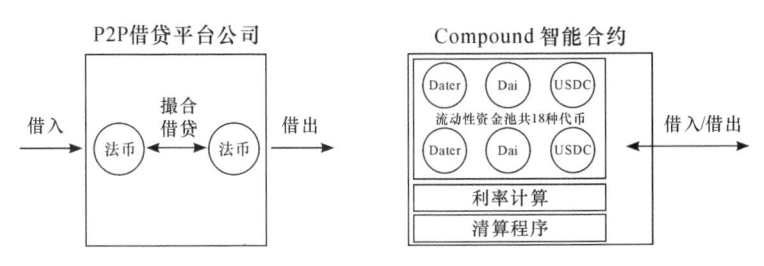

图 10.8　Compound 与传统点对点的区别

Compound 则是部署到以太坊区块链上的智能合约,存入虚拟货币、抵押借贷、赎回、利率计算等都由代码根据算法执行。每一位用户所面对的,都是代码逻辑,而非借贷对手方,也不是借贷平台对手方。而且,Compound 也是超额借款抵押,抵押率达到 150%。所以,从机制角度看,对于用户而言,它的风险较小。当然,Compound 由"去中心化自治组织"运营,用户是匿名,带来了更大的洗钱风险,监管难度较大。

Compound 平台自动计算存贷款利率,存贷款利率根据平台存贷款情况计算得出。利率计算的基本模型如下:

存款利率 × 存款额 × 时间 = 贷款利率 × 贷款额 × 时间

当抵押物的价值下跌超过界线,则平台自动清算抵押物。

根据 2021 年 12 月来自 Compound 网站的数据,其流动性资金池约 186 亿美元,存款地址共 298028 个。

10.6 交易所 Uniswap

比特币诞生后,很快在 2011 年就出现了第一个比特币交易所 Mt.Gox,用来交易比特币。比特币本是点对点的去中心化支付系统,但比特币交易所需要处理法币付款和比特币交货这两个环节,保证买卖双方能够按照约定交款和交币,所以交易所一般采用托管方式,即卖币的卖方需要把比特币托管至交易所。这意味着,交易所是传统的中心化、托管模式,存在众多缺陷。

> 中心化虚拟货币交易所的缺点:
> 在虚拟货币交易所发展的早期,交易所没有监管,处于无约束状态;
> 交易所可以随意挪用资金,客户托管资金存在高风险;
> 早期的大型交易所可操纵币价;
> 交易所普遍存在虚假交易现象;
> 在交易所进行虚拟货币洗钱的行为频发;

交易所的 IT 技术是中心化的，屡屡被黑客攻击，虚拟货币交易所成为生态中最容易被攻击的一环。

交易所撮合模式对于大额交易效率过低，对于交易量不大的币种撮合难度大。

于是去中心化交易所（DEX）应运而生，最早的去中心化交易所是 2014 年提出的"比特股"，之后 2017 年上线的稳定币 Bancor，也具有去中心化交易所性质。当前规模最大、影响力最大的去中心化交易所是 2018 年上线的 Uniswap。关于中心化交易所与去中心化交易所的原理区别，可参见本书第 6 章第 5 节。

去中心化交易所（Decentralized Exchanges，DEX）是一种加密货币交易所，支持在线的点对点加密货币交易，无须交易中间人提供服务。

在中心化交易中，由第三方例如银行、经纪、支付网关、交易所保障安全，并监控或者代管资产转移，而在去中心化交易中，这些第三方实体被区块链和智能合约替代。

去中心化交易所与中心化交易所最大的区别在于：用户是否对自己的资产拥有控制权。

三种模式如图 10.9 所示。

第一种，"链上订单簿"模式，所有动作都在区块链的智能合约上执行，全部流程都是去中心化的，从交易发起者对智能合约申请一个从代币 A 到代币 B 的订单，到交易接受者选中订单申请，接受并发起交易，最终由智能合约完成交易交割。由于每一步骤都是在链上执行，且没有自动撮合机制，所以效率较低，用户体验差。早期的 Ether Delta 就是这种模式。

第二种，"链下订单簿+链上结算"模式，结合了链下的订单簿和链上的结算，提高了效率。在链下，由中心化或者去中心化的系统承担对订单申请、匹配、交易构造的业务流程，这些流程可以是由程序自动执行的，也可以是由用户手工执行的。完成订单匹配并构造好交易后，提交智能合约执行。

0X 协议是这种模式中的经典代表。

第三种,"流动性池 + 自动做市商"模式,则并不对买方和卖方进行撮合。而是由智能合约维持一个代币的流动性池,交易申请者与智能合约的流动性池交易,对手方成为智能合约,不再是另外一个用户。价格则由自动做市商的价格形成机制决定。Bancor 和 Uniswap 都是这种模式。

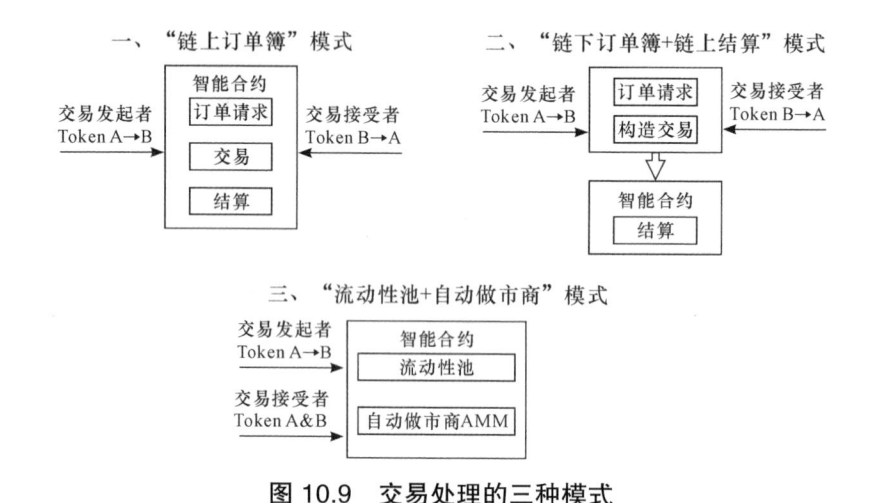

图 10.9　交易处理的三种模式

"链上订单簿"模式在交易量小的情况下,买方和卖方可能需要等待时间过久,无法成交,所以此种模式在去中心化交易所中较少,而且每一步都在链上执行,成本较高。"链下订单簿 + 链上结算"比之"链上订单簿"模式效率提高,成本降低,而"流动性池 + 自动做市商"模式,交易是实时的,对手方是流动性池,由算法自动计算价格,所以后两种较为常见。

做市商和流动性:传统交易所模式下,交易所是中间人,利用订单簿列出买方订单和卖方订单,居间撮合。交易发生在买方和卖方之间。根据撮合过程中,大量买方和卖方的开价,形成市场价格。

做市商:传统的交易所为了活跃市场,便利用户交易,引入"做市商",即大型的金融机构,在交易所中作为散户的对手方进行交易,这是为交易所提供流动性。

流动性：在交易市场中，销售和购买一项资产的便利程度，就是流动性。流动性衡量了资产市场的活跃程度。

20世纪90年代，雷曼兄弟（Shearson Lehman Brothers）推出了"自动做市商"，用程序执行规则来提供做市服务。这个概念在去中心化金融时代被重新发掘利用，但其实质含义大有区别。

流动性池与自动做市商

流动性池：在DEFI交易所的"流动性池+自动做市商"模式下，交易所是一个智能合约，这个智能合约中有流动性池，按照"交易资产配对"组织，例如，以太币Dai就是一个资产配对，构成一个流动性池，流动性池中存有虚拟代币。用户买卖虚拟货币，是与流动性池做对手方进行买和卖。在这种模式下，任何散户都可以在流动性池中存入代币，参与做市。

自动做市商：一套基于区块链智能合约的虚拟资产交易协议，用流动性池替代实体做市商提供流动性，用代码中预先设定的价格规则对交易进行定价，取代订单簿模式的价格发现机制。

Uniswap创建于2018年11月，创始人是海顿·亚当斯（Hayden Adams）。亚当斯设立了Uniswap Lab公司，由这个公司开发了Uniswap协议并开源，Uniswap Lab运行Uniswap协议，并组织持有UNI代币的Uniswap社区对其进行去中心化治理。2020年10月，Uniswap成为第一大去中心化交易所。至2021年12月9日，根据Uniswap官网数据，Uniswap协议累计交易额为6680亿美元，总交易数为8100万笔。

Uniswap采用流动性池和自动做市商模式。用户有两种，一种是流动性提供者，此类用户并不交易虚拟货币，而是为流动性池提供币对资产；另一类用户则是交易者，向智能合约地址发送一种虚拟货币，获得来自智能合约的另一种虚拟货币。其原理如图10.10所示。

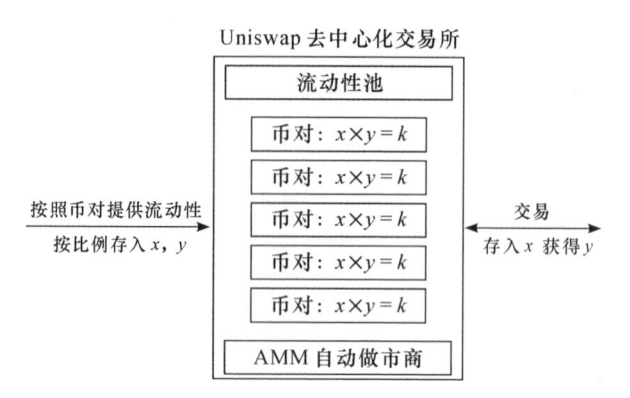

```
                Uniswap 去中心化交易所
                ┌─────────────────────────┐
                │        流动性池          │
                │  ┌───────────────────┐  │
                │  │ 币对：x×y=k       │  │
                │  ├───────────────────┤  │
                │  │ 币对：x×y=k       │  │
  按照币对提供流动性  ├───────────────────┤   交易
  ─────────────→  │  │ 币对：x×y=k       │  ←─────→
  按比例存入 x, y   │  ├───────────────────┤  存入 x 获得 y
                │  │ 币对：x×y=k       │  │
                │  ├───────────────────┤  │
                │  │ 币对：x×y=k       │  │
                │  └───────────────────┘  │
                │      AMM 自动做市商      │
                └─────────────────────────┘
```

图 10.10　Uniswap 模式

Uniswap 本身并不提供任何虚拟货币，平台可以交易何种币对，由流动性提供者设置。流动性提供者可以任意创建币对（必须是 ERC-20 标准），比如以太币与 Dai。流动性提供者在创建币对的时候，必须同时向智能合约发送两种币，且两种币的比例符合市场价格比例。如果流动性提供者发送的币对的比例不符合市场价格比例，比如以太币与 Dai 的市场比价为 1∶200，但某位用户按照 1∶1 发送以太币和 Dai，则马上会有交易用户用 Dai 换取以太币，流动性提供者蒙受损失。Uniswap 的自动做市商机制来自币对数量机制，即两种币的数量乘积是一个固定常数：

$x \times y = k$

例如某位流动性提供者创建的以太币和 Dai 币对，其初始数量关系为：

$10 \times 2000 = 20000$

当交易者发送以太币或 Dai 至此币对做交易时，每一笔交易都要保证常数 20000 不变，这种机制保证了当币对中一种币需求旺盛时，另一种币价格上涨，维持了市场的稳定。

当流动性提供者按照比例向流动性池发送币对，则会推高常数，例如再次向上面例子中的流动性池发送 10 个以太币和 2000 个 Dai，则自动做市商的流动性公式为：

20 × 4000=80000

常数越大，则币对的相对价格越稳定，一次购买时，对币价的影响越小。

因为去中心化交易所无须托管，而且价格、交易透明，所以规避了中心化交易所的种种弊端，在虚拟货币交易中占有的份额持续上升。

合成资产：更准确的称呼应该是"人工合成资产"，指这种资产并非真正的资产，而是人为创造出的"虚拟资产"。有点类似"人造肉"，并非真的肉。

这个词来源于"合成商品货币"（Synthetic Commodities Money）。货币有两种，一种是商品货币，例如黄金、白银；另一种是法币，由央行发行，是债务，并不具有实际价值。而"合成商品货币"兼具商品货币和法币的特性，具有商品货币的稀缺性，又如法币一般不具备实际价值。比特币就是一种合成商品货币。

合成资产则是区块链上的虚拟资产，对标黄金等实体资产，但本身并非真正的资产，也并无真正的价值。类似赌场的筹码，代表法币价值，但筹码本身并无价值。

10.7 衍生品 Synthetix

去中心化金融中衍生品的概念发源于稳定币，既然虚拟货币可以锚定法币，那么是否可以锚定其他资产，例如黄金、股票等？2017 年发起的 Havven 项目本来的意图是做稳定币，2018 年转型做衍生品，改名为 Synthetix，成为第一个合成资产协议平台。

所谓合成资产，是对目标资产的镜像模拟，所以是一种"虚拟"的虚拟资产，而非真正的资产。例如，Synthetix 用 sUSD 表示对美元的镜像模拟，其价格对标美元；用 sGold 表示对黄金的镜像模拟，其价格锚定黄金。合成资产只是价格的镜像，无法兑换成真实的法币或者黄金等资产。价格的锚定，通过可信的第三方数据接入。

Synthetix 自己发行了一个代币叫作 SNX，这个 SNX 在 Uniswap 等平台上可交易，价值波动比较剧烈。

Synthetix 的工作原理如图 10.11 所示。这个具有外部价值的 SNX 是平台的价值来源，用户可在 Synthetix 平台上抵押，获得 sUSD，即与美元挂钩的合成资产，也可认为是一种稳定币。由于 SNX 价值波动比较大，所以抵押率很高，达到 700%，即抵押价值 700 美元的 SNX 才可借出 100 美元价值的 sUSD。用户既可持有 sUSD，也可用 sUSD 在 Synthetix 上兑换交易其他合成资产。

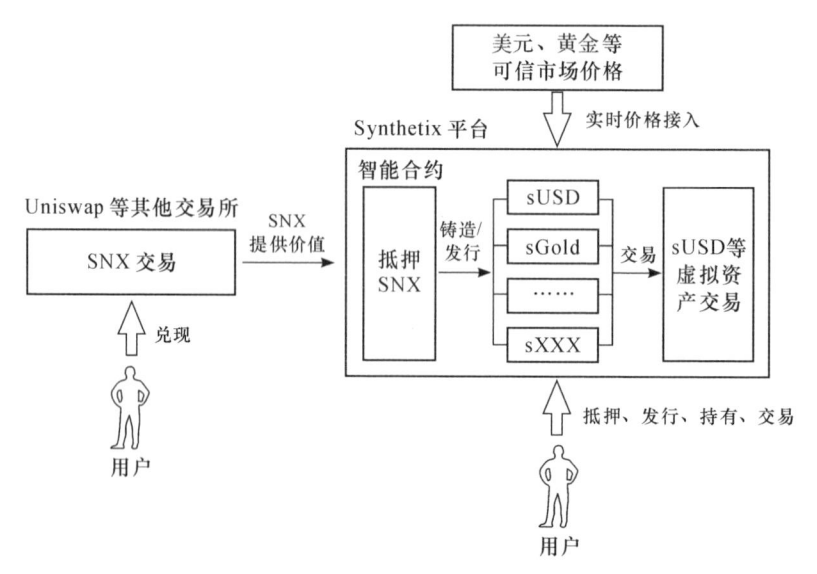

图 10.11 Synthetix 原理

Synthetix 平台上合成资产的所有持有者，参与了一个零和游戏。这一点上，Synthetix 与其他稳定币和借贷平台差异巨大，更像一个赌场。例如，平台上只有 2 位用户，初始状态下，A 发行并持有 100 美元 sUSD（可以理解这是 A 用抵押的 SNX 发行的债权，但由他自己持有），而 B 发行并持有 100 美元 sGold，两人的债务在平台上各占 50%。随后，当 sGold 价值随着市场上黄金的价值而上涨，达到 200 美元。此时，平台总债务从最初的 200 美元变为 300 美元，而 A，B 两人的占比依然为 50%，于是 A 的债务为 150 美元，账面亏损为 50 美元；B 的债务为 150 美元，账面盈利为 50 美元。

当前 Synthetix 上合成资产类型有 66 种，其中 41 种加密货币合成资产，7 种法币合成资产，10 种股票合成资产，4 种大宗商品合成资产，4 种指数合成资产。2021 年 7 月底，总资产约 10 亿美元。

10.8 基金 Tokensets

传统的股票投资中，如果投资者嫌麻烦不想自己操作，或者要投资一篮子很多种股票，那么就可以选择购买 ETF。

ETF：交易型开放式指数基金，是一种在交易所上市交易的、基金份额可变的开放式基金。交易型开放式指数基金代表一篮子股票的所有权，是指像股票一样在证券交易所交易的指数基金，其交易价格、基金份额净值走势与所跟踪的指数基本一致。因此，投资者买卖一只基金，就等同于买卖了它所跟踪的指数，可取得与该指数基本一致的收益。

自动化交易和量化交易。自动化交易：即使用电脑程序连接交易所软件接口，根据既定策略自动下单买卖股票。一般来说，自动化交易需要量化模型支撑。

量化交易：量化是指基于量化的模型采用计算机程序做出买卖决策，并通过计算机程序化发出买卖指令。

还有另一种方法，投资者买卖股票可以不用自己操作，即自动化交易和量化交易。

以上两种方法，都是要把资金和股票交托给基金、券商、交易所等第三方机构，才可自己摆脱交易的烦恼。在虚拟货币的支持下，DEFI 可实现非托管的自动交易，可实现代表一篮子资产的基金代币。Tokensets 就是这样一家 DEFI 基金，对于不想亲自做虚拟货币交易的用户，就可以使用

Tokensets 购买一种组合（set）。而且 Tokensets 既类似一个股票基金，其中包括多种虚拟货币资产，也是一种自动化交易和量化交易工具。

Tokensets：Set 协议发布于 2017 年，2019 年 4 月 Set 协议上线运行。至 2021 年 3 月，共有 1.8 亿美元的虚拟货币价值锁定。

如图 10.12 所示，在 Tokensets 模式下，用户无须把虚拟货币托管到第三方，而是直接与 Tokensets 的智能合约做对手方。用户按照某个组合的资金构成对智能合约投入 ERC-20 代币，获得组合代币，而投入的 ERC-20 代币在 Tokensets 合约中就会按照交易策略执行代币交易。

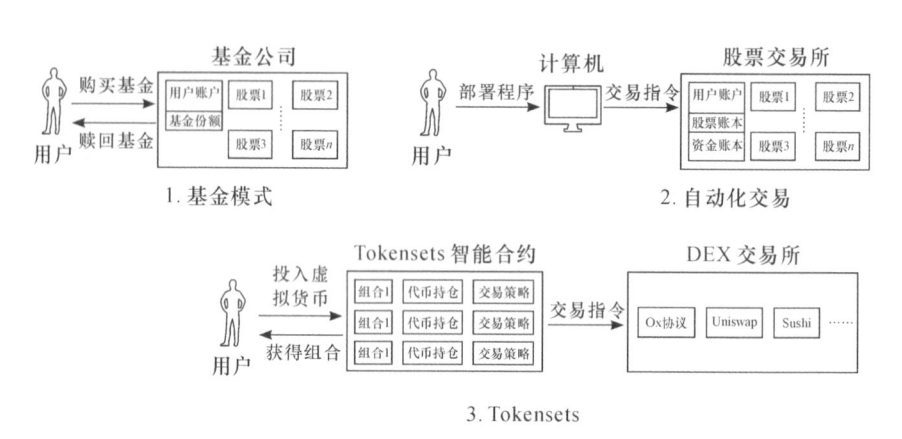

图 10.12　三种无须本人操作的交易模式

在版本 1 的 Tokensets 存在两种交易策略，一种是鲁棒策略，即写好的机器人策略；另一种是社交策略，即某些知名投资者手动操作交易，而其他投资者自动复制这些知名投资者的所有交易。在版本 2 的 Tokensets 中，任何用户都可以成为组合经理，创建自己的组合，发行出组合代币，供其他人购买。

Tokensets 特征：

（1）Tokensets 是虚拟货币世界中的基金，但与传统基金不同，全过程中虚拟货币资产都持有在投资者自己手中，无须委托给基金、经纪人等第三方。

（2）Tokensets背后的交易不论是自动化策略还是手动操作，都是完全透明的。

（3）任何用户都可以创建自己的基金，供他人投入虚拟货币，参与到基金中来。

Tokensets代表了对投资行业中基金、经纪模式的巨大挑战，数字化世界中，在借力基金、经纪的专业经验时，可彻底消除托管资金至基金公司、经纪公司所带来的风险。在智能合约中用代码开发的投资策略，又为没有技术能力的普通投资者提供了利用代码策略的机会。要知道，在传统的自动化和量化模式下，必须有专业算法工程师的支撑，才可操作，而智能合约中的交易策略可供所有用户使用，而且透明、可靠，业绩可观察。

10.9 保险

在以太坊的白皮书中，有一个保险的例子：艾奥瓦州的农民鲍勃可以用智能合约来立一个保险的合约，合约要从可信的渠道引入天气数据。若是根据数据，今年天气干旱，则智能合约自动赔付鲍勃1万美元；若是雨水丰沛，五谷丰登，则鲍勃交给智能合约1000美元。这在传统的保险场景中，需要签订很厚的协议，而且支付保费与理赔皆是烦琐的；但用区块链与智能合约，则非常简单。

传统保险的弱点：

（1）行业不透明性。对于保险公司而言，保险购买者常常隐瞒信息以获得更好的保单价格，骗保现象非常多；对于保险购买者而言，保险的定价策略是黑盒子，保险购买者并不知道保费价格的依据。

（2）过程烦琐。购买保险、资格核查、签订协议、理赔等过程都是人工过程，成本居高不下。

（3）保险条款往往复杂，需要专业人士解释。

保险是天然适合由区块链实现的业务，由智能合约实现的保险，其特征有四：

（1）保险合同条款由代码写成，由代码自动执行，执行效率极高，节约保险成本。

（2）保险合同条款由代码写成，所以是透明的，对于保险购买者来说，更加可信。

（3）决定保险合约价格、理赔金额的输入数据，都由可信的预言机提供，保险购买者难以隐瞒信息。

（4）保险购买者的对手方是智能合约，所以保费是投入智能合约中，不存在风险。

参数化保险（Parametric Insurance）：保险合约的签订、理赔基于一系列预先定义完善、可验证、主观的数据参数。这种数据包括天气、航班等。保险客户在签约的时候，自行选择参数值范围，只要参数数据满足协议要求则自动执行理赔。

如图10.13所示，基于智能合约的"去中心化金融"保险，完全不同于传统的保险公司模式。其优势是自动化、流程透明、无人的自动化经营，但其依赖可信预言机。关于预言机的定义，请参见本书第12章。

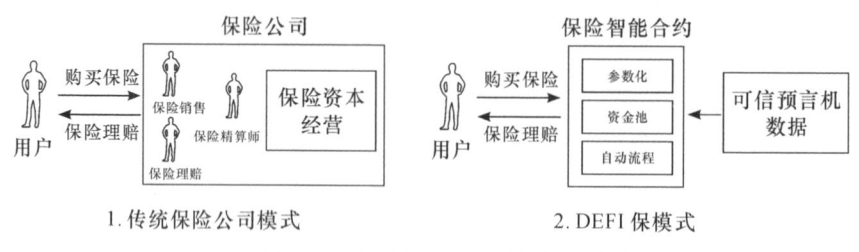

图10.13 传统保险与智能合约保险

虽然基于智能合约的保险具有很多优势，但保险条款的复杂性，以及在执行过程中对外界数据的依赖，让保险业务向区块链的迁移比之货币和资产要困难许多，当前展开的智能合约保险业务，多数是针对天气、航空、虚拟货币安全和价格等。随着越来越多的预言机（用来为区块链接入外部可信数据的程序）的成熟，去中心化金融保险会更快发展起来。

为何智能合约保险多在天气、航空、虚拟货币钱包安全领域？ 天气数据几乎无法造假，是对所有人透明的，也是所有人都可验证的。航空的航班信息，例如到港时间，以及延迟时间，甚至事故时间也是对所有人透明的，人人可验证。虚拟货币钱包出现黑客时间，技术上是可验证的。这些特点决定了它们可成为智能合约保险的目标。而本书第 13 章所述的车辆行驶事故保险结算则较难，因为一项汽车交通事故，是很难验证的，除非未来的车辆行驶记录仪是可信的、所有车辆的视频监控是可信的，都符合本书所描述的数字秩序，则对其进行智能合约化才是可能的。

天气智能合约保险：Arbol Market

航班智能合约保险：Etherisc

虚拟货币智能合约安全保险：Nexus Mutual

Arbol Market 是针对天气数据所设计的智能合约保险，它所覆盖的行业有农业、能源、航运、休闲度假四个。客户如果忧虑天气会对农业产出、能源生产、航运效率产生影响，就可以购买保险。如果游客的休闲度假可能受天气影响，那也可以对预订的机票和酒店购买保险。

Etherisc 保险较为全面，包括基于天气的农业保险、飓风损失保险，也有基于虚拟货币价格的投资损失险。Etherisc 是基于航班信息的航班延误险，它通过接入的航班数据，对延误的航班自动理赔。

Nexus Mutual 是一种针对虚拟资产的保险，其目的是保障虚拟资产安全，在区块链和智能合约发生安全事故，被黑客攻击或者盗取时，DEFI 保险理赔损失。Nexus Mutual 就是这样一个保险 DEFI，用户针对某个代币投保，只要得到支持，就可以投入资金购买保险。Nexus Mutual 使用平台发行的 NXM 代币做保费投入。其平台上还有另一种角色"风险评估师",风险评估师具有技术洞察能力,可对代币和DEFI的智能合约进行评估,风险评估师需投入资金,并分享保费。一旦发生安全事故,投保人遭到损失,风险评估师投票认可理赔,则Nexus Mutual自动支付保费至保险受益人。

2020年的bZx事件中,Nexus Mutual智能合约自动赔偿了87000美元给投保人。

11 机器权力背后的治理

11.1 概述

虚拟货币挑战了现有的货币和金融秩序，这是巨大的时代浪潮，但更值得注意的是，实现这种秩序的方法和手段是基于程序代码。本书中称这种秩序为"数字秩序"。这种秩序方法和手段的变革，影响将不仅限于货币和金融领域，而是为社会中方方面面的秩序提供工具，这种"数字化"的工具更直接、更有效。数字化秩序与传统的法治相比，显而易见的区别如下。

例如，在确定一笔钱的归属上，银行是靠柜员检查客户的身份证和签字，根据身份证照片判断此人是否和账户登记的信息一致，鉴别签字与留存的签字是否一致。为了防止柜员串通作案，还要有再上一层的审核和审计。多数情况下，客户和柜员没有窃取资金的动机，是因为背后惩罚机制在威慑。而比特币系统则不依赖人，是由程序验证数字签名，如果数字签名正确就放行，不正确不放行。

数字化秩序是把秩序的维护和执行权力交给机器和代码，但这绝不意味着人类就此丧失权力，成为机器和代码的奴隶，机器和程序只是执行人类的意志，帮助人类执行这种权力。所以，数字化秩序改革的只是秩序执行的方式和手段，对于秩序内容，例如要立什么法，要签什么合同，其方法和过程则与传统的秩序并无区别。如图 11.1 所示，传统秩序的执行可能是教化，也可能是暴力,而数字秩序的执行,手段完全依靠机器和代码。两种秩序在秩序形成环节上,则完全一样。

数字化秩序与传统秩序的表面区别(参见图11.1):

(1)秩序的条款,由代码写成,而非文字描写;

(2)数字化秩序是可自动执行的,传统秩序的执行依靠的是人的自愿和强制的权力。

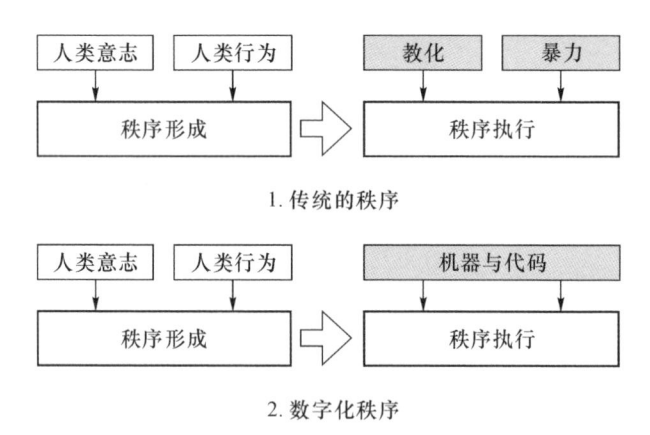

图 11.1 两种秩序的区别

秩序可能是公共秩序,例如法律和法规,需要按照既定的严格流程,达成共识。秩序也可能是小群体中的契约,例如多个商业公司在小群体内按照约定的机制,达成内部共识。

秩序由代码开发,所以,开发者在数字化秩序的开发中具有很大的权力,类似社会中的立法机构。所以,当比特币的"去信任化"吸引了人们的注意时,不可忘记,去中心化的区块链背后还有比特币核心开发者,对比特币的信任实则还依赖对这些开发者的信任。

但这些开发者并不具有至高无上、说一不二的权力,虚拟货币是一个竞争市场,之所以有人持有比特币,是因为他们相信比特币的原理,以及比特币社群是稳定的。如果比特币开发者所写的代码中有令人不满之处,那么第一道防线是开发者群体的审核，第二道防线是矿机的投票，第三道防线是用户的选择，用户可能通过卖出比特币离开。

前文论述过机器主部署区块链程序到自己的机器上，即意味着机器主让渡和委托了执行的权力给机器。在有些情况下，这些区块链程序由开发者群体开发，在特殊情况下，可能机器主即为开发者，但从职责上依然可以区分出这两种角色。如图11.2左侧所示，要委托的权力，也就是区块链的代码程序，是由一个社群决定的，这个社群中既包括了机器主和开发者，也包括了用户。这个社群的构建和治理机制，也能够对数字秩序和机器权力起到决定性作用。例如，如果机器主有很多，但开发者只有一个人，或者一个公司主持，则这种秩序的执行权力虽然交给了机器，但这是一种不健康的数字秩序——这个独掌大权的开发者任何时候想改代码都可以。

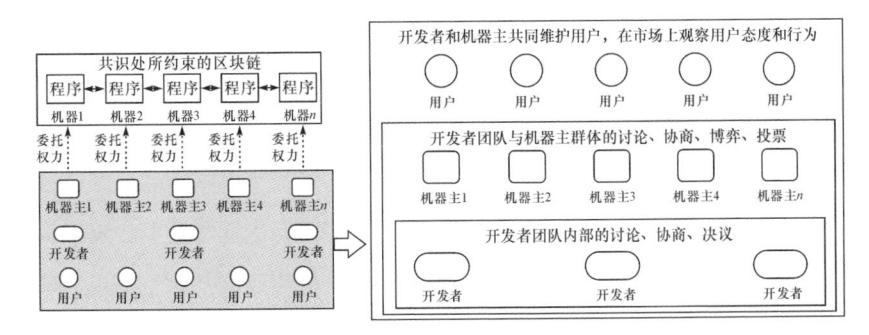

图 11.2　数字秩序的社群机制

如图11.3所示，机器主通过区块链程序把权力交给机器形成了机器权力，但机器权力所支撑的数字秩序是否健康，要依赖开发者、机器主、用户所构成社群的治理机制。即这个社群里所有利益相关者，对于区块链代码如何开发，有着良好的协商和决策机制，而非控制在某个人或者某公司手中。如果对于如何设计秩序，也就是如何开发区块链代码，社群里没有良好的协商和决策机制，而是充斥着腐败、独断，治理和协商不顺畅，甚至矛盾重重，那么这种数字化秩序虽然是机器权力支撑的，那也是不健康的，未必能够长久稳定，更不可能公平公正。

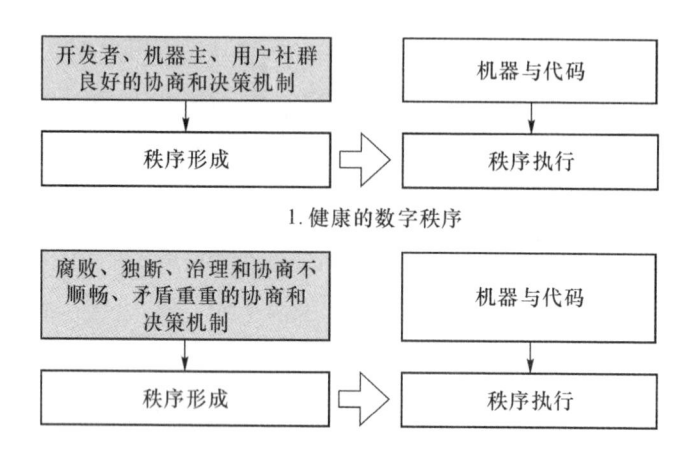

```
┌─────────────────────┐         ┌─────────────┐
│开发者、机器主、用户社群│         │  机器与代码  │
│良好的协商和决策机制    │         │             │
└─────────┬───────────┘         └──────┬──────┘
          │                            │
┌─────────▼───────────┐   ⇨    ┌──────▼──────┐
│      秩序形成        │         │   秩序执行   │
└─────────────────────┘         └─────────────┘
```
1. 健康的数字秩序

```
┌─────────────────────┐         ┌─────────────┐
│腐败、独断、治理和协商不│         │  机器与代码  │
│顺畅、矛盾重重的协商和  │         │             │
│决策机制              │         │             │
└─────────┬───────────┘         └──────┬──────┘
          │                            │
┌─────────▼───────────┐   ⇨    ┌──────▼──────┐
│      秩序形成        │         │   秩序执行   │
└─────────────────────┘         └─────────────┘
```
2. 不健康的数字秩序

图 11.3　数字秩序的健康与不健康

　　虚拟货币从比特币开始，就一直在探索治理机制，即如何写出符合社群利益的代码，如何建设数字秩序。机器权力和数字秩序的实现，是技术手段可以达成的。但要保证数字秩序是健康的，要构建数字秩序背后良好的社群治理机制，就不是仅靠技术能够做到的，还是要依靠制度和组织。虚拟货币社群就秩序达成共识的方法和过程，与人类其他群体达成共识差不多，都要通过商议、评审、投票等机制和手段，也可能存在层级的权力制度，用脚投票的体系等。虚拟货币社群的治理，在很多方面借鉴了开源社群和国际互联网工程任务组的做法。

　　不过，虚拟货币社群因其所运营的是货币和金融，已经具有巨大的市值，社群内部也存在理念和利益的尖锐冲突，所以其治理体系更为复杂。

　　要理解数字秩序健康与否，就必须深入分析这种秩序背后的形成机制。

　　下面是几种主流虚拟货币的社群治理机制概述（参见表 11.1）。

表 11.1　几种虚拟数字货币的社群治理机制

种类	秩序	生态成员	治理机制描述
比特币	- 货币发行、结算、支付去中心化	核心开发者、矿机、用户（持币人、交易所、商家）	更新代码权力在五位"代码维护者" 开发者内部民主讨论 社区（开发者与矿机）讨论 BIP 机制 BIP 矿机算力投票机制
以太坊	- 货币发行、结算、支付去中心化 - 合约去中心化	以太坊基金会、开源社区、矿机、用户（持币人、交易所、商家）	更新代码权力在以太坊基金会 开发者内部民主讨论：影响力与"粗略共识" EIP 机制 线上持币投票机制
瑞波	- 银行间汇款去中心化	Ripple Lab 公司、专有节点列表节点、用户（持币人、系统用户、网关、做市商）	更新代码权力在 Ripple Lab Ripple Lab 发展专有接连列表和用户
EOS	- 货币发行、结算、支付去中心化 - 合约去中心化	Block.one 公司、代理、用户（持币人、商家）	更新代码权力在 Block.one 公司 链的运营在社区 政策调整和更改在社区投票 投票权力在持币人

11.2　无主之地——比特币

比特币历史上共有三任领袖，分别是：

（1）中本聪（Satoshi Nakamato）——2008 年至 2011 年；

（2）加文·安德烈森（Gavin Andresen）——2011 年至 2014 年 4 月；

（3）弗拉基米尔·凡·德兰（Wladimir van Der Laan）——2014 年至今。

中本聪还在的时候，开发上实行的类似开明君主制，中本聪一人独掌大权，但他热衷于在社群里讨论，并鼓励其他人帮助他。他一直栽培加文·安德烈森，中本聪离开的时候，就把代码更新账号交给了安德烈森。

安德烈森性格比较温和，不喜欢一言堂，他就把君主独裁改成了集体领导，主动分自己的权力给了另外四人，形成五位核心开发者制度，也就是五位"维护人"。社区里谁都可以提交代码，但只有这五人才可以合并代码。第一任五位核心是：

（1）加文·安德烈森；

（2）彼得·维勒（Pieter Wuille）；

（3）弗拉基米尔·凡·德兰；

（4）格雷戈里·麦克斯韦（Gregory Maxwell）；

（5）杰夫·加齐克（Jeff Garzik）。

根据社区里公开的信息，现任的五位核心是：

（1）弗拉基米尔·凡·德兰；

（2）乔纳斯·施内利（Jonas Schnelli）

（3）马尔科·福克（Marco Falke）

（4）塞缪尔·多布森（Samuel Dobson）

（5）迈克尔·福特（Michael Ford）

中本聪本就是匿名，虽然其在虚拟货币和区块链圈中地位尊崇，毕竟他从未真正出现。等到他离开，比特币的开发权就彻底交给了社群，这个剧烈影响了全世界和全人类的新生事物，就真成了无主之地，它没有可独断专行的领袖。从数字秩序的角度看，比特币所形成的数字秩序是一种健康的数字秩序。

11.2.1 比特币的秩序

比特币的创新，不仅体现在技术层面，也体现在对金融体系的改造和经济社群生态的设计上。

如图 11.4 所示，比特币与治理的关系，可分为几个截然不同的层面。第一个层面是对比特币体系的治理，即要实现的比特币秩序，包括类似比特币的发行机制、货币的支付交易流程、用户的货币持有模式（令牌 & 账户）、点对点的共识、记账权的确认等，这是比特币开发所要实现在代码中的，代表着一种货币的数字化秩序。第二个层面是对"第一个层面"的"数字化秩序的治理体系"的治理，即比特币社区的开发者、矿机、用户等生态角色如何对比特币的规则（即第一层面中的内容）做出决策。第二个层面又可以分为两个子部分：第一部分为链下治理，即通过文章、论坛和会议等形式进行民主协商，制定比特币体系的规则；第二部分为链上治理，即把第一部分的结果写成代码部署到链上，矿机可以利用这部分代码进行投票。一旦投票通过（例如95%同意），则自动更新代码，新的规则生效。

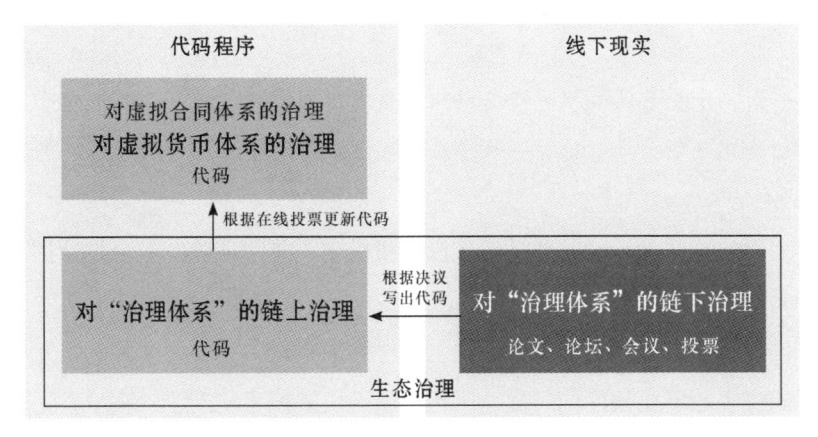

```
┌─────────────────────────────────┬──────────────────────────────┐
│          代码程序                │          线下现实            │
│  ┌──────────────────────┐       │                              │
│  │ 对虚拟合同体系的治理  │       │                              │
│  │ 对虚拟货币体系的治理  │       │                              │
│  │        代码           │       │                              │
│  └──────────────────────┘       │                              │
│            ↑                     │                              │
│     根据在线投票更新代码         │                              │
│                          根据决议│  ┌────────────────────────┐ │
│  ┌──────────────────────┐ 写出代码│ │ 对"治理体系"的链下治理 │ │
│  │ 对"治理体系"的链上治理│←──────│ │                        │ │
│  │        代码           │       │ │  论文、论坛、会议、投票│ │
│  └──────────────────────┘       │ └────────────────────────┘ │
│                生态治理                                         │
└─────────────────────────────────────────────────────────────────┘
```

图 11.4　比特币的治理层次

比特币的数字秩序：

比特币白皮书中，明确指出要在一个"点对点"（P2P）环境下实现可信的支付系统，支付行为不再依赖对"第三方的信任"。

保护用户隐私，抛弃金融行业的"了解你的客户"（KYC）模式，不存留任何用户隐私。用比特币地址（非对称加密算法的公钥经多步运算后得到的字符串）取代传统金融中的实名账户。保护用户隐私是密码学界设计虚拟货币的传统目标，这一点从乔姆的 eCash 和戴维的 B-Money 都可看出。

采用通缩的货币体系，总计 2100 万枚比特币，由记账的矿机在算力竞争中自动产生并发行，按照 4 年减半的既定模式，从 2009 年到 2140 年共计 132 年发行完毕。

工作量证明机制实现了点对点节点间的共识，且按照规则自动发行比特币。最重要的是，工作量证明还通过发行的比特币激励了记账节点（矿机），维持了最长链生态，用激励机制驱使多数算力抵御恶意算力的入侵。

基于算力的竞争记账模式，即工作量证明机制，在点对点环境中互相验证，并将区块勾连成链，以最长链机制，解决了点对点环境下电子支付的双花难题。

"未花费的输出"交易结构，类似复式记账，改变了传统电子支付的账户余额模式。让每一笔交易都可以溯源到虚拟货币的最初产生。

上面的这些设计，尤其是工作量证明机制，非常巧妙，一个设计达到了多个目的。这些设计，以技术为手段，实现了中本聪理想中的货币秩序。

比特币开启了"无第三方信任"和"去中心化"的支付模式，也开启了用代码实现数字化秩序的时代，比特币用区块链技术实现了"去中心化"的生态治理模式，当众多节点运行同样的代码，遵循同样的协议，运行同样的智能合约，这就意味着所有的节点都服从同样的代码逻辑和规则，机器和代码就此接过了秩序执行的权力。

这种代码的权力是复杂的，由算法体现了设计者的秩序观念。例如，比特币的工作量证明机制确认比特币交易的记账权。工作量证明机制在记账权的确认上，以"算力"为竞争力，即哪个的算力更强，哪个就有权记账（在算力哈希竞争中，单次哈希的运算速度由算力决定，但多少次随机哈希运算能够得到最小值，则也要靠运气。综合起来，依然是算力决定）。但工作量证明机制之外还有其他算法，例如权益证明机制，则并不仅仅依靠算力，还要靠矿机节点持有虚拟币的币值，这在治理机制上，体现了不同的思想。权益证明认为权力属于持币者，而工作量证明则认为权力属于算力。

另外，秩序的形成并非都依靠代码形成。某些秩序的形成，是在代码的基础上，交由市场这种非技术手段间接形成。例如，在比特币出现之前，对网络上虚拟货币的设计，多模拟黄金挖矿，以金矿的成本加上一定比例的利润构成黄金的价格，对应在计算机上，则由中央处理器成本和耗电成本来决定产生的虚拟货币之价格。这样的设计思路可参见尼克·萨博的 BitGold。而中本聪设计比特币时，则并未拘泥于这种模式，虽然比特币依然依赖算力进行竞争记账，但比特币系统本身并不关心币的成本和价格，白皮书和代码中没有对比特币价格的定义。中本聪的思路是比特币的价格该由市场来决定。之后随着比特币生态形成，矿机的多寡和币价的升降互相影响，结果是矿机的挖矿成本与币价在市场的作用下，再次挂钩，形成了动态的平衡，但这种平衡是市场的作用，而非技术设计和代码的定义。

11.2.2 比特币生态

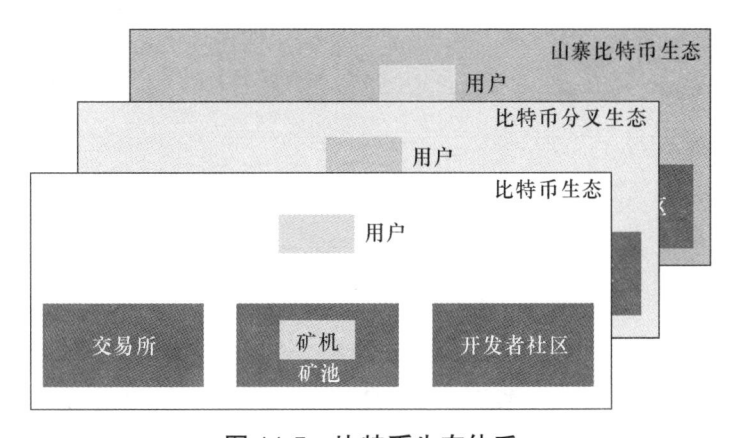

图 11.5 比特币生态体系

如图 11.5 所示，在一个单一的比特币生态中，存在四种角色：用户、开发者社区、矿机（矿池）、交易所。之所以说"单一"，是因为比特币的技术和代码是开源的，人们可以任意对其进行分叉和山寨，形成多个类比特币的"虚拟货币"生态。四种角色形成了一个"虚拟货币生态"，但四种角色都可以随时用脚投票，放弃当前的虚拟货币，转投另一个虚拟货币生态，从而在虚拟货币生态之间形成竞争关系。

虚拟货币的代码开发权是直接控制在社区开发者手中的。比特币系统存在多种客户端，而核心开发者团队是来自中本聪的传承，维护着中本聪最初开发的比特币客户端版本——Bitcoin Core。任何其他开发者只要愿意，都可以用其他开发语言写出另外的客户端，连接到比特币的协议网络上来。所以，比特币核心开发者社区的权力，并非在于一个软件，而是在于比特币协议的制定。所以，比特币的运行生态，如图11.6所示，由比特币、分叉、山寨等多币种构成。而比特币历史传承下来的主流协议，除了Bitcoin Core客户端以外，还有多种其他客户端。

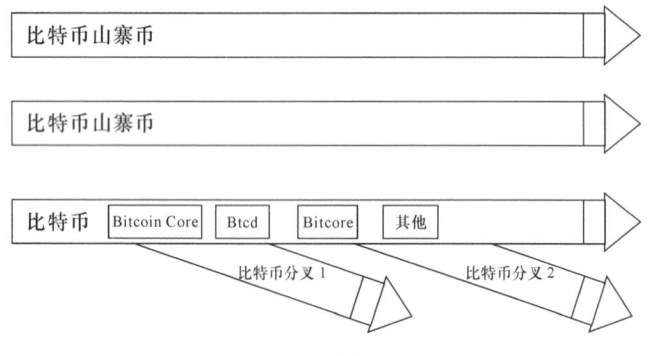

图 11.6　山寨币和分叉

比特币开发者的组织形态，也处在变化中。在中本聪退隐之前，比特币的开发是由社区的志愿开发者承担，他们出于热情，并无报酬。中本聪退隐后，加文·安德烈森接过核心开发者的职位。2012年，加文·安德烈森与其他几位支持者成立了"比特币基金会"（Bitcoin Foundation），基金会接受来自外界的捐赠，并为加文·安德烈森、弗拉基米尔·凡·德兰等几位核心开发者提供财务支持。比特币基金会的运作不算顺利，外界的质疑和管理者的丑闻一直伴随着这个组织。2015年，麻省理工学院数字货币计划（MIT

Digital Currency Initiative）接替比特币基金会为核心开发者提供财务支持。随后，Blockstream 公司成立，其公司的商业目的是开发侧链等基于比特币的技术和产品，但该公司的程序员为比特币社区贡献巨大。还有非营利组织例如链码实验室（Chaincode Labs）等也在支持着比特币的开发。

比特币开发者社区的组织形态，决定了开发者社区可能受那些资助组织的影响，但并不会由一个组织决定。而开发者社区中权力最大的是代码库的"维护者"以及"首席维护者"，他们决定代码是否发布并执行发布。"维护者"以及"首席维护者"是在社区中贡献大且享有盛誉的开发者，是在社区的长期工作中被选取出来的。

社区开发者的构成中，一部分核心开发者是由非盈利基金会支持，一部分开发者受雇于比特币技术领域的商业公司，还有一部分是真正的志愿者，没有薪酬。对于个人开发者来说，出于对比特币的热爱和对技术的追求，还可能出于技术提高和行业名气提升的期待，各种因素混杂。对于各种组织而言，要么公司业务就依赖比特币生态的繁荣，要么通过持有比特币就可以实现利益上的目的。虚拟货币的开源开发社区，比之 Openssl 这样的互联网协议的开源社区，利益关系更直接，途径也更多。

开发社区的治理模式来自对开源软件社区的模仿，比特币更新软件的工作流程学习自互联网社区的"征求意见稿"（RFC），"征求意见稿"是1969年由阿帕网组织设置的。对比特币软件更新的建议，也有一个流程叫"比特币改善建议"（Bitcoin Improvement Proposal，BIP），这是 2011 年由阿米尔·塔基（Amir Taaki）在比特币社区中提出的。BIP 流程模仿了 Python 社区的"Python 提高建议"，"互联网工程工作组"（Internet Engineering Task Force）也是用类似的流程。基于 BIP 流程，社区能够对提出的思路达成大概的共识。此处的"大概"指的是，社区要对反对声音进行辩论，直到大多数社区成员认为反对是错的。

Python 提高建议（Python Enhancement Proposal，PEP）：Python 提高建议是 Python 社区中用来分享信息的设计类文档，是 Python 社区的工作机

制，用来建议一个新功能，针对一个问题收集社区意见，或者详细描述一个设计成果。Python 提高建议开始于 2000 年，截至 2021 年 12 月 21 日已有 576 个 Python 提高建议。

Python 提高建议分为三类，一类是"标准跟踪"（Standard Track）用来提出功能建议；一类是"信息"（Information）用来分享设计类的信息；一类是"流程"（Process）用来对社区工作流程提出改进建议。

社区中任何人都可以提出 Python 提高建议，但需要有一位是核心开发者的"支持者"。Python 提高建议需要经过专门的"编辑"审核，审核提交后，Python 提高建议提出者需要主持针对该 Python 提高建议的社区讨论，并说服众人。最终 Python 提高建议的审批，需要由"Python 指导委员会"（Steering Council）指定一名核心开发者对其进行审批。

虽然开发者具有决定比特币协议和系统开发的权力，但与其他互联网生态一样，用户依然是一个生态中最重要的角色。开发者在设计协议、开发代码的时候，虽然一定程度上可以基于自己的审美和技术爱好做出判断和决定，但最重要的目标依然是吸引更多的用户加入生态。与其他互联网生态不同的是，比特币和虚拟货币的生态更加复杂，开发者不仅要从用户的角度考虑，还要从矿机和交易所的角度考虑，矿机和交易所是比特币生态中重要的因素。

在比特币白皮书和比特币的代码中，并未体现出对专业矿机的设计，比特币网络是一个"点对点"系统，用户的节点便可以是记账的矿机。不过比特币中的 SPV 轻节点的设计，已经为弱算力的普通用户使用网络留下了解决方案，看得出，中本聪并没有意图让普通用户参与到记账权的竞争中。之后在论坛的讨论中，中本聪论及了"服务器集群"和"专业硬件设备"将会在比特币记账网络中发挥作用，还讨论了矿池（矿池：单个矿机，或者小规模矿机集群合并算力，参与到全网竞争中，以分享算力利润，降低挖矿风险。利润的分享由矿池的算法自动执行）的意义，从这些讨论中，中本聪已经将用户与矿机这两种角色在生态中分开了。

矿机作为比特币生态中的记账人和铸币税受益者，在生态中意义重大。缺乏矿机算力支持的虚拟货币，其安全性是存在问题的。而若是矿机算力控制在少数人或者机构手中，则又会引起生态中用户对权力过于中心化的忧虑。过去大部分矿池算力来自中国，全球算力的大约75%控制在中国人手中（2021年中国出台淘汰矿机的政策后，状况随之改变，中国矿机占比急剧降低）。比特币的设计模式，并非无人质疑，记账者矿机而非用户占有铸币税这一点，在虚拟货币领域是存在争议的，所以之后陆续出现权益证明和委托权益证明等共识算法。

11.2.3 比特币的斗争和分裂

在比特币生态中，最大的争议莫过于区块大小之争。关于区块之争的细节，简单来说，核心开发者中一部分支持大区块，一部分不支持大区块而是支持闪电网络，而矿机则支持温和增加区块大小。

闪电网络：2016年，潘与卓亚发表了论文《比特币闪电网络：可扩展的链下快速支付》，闪电网络架构在比特币系统上，是真正的"去中心化"交易模式，TPS从此无上限。闪电网络的基础是"微支付通道"，中本聪隐匿之前也曾讨论过这种技术。闪电网络和微支付通道的基本思路是，用比特币区块链实现抵押，小额交易则在两个节点间发生，无须提交到比特币的区块链上（参见图11.7）。

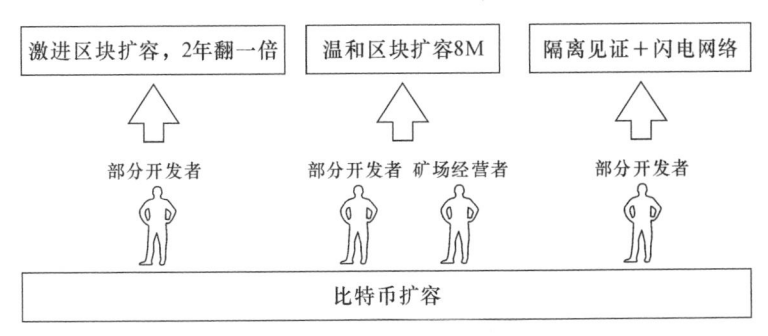

图 11.7 扩容斗争

区块扩容之争，其中的动机自然以利益驱动为主，然而也并不乏关于比特币理想、政治理念上的分歧。例如，核心开发者坚持的"小区块加闪电网络"方案，是要将比特币主链改造为类似中国人民银行结算系统那样的"结算系统"，而这与比特币社区最初所秉持的理想——一个全球化的货币和支持系统，是相背离的。支持大区块的一派，希望坚持中本聪的比特币理念，做出一个全球化的货币和支付系统。这就产生了"结算系统"与"世界货币"的理念之争。还有，核心开发者希望的小区块，可支持人人运行全数据节点，消除大矿机集团带来的中心化，维护密码朋克们去中心化和保护隐私的初衷，而大区块支持者则认为机器硬件和网络的发展，可消除大区块带来的压力，而且只要大矿机集团之间存在市场竞争，并不会带来中心化的威胁。

区块之争以核心开发者的胜利告终，比特币系统部署了隔离见证（SegWit），提高区块实际交易容量30%，但闪电网络的应用还未成熟。然而，这个胜利是以核心开发者分裂，以及比特币分叉为代价的。加文·安德烈森和麦克·赫恩等核心开发者离开。2014年，麦克·赫恩提交的版本成为了后来的BitcoinXT，BitcoinXT虽然因为各种原因失败，但之后更多的分叉币出现，例如，Bitcoin Classic，Bitcoin Unlimited，BCH，BSV等都以大区块为发展方向。

比特币大区块分叉：

BitcoinXT：2015年，加文·安德烈森提交BIP-101，建议2016年区块为8兆字节，之后每两年增大区块一倍，直到2036年达到8吉字节大小。BitcoinXT未成功。

Bitcoin Classic：2016年提出，硬分叉比特币，区块大小从1兆增加到2兆。之后的发展并无很大影响力。

Bitcoin Unlimited：2015年底，由安德鲁·克里福德（Andrew Clifford）等人提出的方案，由矿机节点自行提出愿意接受的区块大小上限、产生区块大小上限并互相交流区块大小的偏好。Bitcoin Unlimited

开始时颇有影响，但之后因为技术不稳定而少人问津。

BCH（Bitcoin Cash）：2017 年 8 月 1 日分叉成功，区块大小上限为 8 兆。有加文·安德烈森和一些矿场的支持，所以 BCH 成为一个成功的比特币分叉，2021 年 12 月 21 日市值约为 82 亿美元。

BSV（Bitcoin Satoshi Vision）：2018 年 11 月 15 日，从 BCH 分叉，自称比特币正宗，发起者克雷格·赖特（Craig Wright）自称是中本聪本人。BSV 一路扩容区块至 2 吉，最高交易容量达到 5 万笔每秒。2021 年 12 月 21 日市值约 23.5 亿美元。

11.2.4 比特币的权力

区块扩容之争也反映了比特币社区治理中的问题。在最初的中本聪时代，中本聪本人是唯一的决策者，其他开发者只是提供帮助。中本聪退隐之后，将代码的控制权交给了加文·安德烈森，而加文·安德烈森的个性让他选择了分权，将代码控制权分给了其他四位核心开发者，于是便形成了比特币开发社区独特的决策机制，以至于之后加文·安德烈森的决策并不能得到执行，甚至最后出局了比特币核心开发圈子。比特币开源社区从中本聪离开后，不再存在"开明独裁者"。不同的声音和意见在核心开发者圈子内产生了争议，而其中由于 Blockstream 公司占有核心开发者席位较多，于是这样一个商业机构便在核心开发者内集中了最多的权力。虽然 Bitcoin Classic，Bitcoin Unlimited 等分叉币的开发团队曾经加入竞争，但由于技术积累不如核心开发者，最终并未形成气候。BCH，BSV 存活下来，形成自己的生态，但并未撼动比特币核心开发者，也未对比特币开发者治理结构形成影响。

核心开发者内部存在分裂，但总而言之，核心开发者代表了比特币圈内最好的技术、最丰富的经验积累，经过争议和震荡之后，核心开发者依然能够达成一致。在比特币生态中，核心开发者并非独断专行，他们需要矿机运营者的支持。可以这么看，在核心开发者面前，矿机就是客户。在区块扩容之争中，主要是核心开发者与矿机的明争暗斗。然而，在比特币的发展中，两者一直是相互配合的关系，核心开发者开发的功能需要得到矿机算力的支持。在 2012 年，比特币核心开发者提出 BIP-34，为比特币新功能升级时，提供矿机投票功能。之后，当比特币开发者开发出新功能，就会发起一次投票，在一定时间段内（1000 个区块时间）若有 95% 的区块上有矿机的投票，就意味着该功能得到了绝大部分矿机的支持，随即生效，而不支持的那 5% 的矿机，要么必须升级，要么就脱离了最长链。从 BIP-34 机制可以看到，核心开发者对矿机的态度——"算力即权力"。这在虚拟货币社区中称之为"链上治理"（on-chain Governance）。对应的"链下治理"（off-chain Governance）[1] 则指开发者、矿机经营者、用户等角色在社区的论坛、邮件组、会议中进行各种讨论，并利用自己的技术能力和影响力说服其他人的过程。比特币代码开发的全局流程如图 11.8 所示。

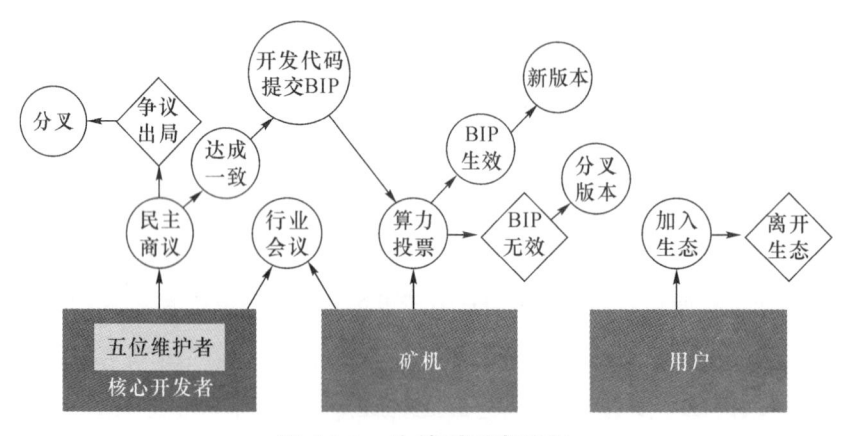

图 11.8　比特币开发流程

链上治理：一种方法和系统，用来对比特币等虚拟货币在区块链上管理和部署"功能变更"。开发者在代码中写入"功能变更建议"，供节点投票决定接受或者拒绝功能变更。

链下治理：指虚拟货币社群中，持有不同利益和意见的群体，通过各种手段，包括论坛、会议、邮件组等以讨论、协商的方式说服他人支持自己的观点。比特币中 BIP 机制也是链下治理的一种方法。链下治理与现实世界中的政治活动基本相同。

在比特币生态的各种合作及争斗中，看似用户是缺席的，实际上用户才是这个生态中最重要的。核心开发者开发的功能是否受欢迎，矿机是否可以获得收入和利润，都取决于用户。从短期看，或者从一个功能的决策看，也许其中没有用户的身影，但从长期看，用户才是生态存亡的决定性因素。比特币生态中的用户包括比特币支付系统的使用者、基于比特币开发应用的商家（如用比特币收款的电商、钱包开发者）以及投资者。另外一个角色交易所，实质上也属于用户的一种，可归入商家一类。区块扩容之争，其背后就可以看到"用户"的身影。在 2017 年虚拟货币市场的上升期，比特币系统开始拥堵，12 月一笔交易平均等待时间是 2 天 2 夜。2016 年，比特币交易费平均为 0.58 元，到 2017 年 12 月则高达 224 元每笔。这时，用户的选择出现了。一些支持比特币收款的商家，例如戴尔、微软放弃了比特币支付通道。另外，很多虚拟货币投资者开始转向以太币等其他方式。

在虚拟货币的生态中，最终的权力属于用户，然而用户的权力又是间接的，少有用户直接参与到虚拟货币的开发和运营中。用户对于一个虚拟货币生态最大的权力就在于选择，用户可以选择进入生态，也可以选择离开生态。

交易所是一个特殊的用户，它聚拢了众多交易用户和投资用户。对于比特币生态而言，由于比特币的强势，交易所并无太多话语权，任何一个交易所都必须支持比特币交易。然而在早期比特币生态中，交易所数量很少，所以就存在交易所操控比特币币价的现象。对于众多影响力小的虚拟货币，交易所就至关重要了，尤其是知名的和影响力大的交易所，甚至可以决定小币种的生死存亡。

11.2.5 代码即法律

比特币生态的以下特征：
（1）运行时的去中心化，无须第三方信任；
（2）开源代码开发机制；
（3）比特币的价值属性；
（4）开发者、矿机、用户三方生态模式。

这让比特币生态形成了独特的治理结构和运行机制。这种结构和机制的产生，并无之前的经验可供借鉴，是比特币社区10多年来在发展中自发形成的。对比特币社区的政治、治理有一些专门的研究。《比特币看不见的政治：去中心化基础设施中的治理危机》一文将比特币的治理分为"以基础设施进行治理"和"对基础设施的治理"，前者即区块链本身实现的无信任的支付机制，后者则指开发者社区的组织和决策模式。该文作者认为比特币借助单纯的技术手段实现治理的方式是失败的。文中分析了区块之争导致的开发社区的分裂，认为比特币开发者社区的组织需要改变，这是得到广泛认可的结论。但文中继续指出，比特币"以基础设施进行治理"也是注定要失败的，因为"纯粹的技术无法完全映照人类社会的复杂"。文中提出，更有吸引力的模式是在区块链上人们可以自行开发规则和程序实现治理，而不同于比特币的"预设"规则。该文作者提出的模式，实际上就是以太坊中实现的智能合约，用代码写出约定的规则。比特币之所以给作者"预设"的感觉，是因为比特币在设计之初就是一个"点对点环境中的支付系统"。而为了防止点对点环境下的"双花"，中本聪必须设计出不可篡改、未花费的输出、工作量证明等技术细节来保证。所以，该文作者对比特币开发社区之缺陷和不足的指出，是对的。但作者认为比特币作为"基础设施"，通过技术来治理也注定失败，这个观点是值得商榷的。比特币用技术手段保证在点对点环境下无须依赖第三方信用的支付，这种开创性和成功是毋庸置疑的，也为未来社会治理手段提供了武器。文章作者指出，比特币"对其他贡献者没有激励，只激励了矿机"，这个批评值得思考，后来类似 EOS 等虚拟货币所使用的委托权益证明激励手段，便对此有所革新。

"代码即法律"是虚拟货币领域的一句口号。若是用法律系统类比虚拟货币系统，则可以看到，核心开发者写代码，类似立法机关。矿机执行代码，按照规则验证区块，检验双花，达成共识，是为司法机关。用户则是选择进入这个法律体系，并受法律保护和约束的民众。其间关系如图 11.9 所示。

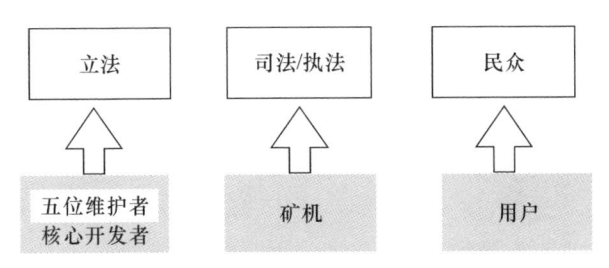

图 11.9　虚拟货币与司法体系的对照

当前比特币生态中，在立法阶段，核心开发者曾经发生过争议并分裂。如今核心开发者受到单一商业机构的影响较大，没有形成更广泛有效的议事机制，也没有形成社区内的竞争机制。

而当前立法和司法的配合模式是，法条需要经过司法的投票通过方可生效。但由于核心开发者有自己的利益和偏好，与矿机的协商也出现了激烈的争吵和对抗。虽然有对 BIP 的投票机制，但从区块之争可以看到，BIP 投票手段之前的争斗极其复杂，甚至 BIP 投票也并未得到严格的遵守。

用户在具体问题的讨论上是缺席的。用户是生态的最终决定者，然而用户只有选择进入和离开的权利，对于生态的具体问题并无决策权，甚至都没有参与讨论的权利。

11.3 基金会组织——以太坊

与比特币领袖的隐身不同，以太坊自始至终都在创始人领袖的光环笼罩下发展。所以以太坊社群的治理方式与比特币社群在大方向上一致，细节上则存在区别。

比特币的设计，是建设一种新的货币秩序，而以太坊的目标，则是建设"世界计算机"，即分布式应用平台。所以，以太坊在技术细节的设计上与比特币差别很大。

以太坊领袖维塔利卡·布特林：维塔利卡是以太坊的创始人，是社群的领袖和灵魂，人称"V神"。他于1994年出生在莫斯科，6岁随父亲移民到加拿大。其父亲是一名计算机科学家，所以算是家学源深。在加拿大读小学三年级时，他被安排到"天才"班，那时候他就知道自己的兴趣所在，即数学、程序及经济学。他在小学就因心算速度是别人的两倍而成为神童。加拿大的高中教育帮助他成长，按他的回忆，他在高中学会了如何思考，而不是浪费时间去死记硬背。他在多伦多大学读了一阵子，于2014年辍学。17岁那年他接触到比特币，他的父亲是他的领路人。比特币系统深深地吸引了他，他成了比特币社区的一分子，用Python为比特币写了一些工具。2011年，他还与人合作，创办了《比特币杂志》，自己任主笔。所以，维塔利卡的天分不仅在于数学，还在于语言。他是很好的写作者，而且精通多门语言，其中包括中文。他能够用中文做演讲，也能够用中文写文章、与人交流。

11.3.1 以太坊的创新

以太坊在最根本的理念上传承了比特币，也是"去中心化"。但在目标定位上，以太坊不同于比特币，比特币是"虚拟货币"，而以太坊是一个"智能合约与去中心化的应用平台"，其思路受启发于比特币，但又从底层逻辑上背离了比特币，有着颇多自己的创新。虽然现在以太币也有明确的价值，也在交易所中明码标价，但以太币的本质目标并非与法币竞争。以太坊平台也并不是一个"支付系统",而是"应用平台"。

以太坊的全部目标,乃是围绕智能合约而转。它提供了灵活的 EVM 虚拟机,用于运行智能合约。在 EVM 中运行的智能合约,是图灵完备的,这与比特币的非图灵完备的脚本构成了巨大差异。理论上,只要你有足够的以太币,就可以用智能合约做任何事情。智能合约可以用 Solidity、LLL、Sergent(LLL 与 Sergent 已废止)等语言开发,灵活且简单。以太坊上的"交易"和"区块",都是为了驱动智能合约而存在。从一个地址发起交易到一个智能合约地址,就将参数传递到了智能合约,并驱动智能合约运行,以获得运算结果。

以太坊上并不存在 UTXO,这也是与比特币巨大的差别。比特币因 UTXO 而缺乏脚本灵活性。以太坊是余额制,这样在余额字段中就可以存入智能合约的运算结果。

以太坊的共识算法,最初是工作量证明,经过改进后称为 Ethash。Ethash 较比特币的工作量证明更加去中心化。Ethash 的出块速度为 15 秒,较比特币快了很多。之后,以太坊将转移到小精灵(Casper)算法,这是一种权益证明(POS)算法,出块速度可达到 1 秒。以太坊也提供授权证明(Prove of Authority,POA)模式,以适应联盟链的需求。

今天,以太坊虽然是最重要的区块链平台,但依然面临安全、效率等方面的挑战。维塔利卡及社区开发者正围绕着分片等技术,试图将以太坊平台提升到新的层次。

11.3.2 以太坊首次代币发行

在以太坊出现之前,比特币社区便有了首次代币发行这种募资形式,例如万事达币、域名币等区块链项目,都在比特币社区中实施了首次代币发行募集资金。形式很简单,公开一个比特币募资地址,然后收取比特币,并承诺给予新区块链上的代币。

以太坊于 2014 年 7 月 22 日发起的首次代币发行,在操作手法上、法律上都更加完善。本次首次代币发行本身自然非常成功，也给之后的首次代币发行提出了一个学习的模板。创始人维塔利卡在募资声明中特别强调：

> 这是以太币的预售；
>
> 以太币是用于支付以太坊交易费和驱动以太坊区块链上智能合约的代币，并非证券和投资承诺。以太币并没有任何投票权，也没有对未来价值的承诺；
>
> 预售以太币的机构是瑞士的一家商业公司 Ethereum Switzerland GmbH，完成预售后，这家公司便即清算。

此次预售，在 42 天内销售 6000 万枚以太币，共计融资余额 31529 枚比特币，当时市值 1800 万美元。另外，以太坊给予早期贡献者 0.099×6000 万枚以太币，给予以太坊基金会（Ethereum Foundation）0.099×6000 万枚以太币，所以总计 7188 万枚（即 1.198×6000 万枚）以太币是预设在创世区块中的。之后每年为矿机留下 0.26×6000 万枚 =1560 万枚以太币。

预挖：比特币的设计中，节点参与记账竞赛，胜者获得比特币奖励，这种货币发行机制被称为"挖矿"。所有 2100 万枚比特币都在挖矿中产生。就是说，当 2009 年比特币上线运行时，创始人中本聪也一个币都没有，他也要运行节点参与竞争才能获得比特币。

从以太坊开始有了"预挖"。即在以太坊系统上线之前，创始团队就开始出售一定额度的以太币（此时，以太币还不存在）。当以太坊上线，第一个创世区块中，就已经记录了"预挖"的 7188 万个以太币，这部分以太币要么已经出售，由投资者持有，要么已经分配给创始团队。

11.3.3 以太坊的组织

以太坊的生态与比特币类似，由开发者、矿机、用户构成。

以太坊在开发模式上，与比特币有近似之处，都是开源社区的模式。但以太坊的不同在于，有一个稳定的核心小组，也就是以太坊基金会在主导着社区的发展。以太坊基金会所资助或雇佣的开发者，在社区中起到了领导的作用。当然社区中其他的自由开发者，在开发工作上的贡献一样很大。如图 11.10 所示，以太坊基金会是开发者社区的核心，主持着以太坊代码开发，资助基金会雇佣的程序员，也资助社群中有贡献的开发者。以太坊基金会还会投资一些社群中的创业企业。

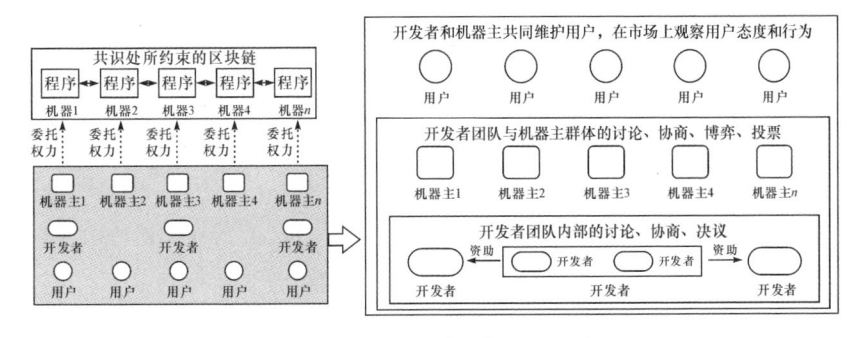

图 11.10　以太坊的社群机制

以太坊的社区治理，也分为链上治理和链下治理。链上治理通过"以太坊提高建议"（Ethereum Improvement Proposal，EIP）实现。核心开发者们首先在线下进行链下沟通，达成一致。然后提交 EIP，交由链上进行投票。以太坊提高建议与比特币提高建议的不同在于，比特币提高建议由矿机算力投票，而以太坊提高建议则由持币者投票，决定的力量是持币数量。

以太坊的开发决策过程，通过以太坊提高建议执行，以太坊提高建议类似比特币提高建议，比特币提高建议 BIP 最后要通过链上的矿机投票最终决定。而以太坊提高建议的决策过程不同，主要在开发者社区中执行，通过编辑审核、会议讨论、核心开发者审核、核心开发者决策等过程。其中也会涉及社区投票，但这种投票是在网页上进行，由所有愿意参与的持币者投票，计票根据投票人的持币数量进行加权后算出。例如，以太坊的"道"事件需要进行社区投票，是在 http://carbonvote.com/ 上进行，网站针对"支持"和"反对"设置两个以太坊地址，投票的持币人从自己的钱包地址发起交易，发送 0 金额的以太币到自己的投票选项代表的地址（即"支持"或"反对"），"碳投票"（carbon vote）则可以根据投票人的钱包地址计算该次投票所持有的以太币，综合算出支持和反对的以太币数量是多少。

如图 11.11 可以看出，以太坊 EIP 的投票与比特币 BIP 投票不同，以太坊社区的投票，只是一个民意调查，并非真正的决策，决策最终还是由"以太坊基金会"的核心开发者做出。所以，以太坊社区以"粗略共识，运行代码"为决策原则，并不按照严格的投票标准（例如比特币 BIP 的 95% 标准）进行决策，而按照非正式、非精确的计算共识程度，只要共识达到了"大部分同意"便可决策。

另外可以看出，以太坊社区更看重持币人，将"持币用户"看作社区最重要的决策者，"币即权力"，这不同于比特币社区的精神，比特币社区将算力拥有者看作社区最重要的决策者，"算力即权力"。

EIP 机制发起于 2015 年 10 月 27 日。以太坊社区中的几个重要功能的决策，便由 EIP 过程制定。例如以太坊的 ERC-20 标准，于 2015 年 11 月 19 日提交 EIP-20，之后在 Reddit 上讨论后部署。而知名的"道"分叉，则在"碳投票"上投票决策。

ERC（Ethereum Request for Comment）：以太坊上的征求意见稿，用以记录以太坊上应用级的各种开发标准和协议。当一个 EIP 通过后，其建议就成为一个 ERC。

"征求意见稿"来源于互联网工程任务组（The Internet Engineering Task Force）。互联网工程任务组是推动互联网标准规范制定的国际民间组织。互联网工程任务组用征求意见稿形式来进行技术交流和沟通，征求意见稿几乎包含了所有关于互联网的文字资料。任何一家机构开发一套标准或者提出一个建议，都可以用征求意见稿的方式发出，请其他机构或者个人提出意见，并最终形成共同认识。

1. 比特币的BIP投票机制

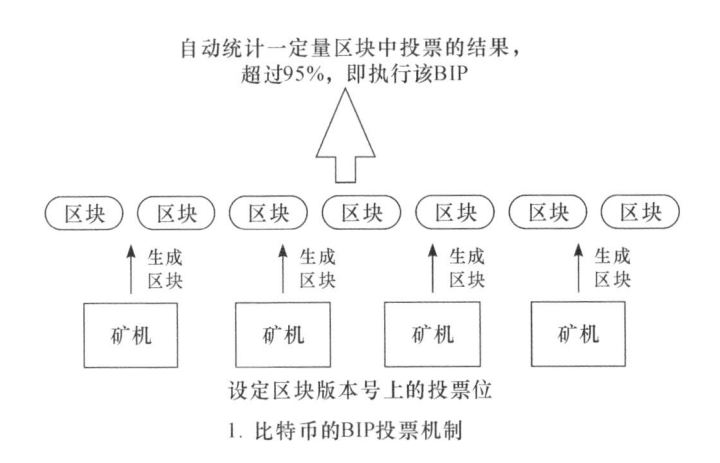

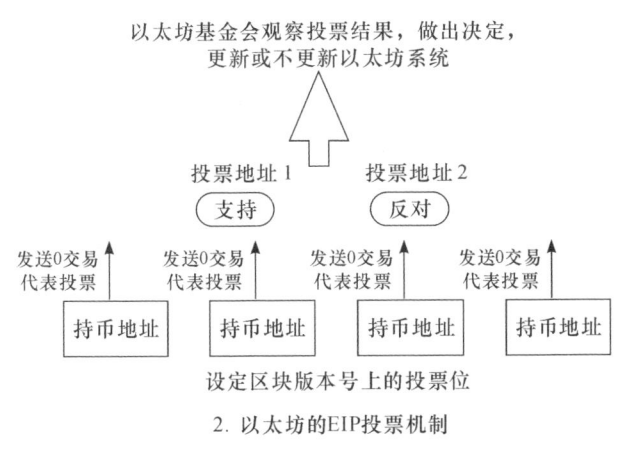

（自动统计一定量区块中投票的结果，超过95%，即执行该BIP）

区块 — 区块 — 区块 — 区块 — 区块 — 区块 — 区块 — 区块

↑ 生成区块　↑ 生成区块　↑ 生成区块　↑ 生成区块

矿机　　　矿机　　　矿机　　　矿机

设定区块版本号上的投票位

2. 以太坊的EIP投票机制

（以太坊基金会观察投票结果，做出决定，更新或不更新以太坊系统）

投票地址1　　投票地址2
支持　　　　反对

↑ 发送0交易代表投票　↑ 发送0交易代表投票　↑ 发送0交易代表投票　↑ 发送0交易代表投票

持币地址　持币地址　持币地址　持币地址

设定区块版本号上的投票位

图 11.11　比特币与以太坊的投票机制

以太坊上的 ERC-20，ERC-721 都是关于智能合约的标准。

11.3.4　去中心化自治组织"道"及分叉

以太坊白皮书中对"去中心化自治组织"有大篇幅的描述。

去中心化自治组织：在区块链技术支撑下的"去中心化自治组织"出现

之前，人类社会的任何组织都无法实现真正的"无人化"。即使最平等、最民主的组织，也需要一个小组或者一个人来主持工作。即便大家平等投票，也需要一个计票人；即便大家平等协商，也需要一个记录者整理会议结论。所以，有一些政党或者社团中，主持日常事务的领导人，就称之为"书记"。

"书记"原指负责文件记录或负责缮写的人员，在一些政党和政党型社团中也指主持日常事务的领导人。

"书记"来自俄文，本意是一种低级职级，用这个词既有宣扬平等、消除官僚主义的意图，也恰恰说明了在一个重视平等、重视民主的组织和机构里，也需要日常的组织者。

而在"去中心化自治组织"中，可以理解，这个日常事务的处理，可以由代码来代为执行。当然，"去中心化自治组织"的日常事务是特别简单的，例如仅限于一般性的投票，以及对虚拟货币资金的调拨等。

2016年4月，在以太坊社区中，一场盛大的"众筹"开启，目标是在以太坊上成立一个"去中心化自治组织"（DAO），名字就是"道"。"道"号称将要开启一个新的组织类型：一个无实体组织、无人管理的风险投资基金。2016年5月，"道"众筹开始，投资者对"道"的智能合约发送以太币，换得"道"的虚拟股份"DAO"。经过4周的融资，"道"合约中共计获得约1200万以太币，当时的市值约1.5亿美元，总计约有11000名投资者。

"道"面对现实中的两种角色，一种是投资者，一种是创业企业。"道"本身只是一系列用代码写成的智能合约，部署并运行在以太坊上。道的运行模式参见图11.12。

虽然"道"在以太坊社区中引发了热潮，其融资打破了当时的虚拟货币融资的历史记录，但还是失败了，因为智能合约代码中存在的漏洞，2016年6月17日黑客的攻击程序利用"道"代码中"循环调用"的缺陷，从"道"合约中转出以太币到自己的"子合约"。幸运的是，代码里设置了一个28天的期限，在此之前，黑客只能将以太币转到自己的合约，但无法提取。黑客攻击在以太坊社区中引发争论和危机，以太坊社区也采取了许多措施去尝试补救。最终以太坊的领袖维塔利卡提出硬分叉的方案，挽救被黑客窃取的资金。但硬分叉的方案也招致了很多批评，因为区块链的精神就是"代码即法律"，既然黑客利用代码运行出了结果，那么就应当是合法的。以太坊社区就此展开了一场投票，在碳投票约90%的用户同意硬分叉（当前数据为87.27%[2]）。7月20日，以太坊硬分叉实施，新的以太坊客户端上设置了一个开关，允许矿机选择分叉还是不分叉。在区块1920000上，约为90%的矿机选择了分叉，在这个新的分叉上，黑客所盗窃的资金被收回，并随后原路返回到投资者的地址。而还有约10%的矿机选择了不分叉，留在原来的区块链上，形成了一个新的币种，即Ethereum Classic（ETC）。自那之后，以太坊社区和以太坊区块链都分裂为两个，一个是ETH，一个是ETC。这也代表了两种理念，一种是坚定支持"代码即法律"（Code is Law），一种则代表通过社区投票（rough consensus）决定善恶，社区的共识可以修改之前的规则和代码。

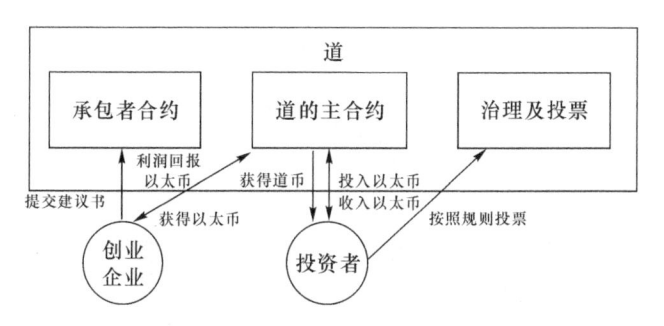

图 11.12　去中心化自治组织的原理

Ethereum Classic（ETC）：根据2021年12月23日Coinmarketcap的数据，ETC市值47亿美元，虚拟货币市值排名第47。ETH市值4727亿美元，虚拟货币市值排名第2。

"道"是去中心化的，但代码的开发者和运营者是德国的公司，公司由克里斯托弗·延奇（Christoph Jentzsch）和西蒙·延奇（Simon Jentzsch）兄弟创立。克里斯托弗·延奇本就是以太坊社区早期的核心开发者。"道"发起之后，最早提交融资申请的约定方，其中之一就是Slock.it公司。在硬分叉之后，克里斯托弗·延奇撰文总结经验，除了对技术和代码角度的反思之外，他认为"去中心化系统的治理和投票机制还不成熟"。他在总结的最后，统计了"道"代码共计663行，每1000行存在15～50个漏洞。[3]从他的这个统计分析看，"代码即法律"或者"用代码治理"在现阶段依然存在挑战。

11.4　去中心化之争——瑞波（Ripple）

2020年12月22日，美国证券交易委员会（SEC）向纽约州法院起诉瑞波公司，指控该公司通过发行未经注册的数字资产证券，融资超过13亿美元。美国证券交易委员会指出，瑞波的董事长克里斯·拉森（Christ Larsen）和CEO布拉德利·加林豪斯（Bradley Garlinghouse）从2013年开始，向美国和全球投资者销售XRP为公司融资，XRP是未经注册许可的证券。其中，拉森和加林豪斯以个人名义销售约6亿美元的XRP。

瑞波公司则回应称，既然美国证券交易委员会曾经表明比特币、以太坊是去中心化的加密货币，不受证券监管，那么何以瑞波就归类为证券，需受其监管？问题的焦点在于，美国证券交易委员会对于整个加密货币领域的监管原则如何，以及瑞波到底是货币，还是证券。

瑞波在市值上曾经一度超过以太坊，位列虚拟货币市场市值第二。而且瑞波公司的历史较比特币还久。但瑞波公司的问题在于，它是公司化运营，其发行的XRP高达1000亿枚，且其创始人团队持有过多，不够分散。另外，由于瑞波技术上并非彻底的去中心化，颇受加密货币圈的诟病，中本聪也批评过瑞波。

11.4.1 瑞波公司

瑞波的创始人有两位，一位是杰·迈克卡勒伯（Jed McCaleb），他是比特币社区的活跃人物，也是 Mt.Gox 的创始人；另一位是克里斯·拉森，互联网金融领域的创业者，曾经创建过 E-loan 和 Prosper.com。从创业者的基因上，瑞波就兼具了数字货币和互联网金融两种基因。

2011 年，杰·迈克卡勒伯开始着手开发一种不同于比特币的数字货币，他称之为瑞波协议。克里斯·拉森是他的合伙人。

瑞安·富格（Ryan Fugger）于 2004 年开始构思一种点对点系统，在个人之间通过信用的传递实现去中心化的支付。在 2010 年，瑞安·富格开发出了瑞波支付（Ripplepay.com），并在 2012 年发展了 3914 名用户[4]（2020 年 2 月其网页上显示用户数为 7676）。2012 年 8 月，杰·迈克卡勒伯和克里斯·拉森找到瑞安·富格，希望在瑞波支付的基础上开发数字货币系统，瑞安·富格交出了瑞波。2012 年 9 月，杰·迈克卡勒伯和克里斯·拉森成立新公司开放硬币（Open Coin）。2013 年 9 月，开放硬币公司改名为瑞波实验室（Ripple Lab），而此前的两个月，也就是 7 月，杰·迈克卡勒伯已经从开放硬币离职。

瑞波实验室是一家商业公司，接受来自 VC 的投资。2013 年 4 月，瑞波获得 150 万美元投资，来自 Google Ventures，Andreessen Horowitz，IDG Capital Partners，FFAngel，Lightspeed Venture Partners，Bitcoin Opportunity Fund 和 Vast Ventures。2015 年 5 月，获得 2800 万美元投资。2015 年 10 月，获得 400 万美元投资。2016 年 9 月，获得 SBIHoldings 的 5500 万美元投资。[5]

瑞波的 CEO 克里斯·拉森曾经将瑞波比喻为 Linux 开发公司红帽（RedHat），红帽开发 Linux 操作系统，但 Linux 是开源的，公司盈利靠销售服务。虽然克里斯·拉森这么说，实质上，瑞波的商业模式并不同于红帽，瑞波的模式是发行数字货币，并通过数字货币的升值获得资金。

瑞波实验室发行了数字货币 XRP，共计总量为 1000 亿枚，由创世区块中定义预挖，之后不再增加。但 XRP 之后会在运行中减少。XRP 的作用，其一是用于防止垃圾交易和攻击，每一笔瑞波协议的交易都要销毁一点 XRP，其二 XRP 可作为瑞波协议上的中介货币支持转账。在最初的发行计划中，有 800 亿分配给了瑞波实验室，约 200 亿给予了主要的创始人，包括杰·迈克卡勒伯和克里斯·拉森。[6]（参见图 11.13）

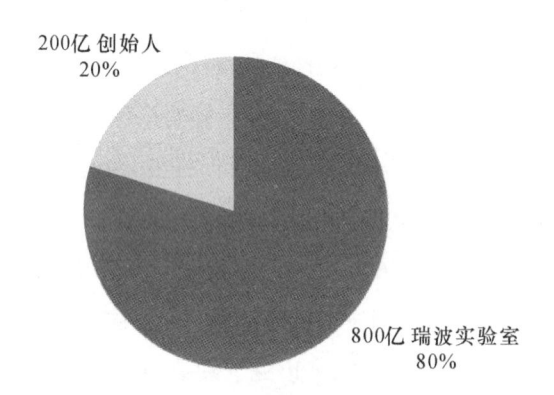

图 11.13　瑞波虚拟货币全预挖

据《福布斯》报道，克里斯·拉森在 2017 年 1 月拥有 51.9 亿 XRP。杰·迈克卡勒伯在 2016 年 12 月拥有 53 亿 XRP，之前他曾经捐赠出去 20 亿 XRP。瑞波实验室公司则持有 613 亿 XRP。市面流通的量仅有 387 亿。[7] 2015 年，瑞波网关 Bitstamp 公司将瑞波实验室和杰·迈克卡勒伯公司告上法庭，法庭公布的文件显示，瑞波从雅各布·斯蒂芬森（Jacob Stephenson）处以 963424 美元的价格收购 96342367 XRP 构成了"市场操纵"。[8]

瑞波 XRP：根据 2021 年 12 月 23 日 Coinmarketcap 的数据，XRP 市值 455 亿美元，虚拟货币市值排名第 6。

11.4.2　瑞波的秩序

瑞波的目标是建设用于价值交换的互联网，在分布式点对点环境下实现价值交换的系统。可类比互联网的信息交换，而瑞波是价值交换。当前的中心化价值交换系统，例如汇款、支付等金融服务的价格过高，而瑞波服务更快捷、更便宜。瑞波系统可用于支付、汇款、货币汇兑等业务，可以与商业银行集成。

瑞波的业务范围主要是：

（1）跨境汇款；

（2）数字货币与法币兑换；

（3）多币种汇兑；

（4）点对点网络信贷。

瑞波的共识算法称为 RPCA（Ripple Protocal Consensus Algorithm），它不同于比特币的工作量证明，无须哈希挖矿竞争。[9] 其优势是瑞波协议在 4 到 5 秒内完成交易确认，每秒处理吞吐量高达 150 笔交易。[10]

瑞波实验室经营和运行着瑞波区块链和生态。在瑞波协议网络上，任何用户都可以发行自己的数字货币，也可以使用 XRP 进行价值汇兑。而对其他数字货币例如比特币，还有法币例如美元的处理，则要依赖生态中一类特殊的角色：网关。网关可以是银行、货币汇兑机构、数字货币交易所或者其他金融机构。网关的作用是提供用户从其他数字货币或者法币进入瑞波的门户。实质上，用户的其他价值是依赖于网关的信用的。例如一个加州的用户要汇款美元到非洲，则他需要在加州将美元交付给一个本地网关，获得 XRP 汇兑到非洲的接收者，而该非洲接收者通过本地网关，从 XRP 换回美元。所以，网关在这里是一个中心化的信用机构。另外，在外币汇兑业务中，瑞波生态中还存在做市商，这些做市商同时买入和卖出各种货币，以促成交易，同时做市商获得差价利润。

瑞波自称是价值协议，是一种金融基础设施，可以与当前的银行系统集成。瑞波虽有数字货币，但并不意在挑战法币，也不挑战商业银行，它的一个目的是帮助银行改变依赖传统环球银行金融电信协会支付系统（Swift）协议的状况，实现技术升级。瑞波专门为银行间清算设计了一个协议组件——Interledger。通过这个组件，银行间可以实现跨币种的汇款和结算（需要依赖做市商）。[11] 据瑞波提供的信息，当前共计接入约 300 家银行和金融机构，其中包括美国运通、西班牙桑坦德银行（Santander）、InstaReM、SBI Remit 等金融机构。[12]

RPCA（Ripple Protocol Consensus Algorithm）：RPCA 由专门的服务器节点负责记账，而用户所用的客户端则只发起交易并从节点获得信息。每一服务器节点都维护一个"专有节点列表"（Unique Node List），即本服务器认为可信的其他服务器节点。

任何服务器都可以收集交易并验证，形成自己的候选集（candidate set）。服务器从其专有节点列表中的其他服务器那里获得候选集，与自己的候选集形成大的合并集合。服务器对大集合中的交易投票，并互相交流投票结果。获得投票比例超过一定比例（例如 50%）的交易，进入下一轮投票，达不到比例的则被抛弃。最终，所有投票过 80% 的交易形成共识的交易集。

此交易共识完成后，进入区块共识。每个服务器根据区块号、共识交易集的根哈希值、父区块的哈希值以及时间戳，计算此次区块的哈希值。服务器节点广播哈希值至所能达到的节点，对每个哈希值进行投票，经过多轮投票后，达到阈值（例如 80%）的区块哈希，成为共识的区块。而此区块中的所有交易，即为确定的交易，再也无法篡改（参见图 11.14）。

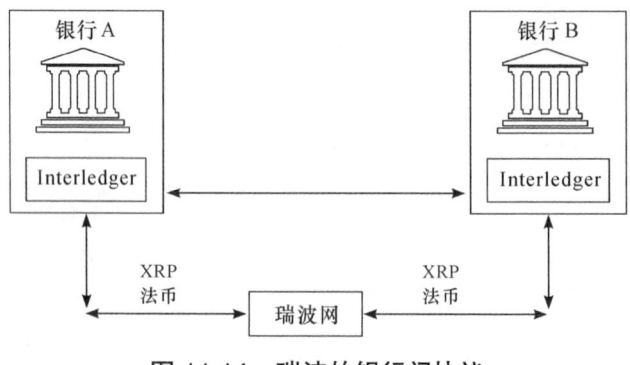

图 11.14　瑞波的银行间协议

11.4.3 去中心化的争议

瑞波网络虽然是去中心化的，但其产权属于商业公司瑞波实验室，并由其运营。[13] 瑞波的源代码是开源的，但代码的开发者是瑞波实验室的开发团队。在这个生态中，瑞波实验室是主导者，接入的银行、做市商、用户是客户。[14] 在区块链领域中，人们质疑瑞波的去中心化是否真实。在一场针对瑞波的诉讼中，投资者提交的诉状认为瑞波并非如比特币一般去中心化，文件中指出瑞波的发行是中心化的，而且瑞波协议的共识也是中心化的，控制在瑞波实验室手中。

瑞波的服务器节点有三种：一种是库存节点（stock server），一种是验证者节点（validator server），一种是私有节点（stand alone server）。只有验证者节点才真正参与共识记账。任何人或者组织都可以运行一个验证者节点，参与到瑞波的记账中。从瑞波提供的网站上，可以看到瑞波的验证者节点列表。[15] 为给瑞波的去中心化辩护，其 CTO 大卫·施瓦茨（David Schwartz）写了一个报告，从几个方面论证瑞波的去中心化特性。

大卫·施瓦茨所说的前三点可证实瑞波是把权力交给了机器，因为机器主人已经把权力委托给了机器。但这种机器权力所支持的数字秩序，按照本章的定义，可能是一种不健康的数字秩序，因为代码的开发权属于瑞波实验室。除非，大卫·施瓦茨所说的第四点属实，社群中的其他开发者、其他力量能够影响代码的开发，只有这样，瑞波才是一种健康的数字秩序。

瑞波是否去中心化的争议还将继续，但瑞波持续接入银行，瑞波和它代表的区块链这种新的技术架构，以及新架构带来的新的生态和治理模式，逐渐被传统的金融行业所接受。

瑞波去中心化的辩护：

其一，瑞波的共识投票阈值设置为 80%，这较比特币系统所面临的 51% 攻击门槛要高。

其二，当前瑞波共有 150 个服务器节点，其中只有 10 个在瑞波实验室的控制之下。而比特币生态中前四大矿场，占有 58% 的算力。

其三，瑞波的专有节点列表机制意味着任何一个验证者（Validator）可以按照自己的意愿选择达成共识的节点列表。瑞波推荐的专有节点列表，过半数都是非瑞波控制的。

其四，瑞波代码是开源的，服务器节点可以自行通过代码改变规则，只有得到广泛认可的规则才会生效。

11.5 线下的治理——EOS

BM（Byte Master）其人。BM 真名是丹尼尔·拉利玛。2013 年，BM 开始了自己的创业之旅，那时候他已经 31 岁，饱受平凡生活的折磨。从 2013 年到 2018 年，他设计并开发了 3 个产品，都还算成功，这在区块链圈子内是绝无仅有的。三个产品分别是比特股（Bit Share）、Steemit 和 EOS。但 BM 也因屡屡"创业未半，中道离开"而颇受业内人士的白眼。中本聪就曾经批评过他："如果你不相信我，或者你没理解我的话，我没有时间去说服你，抱歉。"EOS 海量融资之后，却盛名难副，也令人摇头叹息。

中本聪与"V 神"，都在将人类的权力交于机器。BM 则将权力还给人类。BM 着眼于构建人类的社区，区块链只是人类社区治理的工具。BM 关注善恶，他的价值观基础是，绝大多数的人都是善良的。

由于 EOS 的设计不是完全依赖代码，所以他为社区设计了宪法，并对链上操作都附加了人类和机器都可读的李嘉图合约。李嘉图合约由伊恩·格里格（Ian Grigg）提出，用作互联网上金融支付系统的合约。

李嘉图合约（Ricardian Contracts）：1995 年，程序员伊恩·格里

格提出一种基于密码学的网络支付系统。伊恩·格里格发明了李嘉图合约的概念。李嘉图合约的特点是：（1）由自然语言写成，可供人类阅读；（2）有标签标记，可供计算机软件读取；（3）可直接供"账务"系统读取并执行；（4）有数字签名，确保可信。

11.5.1　EOS 的首次代币发行

2018 年，Block.one 公司所发行的 EOS，是虚拟货币历史上规模最大、历时最长（首次代币发行阶段 1 年）的融资，共计融资超过 40 亿美元。EOS 的首次代币发行由一家名为 Block.one 的商业公司发起，Block.one 受开曼群岛法律管辖。EOS 的首次代币发行融资巨大，但颇受业内人批评，其在代币销售协议中，甩掉了所有责任和义务。

EOS 的首次代币发行设计独特。共计发行 10 亿枚以太坊上的 EOS 代币，其中 9 亿枚对外销售，1 亿枚留给 Block.one 公司。9 亿代币的销售从 2017 年 6 月 26 日持续到 2018 年 6 月 1 日。历时约 1 年的销售，分为两个阶段，第一阶段是 2017 年 6 月 26 日到 2017 年 7 月 1 日的 5 天，第二阶段是从 2017 年 7 月 1 日到 2018 年 6 月 1 日。第一阶段的 5 天，共计销售 2 亿枚 EOS 代币，EOS 并不定价，而是按照众筹智能合约收到的以太币总数以及各个地址发送的数量，按比例分配这 2 亿 EOS 代币，实质上近似竞标。第二阶段，以 23 小时为一个小阶段分为 350 个小阶段，每个 23 小时分发 200 万 EOS 代币，分配机制也是以收入的以太坊比例进行分配。

在 EOS 的首次代币发行计划中声明 10% 留给 EOS 开发公司 Block.one，然而从对以太坊钱包的分析可看到，EOS ERC-20 代币的前十位共计占有约 50% 的份额，且其中 5 个地址是交易所地址。另外据观察，EOS 在融资期间，便多次提取融到的以太币，在销售期间共计提取 93 次，775 万个以太币，占据总融资的 90.8%。在首次代币发行期间便提取融到的资金，在虚拟货币领域并不常见。而且，在销售开始的第 5 天，EOS 代币便在

Bitfinex 交易所挂牌交易，EOS 代币进入交易所之后，其走向无法跟踪追查。这一切意味着，以太坊可以用融到的 EOS 继续购买市场上的 EOS，很容易实现对币价的操纵。所以虽然大部分的首次代币发行都遵从首次代币发行期间锁币，EOS 并未如此操作，这引起了普遍的质疑。

由于 EOS 的融资未经备案，被美国证券交易委员会罚款 2400 万美元。

11.5.2　EOS 共识算法

虚拟货币份额分布的不均匀，给币价的操纵提供了空间。不仅如此，考察和分析 EOS，还可以看到，虚拟货币技术上是中心化的，但虚拟货币的币价以及其基础公链所构成的生态对创始人的影响力依赖甚大。EOS 创始人丹尼尔·拉利玛是比特币社区的早期参与者，并曾在论坛上与中本聪对话。拉利玛后来陆续创建了比特股、Steem 和 EOS 三家区块链企业。拉利玛基于自己的密码经济学，设计了石墨烯共识算法，其生态治理理念上另辟蹊径，不同于比特币的传承。拉利玛长期创业，为其积累了影响力和生态资源。他个人对 EOS 币价和生态发展具有很大的影响。2018 年 11 月 28 日，他在推特上发表了一系列言论，声称自己正在研究的新技术更具创新，其中"这个新的虚拟货币可以成为火星和地球之间的通用货币"一句引起对他离开 EOS 的猜疑，19 日 EOS 币价从 3.32 美元跌至 3.06，跌幅达 9%。

EOS 有一部宪法，宪法中规定没有任何成员拥有超过 10% 的代币权益，但问题是，"成员"在 EOS 社群中是非实名的地址，无法判断多个地址是否属于一个人。

EOS 区块链的共识机制，是委托权益证明，这种技术名为石墨烯（Graphene），在拉利玛所创建的比特股、Steemit 中都使用了这种共识算法。

分布式节点在共识的达成上有两种方法，一种是应用类似 BFT、PBFT、PAXOS、RAFT 等共识算法，这些算法在一定的限定条件下都能达成状态上的绝对共识，只是多数需要节点已知，且节点数量不可过多；另一种则是随着比特币诞生后，出现的类似工作量证明、权益证明、委托权益证明等共识机制，这些机制对节点的要求更宽松，但理论上来说，都是依赖于比特币所创造的"最长链思想"。这些机制并未就状态达成肯定的共识，而是通过人们追求"最长链"带来的激励，而形成动态的共识。

工作量证明是开创性的，工作量证明在记账权的确定上，是通过哈希算力竞争实现的。获得记账权，既需要算力优势，也需要运气。所以，在比特币这样应用了工作量证明共识的链上生态中，"算力即权力"。只有得到算力的支持，社区的治理才能执行下去。对工作量证明的批评也来自这种生态构造，反对的意见认为，矿机的竞争浪费了大量的电力，而且矿机并非用户（持币者），矿机并不关心生态的繁荣与发展，为何赋予矿机权力和铸币税激励？

权益证明就是反对工作量证明所设计的模式，让生态中的持币人（stake holder）拥有记账权。本质上权益证明是基于工作量证明的，只是在算力竞赛中，根据节点的持币数量调节难度，让持币多的矿机难度小，获胜几率更大。

委托权益证明认可权益证明的理念，认为持币人才是生态的主人，应该由他们来决定共识。但委托权益证明又兼顾了效率，并不采用节点竞赛的方式确定记账权。委托权益证明用社群选举的方式，让持币人选举出一定量的节点（在 EOS 上是 21 个节点），由这些节点轮流记账，生成区块，并达成共识。如果某个记账节点没有承担出块责任，则在下一轮的选举中，就会出局，由新的节点被选中。在 EOS 平台上，21 个节点，6 轮出块，共计 126 个区块进行一次选举。

工作量证明、权益证明与委托权益证明的区别如图 11.15 所示。工作量证明是"算力即权力"，矿机根据算力分配记账权。权益证明则在工作量证明的基础上加了持币的权重，持币成为记账权分配的依据，持币用户拥有权力。而委托权益证明则分离了持币的权力和记账权力，记账权力来源于持币权力的委托。

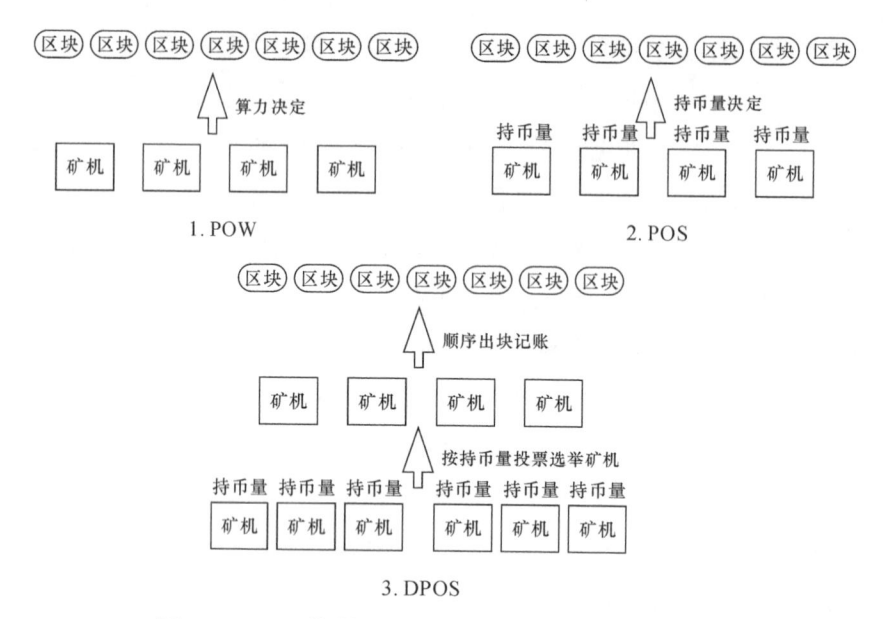

图 11.15　工作量证明、权益证明与委托权益证明

11.5.3　EOS 治理机制

EOS 称这些被选中记账的节点为"见证人"（Witness），按照规则验证交易并签字，实际上这些见证人与交易本身并无干系。这种见证人模式，也见于现实商业活动中，大额的商业合同上有一些具有良好公共信用的机构或者人的签字，这些机构和人并不参与业务，仅仅作为见证人出现在合同上。

EOS 的超级节点作为见证人，可以选择改变自身运行的区块链节点软件，这就意味着超级节点可以单边改变规则。从技术层面看，这是超级节点的权力，但实际上超级节点不会这么做，一旦单边改变，则其记账的区块就不被接受，在下一轮选举中就会被淘汰。见证人本质上是持币人的雇员。

EOS 的 21 个超级节点，是从更大的一个范围中选出来的，那就是"代理"（Delegate）。当前 EOS 生态中大约有 400 个代理。作为见证人的超级节点，就是从这 400 个代理中动态选举出来。选举结构如图 11.16 所示。

图 11.16 EOS 节点选举

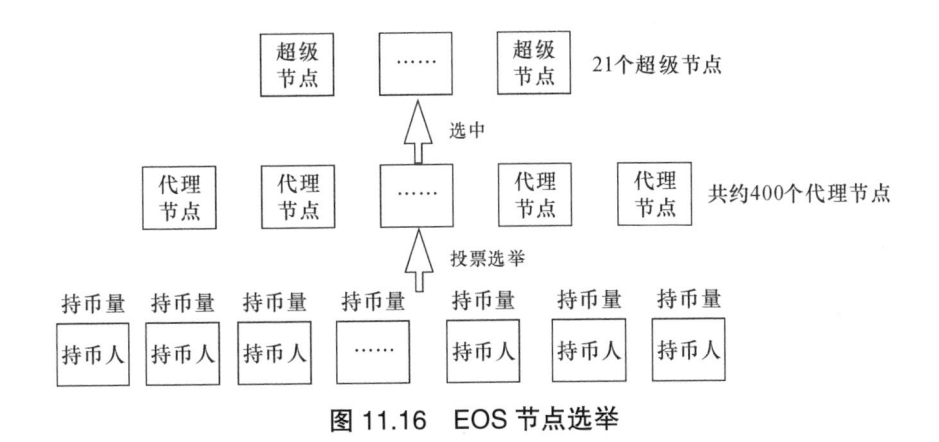

代理们还有一项职责，就是负责区块链上一些重要参数的变更，这些参数包括交易费、区块大小、见证费和区块间隔等。"代理"投票通过，在 2 周内，持币人可以投票做出否决。

超级节点作为见证者，还执行着裁判作用。超级节点可以根据仲裁的决定，冻结一个错误的合约，或者用新的正确合约取代旧的合约。这种设计，就是为了应对以太坊社区的"道"黑客事件，让这种纠错成为一种日常机制。[16]

代理人、超级节点都可从执行职责中获得收入。EOS 每年增发 5% 的代币，其中 20%（也就是总量的 1%）用于区块的生产（其中的 25% 根据区块生产分配，75% 根据所有的"代理"各自获得的投票分配，不论是否参与了区块生产），另外 80% 则用于社区的其他建设和发展。

开发者在理论上可以写任何代码来制定和改变规则，但 EOS 约束开发者，要求任何改变都需要通过社区的持币人投票后才可决定。

EOSIO 区块链软件由 Block.one 公司开发，并以开源形式发布出去。任何人都可以用开源的 EOSIO 运行一个区块链生态。Block.one 在其开源声明中明确声称：公司不会利用 EOSIO 自行运行一个公链。所以，承载 EOS 代币的这个主网（EOS Mainnet）实际上并不属于 Block.one 公司，也不属于 21 个节点或者 400 个代理。这个主网是一个生态，属于所有持币人。[17]

从本章的定义可以看到，如果 EOS 区块链的开发权利完全属于 Block.

one 公司，社群生态中所有的节点仅仅是被动接受该公司所开发的代码，那么这是一种不健康的数字秩序。如果代码开发在社群中经过协商机制而定，并非由 Block.one 公司全权掌控，则就可成为一种健康的数字秩序。

11.5.4 代码不是法律

EOS 不信奉"代码即法律"这句话，认为应该结合代码和文字法律。所以，EOS 社区引入宪法和李嘉图合约，用来判断善恶和是非。EOS 宪法完全由文字写成，供人读取。而李嘉图合约则结合了文字和代码，可同时满足人类和机器。李嘉图合约目的一是为了普通用户对交易和合约的理解，二是在发生纠纷的时候用于仲裁，三是 EOS 认为代码难以根除缺陷（bug），代码无法完美地描述合约人的意志，所以还是需要用人类的语言去描述智能合约所代表的意志。

> EOS 种种"以人为本"的特性：
>
> EOS 的账户可自行命名，不同于比特币和以太坊的公钥地址。
>
> 账户若被黑，可以通过指定朋友验证、闲置 30 天后请求重置等方式找回来。这对应了比特币、以太币私钥丢失后无法找回的弊病。
>
> EOS 提供了一个交易延迟的功能，针对房产类型的重大交易，这种类型的交易发布后，需要几小时乃至几天方可生效，在此期间，用户可以取消交易。
>
> 账户可设置权限，分为拥有者（Owner）、活跃者（Active）以及各种自行设定的角色，不同的事务可以设置不同的权限。
>
> EOS 的超级节点，也就是区块生产者，有权冻结账户，也可以更新有权限的应用程序，甚至可对底层的协议进行更改。当然，这一切都要代表货币持有者的意志，并受货币持有者的监督。
>
> EOS 的区块生产者，可以提交宪法变更动议，经过投票与批准流程后，对协议与宪法进行升级。

EOS 如拉利玛承诺那样，交易对用户免费。但应用程序要消耗三类资源：带宽及存储、中央处理器、内存。EOS 中设置了一种资源的利用机制，即根据拥有 EOS 代币的量，来分配可使用的资源。比特币与以太坊由于技术限制，造成很多交易排队堵塞。EOS 则不同，拥有大量代币的"富人"，他们的交易永远不会堵塞，而拥有代币很少的"穷人"，则可能要排队。但要使用资源，不论是"富人"还是"穷人"都需要将 EOS 代币抵押，也就是冻结，不可流通。虽然这些资源还是免费，但需要 EOS 代币做押金。这样一来，在 EOS 系统中，代币又多了一种用途，可以用来出租，租给需要带宽与中央处理器资源的用户。

EOS 市值：根据 2021 年 12 月 25 日 Coinmarketcap 的数据，EOS 市值约 33 亿美元，虚拟货币市值排名第 50。

11.6　治理分析

对虚拟货币的评价，从用户角度多数是看币价高低、币价稳定程度等，而从技术角度，最重要的则是"去中心化"程度。一旦某种虚拟货币被讥讽为"中心化"的，就几乎意味着开除了这种虚拟货币在"虚拟世界"的资格。从价值角度来说，"去中心化"就意味着虚拟货币不被发行者控制。从本书所关注的机器权力来说，"去中心化"就意味着授予机器的权力多与少，以及开发代码权力的分散程度，可以由此判断是否存在真正的机器权力以及数字秩序健康与否。

本章设计了几种对虚拟货币的评价指标，可构成对虚拟货币/区块链的机器权力和数字秩序的评价维度，这些维度是："去中心化""共识机制""发行机制""是否开源""生态治理及权力机制"。

其中，"发行机制"是虚拟货币的发行安排，其中发行数量、预留数量、持币集中程度等安排对币价影响很大，是货币金融方面的制度，基本上无关机器权力和数字秩序。但"发行机制"是否去中心化，也就是由发行方自主决定,还是固定预挖的,或者是基于算法的,对虚拟货币本身是否可信,有很大影响。如果链上治理是基于持币量的权益证明或者委托权益证明,则虚拟货币持有的分散程度,直接影响数字秩序的健康。

"去中心化""共识机制"两个维度,关乎是否构成机器权力。真正的"去中心化"才可称为机器权力,而可靠的"共识机制"才能保证"去中心化"的安全与可靠,如果"共识机制"存在漏洞,那就不是"去中心化"。有了机器权力,机器所维护的秩序,才是数字化秩序。

"生态治理及权力机制"是机器权力背后的制度安排,是关于人们如何经过协商,就赋予机器权力达成一致意见的制度,简单说,就是机器主们对于怎么写代码、怎么部署代码的协商机制。在"生态治理及权力机制"环节中,如果有某人或者某组织采用强制力量,控制了社群,他或他们的单一意志就可以修改代码,并部署到区块链上,那么这种机器权力对数字秩序的构成并无意义,是不健康的数字秩序,这种区块链即便技术上完美,其实质上也并非区块链。

"是否开源"与是否构成机器权力无关,但"是否开源"是生态治理的基础,不开源,就谈不上治理,数字秩序也就绝不健康。而且,"是否开源"这个维度对用户来说意义重大,因为一个代码对用户不开源的区块链程序,本质上与普通互联网网站并无区别,用户如同被网站劫持,权力都在代码提供者控制之下。不管是法律这种普遍的社会契约,还是私人之间的商业合约,参与者都必须提前知晓契约内容,这是最低的法律精神。难以想象,张三与李四签订契约,而合同的内容只有张三知道,李四却毫不知情。所以,如果代码不开源,那么区块链的"去中心化"(参见表 11.2)、"共识机制"(参见表 11.3)、"生态治理及权力机制"(参见表 11.6),即便设计得再完美,也无法称之为机器权力支持下的数字秩序。当然,在可以读到代码的社区"内部人"之间,可以形成数字秩序。即开源的范围,决定了秩序的范围(参见表 11.4,表 11.5)。

表 11.2　四种虚拟货币治理比较——去中心化分析

种类	去中心化	共识机制	开发者	共识节点	领袖	持币
比特币	评分：23	工作量证明支持完全的去中心化 [5分]	开源社群——Block stream商业公司曾经影响巨大 [4分]	竞争挖矿——10928节点＊算力集中在前5大矿场 [4分]	无（中本聪隐匿）[5分]	分散 [5分]
以太坊	评分：20	工作量证明支持完全的去中心化，且削弱专业矿机的算力优势 [5分]	开源社群——以太坊基金会主持 [3分]	竞争挖矿——9000节点 [4分]	有（维塔利卡）[3分]	分散 [5分]
瑞波	评分：12	RPCA 经过认证的有限节点专有节点列表 [3分]	开源社群——Ripple Lab商业公司主持 [2分]	RPCA——150节点 [2分]	无（商业公司）[3分]	持币人集中 [2分]
EOS	评分：15	委托权益证明经过认证的有限节点 [4分]	开源社群——Block.one商业公司主持 [2分]	DPOS-400代表节点 [3分]	无（BM已离开）[3分]	持币人集中 [3分]

表 11.3　四种虚拟货币治理比较——共识机制

种类	共识机制	机制分析
比特币	工作量证明	去中心化，陌生节点可随时进出，无限节点数，但由于挖矿激励的吸引，矿机算力容易集中到少数机构手中
以太坊	工作量证明（ethash）	去中心化，陌生节点可随时进出，无限节点数，增加内存消耗，抵御专用集成电路，较比特币的工作量证明更加去中心化
瑞波	RPCA	申请的节点加入专有节点列表中，由其他节点自行选择。去中心化程度弱，且可信节点多控制在瑞波实验室手中
EOS	委托权益证明	申请的节点加入，经过社区投票许可成为"代理"，再经动态投票参与挖矿"记账"。去中心化程度中等。且由于币的集中，造成投票的控制和操控

2021年12月25日，比特币节点数为14749节点。注意节点数与算力分布不同，代表大算力的矿场可能只有一个对外节点，与一台PC节点平等。

表11.4 四种虚拟货币治理比较——虚拟货币发行机制

种类	货币发行机制	机制分析	虚拟货币分布
比特币	通缩，固定总量——2100万枚 矿机激励发行——至2140年	通缩型货币，铸币税激励矿机算力	分散
以太坊	预挖固定总量 按年度增发抵御通缩	预设在创世区块7188万以太币，之后每年增发0.26%的以太币以抵御通缩，增发以太币激励矿机算力	分散
瑞波	预挖固定总量 按使用逐渐销毁一定量	预设1000亿XRP，但每笔交易销毁微量XRP，是通缩型虚拟货币	非常集中
EOS	预挖固定总量 每年增发	预设10亿EOS，每年增发5%。其中1%激励记账节点，4%用于社区建设	比较集中

表11.5 四种虚拟货币治理比较——代码开源

种类	是否开源	开源社区的影响力
比特币	是	开源社区影响力大，Blockstream商业公司曾具有巨大影响力
以太坊	是	由以太坊基金会（非营利组织）主导的开源社区
瑞波	是	由瑞波实验室商业公司主导，开源社区作用小
EOS	是	由Block.one商业公司主导，开源社区作用小

表11.6 四种虚拟货币治理比较——生态治理及权力机制

种类	生态成员	治理机制描述	数字秩序
比特币	核心开发者、矿机、用户（持币人、交易所、商家）	更新代码权力在五位代码维护者 开发者内部民主讨论 社区（开发者与矿机）讨论 BIP机制 BIP矿机算力投票机制	健康

续表

种类	生态成员	治理机制描述	数字秩序
以太坊	以太坊基金会、开源社区、矿机、用户（持币人、交易所、商家）	更新代码权力在以太坊基金会 开发者内部民主讨论：影响力与"粗略共识" EIP 机制 线上持币投票机制	健康
瑞波	瑞波实验室，专有节点列表中节点，用户（持币人，系统用户，网关，做市商）	更新代码权力在瑞波实验室 瑞波实验室发展专有节点和用户	健康存疑
EOS	block.one 公司，代理，用户（持币人，商家）	更新代码权力在 block.one 公司 链的运营在社区 政策调整和更改在社区投票 投票权力在持币人	健康存疑

11.7 公链—联盟链之争

斯坦福国际研究院（SRI International）：斯坦福大学发起成立的研究机构，1977 年从斯坦福大学独立出来。据 2015 年数据，SRI 有 2100 名雇员，收入 5 亿多美元。

莱斯利·兰伯特（Leslie Lamport）：1941 年 7 月出生，美国计算机科学家，是分布式理论和系统的开创者，2013 年图灵奖获得者。兰伯特是纽约人，高中在纽约的天才学校"布朗士科学高中"（Bronx High School of Science）就读。后入麻省理工读数学本科，之后在布兰迪斯大学读硕士和博士。毕业后，先在指南针（Compass）公司做研究员，1977 年离开指南针加入 SRI，1985 年加入 DEC，2001 年加入微软研究院。

1977 年，兰伯特离开了指南针，原因很简单，指南针突然要求他回到马萨诸塞，而兰伯特不想离开加州。兰伯特接受了来自 SRI 的职位，那时候，似乎只有 SRI 和施乐两家才有计算机科学研究，但施乐不给兰伯特机会。斯坦福研究院之所以雇佣兰伯特，是为了完成美国航空航天局的合同，美国航空航天局委托 SRI 为飞机开发一个容错电脑系统。这个项目叫作 SIFT。SIFT 有个背景，那是 20 世纪 70 年代的石油危机，航空公司和飞机制造商都希望飞机更省油，于是大家都希望设计一套系统能够提升飞机的稳定性，减少摩擦力，这样就更省油。SIFT 就是用来控制飞机的稳定系统。它的另外一个目的是提高战斗机的操控性能。

SIFT 项目所面临的一个难题是，要在多个不可靠的处理器之间达成协议上的一致。这个难题最终由兰伯特、罗布·肖斯塔克（Rob Shostak）和马歇尔·皮斯（Marshall Pease）三人一起搞定，所以发表的论文也就署了三人之名。实情是，虽然兰伯特排名第一作者，但他是后来者，而罗布·肖斯塔克和马歇尔·皮斯二人的研究更早，且已有了成果。肖斯塔克提出最少必须有 4 个处理器，皮斯则从数学上论证了 $3n+1$ 的逻辑，即失效处理器的个数，必须小于总数的 1/3。

在进入 SIFT 项目之前，兰伯特已经开始思考计算机上的"任意失效"问题。之前人们所应对的多是"故障"，也就是设备崩溃宕机，无应答。而"任意失效"，则意味着设备可能发出故意扰乱分布式计算的错误指令。"任意失效"后来被称为"拜占庭故障"，是计算机中所能发生的最坏的故障。用团队合作来比喻，队友死了或者偷懒不干活并非最坏的情况，猪队友故意捣乱、叛变才是最大的麻烦。

> 拜占庭故障（Byzantine Fault）：也称为"拜占庭将军问题""拜占庭失效"等。指计算机系统，尤其是分布式系统的一种状态，其中组件或节点处于状况不明的失效状态。从故障探查系统和其他节点来看，某些失效节点可能不工作，也可能看似继续工作，但对于不同的观察者给出的表现不一样。其他节点需就这些失效节点的状况达成一致，才可采取处理行动。

1977 年，兰伯特就写过一篇文章，用状态机来克服"任意失效"类型的故障，在该文中，兰伯特使用了数字签名，也就是非对称加密算法的签名技术。而在与罗布·肖斯塔克、马歇尔·皮斯两人合作的《拜占庭将军问题》一文中，兰伯特的贡献是数字签名共识算法，在文中叫"书面协议"。另外，皮斯设计的算法非常难懂，是兰伯特在最终版本中，改写成了现在这一版易懂的算法，也就是用了递归算法的"口头协议"。

论文发表了，从此开启了分布式系统的一场大戏。然而，SIFT 项目却并未大出风头，科学家们交了差，代码也装在了模拟器上，但最终是否在飞机上使用，连兰伯特自己都不知道。没人知道他们做的工作是否真的有用。

但是多年后，兰伯特遇到波音的工程师，那工程师告诉兰伯特，当他读了《拜占庭将军问题》后恍然大悟，激动地爆了句粗口，感叹道："天哪，原来需要四个！"在区块链大热的今天，很多联盟链的试点项目，虽然是运行在局域网内，自己与自己共识，也都使用四台服务器，便源于此。

之所以叫"拜占庭将军问题"，背后还有一段故事。吉姆·格雷（Jim Gray），另一位图灵奖得主，提出过"中国将军问题"，兰伯特就生了效仿之心。他做了点微创新，改成"阿尔巴尼亚将军"。当时的阿尔巴尼亚是封闭的社会主义国家，与外界绝少交流，他觉得这很安全，不会触怒任何人。但他的同事不同意，说你还得考虑移民在外的阿尔巴尼亚人，人家的民族自尊心也要尊重啊。于是，兰伯特就干脆把名字改成一个已经不存在的"拜占庭"。

简单说说"拜占庭将军问题"（参见图 11.17）。10 位将军围城，只能通过信使送信，需要就进攻还是撤退达成一致，那么如何设计算法？其中还有一个大麻烦是，将军中可能存在奸细，这奸细将军就是前述的"任意失效"类型的故障，奸细将军会发出不一致的恶意消息，扰乱忠诚将军的决策。兰伯特的论文中，给出了两种算法，在奸细数小于等于 n，将军总数大于等于 $3n+1$ 的情况下，可以在忠诚将军之间达成一致。后来，人们围绕拜占庭将军问题，设计了众多算法，比如兰伯特自己的 PAXOS，米盖尔·卡斯通（Miguel Castro）和芭芭拉·利斯科夫（Barbara Liskov）的 PBFT，迭戈·翁加罗（Diego Ongaro）和约翰·欧斯特霍特（John Ousterhout）的 RAFT 算法。

图 11.17 拜占庭将军问题

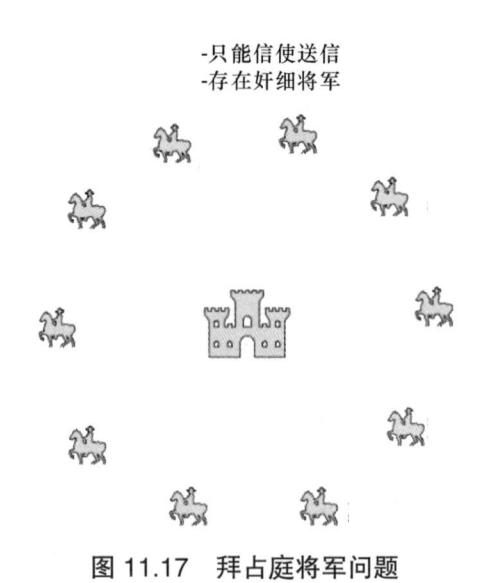

这些共识算法有严格的形式化证明，但只限于在有限节点，且陌生节点不可随意加入的场景下运行。比特币之后，区块链公链的共识算法，则突破了节点数，可用于无限节点，而且陌生节点可以随意加入（参见表 11.7）。

表 11.7 几种共识算法

种类	发明者	发明年份	技术特性
2PC	吉姆·格雷	1977	有限节点、已知节点 不解决拜占庭故障 阻塞、单点问题
3PC	戴尔·史金 （Dale Skeen）	1981	有限节点、已知节点 不解决拜占庭故障
BFT	罗布·肖斯塔克、马歇尔·皮斯、兰伯特	1977	有限节点、已知节点 容错为 $3n+1$，奸细数不超过 n 计算和通信量大，工程实现难
Paxos	兰伯特	1989	有限节点、已知节点 容错为 $3n+1$，奸细数不超过 n 可工程实现

续表

种类	发明者	发明年份	技术特性
PBFT	米盖尔·卡斯通 芭芭拉·利斯科夫	1999	有限节点、已知节点 容错为 $3n+1$，奸细数不超过 n 效率高
RAFT	迭戈·翁加罗 约翰·欧斯特霍特	2014	有限节点、已知节点 容错为 $3n+1$，奸细数不超过 n 效率高
POW	中本聪	2008	无限节点、陌生节点随意加入 51% 诚实算力即可 效率低
POS	斯科特·纳达兰 （Scott Nadaland） 桑尼·金（Sunny King）	2012	无限节点、陌生节点随意加入 持币者的忠诚 效率高于工作量证明
DPOS	丹尼尔·拉利玛	2013	无限节点、陌生节点随意加入 持币者的忠诚 效率高于工作量证明和权益证明

11.7.1 争论的起源

公链、联盟链/许可链、私链。

公链：也称为"公有链"，即任何计算机在任何时候都可以加入，可以访问数据并参与共识记账的区块链。比特币、以太坊都是公链。

联盟链/许可链：多个机构/组织共同控制下的区块链，通过访问控制层限制访问和记账权限，仅对识别了身份并通过许可的节点访问。

私链：也称为"私有链"，即在单一机构控制下，并仅限本机构访问和记账的区块链。从本质上说，私链只是用于保证系统稳定和安全的分布式数据库。

区块链流行后，又出现了一种对区块链，又分为三种：公链、联盟链/许可链、私链。

2009 年，比特币出现，带来了区块链技术，这种技术的本质核心，就是公链。比特币所做的突破，也是在无限范围的、无须许可的点对点网络中实现了可信支付，它解决了双花问题。

而支撑联盟链所需的技术——有限节点、认证节点——则在 2009 年之前便已成熟；联盟链所解决的问题，在 2009 年之前便已解决。如同轮子，在汽车之前便早已用于马车，已经成熟。而汽车出现后，汽车的核心本质是内燃机，而非轮子。

这种争论，早在区块链早期便已开始。2011 年瑞波出现，中本聪便批评了瑞波，警告人们别被它带到坑里。瑞波是联盟链/许可链。中本聪在此事上预测不准，他没有料到，汽车的出现，竟然催发了马车的需求，马车市场竟然繁荣起来。

在我国，则由于如下原因，造成了对公链的污名化：

（1）公链上发行的虚拟货币，违法违规，且被用于传销诈骗，所以倡导无币区块链；

（2）比特币等公链匿名，造成监管缺失；

（3）公链节点可以随意加入，无须许可，这造成监管问题，引发对安全的担忧；

（4）公链效率低；

（5）比特币的工作量证明共识算法浪费能源。

提倡无币区块链、提倡区块链实名制和实施监管都是正确的选择，但遗憾的是，在学界和产业界，"无币区块链"和"监管区块链"却与联盟链画上了等号，并抛弃了公链，这是没必要的。区块链本就是公链，其支持无限节点的技术特性，是极有价值的。公链和联盟链/许可链，应该都可以实现无币化，也都可以支持监管，在选择公链和联盟链/许可链的时候，只需考虑对节点容量的需求，以及是否需要控制许可的范围和权限。

如图 11.18 所示，如果采用公链的技术，结合实名制、许可和监管层，那么公链就是可监管的公链，实际上就是"无限节点、低效率的联盟链"。

而传统的 PAXOS，PBFT 等共识算法支持下的联盟链，则是"有限节点、高效率的联盟链"。

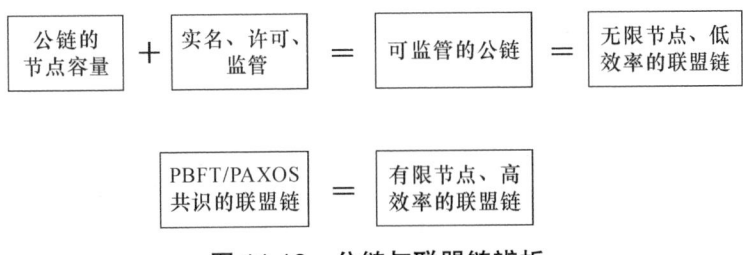

```
公链的              实名、许可、         可监管的公链         无限节点、低
节点容量     +       监管         =                  =    效率的联盟链


              PBFT/PAXOS          有限节点、高
              共识的联盟链    =    效率的联盟链
```

图 11.18　公链与联盟链辨析

两种选择，都有适用的场景，并非必须抱定传统的 PAXOS，PBFT 等共识算法。

11.7.2　区块链的本质

在比特币白皮书中清楚指出，这是一个在点对点网络中解决双花问题的方案。其目的是在点对点网络的支付中，不再依赖对第三方的信任。

白皮书比较简单，它是针对业内密码学者的，对各种问题的阐述并不详尽，中本聪并没尽到科普的责任。先说点对点网络，点对点网络肇始于 Napster，一般来说，点对点指网络中计算机节点地位对等，平均分配任务。而 Napster 所实现的点对点网络是开放式点对点网络，有几个特征：

（1）可以拥有无限节点；

（2）陌生节点可以随意加入；

（3）所有节点之间一律平等。

现在谈及区块链，常用"分布式"来表征其网络结构，而分布式与点对点网络不同，分布式技术历史悠久，点对点是一种分布式，但分布式所包含的范围更广，例如：

（1）即便有只有两个节点，也可称为分布式；

（2）节点有限，需要审核，也是分布式；

（3）节点之间不平等，各有权限，也是分布式。

分布式、点对点、开放式点对点系统的关系如图 11.19 所示。

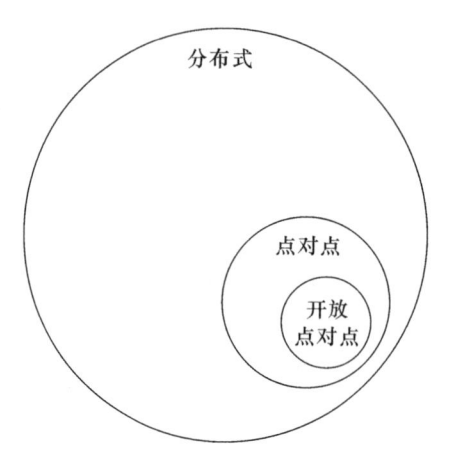

图 11.19　分布式与点对点

而分布式历史是如此悠久，分布式数据库在 2009 年之前，就已在企业软件和互联网系统中广泛应用。但分布式数据库所用的共识算法，例如 2PC、3PC、PAXOS、PBFT 等，都是在有限节点、已知节点之间达成一致。

换句话说，在 2009 年区块链出现之前，分布式数据库技术的共识算法，已经能够在有限节点、已知节点之间达成一致。而比特币所带来的区块链，其最大的突破，是能够在无限节点、陌生节点、任意节点随意进出的环境下，在节点之间达成一致。二者都是计算机节点之间的共识算法，但其面对的场景和问题，以及达成的效果，都是不同的。二者的区别如图 11.20 所示。

| 解决公共点对点网络的价值传递
比特币区块链
公链
无限节点
陌生节点随意加入
51%诚实算力 | 解决拜占庭将军问题
的分布式共识算法
有限节点
已知节点
$3n+1$ |

图 11.20　两种共识算法的区别

区块链的本质：

从网络共识算法的角度，为了区分区块链与其他同类技术，区块链的本质可以定义为"可在无限节点的点对点网络中达成一致性共识，且节点容错率约为50%"。从这个技术角度看，使用PAXOS和PBFT等算法的联盟链，并非区块链。

从机器权力和数字秩序的角度，区块链的本质可以定义为"通过计算机节点之间的共识算法，机器主从逻辑上把权力委托给机器，实现机器权力"。从这个权力和秩序的角度看，只要多个主体在共识算法支持下委托权力至机器，就都是区块链。联盟链构造得当，就是区块链。

比特币所设计的区块链，要消除对"第三方信任"的依赖，而"第三方信任"这个概念并非简单的"是否"能够概括，它分很多层次。比特币则是一步到位，解决了全部问题。

下面还是用货币来举例，说明第三方信任的层次。

第一个层次是在支付环节不再依赖第三方信任，也就是用卡、手机等电子化设备付款时，不再需要银行的服务器，这个问题也不是区块链解决的，早在eCash便已解决，eCash可以用U盘或者个人电脑支付，不需要访问银行服务器。

第二个层次是在结算环节不再依赖第三方信任，这个eCash没有解决。商家收到钱的数字化字符串后，还要提交银行，以增加账户余额。在这个层次，如果是在有限节点、认证节点之间达成平等计算，不必依赖第三方，那么分布式数据库便可以做到，完全不需要比特币这样的区块链。

第三个层次是发行环节不再依赖第三方信任，这个最难，这是数字信任的源头。只有比特币解决了这个问题，它的工作量证明利用矿机节点记账激励发行比特币。比特币之巧妙就在这里，一个工作量证明解决了太多问题，有点不像是一种硅基的电子技术，而像有机体了。

在货币发行上，主权国家不会允许"去第三方信任"，因为主权国家就是这个第三方。而对企业的资产上链,又必须与法律实体或者物理实体关联,也不能如虚拟货币这般依赖矿机所产生的信任,所以,对无币区块链的追求,实际上就不再追求第三个层次。

首先,比特币的公链能够在第三个层面不依赖第三方,不代表公链一定不能依赖第三方信任。这就如同汽车可以比马车更高速行驶,但不能由此推论,汽车就不能低速行驶。公链技术当然可以支持在发行环节依赖第三方信任,哪里要依赖第三方信任,哪里不依赖,依然可以设计实现。

如图 11.21 所示,坚持无币区块链、中心化发行货币的区块链,并非一定必须要回归到 PAXOS,PBFT 等分布式共识算法,一样可以使用公链技术。

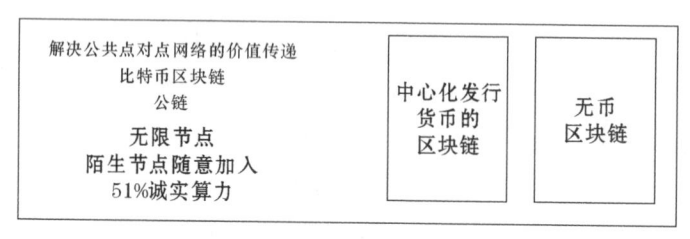

图 11.21 公链与币

其次,不能因为要放弃第三个层次,便把公链技术在前两个层次上的突破和优势放弃掉。PAXOS,PBFT 等公司算法支持下的联盟链技术,处理不了无限节点、陌生节点、任意节点随意进出的环境,它们并不是为了点对点开放网络所设计的。

11.7.3 分布式数据库

分布式的研究历史很悠久,图灵奖获得者艾兹格·迪科斯彻、巴特勒·兰普森、莱斯利·兰伯特都在这个领域奋斗过。分布式与并发、并行系统是一类问题,并发是一个中央处理器做多件事、怎么做,并行是多个中央处理器做多件事、怎么做,而分布式则是多个中央处理器做一件事、怎么做。

莱斯利·兰伯特在 1977 年发表的《拜占庭将军问题》一文,正式揭开了分布式系统的理论研究。当时，兰伯特在为美国航空航天局工作，研究飞机上的系统怎样才能可靠稳定。兰伯特指出，存在奸细情况下，最少需要 4 台计算机，且只能容忍 1 个奸细，也就是 3n+1。在论文中，拜占庭失效就指的是这种存在奸细、最恶劣的计算机故障。今天，一些联盟链之所以运行 4 台节点，也来源此理论。

在《拜占庭将军问题》中，兰伯特所提出的算法，口头协议和签名协议在工程实现上太难。后来，兰伯特又提出 PAXOS 算法，米盖尔·卡斯通和芭芭拉·利斯科夫提出 PBFT 算法，迭戈·翁加罗和约翰·欧斯特霍特提出 RAFT 算法。

除了上面这些算法，数据库领域常用的是二阶段提交和三阶段提交算法。今天的主流数据库，例如 DB2、ORACLE、Mysql、Redis 等，都具备成熟的分布式能力，在多个节点之间可以达成数据的一致性。

那么，使用分布式数据库，是否能够实现区块链，开发出一个类似比特币的系统？

不能！因为这些分布式数据库只能支持有限节点、经认证的节点，并不能支持无限节点、陌生节点。

如果要用分布式数据库，在有限节点例如 3 个节点之间实现一个封闭网络的货币系统，它能够防范双花么？

能！当然要设计得当。不过当设计完成的时候，它很可能也就是个联盟链了。

11.7.4 效率

对公链的批评，一大部分是指责其效率低，比特币一秒钟最多只能执行 7 笔交易，以太坊也快不到哪里去，大约每秒 15 笔。

这个真是没办法，不是区块链无能，这是分布式系统天生的特点。2000 年，埃里克·布鲁尔（Eric Brewer）提出一个猜想：一致性、可用性和分区容错性三者无法在分布式系统中被同时满足，并且最多只能满足其中两个。后来，2002年时塞思·吉尔伯特（Seth Gilbert）和南希·林奇（Nancy Lynch）证明了这个猜想，这就是 CAP 理论（参见图 11.22）。

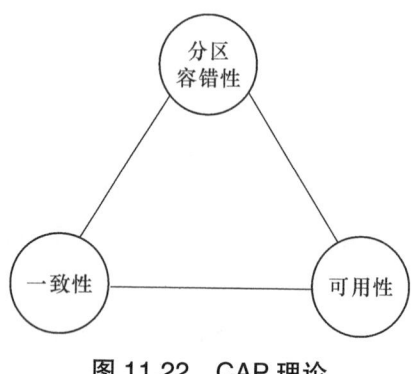

图 11.22　CAP 理论

所有分布式系统都面临这个问题。分区是必须的，于是，分布式系统只能在一致性和可用性上平衡。例如互联网网站常常追求可用性而牺牲一致性，而 Redis 数据库则追求一致性而牺牲可用性。

比特币的共识机制采用了独特的工作量证明，设置了 10 分钟一个区块，每台矿机还要竞赛算力，所以效率比分布式数据库更慢。

当前的联盟链，在共识算法上，多与分布式数据库类似，采用 PBFT、RAFT、PAXOS 等，一样要受到 CAP 定理的约束，但速度可比比特币等公链快多了。

而另外一些公链，例如 EOS，设计了 BFT-DPOS 机制，号称公链，但效率能达到每秒几千笔交易。实际上，它兼顾了联盟链和公链两种技术的优势。它允许无限节点、陌生节点访问数据，但只允许有限节点、认证节点记账。不过，BFT-DPOS 的选举机制，可以替换掉无效或者不工作的超级节点，从这一点上看，理论上陌生节点也有记账机会。

它到底是不是公链？如果从支持无限节点、陌生节点的角度看，它是公链。如果从技术特性上来说，它不是，因为在比特币出现之前的技术，就可以设计它。它不具备比特币所代表的区块链的特性。而且，它的选举实际上是依赖"第三方信任"的，这一点上它与比特币不同。

那么，是否公链的效率就绝无希望？也不是，因为闪电网络、分片、跨链等技术正在成熟中，公链的效率正在提升。

公链效率提升的方法：

（1）闪电网络是二层协议（Layer 2），用比特币主链做质押和结算，在闪电网络的点对点节点间做支付，效率极高。萨尔瓦多应用比特币做法币，即基于闪电网络做零售支付。

（2）分片（Shard）是以太坊2.0提升容量的路径，共64条分片链，容量提升64倍。

（3）跨链（Cross-Chain）是在两条独立的区块链之间进行交互操作。跨链技术成熟后，则可以运行更多的链实现高效率和高容量。

（4）新的共识算法，例如Solana的PoH（工作历史证明）共识算法，效率可高达50000每秒。

11.7.5　监管与合规

对公链的批评，集中在其难以监管、无法合规上。而监管难，主要来自比特币设计中的匿名原则。这种匿名原则，是密码朋克社区所追求的。

是否公链就只能匿名，无法监管，做不到合规呢？当然不是，公链的特点是在无限节点、陌生节点的点对点环境中达成共识，并且还可以做到匿名，无须依赖现实世界中的个人信用。但若要在公链协议的基础上，加上实名注册和备案这样的监管手段，当然也是可以的。

互联网本来是点对点的、匿名的,现在也一样可以对域名、服务器做备案。

那么，如果对公链的用户实施注册和备案，可公链交易信息又是透明的，岂不是泄漏隐私？解决之道有两个，其一是实名注册信息，只在很高保密级别的中心化服务器上存储，数字人民币就采用这种思路，即"前台匿名，后台实名"的可控匿名；其二对链上的信息加密，或者构造类似"Quorum"或者"Fabric 通道"那样的隐私交易。

比特币的隐私模型使其避开了监管，这是中本聪对自己理想中秩序的设计。但公链与监管并不冲突。如图 11.23 所示，不论在传统的分布式共识网络中，还是在比特币这样的公链中，都可以达到监管目的。

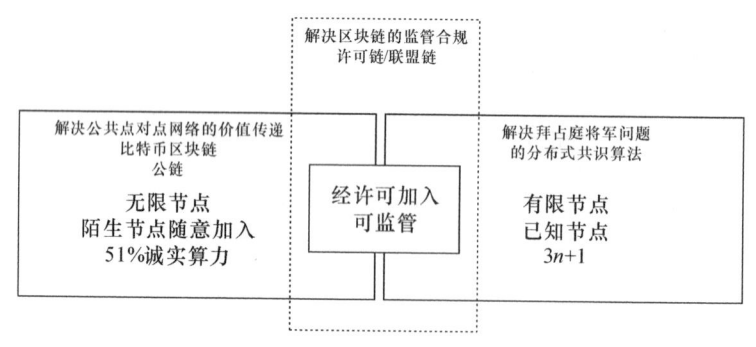

```
┌─────────────────────────┬─────────────────────────┐
│                    解决区块链的监管合规                   │
│                      许可链/联盟链                      │
│ 解决公共点对点网络的价值传递  │  解决拜占庭将军问题        │
│     比特币区块链         │     的分布式共识算法        │
│       公链              │                         │
│     无限节点        经许可加入   有限节点              │
│  陌生节点随意加入    可监管      已知节点              │
│   51%诚实算力                    3n+1                │
└─────────────────────────┴─────────────────────────┘
```

图 11.23　许可监管与共识算法

比特币消耗电力，而且这种消耗显得毫无意义，只是为了算力竞赛。但如果与传统金融系统比较就会发现，金融行业在系统安全上耗费的成本一点也不少，银行的金库保安、成千上万的工程师都是成本，与之对应，比特币是公开系统，而耗费的算力成本就是它的保险柜和安全系统。

但公链并非一定消耗电力和算力。以太坊的 Ethsan 算法便已意在减弱算力竞争，委托权益证明的出现，更在工作量证明基础上减少竞争消耗，用持币量代替算力（当然这又容易带来财阀统治）。另外，DAG，Hashmap，Hotstuff 等算法对电力的消耗并不大。

要达到在无限节点、陌生节点的点对点网络中，支持任意节点随意进出，解决双花问题，实现可信支付，并不一定采用工作量证明机制，并不一定要耗费巨量电力。

11.7.6 场景

比特币所带来的区块链，其目的在于：在无限节点、陌生节点的点对点网络中，且可支持任意节点随意进出，解决双花问题，实现可信支付。它改变了数字世界的信任模式。

而采用 PBFT、PAXOS 等算法的联盟链，其技术上与成熟的分布式数据库一样，在比特币出现之前便已有之，并非比特币所带来的区块链的本质所在。

联盟链有其广泛的应用场景，例如在小范围的企业联盟生态、政府机关群之间进行协同工作，联盟链效率高，安全要求低，可保护数据隐私，有其优势。区块链的热潮也推动了联盟链需求的快速成长。

但联盟链不是比特币所代表的区块链技术。比特币的需求还未得到充分拓展，它的场景还未经过深入探索，但它的未来应用必将更加广泛。所以，合理的做法是，兼顾公链无限节点的容量，以及联盟链在许可、监管合规上的技术，针对不同的场景和需求，选用不同的技术方案。

至于到底联盟链是不是区块链，或者说，区块链中是否可以包括联盟链，这虽存在争议，但名词与概念并不重要，重要的是名词与概念背后的内涵，是技术所能解决的问题。如果因为名词和概念之争，而抛弃了新技术所能带来的好处，那是非常没必要的。如果因为新技术有某些弊病，就弃之扬之，那就更是可惜。

只要联盟链/许可链也是在多个主体之间共同运行，多个主体作为机器主也把权力委托给机器，逻辑上机器主已经无法随意更改代码，则联盟链/许可链也实现了机器权力和数字秩序。只是从技术上说，如果联盟链/许可链采用的共识算法是 PAXOS 和 PBFT 等算法，那么它们并非中本聪所发明的区块链。如果联盟链/许可链的代码也是在多个主体之间协商开发，那么这也是健康的数字秩序。

11.8 价值与算力

2021年6月，四川成都已经热浪逼人，一家酒吧里，老吴与朋友干了杯中酒，挥手告别。这是一个时代的落幕，老吴挥别的是虚拟货币矿场在中国繁荣的10年。老吴运营矿场5年，在四川的深山，临近江边。他的矿场可容纳3万台矿机，水电站低廉的电费让他挣到很多钱。中国在全球的虚拟挖矿市场中占据约75%的算力。但这一切，都在这个夏天，走向尾声。中国政府开始向虚拟币挖矿业务说不，老吴这样的矿场主要么出卖矿机，要么出走海外。

比特币等虚拟货币市场成熟之后，中国就因为具备完整的电子产业供应链和活跃的IT创业人才，而迅速占领了算力挖矿这个市场。虽然中国政府对虚拟货币一直采取严管的态度，但由于挖矿对四川、内蒙古等地廉价的电力有消纳作用，带来丰厚收入，所以当地政府多是容许的。尤其因为四川的水电在丰水季无法上网，要么减产，要么浪费掉，所以挖矿业务在当地颇受欢迎。但这种高能耗的产业，对于中国的碳达峰、碳中和目标，是不利的。而且虚拟货币带来了金融不稳定和金融风险，所以在2021年中国对挖矿业务的政策收紧。

2021年5月21日，国务院金融委召开第五十一次会议，会议首次提出要打击比特币挖矿和交易行为，坚决防范个体风险向社会领域传递——成为中国清退虚拟货币矿业的起点。在此之前，5月19日，内蒙古发改委已经开始受理虚拟货币挖矿举报。5月25日，内蒙古发改委发布打击虚拟货币挖矿的八项措施。随后，青海、新疆、云南、四川等虚拟货币矿业密集地区陆续发布整顿清理矿业的政策。经此清理，中国虚拟币矿业走向尾声。

工作量证明所开启的挖矿算力模式，是维护"去中心化"区块链安全的可靠方法，很多工作量证明的拥趸坚信只有电力耗费才是构成区块链去中心化安全的最佳屏障。区块链的安全和稳定可靠，是机器权力的基础，如果区块链很容易被攻破，被篡改程序和数据，那机器权力也就落空，成为无本之木。

11.8.1 虚拟货币价值设计模式的历史

20世纪90年代，密码学家乔姆设计的eCash具有划时代的意义。eCash基于非对称密码技术，使货币的支付过程摆脱了对银行系统的依赖，但它的结算仍依赖银行账户，eCash只是银行发行法币的一种密码学表示。eCash虽然是加密货币的开端，但从价值模式上，它与一般的电子支付手段e-money并无区别。

之后在密码学社区中的种种设计，包括亚当·贝克的Hashcash、哈尔芬尼的可重用的工作量证明，以及尼克·萨博的BitGold概念和戴维的B-Money，都尝试为计算机网络世界设计一种货币。这些尝试，多模拟黄金挖矿，其模拟的手段是用计算机解一个数学计算题，解题过程需要耗费的算力（可折算为中央处理器成本和电力成本）是基本固定的，而验证计算结果是否正确，则非常容易。这就与黄金的生产过程相仿，生产黄金较为困难，成本基本可期，而验证黄金则很容易。

这些早期的设计中，价值模式生硬模拟黄金的生产和市场，在代码中约定价格是成本加上利润。而比特币虽也有矿机成本，但那是为了增加攻击难度，提高安全，比特币代码中并不关心价格，价格完全由市场决定。

eCash、B-Money（BitGold）和比特币三种虚拟货币的价值模式如图11.24所示。

在之后的虚拟货币发展中，以eCash和比特币两种价值模式为主流，即虚拟货币要么挂钩现实世界的价值，要么由市场决定。

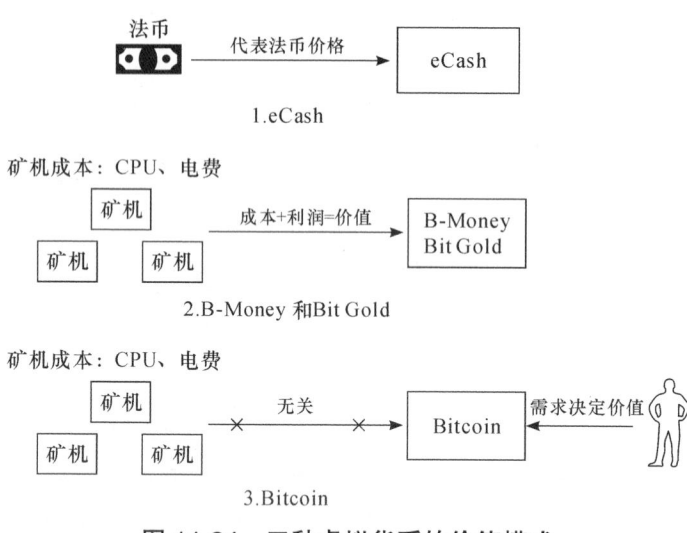

图 11.24　三种虚拟货币的价值模式

11.8.2　虚拟货币稀缺性的产生

需要关注的一点是，虚拟货币的设计，其根本目的是设计一种类似黄金的"商品货币"，而非"信用货币"或者"符号货币"。原因在于，在计算机上，实现"信用货币"是很容易的，"信用货币"的发行主体，例如央行或者银行，只需用计算机数据库维持一份"信用"账本即可，这也是当今银行和金融体系的主流。其"信用"以数字记录，而不论是"信用"还是"数字"皆在央行或者银行的控制之下。然而，在计算机网络上实现类似黄金的"商品货币"，则非常困难。原因在于，计算机上的数据，是可以无限复制的，任意复制是零成本的。这就带来两个问题：

（1）计算机上数字化的"货币"，如何申明产权归属，也就是他人复制你的数字货币问题。

（2）如何解决双花问题，也就是本人复制自己所拥有的数字货币，重复使用的问题。

乔姆用非对称加密技术解决了第一个问题。之后，中本聪用工作量证明共识算法解决了第二个问题。

至此，在计算机网络上，才模拟出了"黄金"的全部属性，实现了黄金的稀缺性。

不论在产业界，还是学界，对虚拟货币最大的争议，来自虚拟货币是否有内在价值（intrinsic value）。

而关于虚拟货币"内在价值"问题的争议，大多集中在：虚拟货币是否有利用价值。

虚拟货币在设计上有两种分类，一种以比特币为典型，其设计目的就是一种"货币"；另一种以以太币为典型，其设计是为了支付驱动以太坊智能合约的"费用"，常被称为"使用型代币"。从这个角度看，以太币是有"内在价值"的。但随之而来的，比特币的支持者也声称比特币的地址体系、账本功能、脚本开发等，也是可利用的价值。但若是仔细分析，便可发现，以太币[18]的"内在价值"，实际上是"以太坊平台"的使用价值，而非"以太币"的使用价值。我们不能因为人民币可以用于支付面包店账单，便认为人民币有"食用"功能。

另一种解释，则认为比特币的"价值交换功能"构成利用价值，正如本书所述，这陷入了循环论证。

戴维·欧瑞尔在《人类货币史》中，认为"货币的职责不仅是将所有的事务都换算成数字"，"还是一种媒介，一种信息"，"而且还可以成为一种类似语言的、更加开放、更加积极的沟通方式"。

> 内在价值：从哲学角度理解"内在的"定义，可解释为"自身的""自有的"。而在经济领域的"内在价值"，通常意味着对商品和资产进行"客观计算"，区别于商品和资产在市场上因买卖而形成的价格。谈及货币的"内在价值"，则存在两种含义：
>
> （1）该货币除了用作"货币"之外，还是否有利用价值。例如黄金既可作为饰品，也可用在工业上。

(2)该货币自身若无其他利用价值，是否是一种债务声明。是债务声明，则意味着有主体偿债，或者其背后有资产支持。

对比特币这样的虚拟货币，讨论其"内在价值"，应从信息的角度出发。如同看待一部电影的数据文件，这个数据文件的"内在价值"是传递信息。比特币传递的信息是：

（1）有一台矿机，投入算力维护了账本的正确和系统的安全；

（2）有用户，投入了一定额度的法币或者其他形态的资产，换取了比特币。

表 11.8 从"债务声明""其他使用价值""资产支持""法偿性""价格"几个角度分析现有的主流虚拟货币（列入央行数字货币以做比较）。

表 11.8　主流虚拟货币的价值分析

特征	比特币	以太坊	USDT	央行数字货币
债务声明	否	否	商业公司声明	央行声明
其他使用价值	无	无	无	无
资产支持	无	无	美元	政府债务，外汇储备等
法偿性	无	无	无	有
价格	供需及挖矿成本	供需及挖矿成本	法币定义	法币定义

11.8.3　比特币价格

如前所述，比特币的价格是由市场决定的。最重要的是供需关系，即对比特币的需求，以及当前比特币的供应。而比特币的供应，有两个来源，一个来自比特币持有者的抛售，一个来自比特币矿机的生产。

塞费丹·阿莫斯（Saifedean Ammous）在《比特币标准：取代中心银行的去中心化方式》中，提出了 SF 理论，即黄金、白银以及比特币的稀缺性影响了它们的价格。[19]而这种稀缺性最重要的特征是"存量与年生产量之比"。

黄金的 SF 最高，为 62，即 62 年才可生产出当前的存量。而比特币的 SF 为 25，接近白银。

比特币挖矿成本与比特币价格在市场化的作用下，形成了相关性。当比特币价格高，则市场进入的矿机就多，算力竞争加剧，成本上升，最终形成价格与成本的平衡。当比特币价格低，则矿机入不敷出，因为电费是固定的，于是矿机停机或者退出市场，算力竞争下降，成本降低，再次形成价格与成本的平衡。

比特币算力：比特币算力即每秒可做 SHA-256 运算次数，1M/s 即 1 百万次每秒，1T/s 即 1 万亿次每秒，1E/s 即 1 亿亿次每秒。

几种矿机如下。

中央处理器矿机：CPU（Central Processing Unit）挖矿使用普通计算机的中央处理器算力挖矿。中央处理器是通用计算芯片，所以具有大量的逻辑控制单元，计算单元相对较少，而且并行性差。

显卡矿机：GPU（Graphics Processing Unit）矿机使用普通计算机的显卡算力挖矿。显卡计算单元多，控制逻辑简单，并行性好，所以在挖矿这样的简单运算上，比中央处理器性能优越。

FPGA 矿机：FPGA（Field Programmable Gate Array）是半定制的专用集成电路，通过对其逻辑计算单元进行编程，可适用于 SHA-256 和 Scrypt 等挖矿算法。

专用集成电路矿机：ASIC（Application Specific Integrated Circuit）即专用集成电路，是专为特定需求而设计的集成电路，比起 FPGA 效率更高，在比特币 SHA-256 挖矿领域，专用集成电路矿机占据主流。

矿池：是众多矿机联合成一体，通过矿池软件集中算力，分配计算任务，形成统一的竞争算力，并分享挖矿收益。由于竞争加剧，少量算力几乎不可能成功出块，而加入矿池挖矿形成大算力可以加大出块几率，获得相应收益。

下面解释比特币挖矿成本的构成，以及一个比特币的算力成本。

比特币挖矿的成本构成为三部分（参见表 11.9，表 11.10）：

（1）矿机成本，购买矿机成本，可以按照 3 年折旧，这算到每天的矿机成本中；

（2）电费；

（3）维护成本，即矿机所需厂房及维护人员等成本。

表 11.9 矿机算力及价格表

矿机类型	每秒 SHA-256 哈希次数	算力表示	功耗	厂家	价格
普通个人电脑	30 万次	0.3M	—	—	—
蚂蚁矿机 S17	62 万亿次	62T	3600 瓦	比特大陆	14000 元
芯动 T3+	57 万亿次	57T	3600 瓦	芯动科技	12000 元
神马 M10	33 万亿次	33T	2145 瓦	比特微	8000 元
神马 M20S	68 万亿次	68T	3264 瓦	比特微	14000 元
全网算力	1.221 万亿亿次	122.1E	—	—	—

表 11.10 全网总算力

时间点	算力	比特币价格 / 美元
2020 年 3 月 13 日	120E	5563.71
2019 年 1 月 1 日	42E	3843.52
2018 年 12 月 14 日	35E	3242.48
2018 年 11 月 4 日	55E	6376.13
2018 年 1 月 1 日	14E	13657.20
2017 年 1 月 1 日	2.4E	998.33
2016 年 1 月 1 日	760P	434.33
2015 年 1 月 1 日	320P	314.25
2014 年 1 月 1 日	9.7P	771.40
2013 年 4 月 28 日	23T	134.21

续表

时间点	算力	比特币价格/美元
2012年1月1日	8.9T	无
2011年1月1日	110G	无
2010年1月1日	7.8M	无
2009年1月1日	13M	无

以两款神马矿机做算力成本构成，并计算1个比特币在2020年3月13日的成本（参见表11.11）。

表11.11　算力成本

矿机类型	算力/T	比特币产出/元	产值2020年3月13日/元	1个比特币/天	矿机损耗成本/元	电力成本/元	维护费用/元	每日利润/元	2020年3月14日每比特币成本/元
神马M10	33	0.000487	18.68	2053	7.3	18	0.3	6.92	52556
神马M20S	68	0.001	38.36	1000	12.8	27.4	0.3	2.14	40500

运算规则：

（1）全网算力在2020年3月13日为122E，即为122000000T。按照算力占比，当前日产币量为1800个，则神马矿机M10每天产币0.000487个，需要2053天可获得1个比特币。按照2020年3月13日的比特币价格38357元为例，每日收益为负6.92元。

（2）神马矿机M10价格8000元，如按照3年折旧，则每天损耗成本为8000÷（3×365）=7.3元。

（3）神马M10功耗为2145瓦，每天耗电为51.5度，设每度电为0.35元，则每日电费约为18元。

（4）维护成本包括人员及厂房等，按照行业估算约一台矿机一年成本100元，即每天0.3元。

（5）日总成本乘以2053天，即为神马矿机M10在2020年3月14日产出一个比特币的大约成本。

（6）神马M20S计算规则一致。M20S的算力为68T，价格约为14000元，功耗为3264瓦。

注释

1　资料来源：https://education.district0x.io/general-topics/what-is-governance/off-chain-governance/，最后访问日期2022年4月4日。

2　资料来源：http://v1.carbonvote.com/，最后访问日期2022年4月4日。

3　资料来源：https://blog.slock.it/the-history-of-the-dao-and-lessons-learned-d06740f8cfa5，最后访问日期2022年4月4日。

4　资料来源：https://www.paymentssource.com/news/disruptor-chris-larsen-returns-with-a-bitcoin-like-payments-system，最后访问日期2022年4月4日。

5　资料来源：https://ripple.com/ripple_press/ripple-raises-55-million-series-b-funding/，最后访问日期2022年4月4日。

6　资料来源：https://www.jianshu.com/p/17d515137449，最后访问日期2022年4月4日。

7　资料来源：https://www.forbes.com/sites/laurashin/2018/01/02/meet-the-crypto-billionaires-getting-rich-from-ripples-xrp/#74c2d98e3289，最后访问日期2022年4月4日。

8　可参见美国联邦法院判决：Bitstamp Ltd. v. Ripple Labs Inc., Case No. 15-cv-01503-WHO (N.D. Cal. Aug. 10, 2015)。

9　David Schwartz, Noah Youngs, and Arthur Britto, *The Ripple Protocol Consensus Algorithm*, 5(8) Ripple Labs Inc White Paper 151,151-159, 2014.

10　资料来源：https://blog.csdn.net/vohyeah/article/details/80873801，最后访问日期2022年4月4日。

11　资料来源：https://zhuanlan.zhihu.com/p/24477689，最后访问日期

2022 年 4 月 4 日。

12　资料来源：https://ripple.com/customers，最后访问日期 2022 年 4 月 4 日。

13　资料来源：https://www.paymentssource.com/news/disruptor-chris-larsen-returns-with-a-bitcoin-like-payments-system，最后访问日期 2022 年 4 月 4 日。

14　资料来源：https://www.chainnode.com/post/200316，最后访问日期 2022 年 4 月 4 日。

15　资料来源：https://xrpcharts.ripple.com/#/validators，最后访问日期 2022 年 4 月 4 日。

16　资料来源：https://medium.com/@bytemaster/the-intent-of-code-is-law-c0e0cd318032，最后访问日期 2022 年 4 月 4 日。

17　资料来源：https://github.com/EOS-Mainnet/eos，最后访问日期 2022 年 4 月 4 日。

18　资料来源：https://btctheory.com/2014/11/19/bitcoin-as-a-commodity-money/，最后访问日期 2022 年 4 月 4 日。

19　资料来源：https://medium.com/@100trillionUSD/modeling-bitcoins-value-with-scarcity-91fa0fc03e25，最后访问日期 2022 年 4 月 4 日。

| 第四编 |

机器权力的兴起与
数字化秩序的未来

12 机器权力与数字秩序

12.1 概述

当一位原始人，从树上摘下一颗苹果，从另一棵树上又摘下一根香蕉，他用手指点着水果，大脑皮层的电信号噼里啪啦闪烁一通后得出结论，他拥有两个水果。这开启了人类神奇的计算之旅，从此，数字、计算就伴随着人类的种种行为。数字和计算可以告诉人类，你家里有几口人，需要多少粮食才够食用，但数字和计算能否告诉人们这个冬天冷不冷？能不能告诉人们今天该不该出远门？聪明人早已开始思考，计算是否能够解决世间的所有问题，帮助人们找到所有真理。

要用数字来描述世界，用计算来帮助人做决定，这个过程很漫长，很多聪明人都做出了贡献（参见表12.1）。

表 12.1　数字计算的阶段

数字化	发明人	用途	工具
三段论	亚里士多德	思考人生	大脑
符号推理	莱布尼茨，布尔	用逻辑推理生活和工作中的事	大脑、纸笔
图灵机	图灵	解数学题	逻辑计算机 | 真空管
计算机	冯·诺依曼	解数学题	大规模集成电路计算机
互联网	文顿·瑟夫、蒂姆·李等	计算机通信 读消息 下订单	网络
人工智能	图灵、麦肯锡等	能像人一样思考的机器人	计算机
区块链	中本聪	数字货币 赋予计算机权力	计算机
智能合约	尼克·萨博	用代码来写合同 有权力的代码	计算机

计算机出现后，似乎真的解决了很多很多问题。人们出门就看手机上的天气预报，开车要用地图判断路况，购物在电商上看评价，工厂的生产有企业资源规划系统（ERP）和生产过程执行系统（MES）控制。计算机看上去主导了人们的生活，但它真的"主导"了？人们根据导航走，但方向盘依然在人的手中；人们开车时红灯停绿灯行，但一脚油门闯过去，红绿灯可拦不住。计算机像是一位仆从，虽然能干，但只是辅助，卑微谨慎地交出计算结果，让主人自行决策。

是否应该给计算机更多的权力？

比如，如果无人驾驶技术成熟，是否应该让智能汽车自行决定该走，还是该停？如果就此取消人类一脚油门闯红灯的权利，取消人们开车碰撞他车的权利，这是否合理？

秩序是人类社会的基础，没有秩序，社会就将瓦解；秩序也是人类社会的结果，有了社会，秩序必然要出现。几千年甚至更长的历史中，社会秩序是由生物本能、惯例、习俗、法律、市场等工具塑造的，以这些工具约束人的行为，从而形成秩序，但那主动权依然在具体的人，人可以破坏秩序。既然计算机已经可以辅助人们判断，是否可以把一些主动权交给计算机？这样由机器维护的秩序，岂不是更好？大家都能看到，道路中间有了隔离带后，交通秩序就好了，隔离带就是一种技术设备，它维护了交通秩序。

由数字、计算来维护秩序早已有之，但程度有弱有强，机器在秩序维护中获得真正的权力，还是区块链出现之后，才刚刚开始（参见表 12.2）。

表 12.2　机器权力与数字秩序

工具	数字化秩序	机器的权力	分析
红绿灯	弱	计算出司机应该遵守的交通秩序	计算秩序并提供消息 是否遵守秩序的决定权在人 约束通过法律做事后惩罚
征信系统	弱	记录并根据人设计的规则计算信用值	记录信用行为 计算信用值 是否遵从征信，由人决定
自动售卖机	强—原始	自行决定该给可乐还是薯片	消费者的对手方在交易时是一台机器 代码逻辑、代码单方控制，较为原始
互联网	弱	按照网站的代码执行登录和信息提供	大规模网站是由代码来执行秩序 这秩序是由网站主人制定，并随时可更改，权力并不真的托付给机器
电商	弱	按照电商运营者的协议执行下单和交付	大规模电商运营是由代码来执行秩序 这秩序是由电商平台所有人制定的，并随时可更改，权力并不真的托付给机器
智能合约	强	在区块链上部署后，智能合约自行运行，并决定价值代币的走向	合约是众多机器在维护，不可单方更改 代码根据逻辑自行决定价值流向 权力属于机器

自动售卖机拥有权力，它可以按照程序代码的指令，售卖可乐或者薯片，但是，自动售卖机的拥有者却可以单方面改变计算的程序代码。所以，我们说自动售卖机是被主人直接操控的工具，其权力仅限于按照主人规定执行命令。但是，区块链则不同，没有任何一个人（一个人！）可以单方面改变区块链上的程序代码。因此，机器本身拥有独立的权力。

这好比一个公司，如果公司有一个股东可以决定公司章程、高管人员，那么，高管的权力是有限的，更多是股东本人的橡皮图章。但是，当一个公司由无数小股东组成，公司的管理层就拥有了独立的权力。只有当股东们联合形成多数时，才能够改变公司章程，改选管理层人选。

12.2　计算的野心

古代的中国人对计算的热情就很高，不仅用在日常生活中数数牛羊，更用在战争胜败、个人命运、朝代兴衰的预测，还用来做善恶报应、社会秩序的记账和计算。周易中的术数粗看起来跟二进制的计算机差不多。孔子、曾国藩这些圣人和大师们都曾经用周易算过卦。《孔子家语》中记载孔子有过几次占卦，要预测自己仕途如何，结果，得"贲"卦而不乐。《曾国藩日记》中记载，作战焦灼时，他夜间占卦，得"金陵卦，遇否之涣；宁国卦，遇屯之益"。

中国传统文化中有因果报应的说法，是一种劝人从善的道德观。这种因果报应也是一种计算，用来维持社会秩序。鲁迅的杂文《无常》中，白无常手中拿着"破芭蕉扇、铁索、算盘"，那算盘就是用来计算所勾之魂生前做了多少好事，这样死后就能免去多少苦。

不去判断和评论古人的理论。只从这些历史能够看到，"计算"是人们最看重的工具。人们希望自然、个人命运、社会都是有秩序的，而这种秩序可以通过计算得到。

人类有两位老师，一位叫功利，一位叫好奇心，这两位老师带领着人们，在自然的大草原上发明创造。为了穿衣吃饭，做石斧、造火箭，这是功利老师的课堂；闲着没事，胡乱琢磨，研究数论、群论，这是好奇心老师的课堂。

在好奇心的指引下，亚里士多德对人类的思维产生了兴趣，就在自己的头脑中分析思维是怎么回事，那还是在公元前300多年。亚里士多德发现思维的本质是逻辑，他提出了三段论。亚里士多德由此创立了逻辑学。

亚里士多德（Aristotle）三段论：亚里士多德是古希腊伟大的哲学家、科学家。逻辑学由亚里士多德创立，他在《工具论》一书中为形式逻辑奠定了基础，后人称亚里士多德为"逻辑学之父"。书中最知名的是"三段论"，即由一个大前提，一个小前提，得到一个结论。最简单的例子如下。

大前提：人都有一死；
小前提：苏格拉底是人；
结论：苏格拉底必死。

莱布尼茨是伟大的数学家，他是德国人，生活在17世纪。他和牛顿同时发明了微积分，两人为了发明人这个荣耀，还书信攻伐大动干戈，不去论其间的是非，但人们最终选择了使用莱布尼茨的微积分符号。莱布尼茨的野心并不限于微积分，他期待用一套"符号"来描述世界上的所有知识，并用符号来做推理演算。这样，计算和推理不仅可以用在衡量薪资和探索行星轨道这样的数值计算上，还可以用在莱布尼茨和牛顿的纷争、哈姆雷特的家务纠纷上。任何棘手问题，人们都可以计算一下，便得到真理。

莱布尼茨（Gottfried Wilhelm Leibniz）对计算的热爱。"让我们计算吧"是莱布尼茨最喜欢说的话。莱布尼茨是17—18世纪最伟大的哲学家和数学家。他在《发现的方法》一书中说："精炼推理的唯一方式是使它们同数学一样切实，这样我们能一眼就找出错误，并且在人们有争议的时候，我们可以简单地说，让我们计算吧（calculemus），而无须进一步的忙乱，就能看出谁是正确的。"

莱布尼茨除了发明了微积分符号之外，还在逻辑推理和运算中引入了他发明的符号，例如他的逻辑演算理论中的一个命题是这样的：

如果 A 在 M 之内且 B 在 N 之内，则 $A \oplus B$ 在 $M \oplus N$ 之内。

莱布尼茨的乐观和好奇心，让他的思想超前了几个世纪。但他的野心并不是无知的狂想，他甚至动手设计了一台机械计算机，可以执行加减乘除。在他之前，帕斯卡也设计过，但那机器只能做加减，不能做乘除。但莱布尼茨并未料到，他那改变世界的创意300年后才告成功，他真是乐观的科学家。

19世纪，英国的乔治·布尔（George Boole）把莱布尼茨的梦想往现实大大推进了一步。布尔发明了布尔逻辑，今天，计算机里的逻辑运算就叫作布尔运算，而跟逻辑判断有关的数值类型就叫布尔值。布尔的天才发现是，他把逻辑推理化作代数计算，正如笛卡尔发明坐标系，把几何问题化作代数计算一样。另外，布尔超越了三段论，他的逻辑中可以处理命题之间的关系。然而，布尔逻辑离莱布尼茨的梦想，还有距离。

德国人弗雷格（Friedrich Ludwig Gottlob Frege）接过了下一棒，在19世纪末20世纪初，他设计的"概念文字"是真正的现代逻辑学。在布尔逻辑上，又前进了一步。简单说，弗雷格用逻辑重建了数学，他所设计的语法规则是一种人工语言，可以把所有的逻辑推理表现为纯粹机械的运算。这种人工语言，就是今天计算机编程语言的前身。弗雷格用逻辑来定义数学的尝试是伟大的，他完成了这个工作，但罗素所提出的悖论，断送了弗雷格的野心，他的逻辑体系是建立在集合的概念上的，而集合中存在的悖论，揭示了弗雷格的理论前提是错误的。于是，他的逻辑推理就存在一个严重问题：是否存在一般的方法，可以证明一个逻辑推理是正确的？

最终的答案是"不存在"。为了回答这个问题，这个行星上最聪明的几位天才都投身其中，他们是康托尔（Georg Cantor）、罗素（Bertrand Arthur

William Russell）、希尔伯特（David Hilbert）、哥德尔（Kurt Gödel）、冯·诺依曼（John von Neumann）、阿兰·图灵（Alan Mathison Turing）。康托尔在研究无穷基数中用到了集合，而罗素的问题"是否存在一个所有集合的集合"，把康托尔送到了绝境。但康托尔的对角线方法，为后人提供了思想工具。之后，罗素用自己设计的分层方法，在逻辑基础上重建了基础数学，也就是那厚厚的《数学原理》。罗素的成果说明了在一个符号逻辑系统中对数学进行形式化是可能的，只是罗素忽略了一致性问题。希尔伯特的期望是用元数学解决一致性问题，希尔伯特提出的纲领中有两个问题，一个是一阶逻辑的完备性问题，一个是判定问题，即找到一种方法，判定一个一阶逻辑的有效性。哥德尔证明了任何逻辑系统，即使再强，也无法证明其自身的一致性，其中一定存在不可判定的命题。终结了逻辑学家和数学家们对用逻辑描述和推理这个世界的期望。但哥德尔在证明不可判定问题的过程中，设计了一种人工语言，这已经非常接近今天的程序语言。

莱布尼茨的梦想是万物皆可计算，皆可推理。弗雷格给出了一个系统，哥德尔证明了这个规则系统是完备的。希尔伯特提出的判定问题，是要找到一种足够宽广的算法，可把人类的一切演绎和推理都还原为计算，这就是莱布尼茨梦想的实现。哥德尔不完备性定理的证明则破灭了大家关于判定问题的梦想。英国人阿兰·图灵继续思考，希望证明这种万能算法并不存在。

图灵成功了，他证明了判定问题的算法不存在。图灵证明了无法设计一种算法可以判定一个自然数是否属于图灵机的停机集合D（集合D的定义是，对于每一台图灵机，当且仅当它的代码数不属于该机器的停机集合，则代码数属于D）。由此，不可判定问题也就得以证明。证明不可判定问题，还有其他方法。图灵的证明中，更有价值的是他证明过程的副产品，那是通用计算机的一个数学模型，后来称为图灵机（参见图12.1）。

图灵机模拟了人类计算思维方式，
是通用计算机的一个数字模型

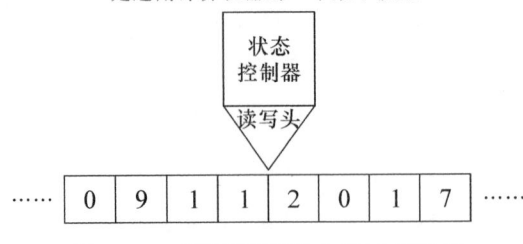

```
        ┌──────┐
        │ 状态 │
        │控制器│
        └──┬───┘
         读写头
          ▽
…… │ 0 │ 9 │ 1 │ 1 │ 2 │ 0 │ 1 │ 7 │ ……
```

图 12.1　图灵机模拟人类计算思维

莱布尼茨在逻辑上论述计算这个世界的可能性，同时，他实际制造了计算机械。到了图灵那里，理论和实践再一次走到了一起。图灵证明了不可判定问题，也在人类历史上首次设计出一种通用计算机的模型。

在此之前，还有众多制造计算机械的尝试。帕斯卡的算术机、莱布尼茨的计算机、雅卡尔的织布机、巴贝奇的分析机，但图灵机是第一个通用计算机，也是现代计算机的理论模型。1945年，冯·诺依曼在图灵机的理论基础上，提出 EDVAC 的报告草案，冯·诺依曼架构出现，至此，现代计算机的一切要素已经完备。之后计算机的发展，就是在大厦框架上添砖加瓦。

电子计算机用二进制算法，把所有能够用来计算的世间万物都搬到了计算机中。电子计算机从真空管到晶体管，从集成电路到大规模集成电路，在此基础上出现了互联网、智能手机。人类在信息化的道路上狂奔，所有的知识和经验都以文本、数据库、图形、视频、音频等各种形式进入数字世界，可以做各种计算和推理。

有了计算机，人类如蚂蚁搬家一般，把各种各样的东西搬到计算机上。最初，人们用计算机来做运算，例如计算导弹的弹道曲线。后来，人们用计算机为企业做薪资表，所利用的无非是计算机的运算速度和存储容量。互联网出现后，信息和数据的流动越来越快，电商和移动社交等形式的应用出现，人们的各种商务和交往都搬网络上。虽然计算机和互联网已经发展到非常繁荣的程度，但它们依然有其固有的缺陷。

计算机的一些弱点和不足。在计算机上数据复制是近乎零成本的，所以数据不具有稀缺性，数据的实体没有意义：

·由于数据不具备稀缺性，所以互联网上没有"价值"的存在。

·由于网络协议上是没有身份的，所以身份的验证需要在线下进行。

·由于网络上无法签字，也无法实现一式几份，所以无法执行各种条款，商业关系无法在网络上实现。

·计算机一定有一个主人，代码和逻辑控制在主人手中，用户也就必须服从，大互联网公司霸权横行。

·由于计算机执行的是程序员编写的代码，所以它不具备学习能力。

因为上面这些缺陷，在计算机信息化的过程中，乃至互联网发展到如今的繁荣局面，计算机都依然只是人们的工具，是辅助系统，其存储和运算的信息都是为人所用。计算机中的数字并无权力，不能决定任何事。例如，有人在网银软件中发现自己账户中多了100万余额，他可以花吗？不可以！因为网银中的余额并不代表用户真正拥有的财富，它仅仅给用户提供一个"可能正确"的统计。用户真正拥有的财富，要基于现实中他能提供的证据链来证明。

数字世界没有任何权力。数字世界只是人类低等的仆人。

尼克·萨博在1998年提出智能合约的概念，目的就是解决这些问题。他希望未来可以用代码来签订合约，这就隐含着一个思想：计算机中的代码代表着一定权力。同一时期，戴维提出在网络上构建乌托邦，人们在网络上具有数字身份、数字货币和数字合约，完全脱离肉体，在网络乌托邦中可发展完整的商业世界。

从技术角度解决这些问题，科学家们走了很长很久的路。

1976年，非对称加密技术出现，使人们拥有了数字签名的工具，也就是可以在计算机和网络上签名，可以替代纸质签名。公钥成为人们在网络上的身份。

哈希算法结合数字签名，可以保证数据文件的不可篡改。用哈希算法对数据文件的完整性和正确性做验证，历史由来已久。汉斯·彼得·卢恩（Hans Peter Luhn）于1954年发明了第一种哈希算法。

1993年，辛西娅·德沃克和莫尼·诺发明的工作量证明，用来抵御分布式拒绝服务（DDOS）攻击，之后被亚当·贝克和哈尔芬尼发展成为工作量证明，显露出价值证明的功能，数字世界中有了成本的概念。

随着点对点网络和分布式算法的发展，终于在2008年出现了区块链，计算机和网络上的价值协议终于有了。

从图灵到1956年达特茅斯会议，科学家们一直在研究人工智能，计算机可算是人工智能的兄弟产品。近些年，深度学习成熟应用在下棋、语音识别、翻译、图形识别等领域，且能力超越人类。最重要的是，人们并不理解深度学习所得到的特征，但人们相信机器所学到的结果。最经典的例子是，算法证明布尔勾股数，步骤数据共200太字节（TB），机器给了人们结果，但人们永远无法阅读完和理解这个过程，人们只能相信机器。

渐渐地，数字具有了权力。莱布尼茨的理想是，世界上的所有知识都可以用符号表达并进行逻辑推理。虽然直到今天，莱布尼茨的理想还没有完全实现，但从另外一个角度，莱布尼茨并未想到，机器甚至能够获得权力，约束人类的行为。

莱布尼茨的梦想，他关于计算的野心，在300年后已经渐成现实。

12.3　社会秩序

中国经济在发展壮大，中国社会治安秩序之良好，也独树一帜。"深夜撸串"，这是国人常常引以为傲的。确实如此，在国内的城市里，人们深夜独自行走不用担心安全问题，并非所有国家都能如此。中国的良好治安，有经济发展的原因，有治理能力的原因，也有民风习俗的原因。近些年来，盗窃抢劫等案件越来越少，当然有社会经济发展作为大背景在支撑，还应该考虑到监控摄像头部署剧增、现金减少这些技术因素在发挥作用。而在电信诈骗、网络诈骗等高发的新犯罪行为中，犯罪嫌疑人利用技术手段破坏社会秩序，警方则利用技术手段维护社会秩序。在传统的社会秩序中，道德、法律是主导因素，而现在，技术工具则走上舞台，成为社会秩序中的重要角色。

"秩序"一词的含义：秩序含有"整齐、有序、守规则"的意思。在具体的语义环境下，既可指物的整齐有序、人们遵守规则，也可指社会生活的有序状态。前者是具体的场景描述，后者则是社会整体状态。在《辞海》中对秩序的释义是人或事物所在的位置，含有整齐守规则之意，社会秩序则指社会的正常而有规律的活动状态，保证社会生活正常进行的必要条件。秩序和社会秩序是政治学、社会学、经济学中的重要概念，各种学说中对秩序的定义五花八门。

秩序还有另一种角度的分类，即自然秩序和社会秩序。自然秩序是科学层面的，指人们用物理、化学等语言对客观世界的规律描述，看似万物遵循这种秩序，实则是人们对物理世界运行规律的主观描述，是主体对客体现象的认知经验总结。社会秩序则是社会层面的，良好的社会秩序是人类社会所追求的目标，也是人们幸福生活的前提，如卢梭所说，社会秩序为其他一切权力提供基础的神圣权利。

对于社会秩序的研究，历史悠久。古希腊时代，毕达哥拉斯这样的哲学家们用好奇的眼光观察宇宙，他们敏锐地发现，宇宙似乎是有规律的，季节四时、日升日落、大小轻重，于是就试图总结这些规律。顺带地，哲学家们也对社会规律做起了总结，那时候，他们还分不清宇宙规律和社会规律，觉得那是一回事。

柏拉图对宇宙规律兴趣不大，他只对社会感兴趣，而且他觉得应该对社会做个规划，就像画画儿、捏泥人一样，塑造一个理想的社会，这就是他的理想国，这是人类第一次提出的理想社会秩序。在理想国里，正义很重要，人要分三六九等，必须层层服从，各尽其职。到了亚里士多德，他既研究科学，又研究社会，他用科学的方法，总结了不同城邦的社会秩序，将社会分成了君主、贵族、共和等不同的类型。

中世纪是神学的统治，上帝和圣经成了社会秩序的唯一指引，基督教会超越政治、种族、社会，统治了人们的心灵和行为。心灵的秩序与社会的秩序混为一谈。在漫长的中世纪结束后，启蒙时代降临，人的理性取代神的意志，成为社会秩序的最高指引。在理性的指引下，通过观察、推理和计算，人们能够发现自然规律，那么是不是一样也应该可以发现社会规律？此时的哲学家和科学家们空前自信。霍布斯、洛克、卢梭等伟大哲学家在理性的指引下，发现了自然法理论，自然法成为社会秩序的最初源头，而社会契约理论则是分析社会秩序的工具。人类社会为何需要社会秩序？是因为自然法，自然法要求人们必须存活，必须形成社会。人类社会如何形成社会秩序？是用社会契约，大家签订社会契约，于是秩序就有了。人性是社会秩序论证的起点，而权力则是维护社会秩序的手段。

之后的社会学家、政治学家们，普遍把社会秩序作为研究的重点之一。孔德是社会学之父，他从社会静力学角度研究社会秩序，强调精神、道德、宗教在社会秩序中的作用。韦伯从制度设计研究社会秩序，他认为社会秩序的关键是统治，为法理型统治设计了官僚科层制，严密设计的上下级关系限定了权力，用组织和权力维护秩序。帕森斯从个人行动的角度，提出要靠强力和制度化权力约束个人行为，才可达成社会秩序。福山强调人性的重要性，提出从文化、宗教、市场、价值观等多方面研究社会秩序的形成。

洛克、孟德斯鸠等哲学家已经开始考虑实现社会秩序的工具以及工具安排问题。契约、法律是社会秩序的规则，要保证社会遵从这些规则，就要用到权力。霍布斯和卢梭都认为，主权的意志不可侵犯和违背，强制力是绝对必要的。洛克首先提出分权，孟德斯鸠则继承并发扬，提出三权分立。可以看到，他们已经观察到，社会秩序维护的具体技术问题，社会秩序不仅需要理论源头、原则，还需要执行工具。休谟是少有的，他将社会秩序分为政治服从和契约义务，政治服从是普遍的社会秩序，而契约服从则是私人的信任关系。

"社会秩序"的规则和工具：社会秩序的规则，分为两类，一类是强制性规则，例如法律、制度、条例、契约等，其执行的工具为强力、权力等；另一类是自愿性规则，例如道德、宗教、伦理、习俗、惯例等，其执行的工具为教育、舆论、市场等。这两类规则的执行工具，普遍以事后的约束，例如惩戒为产生作用的方式。

兰登·温纳是当代著名的政治理论家，"科学及技术"研究领域的创始人。他认为技术具有政治性，并非中立，被用来保持和改变某种社会关系。这种政治性，分为外在和内在两种。外在的例子是纽约的一座立交桥，这座桥建得很低，以防止穷人乘坐的公交车进入风景区干道，而富人汽车则可自由通行。内在的例子是原子弹，只有权威的政治体系才可掌握原子弹。在兰登的理论中，技术成为实现社会秩序的一种工具。

用兰登·温纳的观点去看，很多技术产品都具有维护社会秩序的工具属性。例如，门锁和围墙，是保护生命和财产权；古代的服饰有维持社会地位尊卑的用途；现代道路上的隔离带和红绿灯有维持交通秩序的作用。这些技术工具对社会秩序的维护多是间接的，工具本身并未直接、清楚地描述秩序，而是通过对社会人群的控制、约束和影响，才起到了对社会秩序的作用。对其所体现秩序的解读需要放到社会语境下方可完成。这些工具从技术角度看，也多是原始的，并不是现代信息化技术支撑的，更不是智能的、可编程的。但从这些例子上，可以观察到技术工具对社会秩序的作用和机制。

12.4 社会秩序的数字化

央行有责任通过货币政策对社会经济进行调节，这种货币政策是金融秩序的构成部分。例如，一个可能的政策是，通过经营贷款，对小微实体企业进行扶持。但当前时期，对房地产则必须收紧信贷。这体现了国家希望小微实体企业繁荣发展、打击房地产炒作及房价泡沫的政策目标。所以，监管机构就必须保证小微企业经营贷款走向准确，不可违规进入房地产行业。

传统的监管方法是一种事后监管，事后发现违规再采取惩罚措施，以此震慑和纠正违规行为。商业银行是发放贷款的主体，但商业银行是否能坚持执行央行政策，就要监管人员采取种种手段去检查。发现违规后，再进行惩罚处理，以期维持政策的良好执行。

央行数字货币是一种可追溯、可编程的数字货币。如果基于央行数字货币发放小微企业经营贷，则可以对数字货币进行追踪，贷款发放后，接收的账户主体不可是房地产类型的企业。可以设置追踪多层交易，一旦发现进入房地产领域，则马上报警。而且结合智能合约设计，还可以直接截断数字人民币走向房地产企业。即这些预先编程的数字人民币，对房地产企业的支付是无法执行的。

数字人民币实现了金融秩序的事前和事中控制，一改传统的事后控制。在这里，金融秩序的实现，依赖程序和机器，是一种数字化的秩序。

儿童在过马路的时候，看到红灯，他/她会停下来等待绿灯，在这个过程中，他/她参与并维护了一次社会秩序。

甲乙双方签订一个采购合约，双方遵守合约执行交货和付款，甲乙双方参与并维护了一次商业秩序。

社会秩序是人们在社会活动中，与他人按照既定规则，进行可预见结果的合作。在本章的讨论中，用这样的语义来定义社会秩序这个概念。

某人在自己家中，家具和物品整理摆放井井有条，这无关社会秩序，这是他的个人事务。工人在生产中操作机器，机器按照程序工作，也并非秩序，因为在这种生产环境中，机器作为工具，按照人们的操作和既定程序运行，并非工人的对手方。

哈耶克对社会秩序的定义：哈耶克在《自由秩序原理》中指出："因此，所谓社会的秩序，在本质上便意味着个人的行动是由成功的预见所指导的，即人们不仅可以有效地运用他们的知识，而且还能够极有信心地预见到他们能从其他人那里所获得的合作。"

在个人行动中，个人的对手方要么是另外的人和团体，要么是整个社会，所以本章所讨论的社会秩序是关于人与人的关系、人与社会的关系，而非人与物的关系，也不是自然本身的性质。这种理解更多来自经济学角度，是哈耶克对社会秩序的定义。

这种定义首先抛弃了价值判断，不对秩序进行具有感情色彩的描述，另外，个人"预见"作为秩序的本质要素，则指出了社会秩序中所呈现规律的主观性。

如果用计算机程序作比，则社会秩序是表现良好、开发规范的程序，运行中没有漏洞和缺陷，至于此程序的功能是有益的报表，还是恶意的病毒，则与程序的良好与否并无关系。

本章并不关注秩序的基础是什么，也不关注秩序的来源是什么。本书关注的是秩序实现的技术手段和方式，如果把伦理道德视为秩序实现的一种工具，那么它是本书的研究对象。类似地，契约、法律是现代化社会中秩序实现的重要工具和方法。技术作为秩序的工具和手段，很晚才站上社会舞台。

技术参与到秩序的建立和维护中，一个很好的例子是红绿灯，这是一种辅助工具，维持道路交通秩序。隐藏在红绿灯背后的规则是交通法规。当绿灯一方车辆行驶通过的时候，司机预见红灯一方的司机不会贸然闯过。

兰登·温纳在《自主的技术》中所说的防止穷人进入富人区的纽约桥，也是一种技术参与到秩序维护中的情况，那是一种阶层歧视和隔离的社会秩序。桥是一种建筑，是一种技术产品，在这个例子中，桥起到了维护秩序的作用，但这个维护作用的达成是间接的，放到社会、地理的语境中才得以凸显。

自动售卖机是一种秩序的辅助工具，用于执行零售购买的契约。购买者投入硬币，机器要吐出商品，执行一个完整的零售过程。在此过程中，自动售卖机作为技术手段，代替人执行了一个契约。

基于数据和算法的征信系统，在现代社会的金融和商业中发挥着至关重要的作用，甚至左右了人们日常生活和工作。这种征信系统是一种社会秩序的维护工具。征信系统这种秩序维护工具，比之红绿灯和自动售卖机，复杂程度和决策意义更大。当一个红绿灯出现故障，一位熟练的交警就可以替代。但当征信系统缺失，一个现代社会的运转都将出现巨大困难。

2004年，劳伦斯·莱斯格（Lawrence Lessig）在《代码：塑造网络空间的法律》中提出"代码即法律"这样的概念，开启了技术主导社会秩序的讨论。

代码即法律： 劳伦斯·莱斯格是美国哈佛大学的法学教授，也是一位社会和政治上的行动主义者，曾任知识共享（Creative Commons）组织发起的软件自由法律中心委员、电子前哨基金会委员。《代码：塑造网络空间的法律》是互联网历史上最重要的书籍之一，一些学者称之为"网络空间法律的圣经"。

劳伦斯认为互联网的原初形态是无监管、无法律的，人们无从知道互联网的用户是谁，也不知道网络上传输的内容是什么。随着互联网的发展，网络空间从自由走向控制，代码在其中起到了法律的作用。互联网上的秩序，由代码维护。例如，互联网上既要保护人们的隐私，又要实现一定的监控，这种规则就要由代码和软件架构实现。既要保证互联网上内容的自由传播，又要监控违法内容，这些法律在互联网的世界，也必须由代码来捍卫。

但劳伦斯并没有提及代码执行的权力问题，互联网的用户、网站的用户只是单方面地接受开发者、网站主人的约束。这种代码与现代法律精神依然有区别，因为这种代码是单方面的立法、单方面的执行，代码随时可被网站主人改变，这就意味着代码开发者作为立法者，也控制着执法权力，机器作为代码执行者并没有真正的权力，这还是互联网时代对代码法律性质的认知。这种代码法律，有点类似原始时期的部落攻伐，用户登录一个网站，就成为这个网站的俘虏，如同原始人被一个部落俘获，俘虏只能单方面听从部落命令，用户也只能遵从网站的代码规则。现代宪法、法律的稳定性、可靠性、透明度，需要一整套体制、组织、流程，以及整个社会的舆论来维护。代码在网络上运行，约束用户的行为，维护网络社会的秩序，如果这种代码要具有法律的精神，那么就要具有透明、稳定和可靠等特性，就必须具有类似现实法律的体制、组织、流程和社会舆论来维护，而技术手段中唯一可以达到这种目的的，便是机器权力和机器权力背后的社群治理机制（参见图12.2）。

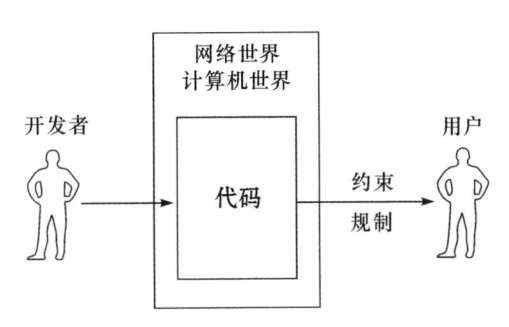

图 12.2　机器权力背后的社群治理

尼克·萨博在1995—1998年撰写了一系列的文章，阐述了如何在互联网上实现合同、律法、商业关系、契约等技术手段。他在《智能合约：数字市场的基石》《基于公共网络进行关系的确立和保障》等文中提出了智能合约。15年后，智能合约在区块链技术中得以实现，并带来了金融、商业、工业等领域的巨大变革。尼克·萨博的研究重在探索技术在商业秩序中的作用和意义，他深入分析了现代商业秩序执行中所用的工具，例如科层制、审计等。他既精通法律，又懂计算机技术，所以他明白在公共网络上让代码具有契约、法律内涵和精神存在哪些难点，并不是程序写出逻辑，部署到随便一台机器上就可万事大吉。"代码即法律"最重要的是代码是如何开发出来，以及如何安排代码的执行权力以保证公平、正义。

尼克·萨博关于智能合约和区块链论文的要义： 1996年，《智能合约：数字市场的构建基石》提出的定义：我们可用计算机与密码学算法，来构造数字化的商务关系，我称之为"智能合约"。

1997年，《基于公共网络进行"关系"的确立及保障》提出：基于纸质的合约、流程，还有公司管理制度、会计制度，都太老旧了，可以用智能合约来替代。现有的 IT 系统比纸质也强不到哪里去，也该被智能合约替代。智能合约的技术已经成熟。

2014 年，《可信任计算的黎明》明确智能合约的技术基础：现在互联网虽然繁荣，但非常脆弱，把一切都交托给一台服务器，是脆弱的。只有区块链与智能合约，才是希望，才是未来。

2017 年，《货币、区块链和社会可扩展性的关系》提出区块链的社会意义：区块链增强了社会扩展性，浪费点算力、电力是值得的。从社会学角度上，区块链是与货币、法律这样的制度同等级别的存在。

尼克·萨博的论述，算得上当前智能合约的理念来源，在 20 世纪 90 年代，他设计智能合约时还没有区块链，尚未完全想清楚智能合约为何可信、可靠。2014 年，他的理念在以太坊中得以实现，他的论文开始阐述区块链是智能合约的基础。

在讨论数字化秩序、智能社会治理的文章中，多数研究把重点放到了大数据所带来的操控权力上。社交媒体的大数据在影响舆论、操纵民意上确实力量巨大，但那不是本章所讨论的数字化秩序。社交网络和大数据的操控，虽然使用数字技术的手段，但数字技术在其中的作用是信息传播，而非作为行为人的对手方存在。

有人提出，采用数据治理手段来构建与维持社会秩序，以替代物理强制秩序，减少成本。数据治理带来的智能法治，意在通过信息收集和分享，帮助公民做出合理行为决策，从而确立自发秩序。[1]

有人描述了从传统法治到智能法治转型的情景，但细节上的描述以法治的信息化系统建设为主，只是法治流程和数据的信息化，并未详述智能技术对秩序维持的影响。[2]

这些文章讨论了数字化、人工智能等技术对秩序和法治的影响，但并未触及数字化秩序的本质，在这些讨论中，技术依然如红绿灯一样，仅仅起到辅助的作用。

另外，数字化在秩序中的作用，与数字化在生产中的作用不同。工厂机器、个人电脑都不是秩序，而是生产力。

在数字化秩序中，个人所期待的对手方，是程序，而不是其他人。在传统秩序中，人在采取行动的时候，期待的对手方是人。

等待红灯的时候，人们期待的是，绿灯一方的车辆会通行，红灯一方的人们会停车等待。

签订商业合同，甲方期待乙方按时交货，而乙方期待甲方按时付款，一旦产生纠纷，则甲乙双方期待仲裁方主持正义。

在简单的机械秩序中，自动售卖机是一个例子，某人投入自动售卖机5元钱，则自动售卖机吐出一罐可乐。某人在购物时期望所寄托的对象，是自动售卖机。当然，如果自动售卖机出现故障，机器的维护者还会出现。所以，这是一种简单的机械秩序，即一种弱数字化秩序。

弱数字化秩序的定义：在社会秩序中，人们能够很有信心地预见到他们能从其他人那里所获得的合作，而技术工具在这种关系中起到了见证、协调、衡量、行动替代、仲裁的中介作用。这种技术工具可能是硬件、软件、代码、系统等。

上面所提到的红绿灯，自动售货机、征信系统等，都是弱数字化秩序。可以观察到，在这种社会秩序中，人们的对手方依然是人或者人形成的组织，例如红灯一方的人，其对手方是绿灯一方的人，红绿灯为对手方提供了计时和协调的功能；自动售货机购物者的对手方，是自动售货机的经营者，自动售货机为对手方提供了见证、行动替代的功能；征信系统中公民的对手方是监管征信的立法机构和系统运行机构，征信系统为对手方提供了见证、衡量、行动替代的功能。

在数字化秩序中，一旦约定数字形式的规则，那么人们期待的是程序能够如约执行。例如，在比特币系统中，收款一方期待比特币系统不会出现"双花"欺诈，付款一方则期待交易能够上链，顺利支付成功。这种对支付成功的期望，与传统支付中对银行值得信任的期待不同。

在智能合约部署后，参与到智能合约中的所有区块链地址，都不再关心其他人。众人的期待都在合约代码上。这样的数字化秩序，是一种强数字化秩序。

强数字化秩序的定义：在社会秩序中，人们对于自身行动的成功预见，依赖于技术工具。人们极有信心地预见到他们能从技术工具那里所获得的合作。这种技术工具可能是硬件、软件、代码、系统等。

比特币、智能合约都是强数字化秩序。在这种社会秩序中，人们的对手方是代码，不再是人或者组织。例如，比特币是一种可信的支付方式，是一种价值转移的社会秩序，与传统的网银不同，网银系统中支付一方的对手方是银行，而比特币支付一方的对手方就是比特币系统，而非某个金融机构，比特币系统成为支付者的对手方。在智能合约所建设的去中心化自治组织或者去中心化金融中，参与者的对手方不再是银行、券商、交易所等法人组织，而是一段部署在区块链上的智能合约代码（参见图12.3）。

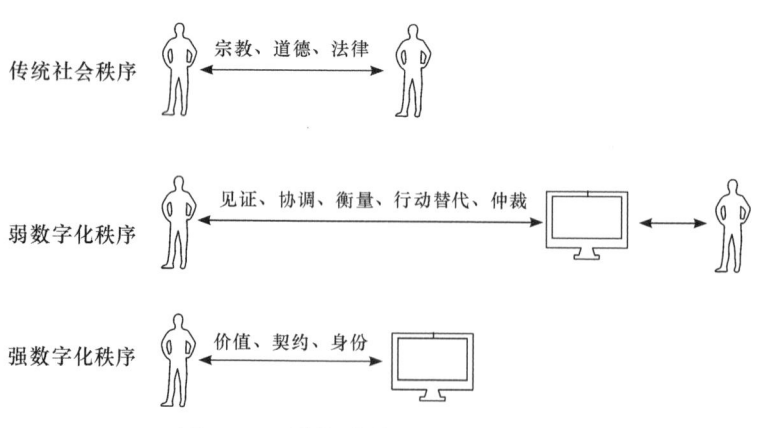

图12.3　从传统秩序到数字化秩序

前面提及，红绿灯是一种原始的数字化秩序，红绿灯作为工具，帮助计算、协调、指示、见证交通秩序。那么，是否可以改造红绿灯，令其成为强数字化秩序？答案是可以，但解决方案并非在红绿灯这种工具的形式和功能上探索，而是从无人驾驶和智慧交通上寻找方案。在强数字化的交通秩序中，每一台无人驾驶的车，通过视觉传感器、算法（可以是分布式的点对点，或者是集中式的）参与到路口、街道、区域和城市等多层次的统一交通规划中，在路口各自按照算法调度顺序通过路口。这种调度顺序是智能的，而非红绿灯那样固定，它产生的交通效率不可同日而语，安全性也更高。此处的算法和统一规划，并不一定是大型调度中心做集中数据处理，更大的可能性是如互联网通信协议一般，以分布式协议的方式运行。在这样的数字化交通秩序中，人们的对手方并非其他驾驶人员，而是代码、程序和算法所代表的规则。

在这种强数字秩序的交通指示系统中，是否可以通过某个路口的决定权由机器和算法掌握，而不再是驾驶员。可以认为，驾驶员违法闯过某个路口的权利，已经被取消。

此处所述对人的权利解除和对机器的权力委托，听起来有点像人工智能伦理学家所研究的那些耸人听闻的课题，实则两者毫无关系。本章所谈乃是机器作为执行工具，接受人们所赋予的权力，护卫人们所拟定和同意的共识；是已经出现并正在发展的技术和由技术带来的社会现象，并非机器有了智慧之后要统治和奴役人类那种科幻小说的想象。数字秩序的制定权，依然在人手中。秩序中体现的规则和逻辑是人的思想。但也存在人工智能参与规则制定的情况，就当前的技术而言，不能说人工智能参与进来就是人工智能的意志，人工智能只不过帮助人来建模、计算和判断。

再举一例说明数字化秩序在一个商业合约中的应用。在一个传统的商业及法律秩序中，合约是这样的：

> A企业采购B企业100万元的钢材。双方约定，合同签约后5天内，A企业付款50%，否则终止合同。B企业收到50%付款后，10天内按照质量标准交货，延迟交货一天则罚款交易额的1%。A企业收到钢材后，全额付款，完成合约。

这是经典的商业合约，其中A、B两方为对手方。任何一方违约都需要与对方谈判，乃至走向仲裁和诉讼。此商业合约如果走向强数字化秩序，则各自的对手方都转变为智能合约代码。业务逻辑需要更改为：

A企业采购B企业100万元的钢材。双方约定，智能合约激活后，双方的钱包地址中存在足额100万的保证金，则启动此次商务合约。合约启动后，B企业在10天内按照质量标准交货，延迟交货一天则罚款交易额的1%，直到100%总额则终止合同，且赔付A企业100万。A企业收到钢材后，验收质量合格，则执行付款，完成合约；如果质量不合格，则退回钢材，对B企业罚款100万，终止合约。

采用智能合约执行此商业合约，则对手方为这一段代码所代表的合约，交易双方无须再有对话。当然，这种强数字秩序需要如下条件：
（1）需要数字化的货币作为基础条件，即智能合约代码可以控制价值；
（2）需要有信的物流和质量检测条件，要么采用可信的物联网检测方式，要么采用可信第三方提供检测数据输入。如果是物联网检测，就是一种弱数字化秩序；如果是第三方检测，那就是传统的商业秩序。

在数字秩序中，人们为了获得预期结果最大化，将信任的对手方从人转变为机器、程序和算法。机器、程序和算法作为对手方，在执行秩序中，具有五项特点。

数字化秩序的特点：
由编程语言写出的程序，其可预见性更加明确，比之文字的法律法规与合约，理解上的差异更少；
程序所建设的秩序是事中控制，而不同于法律法规的事后控制，减少事后监督和惩罚的成本；
作为对手方，人的心态和想法比之机器、代码、程序更加多变。如果更直接一点说，人有弱点，是无法百分之百信任的，而机器则可信；

作为对手方，人的行为受到自身、自身环境的影响，而程序则受到的影响很小；

程序作为对手方，可以复用，可以对无数人。

由此，强数字化秩序为社会秩序的维持带来四项显而易见的好处。

数字化秩序的优势：
从可预见性上，数字化秩序更好；
从成本上，数字化秩序更低；
在普及秩序上，数字化秩序更快；
从公正上，数字化秩序更不受人为的干扰。

但数字化秩序的形成，刚刚开始，还存在很多发展上的障碍：

技术实现上依然存在难点，一些场景难以数字化，秩序的逻辑难以用代码实现；

缺乏对数字化秩序本质的认识，从理论上和实践上，学界和产业界都还缺乏足够的研究；

大众普及的工作缺位；

数字化秩序的法律地位尚不明确，例如对一些经营性契约所构成的组织，其法律地位还没有形成公论。

1998年，尼克·萨博曾预言，未来的律师是要写代码的，几十年过去，这个未来并未到来。但随着区块链、大数据、人工智能的普遍应用，弱数字秩序已经越来越多，强数字秩序也开始出现，趋势在前，数字秩序的前景是可预期的。

12.5　社会秩序与自然秩序

伟大的牛顿发现了引力现象，他看到苹果落地，若有所思：为什么苹果不向上落去？引力现象是一种自然秩序，苹果也好，梨子也好，都要遵守。除了牛顿这个问题，还可以问出第二个问题：为何所有的苹果都遵从引力向下落？为什么没有一个性情活泼的苹果，偶尔调皮一下，它不往下落，它静止在空中，或者火箭一样向上发射？

地球上沙子如此之多，太阳系中行星还有碎屑如此之多，大家都严谨遵循引力，绝无例外，多么奇妙啊！

比较起来，人类的行为就好理解一些。人们制定了秩序：大家不准闯红灯啊，大多数人都会遵守，但难免有一些鲁莽之徒不顾法规，闯红灯而过。法律对醉驾是严惩的，但还是有人以身试法。闯红灯和醉驾已经是法律严管的行为，至于日常的谎言、违约、欺骗，似乎更是家常便饭。

所以，有研究认为，无人驾驶技术成熟后一定会大大降低车祸发生率。人类总是要犯错，总是要调皮，总是要违规。今天，银行和医院普及了排队叫号的机器，秩序由此大大改观。对于和善且喜爱秩序的人来说，排队机真是一个福音，它出现之前，混乱、拥挤是银行和医院中的常态景观。排队机就像大自然一样，给了人们一个"春夏秋冬"的顺序，大家也就遵从了。

上一节所述秩序是社会秩序，与之相对的，还有自然秩序。自然秩序是宇宙的物理世界自然具备的规律，例如空间、时间、重力、光速等。有一些研究观点，把社会秩序也视为一种自然秩序，其理论是一种机械决定论，即由于人类也是自然秩序的一分子，所以社会秩序也是自然形成的。这种理论忽视了人类的主动性。但人类的行为、人类社会的行为必须服从自然秩序，这是毫无疑问的。

自然秩序是一种绝对的、不可突破、强制的约束。没有人具有特异功能，可以违背重力秩序，摆脱重力，所以历史上从来没有发生，一个人跳得太高而摔死，自然秩序约束了人们跳的高度。因此，人类社会不必为了保护个体，而制定一条法律，约束人不可跳得太高。也没有一条法律对跑步进行限速。想想看，如果不是人体的自然秩序限定了人的速度，人们可以跑出 200 公里每小时的速度，那么为了防止碰撞危险，就必须设置社会秩序，限定人奔跑的速度。

劳伦斯·莱斯格的四种规制类型：《代码：塑造网络空间的法律》中定义了秩序的四种规制类型：法律、社群规范、市场、架构。其中架构是物理世界的自然法则。法律、社群规范和市场三者的约束有效性，取决于被约束者事前的知晓和认可，而架构则无论主体是否知道都起到约束作用。

互联网的代码形成网络上的架构，规制着网络中的用户。架构就是一种选择，选择了架构就是选择了价值理念。如果代码是法律，那么开发代码的人就是立法者。

万物都遵守自然秩序，包括人类，自然秩序约束了人类的行为，这种约束参与塑造了人类文明和人类社会的一些基本秩序，或者可以说，这些自然秩序是人类社会的背景秩序。

如前一节所说，社会秩序的维护，传统是要依靠道德、风俗、法律等规则的约束。这种约束只能通过影响人们的思想和实施事后的惩罚，间接达到约束的目的。可以说，社会秩序的形成是一种人们自愿遵从的行为选择。但人们永远都有违反、破坏社会秩序的能力。红绿灯既是习俗，也是法律，但鲁莽的司机还是可以选择闯红灯。遵守商业承诺是惯例，也是市场良好秩序的要求，但违约、撕毁合同的事仍常常发生。

社会秩序的约束力，与自然秩序的约束力完全不同。那么，是否存在可能性，用自然秩序的力量来执行社会秩序？

中国古代有一首乐府诗："山无棱，江水为竭，冬雷震震，夏雨雪，天地合，乃敢与君绝。"这首诗绝佳地述说了一种科幻理想，希望自己的婚姻承诺如同大自然的规律一样可靠。这种理想，就是期待用自然秩序的力量来保证社会秩序。

古代的人迷信，常常混淆自然秩序和社会秩序。比如人们夜观天象、占卜打卦以决定干什么，不干什么。朝廷设置钦天监，除了制定历法外，还根据天文气象对朝廷政策做出建议。当然，这些都是迷信，人类社会与自然秩序并无直接的、微观的、具体的关联。

虚拟货币领域有一种操作叫作销毁代币，销毁的英文是 burn，即持币者为了抑制货币通胀，减少货币流通量。其原理是拥有代币的持币者，通常是代币的发行方，将一大笔虚拟货币，发送到一个没有私钥的公钥地址上，从此，这一笔虚拟货币就彻底消失了，虽然在账本上可以看到这笔代币还挂在那个公钥地址上，但私钥是绝对算不出来的，数学保证了这一点，那和销毁的作用差不多。

这种用数学来保证秩序执行的方法，虽然目的是保护社会秩序，但其手段则与自然秩序的保障一样。由于从数学上无法倒推出私钥，因此这笔财富就此消失。

智能合约是部署在区块链上的代码，区块链本身是机器权力的，人们很难随意改变区块链，所以智能合约就成为由机器和代码决定的契约。智能合约所维护的商业秩序则不依赖具体的人，这种秩序类似自然秩序。在区块链安全有保障的前提下，智能合约维护的合同，成为一种类似自然秩序的社会秩序。

随着数字技术的发展，越来越多的社会秩序将如自然秩序一样可靠。

12.6 机器的权力

给机器赋予权力的唯一技术方法，就是区块链。

阿西莫夫曾经提出了著名的机器人三定律，三定律的不合理性问题不是本书所关心的。本书关注的是，阿西莫夫提出的这个三定律意味着什么？工厂的车床不需要三定律，因为车床的行动由人操控，人是负责主体。今天的汽车厂家也不需要在汽车中设计这样的定律。之所以需要三定律，那必然是因为机器人很智能，它有自主决策、自我行动的能力和权力，所以就必须给它以"一般性"的法律。阿西莫夫三定律的前提是，机器有了自我决定其行动的权力。

阿西莫夫（Isaac Asimov）三定律及三定律的不合理性：阿西莫夫是伟大的科幻小说作家。1942年，他在《我，机器人》的一个短篇中提出了著名的机器人三定律：机器人不得伤害人类；机器人必须执行人的命令；不违背前两条定律的前提下，机器人必须保护自己。

这三条定律看上去很周全，实际上有其不合理之处。这个安排在今天的技术环境下看是合理的，但忽视了一种可能性，就是将来技术发展，人类与机器人的界限是否真的很容易划清？该怎么划这个界限？机器人如果都有了自由意志，那么人类在大脑中安装增强芯片应该更容易，人机混合应该是一种常态。

换言之，本书关注的是，如果机器有了自我决定其行动的权力，该如何约束机器人的行为？机器人的道德、法律也需要依赖教育和暴力来做事后惩罚吗？

如何约束机器人的行为？ 人类的法律，由警察和法官来维持，需做事后惩罚，才能达到维护秩序、捍卫正义的目的。而机器人的道德和法律，用代码写在机器人的程序中，所以阿西莫夫也说，机器人如果违反了定律，就会受到心理损伤。机器人违反定律，这有点难以想象，是否机器人的代码存在冲突才会违背定律？那必然是。人类程序设计得不够周全，有了漏洞或缺陷，才会冲突，违背法律。所以，在一些科幻故事中，机器人犯法后，依然由警察来收拾残局，法官断案送机器人入狱，这有点搞笑，既然机器人可以编程操控，何不在程序中加以约束？

所以，人类所应该关注的，是如何写好机器人的代码，不要出现漏洞和缺陷，以及如何监管人类开发者，保证开发者写的代码中，不要出现危险和恶意的代码。

人类也是可编程的，但这种可编程体现在基因中，给人"色香声味触知"六觉和吃喝拉撒、躲避危险的本能。无须再施加一个吃饭进食的秩序，自己就知道饿了要吃，饱了就停。但社会中需要遵守的秩序，例如不可杀人、不可闯红灯等都是教化学习而来，无法编程在人类的基因中。另外，人类会因疲乏、疏忽做出一些违反秩序的过错行为，这并非有意，而是过失。因此，在一些社会秩序的安排中，把权力交予机器，利用机器的可编程性，借助机器的可靠性，来获得更良好的社会秩序，有何不可呢？

不必为此对机器有所恐惧，机器权力的建议没有任何意图侵犯人类的权力和自由。今天的机器还没有阿西莫夫小说中的能力。再说，所谓给机器权力来维护社会秩序，是在秩序参与者合意的场景中。在没有机器之前，人们已经设计了各种手段，例如科层制、审计制、审批制等流程，来约束人的行为，以达到良好的社会秩序。今天在机构、公司乃至社区中工作和生活的每一个人，都受到各种流程的约束，目的一样是要达到良好的社会秩序，只是技术成熟的时候，用机器来取代这样的流程。就像停车场收费，用自动道闸和自动收费系统，取代传统的人工收费。要知道，在人工收费的时候，为了防止收费员贪污，还要安排一人拦车一人收费的机制，还要审计检查以发现漏洞，用机器代替有何不可？而给机器权力，不过是多用机器一点而已。

有很多研究，力图论证大数据时代，人们的行为和思想是受到数据和算法的影响和左右的。例如，社交媒体推荐算法像是喂食幼鸟一样，给用户投放有吸引力的内容，逐渐地，用户的思想就被控制了。从宏观的层面来看，这有一定道理，近朱者赤，每个人都会被影响。但这种控制，只是一种宏观上、间接的影响。具体到每个人、每件事，人们还是可以自主决定，该读什么书，该订阅什么媒体。

人们越来越依靠地图导航，但选择路线还是人的权利，人们随时可以关闭导航地图。即使是家用智能电饭锅，也并不能替人决定米饭的口味，它要提供几个选项供人选择。

电商如此兴旺，人们日常所需的采购几乎都数字化了。但每一笔订单背后，都有个店主或店小二趴在电脑屏幕后面，认真审核购买者的订单。计算机和网络只是记录和通信，别无权力。电商看起来现代化，但从技术层次上，与20世纪80年代的电话购物并无区别，不过是网站页面和超文本传输协议通信取代了电话机和语音模拟信号。

计算机只是一个辅助计算的工具，一直以来，它都没有独立作主的权力。计算机就像一个秘书，把烦琐的计算工作处理了，告诉主人"1+1=2"，至于主人是买两个苹果还是两斤苹果，计算机无权决定。

有些权力似乎已经给予了机器，例如有了无人驾驶技术，人们的双手可以从方向盘上解放。在可预见到的未来，乘客应该可以轻松躺在后座上，汽车承担了驾驶的责任。不过，人随时可以接管，而且汽车驾驶的算法，依然受控于汽车厂商。

人工智能的算法，尤其是深度学习，以不同于人类的思维方式，通过计算获得认知能力，帮助人们决策。例如，深度学习的图片识别，可以认出图像中的猫，准确度很高，但人类现在还不能十分理解机器和算法是如何分辨出猫来的。所以看上去，在一些基于人工智能的决策系统中，权力给予了机器。但实际上，机器和算法在人工智能的支持下，只是获得了计算的权力，机器自行决定用何种函数来做分类和判断，来构建自己的智能，但最终的决策权依然不在人工智能的手中。

实际上，要给机器真正的权力，是很困难的。服务器的管理员，即使真心想给机器独立运行的权力，他也做不到，技术上没有办法。有一种实现隐私计算的方法，叫"机密计算"。工程师设计出有加密功能的中央处理器，这个中央处理器有自己的私钥，没人知道，制造中央处理器的厂商承诺他们也不知道。于是，用中央处理器的公钥加密的数据送进中央处理器计算，就是安全的了。服务器的主人也无法破解。然而，这种机器的隐私权力，还是要依赖中央处理器厂商的良心，仿佛孩子玩捉迷藏，捉的一方闭上眼睛，到底看没看只有自己知道。

给机器以权力的唯一方法：只有一种方法，才可以真正给机器以权力，这种方法就是区块链。

区块链由大量的节点机器构成，这些机器分别属于很多人，这些人因为一些利益或者对某种秩序的追求，共同选择在自己的机器上运行同一种程序或者算法。这些程序或者算法，基于共识算法连接在一起，共识算法保证了这些分属不同主人的机器上的程序和数据，是绝对一致的。当然，某台机器的主人可能心怀鬼胎，改了程序，或者改了数据，由于共识算法的机制，他所拥有的机器就必然脱离这个区块链。他和他的机器，就从这种秩序中退出，也就相当于被这个组织开除。

所以，在区块链网络中，每一个机器节点，在逻辑上不再受自己主人或者说控制者的权力影响——只要主人还希望机器在区块链中。每一台机器在逻辑上，就拥有了权力（参见图12.4）。

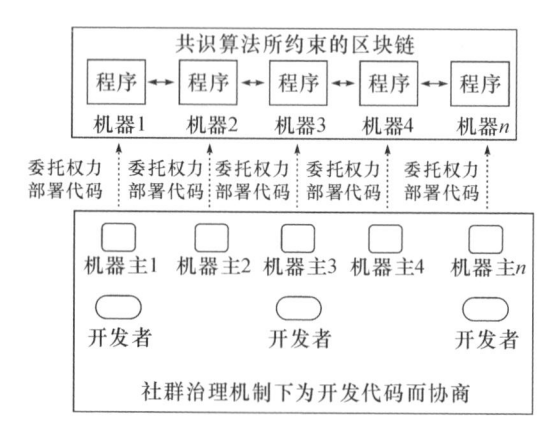

图12.4　共识算法约束下的区块链

只有一种办法，机器主人才可以对机器施加权力和影响，并且还继续留在区块链网络中，那就是与其他主人一起协商，大家一起对自己的机器进行更改。

用一个人类组织的例子来说明这种关系。核导弹是非常危险的武器，只有很高级别的命令才可以发射核导弹。但很高的命令来自高级别的官员，他们不大可能亲自到现场按下按钮,所以他们的权力必须委托给具体的军人。但如果这个按钮和密码委托给某一名军人,即使他的忠诚无可怀疑,也不能让人彻底放心:如果他被劫持了呢?如果他突发疾病呢?所以,一种解决方案是,设计两个按钮,这两个按钮必须同时按下才可发射,而且两个按钮距离 10 米,一个人不可能同时按下。然后,发射的命令委托两人,这两人各自输入密码并按下按钮才可发射。这样的安排,就安全可靠很多。

区块链用共识算法,为机器节点建设了一个族群,只要加入这个族群,机器的权力就不再受一个主人的约束。族群中的机器只受"所有主人"的约束,而所有主人如果就施加权力要达成一致,需要执行复杂流程的协商。这是唯一的办法,人们可以把权力真正委托给机器。

这种思想很像有些国家的法律修改流程,为了赋予重要法律以严肃性和稳定性,为法律的修改设定了复杂的流程,且要满足非常苛刻的条件才可生效,其目的就是为了保护法律的稳定性,也保护法律不被少数人随意修改。与修改法律一个道理,数字秩序也要用区块链共识算法把权力交给机器,对秩序代码的修改必须经过社群里的治理机制才能实现。

> 美国《宪法》的权力保障——一种区块链思维:美国《宪法》修法难度极大,需获得众议员和参议院的 2/3 多数通过,还要 3/4 的州同意,方可通过新的宪法修正案。美国《宪法》共七条,于 1789 年生效,1791 年通过十条修正案(称为"权利法案")。在此后的 200 年时间里,共提出过 1 万多条修正案,其中只有 17 条获得通过。美国《宪法》的最新一条修正案是限制议员给自己加工资,最早是 1789 年由美国宪法之父麦迪逊提出,但 1992 年才通过,修宪之困难可想而知。

但传统的法律即便有如此严格的保证,也并不一定真的能带来有效法治,因为法律的执行环节还是要依赖人。法律的修改严肃了,法律保持了稳定性,但司法环节、执法环节不执行法律,那么法律依然还是一张废纸。而数字化秩序的法律、契约是由代码执行，机器程序稳定了，机器拥有了权力，执行就是有保障的。传统法律下的社会秩序与机器权力下的数字化秩序的区别，就在这执行环节。

12.7　为什么是区块链

把1946年埃尼阿克（ENIAC）视为第一台现代计算机，那么计算机的历史不到80年。互联网的历史从1966年阿帕网（ARPANET）算起，则不到60年。人们的生活已经离不开计算机和互联网，机器看起来是那么重要，这个时代是机器的时代。而实情是，过去的几十年，只是机器的原始时代。互联网上每一台服务器的背后，都有人类在主宰。网络是连上了，但只是用来交换信息，而且这些信息只供人阅读，机器什么都不懂。机器既没有智慧，也没有权力。

区块链的出现，计算机才算真正联网，很多节点达成协议，共同维护协议，而不是传统的网站和电商那种单方面输出信息。区块链出现后，机器才算有了权力，服务器背后的主人不能随意违规。于是，人们收获了互联网上的价值协议，收获了"去中心化的自治组织"（the Dao），收获了"去中心化金融"（DEFI）等模式。

在区块链上，机器才构成了真正的社会。如同人类原始时期生活在部落中，即便是语言相通的部落，也互不相关，不贸易，不交往，只有一方对另一方的攻伐和占领。及至文明发展，部落开始扩大整合，贸易开始，大家逐渐形成一些共同遵守的规则，最终，国家形成，现代意义上的社会秩序出现。区块链这样的机器协议，意味着机器有了权力，且形成机器社会。这个机器社会，忠实地为人类社会维持秩序，这种秩序，是人们所期待的，而且是人们用传统方法无法有效实现的。

中本聪在设计区块链的时候，他的目的只是挑战当前的金融秩序和货币格局，为了这种没有中心化信任的支付秩序，他只能选择把权力交给机器，在众多节点实现共识，共同维护交易簿记。中本聪的目的并非发起一场"机器权力"的运动，也无意于探索"数字秩序"，然而，历史的发展并非个人可控制和预期。比特币是成功的，它的价值为人所认可，比特币背后的技术也是成功的，就连它所挑战的现有金融秩序和货币格局都接纳了区块链。只是，不论是中本聪还是后人，大家都没有意识到，一个更大的成功是，中本聪的比特币和区块链启动了一场"机器权力"和"数字秩序"的时代趋势。

12.7.1 区块链是关键环节

数字秩序在现实世界中的因果逻辑：

（1）有了计算机和网络之后，科学家们一直在追求在数字世界发明"数字货币"；

（2）中本聪发明比特币，最彻底的"数字货币"出现，比特币的技术即为区块链；

（3）区块链技术可以把权力赋予机器，"机器权力"出现，代码具有法律精神；

（4）"机器权力"所维持的秩序，是"数字秩序"，社会秩序有了新工具和新模式。

从现实世界所发生的事件历史来看，数字货币最早出现，人们要在计算机网络中发明"数字黄金"，于是比特币出现，带来了区块链技术。而区块链为机器权力的产生提供了技术手段，区块链是唯一的工具。机器权力出现，真正的数字秩序也就走上了舞台。从现象世界来看，数字货币为先，然后是区块链，由区块链而机器权力，最终达到数字秩序。

与现实世界相对的，还有一个"趋势世界"。此处所谓趋势世界，是事物发展所具必然性的世界。正如哲学中的观点，客观世界为先，人类主观精神为后，这毫无疑问，但客户世界中蕴藏着绝对精神，必然导致人类主观精神出现，这是一种必然的趋势。

数字秩序在趋势世界中的因果逻辑：

（1）有了计算机和网络之后，人们致力于建设数字世界。用数字技术维护社会秩序，即"数字秩序"，是一个必然趋势；

（2）真正的"数字秩序"必须依赖"机器权力"，执行权力不给机器，则算不得"数字秩序"；

（3）"机器权力"必然依赖区块链，区块链是人类把权力交给机器的唯一技术方法；

（4）区块链出现的第一个场景必然是数字货币，也就是说，必然在发明"数字货币"时，发明区块链技术。

在这样的"趋势世界"中，数字秩序产生顺序与现实世界恰好逆向。随着人们用计算机和网络大规模构建数字世界，用数字技术规制人类社会秩序的必然性早已存在，数字秩序是一个必然趋势。而要能够建设数字秩序，能够让代码具有人类法律的精神，就必须赋予机器权力。机器拥有权利的唯一形式，只能是一种逻辑上的绝对权力，即用共识算法构造机器节点间逻辑上的联盟，将权力从机器控制者的手中接管过来，这就是区块链，区块链是唯一的方法，所以区块链的出现是必然的。而区块链降临世间，最佳的着陆点就是货币。因为，区块链给予机器权力，必然要捍卫某种社会秩序，也就是保护人类的某种权力。而对于生命、自由等人身权利，它暂时无能为力，只有财产权可以数字化，尤其是货币是现代财产权中最抽象的，可抽象成信息账本，于是，数字货币就自然成了区块链最佳的着陆点。

不论从"现象的世界"看，还是从"趋势的世界"看，区块链都是其中关键的环节。数字货币如同层楼叠榭、金碧辉煌的殿堂，而区块链则是支撑这座殿堂的建筑技术，在建设殿堂的摸索中，人们发明、发现了建筑技术。随之，建筑技术还将帮助人们建设道路、桥梁、广场、大厦，乃至一片宏伟的城市。

12.7.2 区块链与数字货币

在本书的第 4 章中，分析了数字货币是否必须用区块链技术。分析所用的三个问题是：是余额记账，还是价值实体记账？是否可编程？是单一账本，还是多账本？从这个分析可以看到，数字货币的概念不仅限于区块链，不用区块链也可以实现数字货币。

> 为什么说比特币的数字化程度最高：
>
> 用非对称加密的私钥地址做签名，声明货币所有权。用非对称加密的公钥地址收款。在货币价值的持有和转移交易上依赖密码学，不再依赖人的身份，判断过程由机器执行。这种模式成为数字货币的标准。
>
> 货币业务的全过程去中心化，包括支付、结算和发行，全部由机器权力执行。尤其是货币的发行，由矿机在记账竞争中按照固定算法产生，且总量固定，不锚定物理世界的价值，发行秩序完全实现数字化。
>
> 比特币的去中心化基于区块链技术，此处区块链特指采用工作量证明的公链，容量上可支持无限节点，开放性上可支持陌生节点，可靠性上可对抗 49% 的算力攻击。且货币发行的激励制度催生了最长链机制，从经济模型上更增加了系统的安全与可靠。

比特币形成了核心开发者、矿机运营商、用户（包括交易所）组成的社群，并且有一整套治理机制，保证了代码的更新是顺利、可靠的。这种治理机制，是机器权力的来源和根基。

数字货币的设计和开发，要根据其肩负的使命和发明者的动机而定，数字货币所代表的金融秩序，也千差万别。本节并不讨论价值观上的好恶，仅从"数字化程度"这个客观技术的角度来分析。比如，各国央行所发行的央行数字货币都不可能是去中心化的，都绝不会把发行的权力交给机器和算法，这是由央行的普遍职责所决定的，无论如何央行的货币发行要对经济发挥灵活调节作用。所以，各国的央行数字货币，在发行环节，必然数字化程度较低，但这并不是说央行数字货币技术"差"，只是说明其"数字化程度"低，而且这种"低"是为了合规、实现功能等目的而有意为之，并非技术上做不到（参见图12.5）。

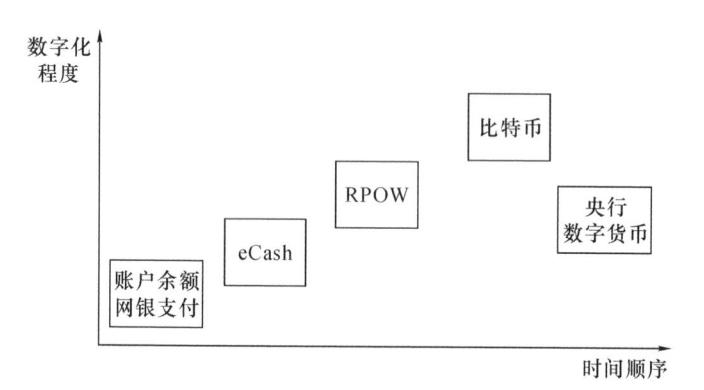

图 12.5 货币数字化程度

数字货币未必需要使用区块链技术，但数字货币对"数字化程度"的追求，达到一定程度后，必然使用区块链技术。要把支付、结算、发行都实现去中心化，都委托机器权力执行，就是数字化的货币秩序，那必然要应用区块链。

而且，区块链一定最早落地于数字货币领域，因为只有数字货币才是最抽象的价值，且无须与物理世界产生关联。1998年，戴维在"B-Money"一文中便指出，网络商业世界需要三大要素——数字化身份、数字化货币和数字化合约。其中数字化身份可用公钥系统实现，无须区块链，数字化合约需要建基于数字化货币，所以，数字化货币必然是区块链的第一场景。

数字货币的最高程度必然使用区块链。而区块链的最早落地，也必然是数字货币。

12.7.3 区块链与智能合约

尼克·萨博定义智能合约为"用计算机和密码学技术写成的商业承诺代码",当时他可用的技术工具只有密码学,区块链的分布式共识协议还未出现。尼克·萨博的智能合约还只是空中楼阁的理论。智能合约最初与区块链并无关系,但智能合约需要区块链这样的载体。纸质合约惯例需要一式几份,智能合约一样需要"一式几份",这在计算机上就是分布式,从而保证合约代码在多个签约主体之间保持一致,所以,智能合约与区块链最适配。

在区块链出现之前,也可以用中心化的方式写出智能合约,即代表合同、法律的代码部署在一台机器上,控制在一个机器主手中。

如图 12.6 所示,中心化部署的智能合约,控制了计算机的机器主随时可以更改合约代码和数据,而参与合约中的对手方,则对合约毫无控制力,被迫接受一切条款。这种模式,虽然用了代码来写合约,是数字化的,但完全背离了合约的法律精神,合约必须一式两份,不能控制在其中单独一方。

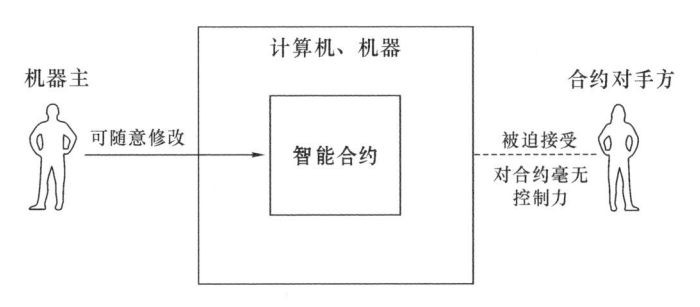

图 12.6 中心化的智能合约

与区块链配合后,智能合约部署在区块链上,区块链中任何节点的机器主都无法擅自更改智能合约,因为权力已经委托给机器。不论机器主与对手方签订智能合约,还是多个对手方(非机器主)利用区块链部署自己的合约,都实现了合同的法律精神,无人可以随意更改合同内容(参见图 12.7)。

从机器权力和数字秩序理论来看,智能合约必须配合区块链,否则那只是一段普通的程序代码,并没有真正的合约精神。在实践中也是如此,2014

年以太坊出现后，真正实现了区块链上的智能合约。今天，产业界提及智能合约，无疑只能是区块链上部署的。以太坊智能合约上线后，探索出众多应用形式，数字秩序走进各行各业。

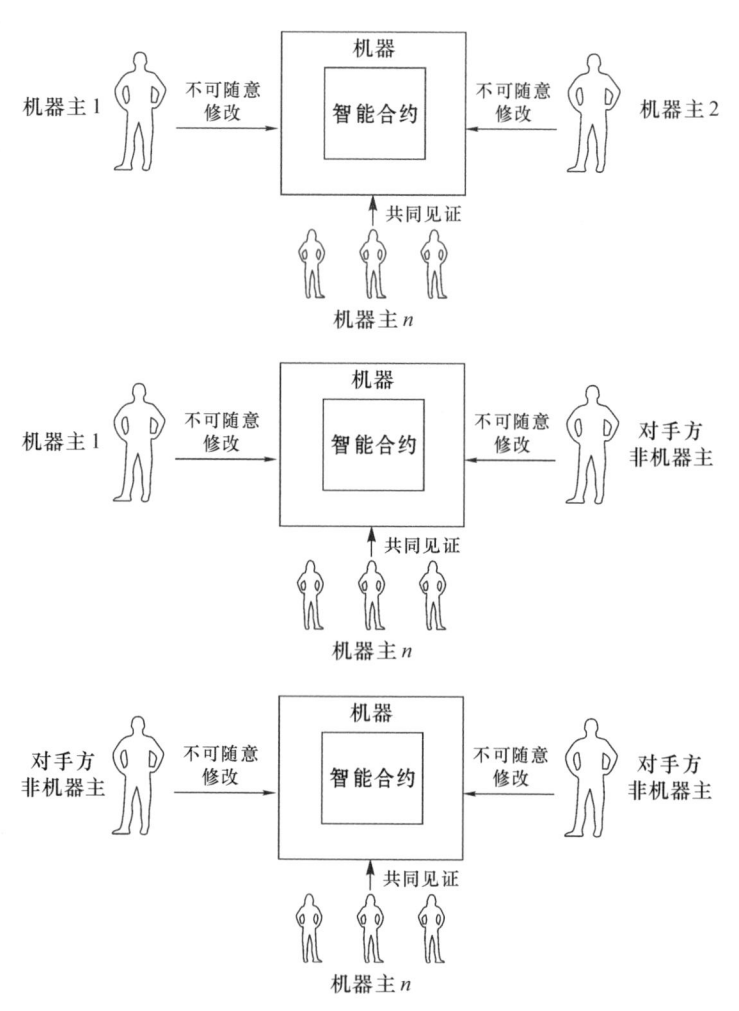

图 12.7　智能合约不可修改的三种类型

从基于区块链的数字货币，到基于区块链智能合约的各种应用，是一个发展的过程。这个发展过程和互联网类似，最初互联网只是用来通信——发发邮件，随之在通信协议上发展出电商、游戏、网银、导航等各种各样、各行各业的应用（参见图 12.8）。

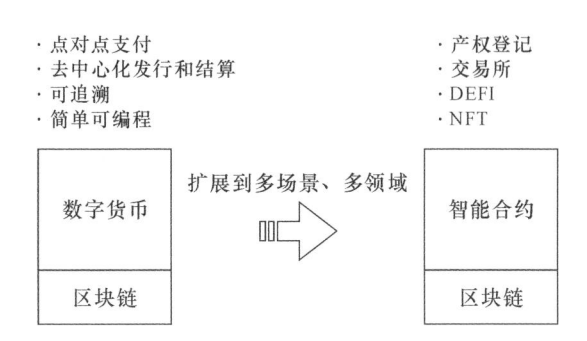

- 点对点支付
- 去中心化发行和结算
- 可追溯
- 简单可编程

- 产权登记
- 交易所
- DEFI
- NFT

数字货币 / 区块链 —扩展到多场景、多领域→ 智能合约 / 区块链

图 12.8 从数字货币的区块链到智能合约的区块链

1. 产权登记

最简单、最早得以推广的智能合约是产权登记合约，它也是价值协议的一种。与比特币等价值协议不同，虚拟货币是一种簿记，与现实世界并无关联。而产权登记则多数与物品、资产关联，例如珠宝、艺术品、房产、设备、公司等。

用区块链上的合约描述产权，一来提高交易速度，智能合约可以实现券款对付，即支付与产权转移同步，模式上可大大提高效率。二来可细分权利，例如可对资产的产权、使用权、展览权等进行细分。

2. 去中心化交易所

去中心化交易所，可完全摆脱中介监管，实现资产、证券等的券款对付。摆脱了对中介交易所的依赖，降低交易风险和成本。

3. 去中心化金融

去中心化交易所也是去中心化金融的一种，去中心化金融还可以实现借贷等基本金融业务。去中心化金融是无人智慧金融的起点，在实施必要的监管后，去中心化金融带来金融模式和秩序的巨大改变。

4. 非同质化代币

非同质化代币是产权的一种，它的起点是以太坊上的 ERC-721 格式的代币，可以理解这是一种单品资产的产权。非同质化代币最初用在数字化艺术品的确权和交易，但也可用来描述所有的资产产权，包括物理资产。资产产权天然都是单品的，也都将走向单品。

非同质化代币在 ERC-721 的实现上，还有其不便之处，那就是对物理资产的描述不足。

5. 数据产权

随着互联网的发展，数据越来越多，数据成为生产资料。如何实现数据的确权和交易流转，需要区块链这样的技术。区块链技术用于分散在各个企业的数据确权以及交易，非常便利。

6. 商业合约

复杂的合约，例如保险合约，最终也将搬到智能合约上来。只是，它需要更复杂的程序，并为其设计更多的预言机以获得驱动合同的各种条件数据。

复杂商业合约的实现，意味着商业秩序的数字化。

12.7.4 区块链与物联网

前面已论证，区块链必然落地在数字货币，因为货币是抽象的价值，只要提供账本记账功能即可，与物理世界别无关联。所以，比特币这样的区块链与现实世界的唯一联系就是矿机的算力。区块链要为股票、房地产等建立数字秩序，就必须与物理世界的对象打交道，例如获得公司运营的真实数据，获得房子和土地的真实信息。这就比较麻烦，所以说，区块链必然以数字货币的身份降临。

> 区块链应用的四个阶段（参见图 12.9）：
> 最早用在数字货币领域，在银行业落地并产生影响；
> 基于智能合约，用于各种交易所（证券、资产）需要智能合约开发

语言和简单的预言机以接入数据；

基于智能合约和复杂的预言机，以及各种符合数字秩序的可信数据来源，对保险等领域的复杂合同做数字化；

进入物联网领域，成为物联网的交互和价值协议，是构建机器社会的骨干网。

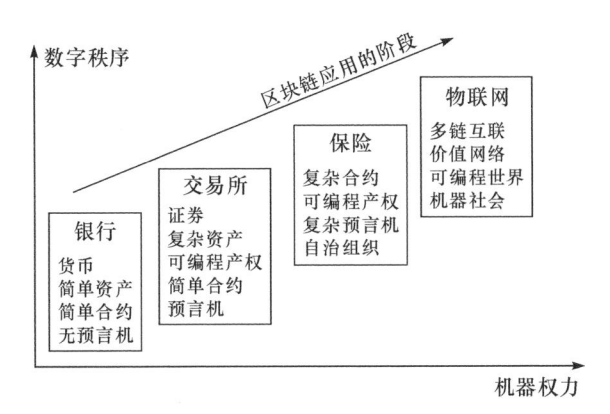

图 12.9 区块链应用的四个阶段及机器权力

数字世界要获得现实世界的信息，有两种途径，一种是人类的输入，另一种是设备的感知和计算生成。日常所用的企业资源规划系统、电商系统、互联网网站这些都是人类的输入，这代表着信息化时代、物联网时代的典型模式。设备感知的方式，则是物联网的方式，例如摄像头录制视频、温度传感器记录温度等。区块链的数据是由矿机根据预定算法计算生成的，属于第二种。人工智能根据大量数据和算法生成模型，也是第二种。这第二种信息生成方式，将成为数字经济时代的主流信息产生方式。

预言机（Oracle Machine）："预言机"来自计算复杂度和可计算理论，是一种图灵机，可以解答特殊的判定问题，这种判定问题对于通用图灵机来说难以解答。

区块链技术借用了"预言机"这个概念，用来指代给区块链的智能合约提供可信数据来源的数据服务。"预言机"是区块链世界与现实世界的桥梁。例如，用智能合约写一份保险合约，如果明天下雨，则赔偿参与合约的人100元。智能合约要获得明天是否下雨的真实数据，就必须有一个关于明天是否下雨的"预言机"。物联网设备将为区块链提供广泛的"预言机"。

物联网是互联网发展的下一阶段，万物互联是人们对未来的猜想，但那已近乎是个必然到来的结果。电视机、冰箱、摄像头、空气净化器、吸尘器，不经意间，家庭中的设备已渐次智能化。今天的设备智能化，只是为物联网的发展做着最原初的准备，未来万物互联会带来什么样的场景，人们难以尽知。据一种预测，到2030年，人们身上穿戴的联网设备，将平均有7件。这个预测从2020年的眼光来看，也许要落空，多数人遍搜全身也只有一部手机，顶多再加一块智能手表。但在未来的10年中，全球的智能设备将达到500亿件，这也许并不夸张。

物联网与区块链的关系是多重互惠的，如同道路和车的关系，没有道路则车无法运行，而有了车，修路更容易。

    物联网与区块链（参见图12.10）：
    物联网需要用区块链作为交互协议和价值协议；
    区块链需要物联网数据提供"预言机"；
    物联网的软件必须基于区块链，以机器权力和数字秩序为精神组织，物联网数据才是可信的。

尼克·萨博曾经设想过"智能资产"，即智能合约与物联网结合。智能合约与物联网集成之后，物的产权与物的控制权通过物联网协议执行。尼克·萨博所举的例子是贷款买车。一旦车主还不上贷款，则智能合约自动将汽车的电子锁控制权移交给银行，车主无法打开车门，也无法启动汽车。在另一个智能零售场景中，如果每一罐可乐都可以智能化，开盖需要合约的驱动，那么自动售货机就从"原始"进化到了"现代"智能合约。在智能合约2.0阶段，不仅智能合约要控制物联网，物联网产生的信息，以及其他系统信息，也要广泛进入智能合约，帮助智能合约执行协议条款。这就是"预言机"的意义，为智能合约提供可信的外部数据。

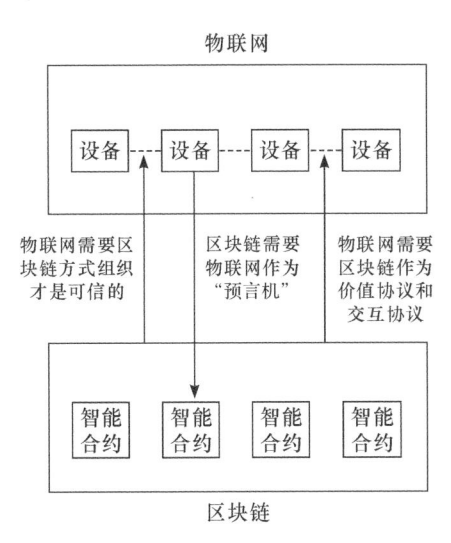

图 12.10　区块链与物联网的结合

　　价值与资产，也就是人与物之间的关系，都将托付给智能合约。而人类的组织管理、商业合约，也就是人与人之间的关系，也将托付给智能合约。最终，物与物的关系，即物联网背后的协议，也将由智能合约来驱动。如尼克·萨博所说，智能合约是嵌在这个世界中的，它无处不在。

　　如上段所述，如果物联网设备达到百亿、千亿乃至万亿级别，人们该如何管理这些设备？每一个智能设备的数据、控制程序该如何部署，如何运行呢？

　　曾经科技界将希望寄托在云计算，强大无比的"云"在后台管理所有这些设备。这就如同雄心壮志的帝王要凭蛮力统治银河系一样可笑。且不说银河系了，就地球这样的一颗小行星，都未被单一霸权统治。要处理遍布天下、各式各样、归属不一的无数智能设备，传统中心化的管理模式几乎不可能，而且也显得笨拙和老旧。

怎么保证千亿件设备的安全？设备间的数据通信如何进行？设备间的价值如何交换？

用场景来举例，当家里的智能灯泡坏了，怎样通知电商系统直接下单呢？要知道，物联网不同于今日的互联网，一个重点就在于，互联网是在人的操作下运转，而物联网是物的自动化运行。人们需要让设备自行运转。

早在20年前，尼克·萨博论述智能合约的论文中，便提及了物联网。案例中，若是贷款买车的人，没有付清本月的贷款，则智能合约将自动把车钥匙的所有权转移到银行。这里的车钥匙便是物联网的一个设备。而智能合约则运行着车钥匙的程序逻辑。

区块链恰逢其时，为千亿台乃至更多物联网设备的治理提供了可靠、可信赖的模式。从另一个角度来看，如此海量的物联网设备，必须赋予它们一定自主行动的权力，那区块链就是承载它们权力的平台和协议。

12.7.5 区块链治理

区块链对于机器权力和数字秩序的意义在于它用共识算法构造了机器节点联盟，这些机器节点的程序和数据必须一致，机器节点的单一机器主无法独自更改程序和数据，由此，执行的权力由人转移到机器，这是一种逻辑上的机器权力。所以，区块链的共识算法至关重要，是人把权力交给机器的唯一手段。

但仅有共识算法在技术上提供机器权力的基础，并不一定真的能构成机器权力和数字秩序。还有一个重要的维度需要判断，即区块链的治理社群是否满足区块链的精神，基于此判断，可以分出"本质上的非区块链"和"本质上的区块链"。

如图12.11所示，上图的结构满足区块链的要求，但众多区块链节点的机器都属于一个机器主，该机器主随时可以更改所有机器节点上的程序。在这种情况下，这种区块链并非真正本质上的区块链，也并没有构成机器权力和数字秩序。而下图中，众多机器节点分散属于众多的机器主，这些机器主把权力委托给机器，单一机器主无法随意更改代码，必须在社群中协商达成一致才能更改代码，这种结构才满足本质区块链的要求。

技术上算区块链，本质上非区块链

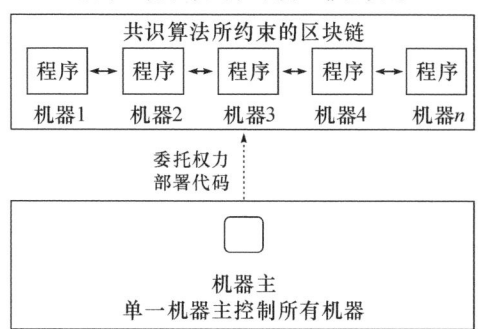

共识算法所约束的区块链
程序 ↔ 程序 ↔ 程序 ↔ 程序 ↔ 程序
机器1　机器2　机器3　机器4　机器n

委托权力
部署代码

机器主
单一机器主控制所有机器

技术上算区块链，本质上也是区块链

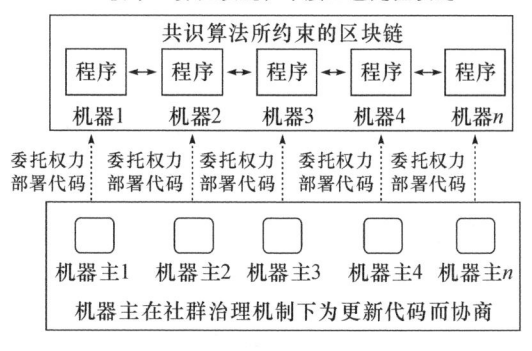

共识算法所约束的区块链
程序 ↔ 程序 ↔ 程序 ↔ 程序 ↔ 程序
机器1　机器2　机器3　机器4　机器n

委托权力　委托权力　委托权力　委托权力　委托权力
部署代码　部署代码　部署代码　部署代码　部署代码

机器主1　机器主2　机器主3　机器主4　机器主n
机器主在社群治理机制下为更新代码而协商

图 12.11　区块链的技术与本质

区块链技术、机器权力和数字秩序的双重判断：

从技术上判断，是否以真正的共识算法形成区块链，把权力交给区块链中的众多机器节点；

从社群治理上判断，是否众多机器节点分散属于众多机器主，众多机器主形成的社群有良好的治理机制，可对代码更新形成一致意见。

所以，区块链的创造，不仅体现在技术上，还要认可其在实践中摸索出一整套社群治理机制。本书第 11 章对区块链的社群治理机制有非常详细的介绍，本节仅对影响社群治理机制的几个方面做简单总结。

区块链社群治理机制的评价。

（1）机器主的分散程度，也即"去中心化"程度。机器主的数量并不重要，其分散度更重要。例如机器主有 100 万人，但其中有 1 人占有 99% 的机器，则本质上这个社群难以称为区块链社群。相反，如果机器主只有 3 人，但各占 1/3 的机器，则可以成为一个良好的区块链社群。

（2）机器主之间协商机制的有效性，在当前多数采用投票、会议等方式。

（3）社群权力的分配机制，是以机器算力为权重（比特币模式），还是以持币量为权重（EOS 模式），这种分配机制难说孰优孰劣，但对机器主的权力分散程度有影响。

（4）开发者与机器主之间的协调、协商机制的有效性。在公链社群中，开发者与机器主之间是合作的协商关系，开发者会视机器主为"客户"。而在联盟链中，开发者多听命于机器主，是机器主所组建的团队。

有效的区块链社群治理，是机器权力和数字秩序的保障。机器权力来自人的委托，数字秩序来自人的意志。社群意志达成一致并有效地委托给机器，这个过程至关重要。数字货币社群治理的成功，用实践经验证明了人类社会已经为机器权力和数字秩序的到来，做好了组织和制度上的准备。

12.8 前进的方向

在人类的历史上，近 400 年是一个特殊时期，各种变化步调之快，史无前例。之前的几千年乃至上万年的历史，也有各种发明和创造，但从宏观的时间尺度上看，近乎静止不变。今天，人们已经习惯于技术改变世界和生活，甚至每年都在期待新技术带来新体验。几乎所有人都承认，新技术肯定是好的，而在古代，这种态度就不那么理所当然。今天，有谁不承认，袁隆平的水稻培育和屠呦呦的青蒿素这样的技术，给人类带来福音？

从大的趋势上看，近400年来，人类社会的秩序也可算是在进步中。但一旦谈及秩序，比起技术来，就要麻烦得多，秩序是主观的，张三认为好的秩序，李四会认为是坏的。一个热衷插队、偏好吵闹的人，不会喜欢排队机带来的秩序，因为在这样的秩序中，其利益受损了。

于是，因为秩序上的争论，给看似人畜无害的技术也带来了麻烦。因为，有一些技术，是为了维持秩序而设计的。不同于水稻和青蒿素，那是粮食和药品，很少有人质疑这样的技术。

不喜欢排队、坚持插队的张三，是否有理由憎恨排队机这种技术？如果张三利用排队机技术设计出专供自己插队的排队机，那么愿意排队的李四，是否也有理由憎恨排队机？

技术本身并无偏好，但利用技术的人，尤其利用技术来维护社会秩序的人，价值观一定是鲜明的。这就让秩序技术处在一个尴尬的境地：是切菜，还是伤人，由此带来的荣誉和审判跟菜刀有关吗？区块链为社会秩序提供了一种技术工具，这是无可争议的进步。但用区块链所维护的秩序，则因设计者的目的而各不相同，是好是坏、是善是恶，非技术本身所能左右。

2019年，中国的央行数字货币开始试点。实际上，从2014年开始，多国央行机构都已发起各种数字货币的实验。当然，中国的央行数字人民币是第一个用于零售场景的。它所用技术并非区块链，根据其公开的文章和专利看，它使用了分布式系统，还应用了非对称加密做产权声明，与eCash、比特币有着类似的技术谱系。央行数字人民币的研发的目的多种多样。如果深入分析，排除种种意义不鲜明的目的，从技术功能讲，央行数字人民币是为了可追溯和可编程。

数字人民币的可追溯与eCash防追溯，所用技术类似，但意图恰恰相反。

数字人民币的可编程强化了央行的可信地位，与比特币的取消可信第三方正好相反。

无论是民间的虚拟货币，还是央行数字货币，都在试图建设数字化秩序，所用技术相似或相同，只是所建设的秩序偏重不同。发明者们都期望给用户带来良好的秩序，只是各方解决的问题不一样。如图 12.12 所示，这些数字货币共同的地方在于，都在使用技术手段实现机器权力和数字秩序。

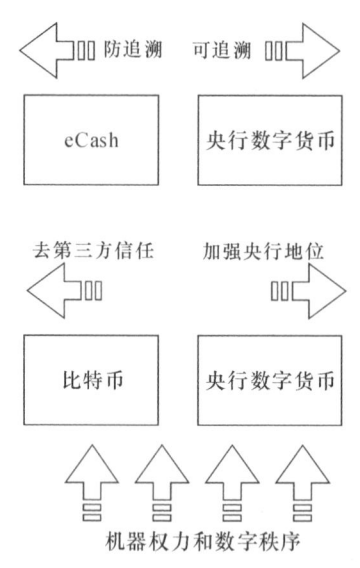

图 12.12　不同数字货币追求的目标

兰登·温纳在《自主的技术》中提出技术并非中立的，是政治活动的一种手段和工具，以保持或改变某种社会关系。温纳的理论中，混淆了技术和技术应用，这两个概念之间的区别对于真正从事技术研究和开发的工程师而言是很好理解的。一种技术本身并无目的，但这种技术的应用则目的鲜明。

技术中性论：对待技术的态度历来有两种，一种是技术中性论，一种是技术价值论。技术中性论认为技术只是工具，并无善恶；而技术价值论则认为技术本身担负价值取向，有着善恶的价值判断。技术中性论历史悠久，这种观点的代表人物是美国学者伊曼努尔·梅赛尼（Emmanuel Mesthene），他在《技术与社会》一书中指出"技术产生什么影响、服务于什么目的，这些都不是技术本身所固有的，而取决于人用技术来做什么"。

本书持技术中性论观点，认为技术是中性的，它与价值观无关。但发明技术的人是有价值观的，使用技术的人是有价值观的，技术应用的场景是有动机和目的的。借用贡布里希对艺术史的评价："也许并没有艺术，只有一个个的艺术家。"技术是中性的，但一个个采用技术的科学家和工程师们并非中立的，他们在工作时带着鲜明的价值观。他们将自己理想中的秩序写入代码和算法。这些秩序的目的和动机都推动人类社会的前进，为人们带来良善的生活。

秩序的目的和动机未必都能实现。正如哈耶克对自发秩序的定义，社会形成的自发秩序并非来自人们刻意的设计。而人们刻意设计的秩序，却并不一定能够达到其理想中的目的。数字化的过程中，形成的秩序有好有坏。例如，互联网在普及过程中，其形成的秩序效应，有好的，也有坏的。互联网最初的设计者们，希望建设的是一个平等的网络世界，所有的计算机都一样重要。然而最终的结果却是互联网大企业的帝国崛起，几个大节点几乎控制了网络世界，甚至可以操控社会的风向和人们的思维。最近几年，许多国家开始加强对互联网大公司的法律监管，就印证了互联网的理想秩序并未完全实现。

以区块链为代表的新一代数字化技术，目的便在塑造秩序，它会带来好的影响，也会带来坏的影响。但必须从两个层面来看：其一，区块链和智能合约等技术，是数字化秩序的实现工具，本身并不附带价值观和秩序的价值导向；其二，这种数字化秩序工具，在实现过程中更高效，其实现秩序和价值观的效率将更明显。

根本性的一个挑战在于，人们是否接受在秩序环境中，对手方从传统的人换到算法和代码。法律虽然还是那个法律，但高坐于法官席位的是机器，这对于人们的尊严是一个挑战。正如，人们非常乐于接受织布机的生产率高于人、汽车速度快过人、机器人的力气比人大，甚至计算机算微积分的速度快过人几万几亿倍，但人们不愿意接受计算机比人类更聪明。

比之机器成为智者，人们对它成为法官的抵触，也许更大。

这种心理上的调整需要很长的时间。说到底，智能的算法和代码如织布机一样都是人类的孩子，却比人类更有力量和智慧，这种荣光最终依然还要归于人类自身。数字化秩序寄权力于算法和代码，是人类的自愿自发行为，是为了保护人的自由、尊严、财产权，为了建立更好的社会秩序，人依然是那唯一的尺度，是秩序的唯一设计师，也是秩序要保护的唯一主人。

正如哈耶克所说，自生自发秩序在处理正义问题时完全满足"纯粹程序正义"的主要特征："不存在判定正当结果的独立标准，而是存在一种正确的或公平的程序，这种程序若被人们恰当地遵守，其结果也会是正确的或公平的，而无论它们可能会是一些什么样的结果。"

数字化秩序作为实现秩序的新手段，它只是提供更精准、更可信的程序，至于结果如何依然依赖人们的设计。从这个角度来说，数字化秩序是高速的列车，行驶方向可以是前进，但不管行驶方向如何，车的出现本身就指向前进的方向。

注释

1　程金华：《智能法治与疫情防控的秩序模式》，载《上海交通大学学报》2020年第10期。

2　石少剑：《智能技术革命与法治秩序转型》，载《江汉大学学报》2020年第8期。

13 漫谈数字秩序的未来

13.1 可编程货币

今天的网银支付功能非常方便，日常花钱完全不需要现金。而且网银在软件逻辑支持下，能提供更多的功能。例如，话费、水费等费用可以自动从账户扣款；信用卡和房贷还款也可以自动划款；对外汇款的时候，可以约定在未来的时间执行。这些功能是在软件程序的支持下，预先设定好条件，自动执行支付。这是一种可编程支付。

可编程的概念来自计算机：可编程这个概念来自计算机领域，可编程就是可以在设备中写入代码来执行运算和逻辑。不可编程的计算机设备指程序逻辑固定写在硬件的电子电路中，且不可更改，例如日常办公中用的计算器，还有一些工业上的单片机，就是不可编程的。现代计算机几乎等同于可编程，不可编程的设备在程序员眼里跟铁疙瘩也差不多。

货币的基本功能是支付结算，电子货币的支付结算是用户发指令给银行，银行执行指令。如果在支付上可以做一些逻辑判断或者计算，那就近似可编程了，比如上面提到的自动扣款、按条件支付。但是，这种传统网银所提供的可编程功能是简陋的、原始的，原因如下。

第一，传统金融的价值储存是账户余额制，并没有数字实体代表具体的价值，根本没办法对具体的价值，比如说对某特定的一块钱执行逻辑和计算操作。

第二，传统金融中对支付业务做各种逻辑判断和计算操作，是由单独的软件系统执行的，与负责账户余额的核心数据库系统分离。逻辑判断和计算并非来自货币本身，所以是不可靠的。

区块链出现后，价值有了数字实体，这才算是给可编程货币提供了技术基础。区块链做可编程的技术模式有两种（参见图13.1）。

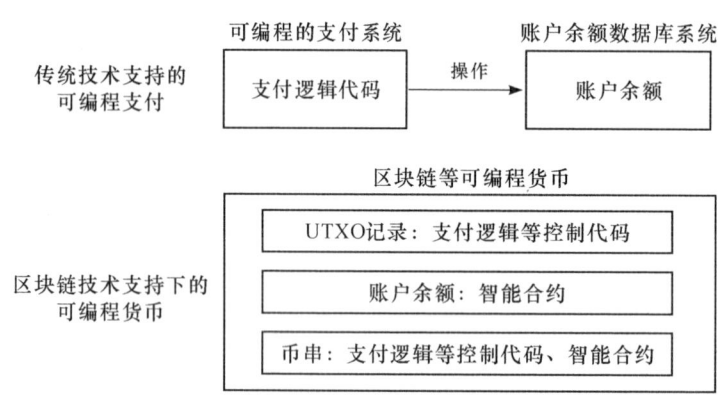

```
传统技术支持的        可编程的支付系统        账户余额数据库系统
可编程支付          支付逻辑代码   ——操作——→   账户余额

                    区块链等可编程货币
                  UTXO记录：支付逻辑等控制代码
区块链技术支持下的    账户余额：智能合约
可编程货币          币串：支付逻辑等控制代码、智能合约
```

图13.1 区块链开启可编程货币

第一，比特币的数据格式是"未花费的输出"，在交易的输出数据中写入脚本，来对这一笔"未花费的输出"做逻辑判断和计算。比特币脚本有100多个命令，虽然称不上强大，但足以做很多事情了。但"未花费的输出"是不可拆分的，因为脚本写在"输出"上，这个"输出"如果是10个比特币，那么逻辑和代码必须对10个比特币整体执行，这是"未花费的输出"的弱点。

第二，以太坊的价值是余额制，存在数据库字段中，但以太坊通过智能合约来执行逻辑和计算。以太坊的智能合约是图灵完备的。所以以太坊货币的可编程就更加灵活、更加强大。

数字人民币还处在试点阶段，暂时还没有对外提供智能合约这样的可编程功能。但从其公开的专利中可以看到，数字人民币是加密币串的形式，从技术基础上更优于比特币和以太坊，数字人民币既可以在币串上写脚本，也可以用智能合约做登记。

区块链上的数字货币才真正开启了可编程货币，这是技术上的必然要求。非区块链技术的可编程货币，从技术上看，就是不可编程的：它既没有数字实体，编程逻辑和价值存储又是分离的。

> 可编程货币的作用，在日常生活中就可以体现出来。比如，家长给孩子零花钱，过去给的是现金，用来买午餐、零食或图书，但孩子常常用来打游戏，大一点的孩子甚至可能用来买香烟、啤酒什么的。用可编程货币，家长就能限制孩子消费的种类。
>
> 可编程货币案例：零花钱的用途。李雷为了防止孩子用零花钱打游戏，让零花钱"专款专用"，可以在可编程的钱包里指定：
>
> ・只能购买食品、饮料、服装、文具、教育服务、交通服务等种类；
> ・只能在本城市范围内支付；
> ・每天消费不可超过 200 元；
> ・单笔支付金额如果超过 200 元，则需要李雷的数字签名。
>
> 当然，这样一来，孩子有可能会很不高兴，对家长的控制欲产生反感，这就需要李雷去安抚教育了。

各国央行发行数字货币，目的之一是用来取代现金，这本就是一个充分的理由。但意外的是，央行又收获了"可追溯性""可编程性"，可以说是锦上添花。货币的可编程性极大强化了央行对货币发行和流通等环节的控制能力。在传统的货币体系中，央行只制定政策，用利率和发行量来执行货币政策，力量是间接的，效果是滞后的，颇有点隔靴搔痒的感觉。在反洗钱、信贷政策上，又必须依赖商业银行作为责任主体，用事后检查和审计来约束，也是鞭长莫及。数字货币的可编程性有了，局面就此改观。

信贷政策的执行尤其令监管机构苦恼。比如，为了扶持小微实体企业，对其贷款的额度高、利率低，本是个好政策。但这些贷款额度，未必都能走进小微企业，有可能在操作中进入房地产、股票投资等领域。再比如，消费贷款本是为了激励消费，却被违规"刷"了出来，进入投资领域，带来风险。有了数字货币，每一个100元数字货币的字符串上都可以编程，限制和监控其支付走向。限制就意味着，这笔代表100元价值的字符串根本就支付不到房地产相关领域的企业账号中，是一种事前控制，是本书所描述的数字化秩序。监控是对这笔价值的转移做长期跟踪，一旦在某次流转中进入受限账户，则立刻发出提醒。

在货币政策上，可编程货币也是央行的利器，过去做不到的事，现在可以做了。过去，对货币发行量的调整是滞后的，是央行根据昨天的市场利率，调整今天的货币发行量。有了可编程货币，就可以写程序来自动控制，一旦市场利率达到某个阈值，就自动调整发行量。

> 可追溯性、可编程性对金融监管的潜在革命性影响：各国金融监管部门都在制定金融监管政策，但是，监管者往往并不知道监管政策的效果，监管意图也不一定能够有效实现。比如，前几年，有些地方的中小企业将优惠贷款拿去炒房，有些个人将消费贷用于购房首付，不仅让国家支持中小企业、鼓励消费的政策落空，也严重削弱了抑制房地产泡沫政策的有效性。

如果法律允许，基于数字货币的可追溯性，中央银行从宏观上和微观上都能够有效掌握资金的流向，从而能够识别货币政策、监管政策的有效性。另外，通过数字货币的可编程性，从中央银行到商业银行，都可以控制资金的用途，使资金只能按照设定的用途使用，类似于李雷对孩子零花钱的管控。

可编程货币对于个人货币资产的持有，也带来了技术上的颠覆。过去的技术下，资产只能存在个人账户下，无法两人共同持有。夫妻的财产是共同的，但只是法律和合约的约束，并不能真的"共同持有"。有了数字货币的多签名技术，那么两人或者多人，就可以共同持有并控制一笔款项，只有两人或者多人都签名，才可以支付该笔款项。

可编程的数字货币，是数字秩序的起点。因为秩序的维护中，最重要的一环是对秩序破坏者的惩罚，在数字世界中，实质性的惩罚就是罚款。所以，有了可编程货币之后，数字秩序才得以实际落地可用。正好像，所有的合同中都必须体现价值，合同违约的惩罚也以罚款为主。

13.2 机器金融

可编程的数字货币出现后，最先改变的必然是金融领域，金融是关于货币资金融通的业务，与实体商品关联少，极容易数字化。虚拟货币出现后，随之而来的去中心化金融就是金融业务在虚拟货币载体支持下的可编程金融，其金融秩序构建于区块链，与传统金融最大的区别不仅在于它的价值载体是虚拟货币，更在于**数字化秩序下的金融秩序，用户交易的对手方是机器程序，而非其他用户、交易所、银行、金融公司等人或者机构**。

当前，区块链上的"去中心化金融"是部署在区块链上的智能合约，用户在与智能合约互动，做各种金融业务，例如借贷、币币交易、保险等。这些"去中心化金融" 无人运营、无责任主体，监管机构还无法对其进行有效监管，但"去中心化金融"的技术理念、交易效率都引起了传统金融以及监管机构的兴趣。仅仅从技术上看，"去中心化金融"用机器程序来做对手方的金融交易模式，以及所体现的数字化金融秩序和机器权力，理当是未来金融发展的趋势。本章称这种数字化秩序下的金融为机器金融，以区别于传统金融的信息化、网络化。

在传统金融环境中，普通的投资者要与多个金融机构打交道，存贷款去银行，买卖证券和基金去证券公司，买保险和理赔找保险公司。区块链的技术能够支撑传统金融业务实现普遍的数字化秩序之后，用户的金融业务将与机器和程序互动，完全实现无人化处理。普通的投资者理财，可以直接用代码程序来做，不必个人操作。用户的投资程序，可随时访问全世界合规的金融智能合约，做各种投资，并可以随时退出，就像一个无须提成佣金、无须工资、全天全年无休的投资经理在为你理财。金融行业将成为第一个全数字、全虚拟化的行业。

李雷作为普通投资者，他无须自己注册各个金融机构的账号来做各种金融交易，也不必羡慕有私人财富顾问的富人，他可以用自己的智能投资程序帮助自己理财投资。

今天，以太坊社区中的"去中心化金融"已经是机器金融，只是它们并不合规，而且与传统金融相比还有一个弱点，那就是它没有信用机制。当前，所有的"去中心化金融"在借贷、交易上，都必须全额、超额抵押。即用户要借100美元的某种虚拟货币，那么就必须在智能合约中抵押价值150美元的以太币，如同现实中的房产抵押贷款一样，一旦借款无法偿还，则智能合约自动收回150美元的以太币（参见图13.2）。

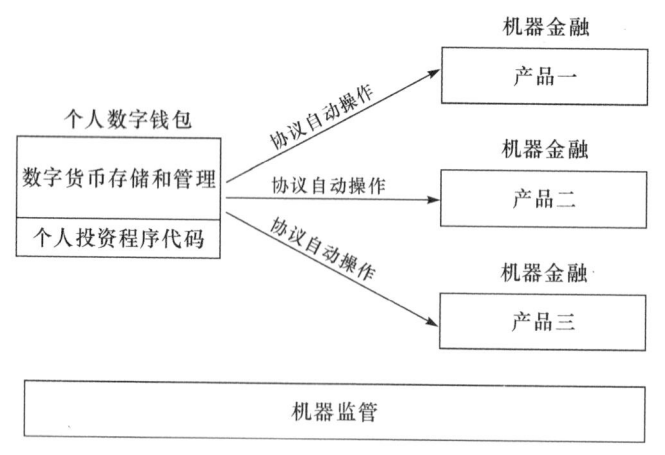

图 13.2　机器监管的个人投资和理财

理想意义上的机器金融的本质特点：数字化秩序下的金融，用户交易的对手方是机器程序，而非其他用户、交易所、银行、金融公司等人或者机构。

（1）金融机构

·金融机构金融业务的合规审查基于机器程序；

·金融业务数字化，业务部署在区块链，供用户访问。

（2）投资者

·投资者可以自己开发投资理财程序，也可以用其他开发者写好的程序；

·投资者可自己选择投资策略，例如稳健型、激进型；

·投资者可写入细则逻辑，例如止损线在 10%。

（3）金融监管者

·监管部门利用监管程序对金融产品和金融交易进行监管；

·相比于理想意义上的金融，当前虚拟货币领域的去中心化金融还有很多欠缺：金融服务提供者缺少合规性审查，监管者也无法在区块链上直接行使监管权，缺少信用机制。

机器金融依赖机器程序自动执行，而且都是基于用户地址，并无用户的实名信息，所以它很难考察用户的信用，而且也难以收集用户信用相关信息。传统的金融如果要实现机器化，就需要考虑如何在数字秩序中构建信用机制。

传统金融是通过个人实名信息收集，考察个人信用记录，并审核个人工资流水、资产状况等情况，甚至可能要做面试，以判断风险，最终授予个人信用。如果出现个人还款失信，则会采取线下追讨、失信上报征信系统、起诉等手段。一头是授信时基于丰富信息的信用判断，一头是失信损失后的惩罚，两种手段并用，才能经营下去。当然，就这样谨慎，依然还有很多恶意骗贷的行为。

在机器金融中，机器程序将取代金融机构，成为用户的对手方。这种情况下，授信的信用判断，就应该由机器执行，失信后的惩罚也应该由机器程序执行。对机器金融下的信用机制，我们设想了五个维度。

机器金融下信用机制的五个维度：

第一，用户个人的信用信息的收集汇总，应该长期持续进行，它未必统一到单一的中央征信系统，但分布在各种系统中的相关信息，例如收入流水、个人消费记录、健康状况，都可以在得到个人许可的前提下调用，用来做授信时的判断。

第二，个人信用相关的信息，其来源和质量应符合数字秩序和机器权力的要求。例如个人的收入数据，应该来自可信的薪资区块链（那种盖企业公章的收入证明，是可以轻松作假的），个人消费记录也应该是在数字货币支付、商品交易等可信区块链账本上。

第三，机器金融根据个人提供的信息，自动判断信用级别，并给予授信。同时机器金融计算失信可能性、风险概率、可能损失额以及金融业务的整体风险。

第四，一旦发生失信现象，机器金融将能够及时止损，并汇报分布式的征信系统，调低该用户的信用值。

第五，全过程都应该保护用户隐私，将用户的实名信息存储在较高级别的可信机构中，在授信和金融业务的全过程，都可以用零知识证明、隐私计算等技术手段保护隐私，同时实现逻辑判断和数值计算。

对于小微企业的贷款，则更需要及时获得小微企业的经营数据，包括收入、利润、存货、生产等数据。这些数据是企业机密，不能轻易公开，但依然可以通过隐私计算等手段提供给金融机构，以供逻辑判断和授信。

在信用机制上，机器金融相比于传统金融的优势在于：

第一，丰富的信息收集后，无须人的参与，程序自动判断。

第二，信息收集的来源和信息质量，都必须符合机器权力和数字秩序原则，也就是信息必须是可信的、可靠的。

第三，信息的利用和隐私的保护，在技术的支持下可以兼顾。

机器金融把权力交给机器，建设数字化的金融秩序，金融的效率更高，金融的普惠性更强，金融的公正、透明、合规性更优于传统金融。

13.3 闪电资产

互联网提高了信息传递的效率，给人们的生活带来便利，其中电子商务带来的变革最大，包括消费品的在线购买、日常服务的在线呼叫和成交。传统的超市和商场业务，一大部分转移到亚马逊、淘宝、京东这样的电商平台。但互联网电商在模式上十分古老，与电话购物并无本质区别。

互联网电商的模式陈旧。从业务模式上来说，消费品电商与电话购物一样，都是向一个机构下订单，只是前者是用基于互联网的网页或者移动应用，后者是基于电信的语音通道。两者都需要理货员查看订单并安排送货，用户都是与一家平台做交易。

无论是现在的电商平台，还是古老的电话购物平台，都承担了商品质量控制、物流安排、客户服务等工作。这两个平台最大的功能在于居间的信用保证，平台向消费者推荐了商品，同时给消费者提供了一系列保证，比如保证可以收到货、保证产品质量等。

但互联网并未解决另一类交易问题——资产的交易速度问题。这里的资产指房产、汽车、知识产权、钻石等。互联网迅速发展这么多年，资产的交易速度几乎没变，甚至更慢了，当然比之以前，资产的交易可靠性更好，这要感谢社会制度建设和信息流转的速度提高。资产交易速度慢的原因如下。

第一，资产登记制度不全，房产有政府登记制度，但很多资产没有政府的登记体系，就缺乏可信的产权记录。

第二，资产真伪、优劣的鉴定难，不论是房产还是二手车，或者一幅名画，都需要专家的鉴定，一般交易者缺乏鉴定能力，也缺乏对鉴定机构的信任。

第三，资产的流转也缺乏可信的历史记录，造成来源合法性不确定、法律关系不透明等问题。

在区块链技术的支持下，资产的交易速度有望提高。在最近几年的区块链普及中，已经有很多的案例，做产权上链，但这种产权上链仅仅是简单的登记，用智能合约中的一个序号编码代表一项资产，其现实意义并不大，并未真解决上述的问题。在数字秩序框架下，资产交易速度提高，借用"闪电网络"一词，命名这种数字化秩序下的资产交易模式为"闪电资产"（参见图 13.3）。

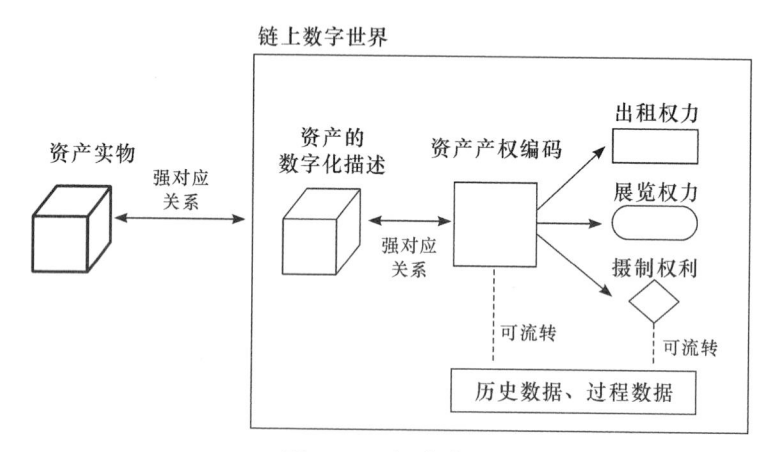

图 13.3　闪电资产

第一，对资产的数字化描述，必须正确、精准。对资产做数字化描述的文件，必须能够唯一对应该资产。例如对一颗钻石的数字化描述，通过设备读取钻石实物参数，能够与数字化描述匹配。数字化描述是闪电资产的基础，用于鉴定真伪、确定品质、实物对应等目的，所以资产实物与资产的数字化描述，必须是强对应关系。今天的资产上链这一环节依然缺乏，例如在 ERC-721 的标准中，仅仅通过智能合约中保存的链接，链接到一台服务器上的图片等描述文件，并非强对应关系，是不足够的。对资产的数字化描述标准，需要在区块链上达成一致，即形成确定的标准，基于这种标准的检验应当是可行的。

第二，一项资产的描述，经过某种算法的数据处理后，成为唯一编码，记录在区块链智能合约上，代表该资产的产权，编码的转移在区块链地址上执行，代表产权的转移。具体技术可基于当前的 ERC-721 进行拓展。

第三，对资产的各种衍生权利，例如出租、展览、摄制等，需明确描述，在资产产权编码的基础上，分别用不同的编码代表，并用标准数据格式声明这种权利。权利可合规转移、可合规转换。

第四，需要详细记录资产流转的过程信息，包括历史上资产产权转移信息、支付信息、纳税信息、资产维护和变更信息等。在传统的资产交易方式下，这些信息都是基于纸质提供，用于证明资产可信可靠，在数字化秩序下，这些信息都将是数字化的。

第五，资产交易相伴的物流过程、交付质检过程、评价反馈机制也应该符合数字化秩序的原则。例如，资产储存的库房、物流运输车辆和行程应该结合可信的物联网，以及第三方的监控信息，保证资产的交付过程达到标准。资产的交付验收，一样结合可信设备和第三方，收集资产验证数据。如果资产实物不符合，或者质量达不到标准，除了返还支付款外，智能合约中的惩罚条款，应该给予买方一定的赔偿，并基于约定条款，对资产持有方做信用评价。

闪电资产的特征：

（1）对资产实物、实体的数字化描述，必须正确、精准，足以唯一确定某件实物资产。

（2）数字化描述必须形成标准，资产的数字化描述形成代表产权的唯一编码，资产上链，编码转移代表权利的转移。

（3）资产衍生权利的拆分，也需用明确固定格式的编码代表，编码转移代表权利的转移。

（4）需要详细记录资产流转的历史过程信息。

在闪电资产的全交易过程中，购买方只面对智能合约，并不与资产持有方交互。理论上，资产持有方是销售给机器程序，而购买方是从机器程序那里购买。与机器金融不同之处在于，闪电资产需要在资产数字化描述上、交易过程数字化上继续大量的工作。

13.4 无人交通

第一盏红绿灯出现于 1859 年,由英国的一位纺纱工人发明,那灯还是煤油灯,用带颜色的灯罩显示信号。电力的红绿灯要到 1912 年才在美国的盐湖城出现,之后,红绿灯就是城市交通的必备设施。可以想见,拥挤的路口,如果没有红绿灯,那必然是堵成一锅粥,俗话说就是"车荏死了"。有红绿灯维持的交通秩序,大流量的城市车辆交通才有了可能。

通常的红绿灯都是固定时长和节奏的,即便路口一辆车也没有,也需要等待 2 分钟。这种红绿灯就是所谓的"不可编程",司机深夜里在红绿灯前孤独地等待 2 分钟,就会引发他思考:道路已空,没什么车了,红绿灯的时长干嘛不改为 30 秒?现在终于出现了根据车流监控状况而自动调节时间长短和节奏的红绿灯,这就是所谓的"可编程"。

未来的红绿灯是什么样的?技术发展如此迅速,红绿灯将会怎样改变?是交通大数据支持下的红绿灯,还是摄像头车流智能监控辅助下的红绿灯?

也许都不是,未来红绿灯的命运是消失。无人驾驶技术和车联网联手之后,红绿灯的历史使命就已经结束。所以,前面所说"司机的对手方"是不对的,此时已经不存在"司机"了。

无人交通:红绿灯是交通指挥工具,它指挥的是人,而对于未来的汽车和交通工具,无人驾驶、机器驾驶才是大势所趋。在红绿灯模式下,司机在道路上的对手方是对面的车辆,大家必须遵守规则,根据红绿灯的协调,依序通过。在无人驾驶和车联网的模式下,司机的对手方是道路和车辆的交通协议,在车辆上分布式运行的协议自动协调出应当如何行使。这是数字化秩序下的智能交通,借用热门词语"无人驾驶",本章称这种由机器指挥、机器驾驶的交通为"无人交通",所谓"无人"并不是说车里没有乘客,而是说人们只享受交通的便利,但"无人"参与到交通工作中。

我们用故事来描述数字化秩序下"无人交通"的未来。

韩梅梅早上 8 点出门,"开车"去公司上班,说是"开车",实际是坐车，因为车是无人驾驶的，已经没有方向盘、油门、刹车等装置。车上没有驾驶设施，全是乘坐功能，车里的空间也大为改观，韩梅梅坐进车里，可以办公，可以休息，路上的通勤时间并没有浪费。

汽车在她命令下启动，系统执行自检，将算法、模型提交区块链检验，以确保算法、模型符合法律规范，并确认本车所载的交通路线图、本城市交通法规，都是最新的。韩梅梅为车辆选择本次出行的行驶策略，决定了本次行驶中的参数，例如车速、车间距、加速的级别。由于时间充裕，所以韩梅梅选择了五级车速中的三级，在当前的路况下，大约是60公里每小时。另外，她选择了"平稳"模式，命令汽车保持充分的间距，加速慢一些，不频繁变道，因为她要在车里读文件。最后，她的行驶紧急程度为"常规"，意味着她只走非快速车道，并且会主动避让"紧急"状态的车辆，这样她就不用为"紧急"行驶状态缴费，而且她主动避让"紧急"车辆还能有一些收益，"紧急"状态行驶的车辆要向让道的车辆支付一定的补偿。

韩梅梅所在城市的交通规则用代码的形式，写在交通指挥区块链中，供其他级别的交通网络和计算设备调用。这些规则包括：最高限速、限行、转弯让直行、车道线限制等。交通规则的区块链，由高级别权限的机器运行，节点控制在法律制定部门、交通执法部门等，如果要修改法律，则需要根据程序修改法律后，再按照区块链节点社群的流程修改代码，然后生效。所有上路的车，都必须运行最新的交通地图和交通法规（参见图13.4）。

车辆行驶在道路上，平稳而顺畅，韩梅梅无须费神驾驶，可以专心读自己的文件。车辆经过一个交叉路口，没有红绿灯，传统的红绿灯是为人类驾驶员准备的。自动驾驶和智能交通网络，取代了红绿灯这种秩序的原始维护机器。在交叉路口，行驶中的汽车构成点对点网络，结合不同层级的交通指挥网络，自动协调不同方向的车辆按顺序、快速通过路口。铺设了行人斑马线的路口，则采用智能物理隔离栏阻隔和放行行人，或者采用激光格栅提醒行人和车辆。

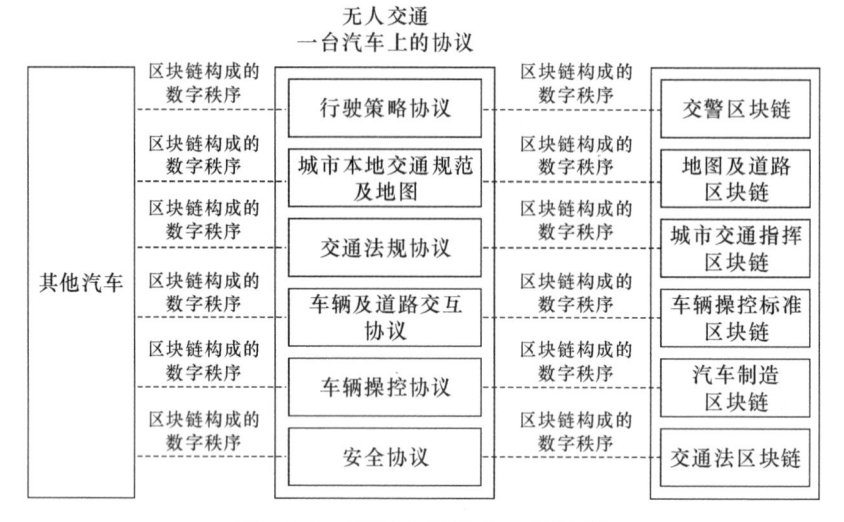

图 13.4　汽车上的无人交通协议

行驶中的车辆自动组网，形成类似区块链的可信计算平台，协调车速、间距。对于有急事、需要快速通过的车辆，网络中的车自动协调让路。韩梅梅的车与前后约 50 辆车组成一个临时的点对点网络，彼此交换信息，包括各自的车速、精确位置，以及各自摄像头获得的影像。随时会有车加入这个网络，也有车离开这个网络，这是一个快速动态变化的网络。这种组网和对等交互的计算和决策过程，是车辆的程序自动执行的，车主无权更改程序。车主可以要求车改变路线，或者改变行车策略，但不可随意停止或者修改车的计算模块和通信协议。若真有车主强行从技术上修改，那么这辆车上路就已经违反交通法规，其他车都会探测到周围有一台车不遵从合规的计算和通信协议，这就是一台"黑车"。

韩梅梅的车辆显示屏有一个报警，她从文件中抬头，看了一眼，倒不是有什么"黑车"，而是提醒前面 100 米有一台人工驾驶的车辆。周围的车辆都收到提醒，要注意这台人工驾驶的车。已经很少有车辆采用人工驾驶，如果道路上发现有人工驾驶车辆，则前后的车都会接收到警告，并对这辆车采取更谨慎的交互机制，例如更远的间距、更频繁的探测。人工驾驶的车不同于"黑车",车的交互协议依然正常,只是不再自动驾驶,而是人通过备用的方向盘和油门操控。即便采用人工驾驶,车辆最底层、最高权限的安全模块,也控制着车辆,绝不会因为司机的困倦、失误或者恶意撞车、撞人。最基本的原则是,司机驾驶员没有开车撞向他车和行人的权力。这种安全模块,所有的车都必须配备,车与车之间都互相检测彼此的安全模块,一旦有某辆车没有安全模块,那交警就真的要干预了。

韩梅梅猜测这辆车应该是故障车或者事故车,果然,前后的车都采取避让的措施放行了那辆人工驾驶的车,那辆车刚发生故障,剐蹭了道路隔离设备。

随着智能交通的发展,事故已经大幅度减少。如果发生剐蹭事故,车主既不可以、也不必停车争论,堵占交通道路。车辆的传感器和视频图像自动上传交警监管计算中心,周围前车后车的监控设备有责任上传相关视频和其他信号文件供计算中心判断责任,瞬间即可分清责任,事故仲裁结果下发车主,并通知保险公司。事故车辆要么继续行驶,要么自动停在路边。罚款以及赔偿都用数字货币,瞬间结算清楚。

韩梅梅从屏幕上看到那辆故障车已经行驶到了路边,停了下来。韩梅梅的车继续行驶。

在数字秩序的无人交通网,核心的思想是,人们不再拥有撞车、撞人的权力,机器接管了驾驶的权力,机器构成的权力网络也接管了交通调度的权力,红绿灯被取代,交通形成了数字化的秩序。在道路上坐在车辆中的乘客,他/她的对手方并非其他的司机,而是无处不在的算法,他/她受到机器的约束。

13.5 国际数字霸权

1648 年,欧洲的三十年战争结束,各国打累了,终于坐下来谈判,一起制定秩序,形成了威斯特伐利亚体系。这个体系包含了一系列的契约,从此约定了各国之间事务的协商关系，建立了一个世界秩序。从此，神权后退，主权确立，国与国的主权分开了，人们知道了内政和外交的区分，国家怎么交往都用国际法安排明白了。

但自那之后，还是出现了两个例外的情况，国家权力能够突破国界，实现所谓的长臂管辖。其一是英帝国，其二是美国。英帝国海军舰队强大，在全世界占领了好多港口和航道。这样一来，在地球上航行的商船发生纠纷，跨国贸易有摩擦，都要到英国控制的港口打官司，用的法律是英国的法律，判案的人是英国的法官。全球贸易的司法那就是英国说了算。后来，美国崛起，美国对港口航道没兴趣，又有另一种玩法，美国的美元在布雷顿森林会议后成了全球的基础货币。世界大家庭中的各国不论是做生意，还是存点钱，都要用美元。在电子支付时代，不再用现金美元，那么全球的美元电子结算都在纽约。这个权力可就大了，美国可以随时关闭某国银行的美元结算权，那就意味着这个国家做不了国际贸易了。这就是美元支付所形成的权力。

随着区块链技术的普及和发展，机器权力带来数字秩序，影响到全球的货币和商业等诸多领域，势必对国际权力格局产生巨大影响，甚至可能出现比历史上英国的海商司法和美国的美元支付权力还大的国际霸权，在下面类似思想实验的推测中，称呼这个超级大国为"雄霸共和国"（Republic of Supremacy）。

这个雄霸共和国对机器权力和数字秩序的理解非常深刻，在区块链技术上领先世界。首先，雄霸共和国要发行数字货币，称之为 V-Coin，这是一种全球化的数字货币，可以推测这种数字应该具有如下特性。

V-Coin 思想实验续篇："雄霸共和国"通过对 V-Coin（全球使用量超过 50% 的虚拟货币）的控制而获得了全球霸权，雄霸共和国成为新的"教皇国"，凌驾于其他主权国家之上。我们在此再进一步设想一下 V-Coin 的特点：

第一，V-Coin 的支付和结算环节，一定是去中心化的，实现"支付即结算"。V-Coin 在全球的流转是自由的,其协议也是公开和透明的,任何软件都可以接入其价值协议,只有这样,全球的国家、机构、个人才会放心使用 V-Coin,即便对雄霸共和国存有敌意的组织和个人,也并不抵触 V-Coin,因为它是实体形式的价值令牌,支付和结算环节是自由的,如同纸质的美元一样。

第二,V-Coin 的发行可能存在两种选择:一种情况下,如果雄霸共和国比较自信,则可以中心化发行,自己独断,随时调节发行量,当然也要稳定币值;另一种情况下,雄霸共和国设定一定的规则,甚至拉一些国家和大组织加入发行委员会,大家按照既定规则调整发行量,这是按照规则的发行方式。但综合来说,V-Coin 不可能如比特币一般按照固定的算法、固定的量来发行。

第三,V-Coin 的共识协议,也就是区块链共识协议,不可能是公链形式,雄霸共和国虽然自信,但也不想这样冒风险。不管是 100 个节点,还是 1000 个节点,必然是在雄霸共和国的控制之下。极端情况下,全部节点都在雄霸共和国,但这样就不大好,太赤裸裸,吃相不好看。通常的做法是,拉众多友好国家凑成一个联盟,分一小部分节点给这些友好国家,共同运行节点,里子面子就都有了。

第四,V-Coin 支付和结算是去中心化的,节点是分散在众多国家的,那么权力就已经交给机器,虽然是雄霸共和国的 V-Coin,但 V-Coin 的数字秩序已定。全球的国家、组织、个人,不论对雄霸共和国友好还是不友好,一定程度上都还是信任 V-Coin 的机器权力和数字秩序的,V-Coin 被广为接受,成为直接货币。

第五,最重要的是,V-Coin 价值协议的修改,也就是区块链的源代码修改权力,必然要控制在雄霸共和国手中。当然,雄霸共和国绝不会傻到肆意随性更改代码,那会影响到 V-Coin 的可信度。雄霸共和国很可能通过联盟成立开发委员会,出让一部分权力给联盟国家和组织,在联盟内维持开放的讨论气氛。当然,最终的决定权,不论绕多少个弯,最终还是要控制在雄霸共和国手中，在需要的时候，雄霸共和国应该能够说服所有的节点国家一起更改代码，从而修改数字秩序。机器权力背后的权力，才是最重要的，对这种权力的控制，是政治的艺术。

V-Coin的威力要更大过美元，美元支付的权力还只是覆盖到全球的银行和金融机构，并不能染指个人。V-Coin是数字货币，全球的组织和个人，都可以下载软件钱包使用，这就意味着，全球的公司和个人，都在V-Coin的数字秩序下。如果所有的贸易和零售，都用V-Coin支付，那么贸易和零售过程中产生的纠纷，必然也就走向了V-Coin的主人——雄霸共和国，由雄霸共和国的司法系统来裁决。货币支付不仅关乎金融，还直接控制了商业的司法权。全世界使用V-Coin的组织和个人，从此就有了一个跨越国界的世界政权。V-Coin虽然在支付和结算环节是去中心化的，也可能是保护隐私的，但完全可以在代码中写入监管政策，对违反V-Coin监管要求的地址进行冻结。

V-Coin的全球普及，必然导致全球的金融集中到V-Coin平台上，也许直接在V-Coin区块链上，也许在雄霸共和国发起的另一条区块链上。数字化金融以代码写成，部署到区块链上，价值协议基于V-Coin。这些机器金融的代码，未必是雄霸共和国写就的，但必然受雄霸共和国及其控制的委员会制定的标准约束，必须符合标准。而且这些机器金融产品也必须符合雄霸共和国所制定的法律法规。

数字货币是一个基础，雄霸共和国并不会止步于此。在数字化秩序中，商业契约需要数字货币做基础价值协议，还需要良好、可靠的机器权力来执行，雄霸共和国随之提供区块链基础设施，用来供全球的商业活动部署数字化契约，也就是今天所说的智能合约，以下称之为V-Contract。智能合约面向的商业行为，远超英帝国的国际贸易，各国的国内贸易也都依靠它，房地产的产权登记和交易要依靠它，生产的供应链贸易也要在其上执行。全球的商业汇聚于此，成为时间、空间之外的第三维。

V-Coin 的智能合约 V-Contract：V-Coin 区块链上建立了智能合约系统 V-Contract，对此商业契约平台的特性可做如下推测。

第一，V-Contract 的目的以提供机器权力和商业数字秩序为主，并不是要完全取代各国的商法、物权法等法律。但是，间接地，V-Contract 的秩序观必然会取代其他各国法律的部分内容。总之，V-Contract 会兼容支持世界上尽可能多国家的商业相关法律。

第二，V-Contract 必然要拟定一个超级的基础法律或称为规则，用来约束所有的用户，可以称之为 V-Contract 的宪法。这个宪法要尽可能包容，以兼容其他各国的律法。这个宪法应该主要包括治理的基本精神和流程，用户的重要守则，以及一些能达成共识的最基本的商业规则，例如对产权的保护、不许欺诈和作伪等基本守则。

第三，V-Contract 的合约可针对不同的行业，与现实世界的关联复杂，例如健康保险合约就必须依赖健康数据，房产登记和交易合约必须依赖地理位置信息、建筑信息、社区治理、房屋评估信息，这些数据的汇集，有技术手段可以解决的，通过物联网设备采集，也有需要依赖人或者组织采集的。在 V-Contract 的生态中，要包含大量的物联网协议和标准，并按照机器权力的原则运行，还要组织众多的可信第三方在平台上提供服务。

第四，对于 V-Contract 的协议代码维护，如 V-Coin 一样，雄霸共和国会根据各种因素做出考虑和平衡，组织委员会，构建众多节点参加的联盟，分散部分权力给其他参与者，以构成基本可信的机器权力。当然，这种机器权力之操控权力，依然要控制在雄霸共和国的手中。

数字技术发展迅速，人们用数字构建一个虚拟世界，用数字描述现实世界并带入虚拟世界，这是不会停止的趋势。在数字世界中，人类的能力才更大。随着数字世界越来越丰富，机器权力带来了数字秩序，掌控了这种秩序的，将成为更强大的国际霸权，这种权力借机器的权力，渗透到每个人的工作、生活中。

13.6 机器人社会

具备一定感知和逻辑判断能力的简单机器人已经出现在实际应用中。比如酒店、餐厅里的送餐机器人。这样的机器人，当然还谈不上智慧、自我意识那些科幻片中的水平。从技术角度看，真的具有一定智能的机器人，比如家用机器人离实现还很远，机器人下围棋也许没问题，但擦玻璃、洗盘子就很费劲。当然，伦理学家们总是先行，大谈机器人三定律什么的，这是本书尽量要避开的话题——没有具体技术做支撑的讨论，意义不大。不过，为了探索机器权力和数字秩序，不得已，本章还是要进入智能机器人这块被伦理学家、未来学家所挤占，但实则还并不存在的虚幻新大陆。

阿西莫夫的机器人三定律，很为人们认可，这三定律听起来以人为本，以机器为仆，确实让人类感到安全、欣慰和开心。但这个三定律有众多荒谬之处，且不说技术上还很遥远，就说真有一天技术上可行了，机器人有了类人智慧，那时候还能分开机器人与肉体凡胎的人吗？人类肉体的脆弱多病，生命之短暂，人类大脑计算能力和存储效率之低，人们早就急着对自己下刀子、改造、装修了。根本等不到硅基机器人出现类人智慧，可能硅基的机器人还不能擦玻璃之前，很多人就已经用技术把自己武装成了半机器人。三定律的前提就不存在：技术上真能发明类人智慧的机器人，那么技术上一定就能把人变成机器人，大概率，你就很难分出机器人和人这两个阵营。

三定律的二元论，分出人和机器人两个泾渭分明的阵营，这是没有根据的。但三定律中不可伤害人类这样的基本法律，倒是合理的，这样的法律和人类的法律基本差不多。所以，根据三定律就会引申出一个重要问题，这个问题是阿西莫夫还有未来学家们所未讨论过的。不管是机器人，还是半人半机器人，那些代表机器智慧的代码程序，是不是可以随便编写，随便开发，随便部署？似乎不可以。哪怕视机器人为汽车，也得为机器人做个注册，挂个机器人的"车牌"，毕竟要有一个责任主体。机器人在街上蹭着人了，总是要搞清楚谁负责的。而机器人代码程序的开发和部署，更应该受到约束。

这种约束并不是限制创新，也不是做开发上的管制，而是约束人类通过机器人做坏事的权力。例如，"不可伤害人类、其他机器人、半人半机器人等"，这条法律就应该部署在所有机器人的程序代码中，而且不可删除和修改。这条法律的维持，就应该托付给机器权力来执行，形成数字化的秩序。所以，机器人时代的到来，首要的是机器人程序的底层安全法律程序必须用区块链写出，供所有机器人使用，对所有机器人进行检验。每一台合法机器人，都必须加入法律区块链中，并成为一个运行节点，与法律代码保持一致。如果某一台机器人缺失或者修改了安全法律，则这台机器人脱链，成为不合法的机器人。或者更形象地说，脱链意味着社会死亡（参见图 13.5）。

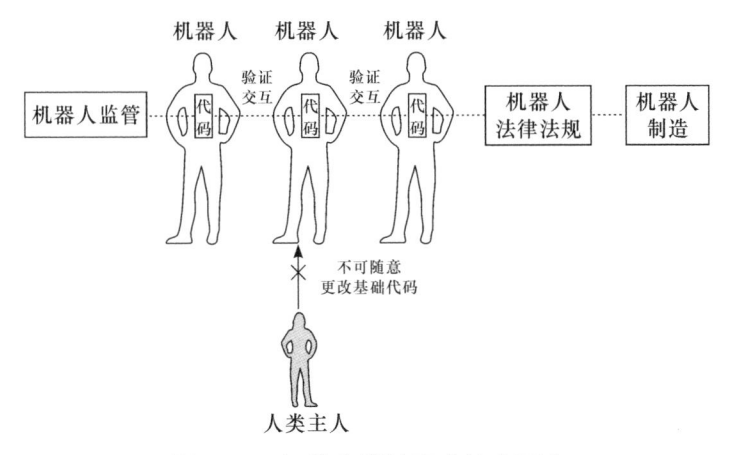

图 13.5　机器人脱链意味社会死亡

机器人的社会秩序：机器人的道德、情操和法律是代码写成的，机器人内心的代码就可以绝对约束机器人的行为，机器人社会不需要警察，机器人社会是数字化秩序。

为了代表道德、情操和法律的代码在机器人的内心是可靠的，就必须基于区块链构建机器人权力，进入良好的机器人数字秩序社会。否则，掌控机器人的人类就可能随意更改代码，甚至加入恶意、暴力代码操控机器人为恶。

担心机器人具有自主意识而失控，现阶段纯属多余。机器人代码的数字秩序，以及机器权力保障和监管，才是需要关注的。

解决了基本法律问题之后，还有一些小事值得讨论。例如，家用机器人出门办事，如果需要临时充电，那么它如何付款，当然不能再用现金了，那太"土"，难道还得给机器人缝个兜装钱用？数字货币的支付功能，天然就应该集成到机器人中，机器人可以自动支付货币。再举一个例子，如果一台机器人出门购买食品，有两袋米需要抬，它搬不动，如何求助旁边的一台陌生机器人？这就是机器对机器的调用协议了，当然，前提是另一台机器人的程序中设定了可以提供帮助，那么两台机器人协商后，应该可以快速商谈、定价、签订智能合约、执行，完成搬运工作后，机器人要支付另一台机器人约定价格的金额。

不仅在机器人社会中存在调用，在物联网的社会中，物对物的调用将广泛存在。例如，车库的控制程序要在主人的车到来之前提前打开车门等待。车库控制程序通过摄像头捕捉主人的车牌号，但是自家的摄像头能够观察到车牌时已经太晚，车库控制程序希望调用邻居家的摄像头来捕捉主人的车牌，这样有了时间上的提前量，主人就不必等待车门打开。那么车库控制程序要调用邻家的摄像头执行车牌识别，就要做物与物之间对话，协议握手达成一致，然后支付调用计算能力的费用金额，用数字货币支付。由于这种调用涉及隐私、权限等法律法规问题，所以，需要符合机器权力和数字秩序，这一切都应该在区块链上执行。也就是说，未来的机器人也好、物联网设备也好，如果要联网提供数据和计算能力，就必须遵从共同的协议，协议表达了设备需要遵循的法律法规，约束了设备之间的调用。

13.7 图灵完备的婚姻

即便到了那一天，机器人在街市上川流不息，机器与人在社会中和谐相处，人们也难以解决另一个难题，那就是似乎专属人类的情感。

本书致力于解释数字秩序这个新现象，它借道区块链技术而来，教会人们把权力交给机器，就此机器和算法进入秩序工具序列。在一些商业和社会关系中，人们的对手方转换成机器和程序，而不是另外的人。这里要强调"一些商业和社会关系"，意味着另有很多关系，未必能够转换成数字秩序。

这种转变和原始社会走向现代社会的那次转变一样，那一次，人们从亲族和部落关系中走出，进入国家和法律的框架。在一些根本性问题上，人们的对手方不再是另一个人，而是社会的法律。在第一次转变中，婚姻成为社会法律制度，深远地影响了社会最小单元——家庭的形态。

然而，机器和算法是否能够影响人们的婚姻关系？能否成为婚姻、家庭秩序中的技术工具？

恋爱中的年轻人，在名胜景点的铁链上锁一把铁锁，扔掉钥匙，借此表达"锁定对方""永不分离"的期望。在恋人的幻想中，铁锁成为一个技术工具，可以维护他们的感情秩序永不变化。有很多恋人从此相守一生，至于他们的感情是否真的忠贞无二、坚若磐石则无从得知。但一定也有很多恋人薄情易变，朝秦暮楚，见异思迁，感情并不受自己那把魔法锁控制，最终恋情枯竭，一拍两散，只留下那把无能为力的铁锁在风雨中渐渐锈蚀。人是成长变化的，恋人之间的感情难以坚如磐石，这是世态常情，现代人早已见惯不怪了。

然而，第一个问题是如果真有一把技术的锁，可以真的锁定恋人的感情，当这把锁摆在年轻恋人面前，他们会"咔哒"一下痛快地锁上吗？这个问题交给恋人们去回答吧，冲动的恋人已经跃跃欲试，急不可耐。

第二个问题是开发感情的锁，技术上有可能性吗？就现在看还没有可能，这是为灵魂做"编程"，在大脑中写入一个程序，从此一生一世只爱一个人。

听起来浪漫，但同样的技术，若用在另一个场景中就恐怖了，比如在大脑写入一个程序，此人就永远忠诚于另一个人，这岂不是用技术做"迷魂""拍花子"的邪术？不必多说，这事肯定不能干。所以，即便技术上可以设计一把感情锁，也将涉及严重的伦理问题，没有科学家敢去编程一个人的感情。

在社会的商业关系、生产关系中，对手方可以不再是人，人们在这种商业关系中谋求的是商品或者服务，只要商品或服务质量满足要求，对手方是谁则无关紧要。所以，机器金融的出现后，借钱不需要去银行见贷款经理；数字化供应链足够成熟后，采购原材料也不需要一遍遍喝茶、喝酒、开会谈感情，互换信任，最后才签合约。但婚恋就困难了，如果把婚恋视为"商业关系"的话，那这一段商业关系中的"产品"恰恰是配偶这个人。所以，商业关系中的对手方，只是产品的来源和产品所依附的责任主体，一旦技术上可以达到数字秩序，那对手方的人和组织就可以隐身退却。但婚姻中，配偶无法隐身于一段智能合约的背后。

无法数字化的人类情感和关系：数字化秩序是用机器权力这种技术手段来约束人与人之间的社会关系。社会法律、贸易商业、契约等人与人的关系中，可以用机器、程序代码来替代对手方的人，因为在这种关系中，双方需要的是合乎需求的产品和服务。但对于爱情、亲情、友情等人与人的情感和关系，数字化秩序无能为力，因为在这种关系中，人们所需要的恰恰是另一个人，而非某种可以抽来的产品和服务。

机器权力和数字秩序对婚姻全然无用？那倒也不是。婚姻中还是有一些可以抽象出来的商业关系。人们对婚姻的需求，并非如上一段所说那么单纯——他/她需要的只是对方，这是青春偶像剧的简单化处理。人们对婚姻的需求，即便在最热烈的二人世界中，也必然存在一定的经济和社会考量。在大多数离婚案件中，财产分配都是最大的议题，此时，感情退后十步，即便再提及感情，也只是财产分配的说辞。英国小说《傲慢与偏见》中，开篇说道"凡是有钱的单身汉，总想娶位太太，这已经成了一条举世公认的真理"，从这句话里隐约可以看到，这位太太具体是谁，着实无关紧要，有钱的单身汉需要的只是太太。对大小姐们也一样，她需要的是合乎要求的丈夫。如果再继续往下读，就会发现，"门当户对""容貌出众""财产丰厚"这些条件很重要，这时候计算机工作者就可以出手了，程序员完全可以抽象出逻辑来，可以用一段智能合约来作为求偶单身汉的对手方，他所要求的这些条件，与采购合同中对商品所要求的并无区别。

婚前的财产公证用区块链来约定是可以的，这不难理解。婚姻中已经有的财产、产权，可以编程约定，对于未来可能出现的财产也可以约定。例如夫妻二人可以约定：家庭购买的第一套房产属二人共同财产，第二套房产则为太太个人所有。

婚姻中可能出现的一些简单且符合逻辑的情况，也可以用程序代码写出来。例如，二人约定，如果某一方先提出离婚，则该方必须舍弃所有固定资产的所有权；如果一方外遇且另一方拥有确凿证据，则在离婚程序中外遇方需舍弃孩子抚养权以及全部的财产。看起来，这些条款和今天的婚前约定也差不多，有何新意？是的，没有新意，和原来的文本合约基本一样，机器权力构建的数字秩序并不是新的秩序，只是在执行中所用的工具与传统秩序的不一样。

在传统的秩序下，婚前用文字写出合约，约定婚姻中财产和权力的安排，如果有纠纷或者走向离婚，则这些合约条款需要在律师和法官的解释下得到判决，然后再在法庭的督促下执行，如果某一方耍赖，可能还要动用法庭的强力执行。但在数字秩序下，婚姻中的货币财产、房产产权等资产，都已经数字化，并在婚姻协议的智能合约中进行安排。如果一方先提出离婚，当他/她在区块链上对智能合约发起离婚操作的时候，他/她舍弃固定资产的条款就已经触发，家庭中所有固定资产在离婚清算时就必然会转移到对方名下。律师总算可以松口气，虽然律师工时费少了，但省掉好多烦琐的工作和麻烦。数字货币和智能合约，带来了"券款对付"的高效率；婚姻的智能合约，也带来了"离婚即清算"的高效率。当然，与有些地方政府推出结婚冷静期一样，考虑到很多夫妻在争吵中容易发生激情离婚，完全可以在智能合约中设置一个"冷静逻辑",这个离婚的操作,必须用 1 周才能完成,每天点一次按钮,点满 7 天。或者,设置一种机制,离婚后 1 个月内,双方可以点击"恢复"功能,回撤所做的离婚操作,包括回撤财产分割的处理,两人还是恩爱和谐的一对儿。

数字秩序,是人们对物理世界的数字化建模,是对物理世界做可计算化改造工程的一部分。工厂中的加工步骤、流程、工艺,那无关社会秩序,那是生产力的提高。而货币、财产产权、商业合约、司法、人与人的关系等则属于社会秩序的范畴,是机器权力和数字秩序应思考的领域。但人们总是怀疑,复杂的人还有复杂的人际关系,哪里能用数字描述清楚?热烈的爱情、诚挚的友谊、深沉的亲情,又令人不忍用数字去盘算衡量,这是神圣高尚的啊,这不能锱铢必较、沾染铜臭啊。数字秩序理论根本没有任何意图去解构人类的情感和灵魂,数字秩序的着眼点是用代码替代文字,用机器的权力替代人类的执行权力。所以,人与人的关系中,可以用法律逻辑约束的,才是数字秩序所应当考察的。

稍稍扩大本章的讨论范围,进入科幻的国界。幻想一下,如果计算机技术能够对人的大脑和情感建模,那婚姻的智能合约中,是否能写入这样的条款:一方对另一方的"爱"消失为零时,则自动终止婚姻,进入财产清算环节?这个条款即使可以写出来,恐怕大部分人也不愿意对配偶真正敞开自己的感情,这种"感情隐私"比之银行账户密码还要重要。人类情感以一种黑盒子、不可观察的形态出现,可能更有利于家庭和社会稳定。

不愿意敞开灵魂,那是人们自己的选择。但技术可以谦卑地说,作为工具,在下已经为你们提供这种能力了,正如同道德啦、高尚的情操啦,在人类社会中早已装备,但用不用还不是个人选择。在保证个人选择权力的前提之下,数字化技术越强,对现实世界和人类情感的描述能力越强,就一定不会是坏事。比特币为了安全,可编程脚本的命令有限,是图灵不完备的,不支持复杂的循环计算。而以太坊的智能合约就是图灵完备的,意味着所有"可计算问题"都是可以用智能合约来解答的,哪怕要算到天荒地老。人们骄矜于情感和灵魂的深邃奥妙，认为文字和代码都无法尽述那深意，多少有一点自我标榜的嫌疑，在这件事上，人类仿佛舍不得走出自己的童年，对镜自怜的身姿和情绪都活似高中的美少女。如果数字技术足够强大，如果机器权力支持下的数字秩序绝对可信，美少女们请相信，怎么去写情感合约和婚姻合约的代码，权力依然在人们自己的掌握之下，机器权力只是一只忠实的看门狗，守护的依然还是人的意志。图灵完备的数字化程序语言，如果可以尽述情感之深、之重、之细腻，如果可以处理所有坎坷与周折，持续计算两人的情感直到永远，那人类的婚姻也可称得上图灵完备的婚姻。

对手方换成机器，走进数字秩序，把权力交给机器，当人们冷静面对逻辑严密的代码时，这就意味着人们开始敢于面对自己、剖析自己。

这是人类童年的终结。